King Alfred's West-Saxon Version
of
Gregory's Pastoral Care

WITH AN ENGLISH TRANSLATION,
THE LATIN TEXT, NOTES AND AN INTRODUCTION

Edited by
H. SWEET

Part 1

Elibron Classics
www.elibron.com

Elibron Classics series.

© 2005 Adamant Media Corporation.

ISBN 1-4021-9636-9 (paperback)
ISBN 1-4021-0926-1 (hardcover)

This Elibron Classics Replica Edition is an unabridged facsimile
of the edition published in 1871 by N. Trübner and Co.,
London.

Early English Text Society.

King Alfred's West-Saxon Version

of

Gregory's Pastoral Care

WITH AN ENGLISH TRANSLATION,

THE LATIN TE XT, NOTES AND AN INTRODUCTION.

EDITED BY

HENRY SWEET, Esq.

OF BALLIOI COLLEGE, OXFORD.

PART I.

LONDON

PUBLISHED FOR THE EARLY ENGLISH TEXT SOCIETY,

BY N. TRÜBNER & CO., 60, PATERNOSTER ROW.

MD000LXXI

Early English Text Society.

The Publications for 1865 and 1866 are out of print, but a separate subscription has been opened for their immediate reprint. The Texts for 1864 and all but three for 1865 have been reprinted. Subscribers who desire the Texts of all or any of these years should send their names at once to the Hon. Secretary, as several hundred additional names are required before the Texts for 1866 can be sent to press.

TEMPORARY NOTICE.

The two MSS. given in full are Bodl. Hatt. 20 and Cott. Tib. B xi, the latter from Junius's copy in the Bodleian (MS. Jun. 53). The more important variations and additions of a third MS., Cott. Otho B ii, are added in brackets, and omissions are indicated by (*om.*) The brackets in the Hatton text denote additions above the line, and, in some cases, restored erasures. All evidently late additions to the MS. (which are many) have been rejected from the text. Words and letters not in the MSS. are enclosed in parentheses. Italics denote expanded contractions. The two MSS., whose texts are given in full, were written during Alfred's reign, the third somewhat later. The best text is that of the older Cotton MS. The other Cotton MS., although not copied from Hatton, agrees closely with it ; it has therefore been chiefly used to confirm the readings of Hatton, which differ from those of the older Cotton MS. Full details will be given in the Introduction and Notes.

H. S.

King Alfred's West-Saxon Version

of

Gregory's Pastoral Care.

King Alfred's West-Saxon Version

of

Gregory's Pastoral Care.

WITH AN ENGLISH TRANSLATION,

THE LATIN TEXT, NOTES, AND AN INTRODUCTION.

EDITED BY

HENRY SWEET, Esq.

OF BALLIOL COLLEGE, OXFORD.

LONDON

PUBLISHED FOR THE EARLY ENGLISH TEXT SOCIETY,

BY N. TRÜBNER & CO., 60, PATERNOSTER ROW.

——

MDCCCLXXI

OXFORD:
BY T. COMBE, M.A., E. B. GARDNER, AND E. PICKARD HALL,
PRINTERS TO THE UNIVERSITY.

THE ANGLO-SAXON VERSION

OF

GREGORY'S PASTORAL,

FROM

THE HATTON MS. AND THE COTTON MSS.

GREGORY'S PASTORAL.

[Cotton MSS.]

Ðis is seo foresprǽc hu S. Gregorius ðas boc gedihte þe man Pastoralem nemnað.

Ælfred kyning hateð gretan . . . his wordum luflice & freondlice ; & ðe kyðan hate þæt me com suiðe oft on gemynd, hwelce wutan gio wæron geond Angelkynn, ægðer ge godcundra hada ge woruld-cundra ; & hu gesæliglica tida þa wæron geond Angelcynn ; & hu þa kyningas þe ðone anwald hæfdon ðæs folces Gode & his ærendwrecum hirsumedon ; & hu hi ægðer ge hiora sibbe ge hiora sido ge hiora anwald innanbordes gehioldon, & eac ut hiora oeðel rymdon ; & hu him ða speow ægðer ge mid wige ge mid wisdome ; & eac ða godcundan hadas hu georne hie wæron ægðer ge ymb lare ge ymb leornunga, & ymb ealle þa ðeowutdomas þe hie Gode don sceoldon ; & hu mon utanbordes wisdom & lare hider on lond sohte, & hu we hi nu sceoldon ute begietan gif we hie habban sceoldon.   Swa clæne hio wæs oðfeallenu [oðfeallen nu] on Angelkynne ðætte swiðe feawe wæron behionan Humbre þe hiora ðenunga cuðen understandan on Englisc, oððe furðum an ærendgewrit of Lædene on Englisc areccan ; & ic wene ðætte nauht monige begeondan Humbre næren.   Swa feawe hiora wæron ðætte ic furðum anne anlepne ne mæg geðencean be-suðan Temese ða ða ic to rice feng.   Gode ælmiehtegum si ðonc

---

THIS BOOK IS FOR WORCESTER.

King Alfred bids greet bishop Wærferth with his words lovingly and with friendship ; and I let it be known to thee that it has very often come into my mind, what wise men there formerly were through-out England, both of sacred and secular orders ; and how happy times there were then throughout England ; and how the kings who had power over the nation in those days obeyed God and his ministers ; and they preserved peace, morality, and order at home, and at the same time enlarged their territory abroad ; and how they prospered

GREGORY'S PASTORAL.

[Hatton MS.]

Ðeos boc sceal to Wiogora ceastre.

Ælfreð kyning hateð gretan Wærferð biscep his wordum luflice &
freondlice; & ðe cyðan hate ðæt me com swiðe oft ón gemynd,
hwelce wiotan iu wæron giond Angelcynn, ægðer ge godcundra hada ge
worul[d]cundra; & hu gesæliglica tida ða wæron giond Angelcynn; &
5 hu ða kyningas ðe ðone ónwald hæfdon ðæs folces [on ðam dagum]
Gode & his ærendwrecum hersumedon; & hie ægðer ge hiora sibbe
ge hiora siodo ge hiora ónweald innanbordes gehioldon, & eac út hiora
eðel gerymdon; & hu him ða speow ægðer ge mid wige ge mid
wisdome; & eac ða godcundan hadas hu giorne hie wæron ægðer ge
10 ymb lare ge ymb liornunga, ge ymb ealle ða ðiowotdomas ðe hie
Gode [don] scoldon; & hu man utanbordes wisdom & lare hieder ón
lond sohte, & hu we hie nu sceoldon ute begietan gif we hie habban
sceoldon. Swæ clæne hio wæs oðfeallenu ón Angelcynne ðæt swiðe
feawa wæron behionan Humbre ðe hiora ðeninga cuðen understondan
15 ón Englisc, oððe furðum án ærendgewrit óf Lædene ón Englisc
areccean; & ic wene ðæt[te] noht monige begiondan Humbre næren.
Swæ feawa hiora wæron ðæt ic furðum anne ánlepne ne mæg
geðencean besuðan Temese ða ða ic to rice feng. Gode ælmihtegum

---

both with war and with wisdom; and also the sacred orders how zealous
they were both in teaching and learning, and in all the services they
owed to God; and how foreigners came to this land in search of wisdom
and instruction, and how we should now have to get them from abroad
if we were to have them. So general was its decay in England that
there were very few on this side of the Humber who could understand
their rituals in English, or translate a letter from Latin into English;
and I believe that there were not many beyond the Humber. There
were so few of them that I cannot remember a single one south of
the Thames when I came to the throne. Thanks be to God Almighty

ðætte we nu ænigne on stal habbað lareowa, Forðam ic ðe bebeode
ðæt ðu doo swa ic gelife ðæt ðu wille, ðæt ðu ðe þissa woruldðinga
to þæm geæmettige swa ðu oftost mæge, ðæt ðu ðone wisdom þe ðe
God sealde ðær ðær ðu hine befæstan mæge, befæste. Geðenc hwelc
witu us þa becomon for ðisse worulde, þa þa we hit nohwæðer ne selfe
ne lufedon ne eac oðrum monnum ne lifdon [lærdan]: ðone naman
anne we hæfdon [lufedon] ðætte we Cristene wæron, & swiðe feawe
þa ðeawas. Da ic þa ðis eall gemunde ða gemunde ic eac hu ic
geseah, ærþæmþe hit eall forheregod wære & forbærned, hu þa cirican
geond eall Angelkynn stodon maðma & boca gefylda [afylleda] & eac
micel menigu Godes ðeowa & þa swiðe lytle feorme ðara boca wiston,
forþæmþe hie heora nan wuht ongietan ne meahton, forþæmþe hie
næron on hiora ægen geðeode awritene. Swelce hie cwæden: Ure
ieldran, ða þe ðas stowa ær hioldon, hie lufedon wisdom & ðurh ðone
hi begeaton welan & us læfdon. Her mon mæg giet gesion hiora
swæð, ac we him ne cunnon æfterspyrigan, forðæm we habbað nu
ægðer forlæten ge þone welan ge þone wisdom, forðamþe we noldon
to ðæm spore mid ure mode onlutan. Da ic þa ðis eall gemunde,
þa wundrode ic swiðe swiðe þara godena [godra] witena þe giu wæron
geond Angelcynn, & þa bec befullan ealla geleornod hæfdon, þæt hi
hiora þa nanne dæl noldon on hiora ægen geðiode wendan. Ac ic þa
sona eft me selfum andwyrde & cwæð: Hie ne wendon þætte æfre
men sceoldon swa reccelease weorðan & sio lar swa oðfeallan; for
ðære wilnunga hi hit forleton, & woldon ðæt her þy mara wisdom on
londe wære ðy we ma geðioda cuðon. Da gemunde ic hu sio æ wæs

---

that we have any teachers among us now. And therefore I command
thee to do as I believe thou art willing, to disengage thyself from
worldly matters as often as thou canst, that thou mayest apply the
wisdom which God has given thee wherever thou canst. Consider
what punishments would come upon us on account of this world, if
we neither loved it (wisdom) ourselves nor suffered other men to
obtain it: we should love the name only of Christian, and very few
of the virtues. When I considered all this I remembered also how
I saw, before it had been all ravaged and burnt how the churches
throughout the whole of England stood filled with treasures and books,
and there was also a great multitude of God's servants, but they had
very little knowledge of the books, for they could not understand any-
thing of them, because they were not written in their own language.

sie ðonc ðæt[te] we nu ænigne ón stal habbað lareowa. & forðon ic ðe
bebiode ðæt ðu dó swæ ic geliefe ðæt ðu wille, ðæt ðu ðe ðissa
woruldðinga to ðæm geæmetige swæ ðu oftost mæge, ðæt ðu ðone
wisdom ðe ðe God sealde ðær ðær ðu hiene befæstan mæge, befæste.
5 Geðenc hwelc witu ús ða becomon for ðisse worulde, ða ða we hit
nohwæðer ne selfe ne lufodon ne eac oðrum monnum ne lefdon : ðone
naman anne we lufodon ðæt[te] we Cristne wæren, & swiðe feawe
ða ðeawas. Ða ic ða ðis eall· gemunde ða gemunde ic eac hu ic
geseah, ærðæmðe hit eall forhergod wære & forbærned, hu ða ciricean
10 giond eall Angelcynn stodon maðma & boca gefyldæ ond eac micel
men[i]geo Godes ðiowa & ða swiðe lytle fiorme ðara boca wiston, for-
ðæmðe hie hiora nan wuht óngiotan ne meahton forðæmðe hie
næron ón hiora agen geðiode awritene. Swelce hie cwæden : Ure
ieldran, ða ðe ðas stowa ǽr hioldon, hie lufodon wisdom & ðurh ðone
15 hie begeaton welan & ús læfdon. Her món mæg giet gesion hiora
swæð, ac we him ne cunnon æfterspyrigean, & forðæm we habbað nú
ægðer forlæten ge ðone welan ge ðone wisdom, forðæmðe we noldon
to ðæm spore mid ure mode ónlutan. Ða ic ða ðis eall gemunde,·ða
wundrade ic swiðe swiðe ðara godena wiotona ðe giu wæron giond
20 Angelcynn, & ða bec eallæ befullan geliornod hæfdon, ðæt hie hiora
ða nænne dæl noldon ón hiora agen geðiode wendan. Ac ic ða sona eft
me selfum andwyrde & cwæð : Hie ne wendon ðætt[e] æfre menn
sceolden swæ re[c]celease weorðan & sio lar swæ oðfeallan ;·for ðære
wilnunga hie hit forleton, & woldon ðæt her ðy mara wisdom ón londe
25 wære ðy we má geðeoda cuðon. Ða gemunde ic hu sio æ wæs ærest

As if they had said : "Our forefathers, who formerly held these
places, loved wisdom, and through it they obtained wealth and
bequeathed it to us. In this we can still see their tracks, but we
cannot follow them, and therefore we have lost both the wealth and
the wisdom, because we would not incline our hearts after their
example." When I remembered all this, I wondered extremely that
the good and wise men who were formerly all over England, and
had perfectly learnt all the books, did not wish to translate them
into their own language. But again I soon answered myself and
said : "They did not think that men would ever be so careless, and
that learning would so decay ; through that desire they abstained from
it, and they wished that the wisdom in this land might increase with
our knowledge of languages. Then I remembered how the law was first

ærest on Ebreisc geðiode funden, & eft, þa þa hie Crecas geleornodon,
þa wendon hi hie on hiora ægen geðiode ealle, & eac ealle oðre bec.
And eft Lædenware swa same, siððan hi hie geleornodon, hi hie
wendon ealla ðurh wise wealhstodas on hiora agen geðeode. & eac
ealla oðra Cristena ðiodá sumne dæl hiora on hiora agen geðiode
wendon. Forðy me ðyncð betre, gif iow swa ðyncð, þæt we eac suma
bec, ða þe nidbeðyrfesta sien eallum monnum to witanne, þæt we þa
on ðæt geðeode wenden þe we ealle gecnawan mægen, & ge don swa
we swiðe eaðe magon mid Godes fultume, gif we þa stilnesse habbað,
ðætte/eal sio gioguð þe nu is on Angel kynne friora monna, þara þe þa
speda hæbben þæt hie ðæm befeolan mægen, sien to leornunga oðfæste,
þa hwile þe hi to nanre oðerre note ne mægen, oð ðone first þe hie
wel cunnen Englisc gewrit arædan : lære mon siððan furður on
Lædengeðeode þa þe mon furðor læran wille & to hierran hade don
wille. Ða ic þa gemunde hu sio lar Lædengeðeodes ær ðysum oðfeallen
wæs geond Angelkynn, & ðeah monege cuðon Englisc gewrit arædan,
þa ongan ic ongemang oðrum mislicum & monigfaldum bisgum ðisses
kynerices þa boc wendan on Englisc þe is genemned on Læden Pasto-
ralis, & on Englisc Hirdeboc, hwilum word be worde, hwilum ondgit
of andgite, swæ swæ ic hie geleornode æt Plegmunde minum ærce-
biscepe & æt Asserie minum biscepe & æt Grimbolde minum mæsse-
preoste & æt Iohanne minum mæssepreoste. Siððan ic hie þa
geleornod hæfde, swæ swæ ic hie forstod, & swæ ic hie andgitfullicost
areccean mæhte, ic hie on Englisc awende ; & to ælcum biscepstole on
minum rice wille ane onsendan ; & on ælcre bið an æstel, se bið on

known in Hebrew, and again, when the Greeks had learnt it, they
translated the whole of it into their own language, and all other books
besides. And again the Romans, when they had learnt it, they trans-
lated the whole of it through learned interpreters into their own lan-
guage. And also all other Christian nations translated a part of them
into their own language. Therefore it seems better to me, if ye think
so, for us also to translate some books which are most needful for all
men to know into the language which we can all understand and for
you to do as we very easily can if we have tranquillity enough, that is
that all the youth now in England of free men, who are rich enough
to be able to devote themselves to it, be set to learn as long as
they are not fit for any other occupation, until that they are well

ón Ebr[e]isc geðiode funden, & eft, ða hie Creacas geliornodon, ða
wendon hie hie on hiora agen geðiode ealle, & eac ealle oðre béc.
& eft Lædenware swæ same, siððan hie hie geliornodon, hie hie wendon
eall[a] ðurh wise wealhstodas ón hiora agen geðiode.　Ond eac ealla
5 oðræ Cristnæ ðioda summe dæl hiora ón hiora agen geðiode wendon.
Forðy me ðyncð betre, gif iow swæ ðyncð, ðæt we eac sumæ bec,
ða ðe niedbeðearfosta sien eallum monnum to wiotonne, ðæt we
ða ón ðæt geðiode wenden ðe we ealle gecnawan mægen, & ge dón
swæ we swiðe eaðe magon mid Godes fultume, gif we ða stilnesse
10 habbað, ðæt[te] eall sio gioguð ðe nu ís ón Angelcynne friora monna,
ðara ðe ða speda hæbben ðæt hie ðæm befeolan mægen, sien to
liornunga oðfæste, ða hwile ðe hie to nanre oðerre note ne mægen,
oð ðone first ðe hie wel cunnen Englisc gewrit arædan : lære món
siððan furður ón Lædengeðiode ða ðe món furðor læran wille & to
15 hieran hade dón wille.　Ða ic ða gemunde hu sio lar Lædengeðiodes
ær ðissum afeallen wæs giond Angelcynn, & ðeah monige cuðon
Englisc gewrit arædan, ða óngan ic óngemang oðrum mislicum &
manigfealdum bisgum ðisses kynerices ða boc wendan ón Englisc ðe
ís genemned ón Læden Pastoralis, & ón Englisc Hierdebóc, hwilum
20 word be wórde, hwilum andgit of andgi[e]te, swæ swæ ic hie geliornode
æt Plegmunde minum ærcebiscepe & æt Assere minum biscepe & æt
Grimbolde minum mæssepri_oste & æt Iohanne minum mæssepreoste.
Siððan ic hie ða geliornod hæfde, swæ swæ ic hic forstod, &
swæ ic hie andgitfullicost areccean meahte, ic hie ón Englisc
25 awende : ond to ælcum biscepstole ón minum rice wille aue

---

able to read English writing : and let those be afterwards taught
more in the Latin language who are to continue learning and be
promoted to a higher rank.　When I remembered how the knowledge
of Latin had formerly decayed throughout England, and yet many
could read English writing, I began, among other various and mani-
fold troubles of this kingdom, to translate into English the book
which is called in Latin Pastoralis, and in English Shepherd's Book,
sometimes word by word and sometimes according to the sense, as
I had learnt it from Plegmund my archbishop, and Asser my bishop,
and Grimbold my mass-priest, and John my mass-priest.　And when
I had learnt it as I could best understand it, and as I could most
clearly interpret it. I translated it into English ; and I will send

fiftegum moncessa. Ond ic bibiode on Godes noman þæt nan mon
ðone æstel from þære bec ne doe, ne þa boc from þæm mynstre :
uncuð hu longe þær swæ gelærede biscopas sien, swæ swæ nu Gode
ðonc well hwær sindon; forðy ic wolde ðætte hie ealneġ æt ðære
stowe wæren, buton se biscep hie mid him habban wille oððe hio
hwær to læne sie, oððe hwa oðre biwrite.

Ðis ærendgewrit Agustinus ofer saltne sæ suðan brohte ieg-
buendum, swæ hit ær foreadihtode dryhtnes cempa Rome papa.
Ryhtspell monig Gregorius gleawmod gindwod ðurh sefan snyttro,
searoðonca hord. Forðon he moncynnes mæst gestrynde rodra wearde,
Romwara betest, monna modwelegost, mærðum gefrægost. Siððan
min on Englisc Ælfred kyning awende worda gehwelc, & me his
writerum sende suð & norð; heht him swelcra ma brengan be ðære
bysene, þæt he his biscepum sendan meahte, forðæm hie his sume
ðorfton, ða þe Lædenspræce læsðe cuðon :—

> I. Ðætte unlærede ne dyrren underfón lareowdom.
>
> II. Ne eft þa gelæredan, þe swæ nyllað libban swæ hie on bocum
> leornodon, ðæt hie ne sceoldon underfon þa are ðæs lareow-
> domes.
>
> III. Be þære byrðenne þæs reccenddomes, & hu he scile eall earfeðo
> forseon, & hu forht he sceal beon for ælcre orsorgnesse.

---

a copy to every bishopric in my kingdom ; and on each there is
a clasp worth fifty mancus. And I command in God's name that no
man take the clasp from the book or the book from the minster :
it is uncertain how long there may be such learned bishops as now,
thanks be to God, there are nearly everywhere ; therefore I wish
them always to remain in their place, unless the bishop wish to take
them with him, or they be lent out anywhere, or any one make a copy
from them.

This message Augustine over the salt sea brought from the south
to the islanders, as the Lord's champion had formerly decreed it, the
pope of Rome. The wise Gregorius was versed in many true doctrines
through the wisdom of his mind, his hoard of cunning thoughts.

onsendan ; & ón ælcre biᵹ án æstel, se biᵹ ón fiftegum man-
cessa. Ond ic bebiode ón Godes naman ᵹæt nän món ᵹone
æstel from ᵹære béc ne dó, ne ᵹa boc from ᵹæm mynstre : uncuᵹ hu
longe ᵹær swæ gelærede biscepas sien, swæ swæ nu Gode ᵹonc wel
5 hwær siendon ; forᵹy ic wolde ᵹæt[te] hie ealneg æt ᵹære stowe
wæren, buton se biscep hie mid him habban wille oᵹᵹe hio hwær to
læne sie, oᵹᵹe hwa oᵹre biwrite.

Þis ærendgewrit Agustinus ofer sealtne sæ suᵹan brohte ieg-
buendum, swa hit ær foreadihtode dryhtnes cempa Rome papa.
10 Ryhtspell monig Gregorius gleawmod gindwód ᵹurh sefan snyttro, sea-
roᵹonca hord. Forᵹæm he monncynnes mæst gestriende rodra wearde,
Romwara betest, monna modwelegost mærᵹum gefrægost. Siᵹᵹan
min on Englisc Ælfred kyning awende worda gehwelc, & me his
writerum sende suᵹ & norᵹ ; heht him swelcra má brengan bi ᵹære
15 bisene, ᵹæt he his biscepum sendan meahte, forᵹæm hi his sume
ᵹorfton, ᵹa ᵹe Lædenspræce læste cuᵹon :—

    I. Þætte unlærede ne dyrren underfón lariowdóm.
    II. Ne eft ᵹa gelæredan, ᵹe sua nyllaᵹ libban ua hie on bocum
        leornedon, ᵹæt hie sceoldon [ne] underfón ᵹa áre ᵹæs
20   lariowdómes.
    III. Be ᵹære byrᵹenne ᵹæs reccenddómes, & hu he scyle eall earfoᵹu
        forsion, & hu forht he sceal bion for ælcre órsorgnesse.

For he gained over most of mankind to the Guardian of heaven,
best of Romans, wisest of men, most gloriously famous. Afterwards
king Alfred translated every word of me into English, and sent me
to his scribes south and north ; ordered more such to be brought to
him after the example, that he might send them to his bishops, for
some of them needed it, who knew but little Latin.

    I. That unlearned men are not to presume to undertake teaching.
    II. Nor again let the learned who are unwilling to live as they have
        learnt in books undertake the dignity of teaching.
    III. Concerning the burden of government, and how he must
        despise all hardships, and how afraid he must be of every
        luxury.

IIII. Ond hu oft sio bisgung ðæs rices & ðæs recendomes toslit
þæt mod þæs recceres.

  V. Be ðæm þe magon on aldordome nytte beon on bisnum & on
cræftum, & ðonne for hiora agenre ieðnesse þæt fleoð.

 VI. Bi ðæm þe for eaðmodnesse fleoð þa byrðenne ðæs lareow-
domes; ðonne hie beoð ryhtlice eaðmode þonne hie ne
winnað wið þone godcundan dom.

VII. Ðætte oft þæs lareowdomes þenung bið swiðe untælwierðelice
gewilnod, & eac swiðe untælwierðlice monige bioð toge-
nidde.

VIII. Be ðæm þe wilniað biscephad to underfonne, hu hie gegripað
ðone cwide þæs apostoles Paules hira gidsunge to fultome.

VIIII. Hu ðæt mod ðætte wilnað fore [for] oðre bion, lihð himselfum
þonne hit ðencð fela godra weorca to wyrceanne, & ðæt licet
oðrum monnum, gif he worldare hæbbe, & wile hit þonne
oferhebban siððan he hie hæfð.

  X. Hwelc se bion sceal se to reccenddome cuman sceal.

 XI. Hwelc se bion sceal se þærto cuman ne sceal.

XII. Hu se se þe gedafenlice & endebyrdlice to cymð, hu he þær-
on drohtigean scile.

XIII. Hu se lareow sceal bion clæne on his mode.

XIIII. Hu se lareow sceal bion on his weorcum fyrest [fyrmest].

 XV. Hu se lareow sceal bion gesceadwis on his swigean & nytwyrðe
on his wordum.

 IV. And how often the occupation of power and government
distracts the mind of the ruler.

  V. Concerning those who are able to be useful when in power,
both by their example and virtues, and yet for their own
comfort avoid it.

 VI. Concerning those who through humility avoid the burden of
government, but if they are really humble do not resist the
divine decree.

VII. That often the ministration of teaching is very blamelessly
desired, and that often many very blamelessly are compelled
to undertake it.

VIII. Concerning those who wish to be made bishops, how they
seize on the words of the Apostle Paul to defend their desire.

IIII. Ond hu oft sio bisgung ᚦæs rices & ᚦæs recedomes toslit [ᚦæt
       mód] ᚦæs recceres.

   V. Bi ᚦæm ᚦe magon ón ealdordome nytte bion ón bisnum &
      ón cræftum, & ᚦonne for hiora agenre ieᚦnesse ᚦæt fleoᚦ.

5 VI. Bi ᚦam ᚦe for eaᚦmodnesse fleoᚦ ᚦa byrᚦenne ᚦæs lariow-
       domes; ᚦonne hie bioᚦ ryhtlice eaᚦmode ᚦonne hie ne
       winnaᚦ wiᚦ ᚦone godcundan dóm.

  VII. Ðætte oft ᚦæs lariowdomes ᚦegnung biᚦ suiᚦe untælwierᚦlice
       gewilnad, & eac suiᚦe untælwyrᚦlice monige bioᚦ toge-
10   niedde.

 VIII. Bi ᚦæm ᚦe wilnaᚦ biscephad to underfónne, hu hie gegripaᚦ
       ᚦone cuide ᚦæs apostoles Paules hira gitsunge to fultume.

   IX. Hu ᚦæt mód ᚦætte wilnaᚦ for oᚦre bion, lihᚦ himselfum ᚦonne
       hit ᚦencᚦ fela godra weorca to wyrcanne, & ᚦæt licet oᚦrum
15   monnum, gif he woroldare hæbbe, & wile hit ᚦonne ofer-
       hebban siᚦᚦan he hi hæfᚦ.

    X. Huelc se beon sceal ᚦe to reccenddome cuman sceal.

   XI. Huelc se beon sceal se ᚦærto cuman ne sceal.

  XII. Hu se se ᚦe gedafenlice & endebyrdlice to cymᚦ, hu he ᚦær-
20   ón drohtian scyle.

 XIII. Hu se lareow sceal beon clæne on his mode.

XIIII. Hu se lariow sceal beon on his weorcum fyrmesᚦ.

  XV. Hu se lariow sceal beon gesceadwis ón his suigean & nytt-
      wyrᚦe on his wordum.

  IX. How the mind that wishes to be above others deceives itself
      while it thinks to do many good works, and simulates it
      before other men, if he have worldly honour, and then wishes
      to neglect it when he has it.

   X. What kind of man he is to be who is to rule.

  XI. What kind of man he is to be who is not to rule.

 XII. How he who properly and regularly attains thereto is to
      conduct himself in it.

XIII. How the teacher is to be pure in heart.

 XIV. How the teacher is to be foremost in his works.

  XV. How the teacher is to be discreet in his silence and useful
      in his speech.

XVI. Hu se lareow sceal bion eallum monnum efnðrowiende &
fore ðencende on hira earfeðum.

XVII. Hu se reccere sceal bion ðæm weldondum monnum fore
eaðmodnesse gefera, & wið þara yflena unðeawas strec
for ryhtwislecum andan.

XVIII. Hu se lareow ne sceal þa innerran giemenne gewanian for
þære uterran abisgunge, ne eft þa uterran ne forlæte he
for þære innerran.

XVIIII. Ðætte se reccere his godan weorc for gilpe anum ne dó,
ac ma for Godes lufan.

XX. Ðætte se reccere sceal gearlice [geornlice] witan ðætte oft
þa unðeawas leogað & licettað þæt hie sien gode þeawas.

XXI. Hu gesceadwis se reccere sceal bion on his ðreaunga & on
his oleccunga, & eac on his hatheortnesse & on his
manðwærnesse.

XXII. Hu swiðe se reccere sceal bion on his smeaunga abisgod
on þære [ymb þa] halgan æ.

XXIII. Hu micel scyle bion þæt toscead, & hu mislice mon scyle
men læran mid ðæm cræfte ðæs lareowdomes.

XXIIII. Ðætte on oðre wisan sint to monianne weras, on oðre
wiif.

XXV. Ðætte on oðre wisan sint to manianne þa iungan, on oðre
þa ealdan.

XXVI. Ðætte on oðre wisan sint to monianne þa welegan, on oðre
þa wædlan.

XVI. Hu se lariow sceal bion eallum monnum efnðrowiende &
    foreðencende on hira earfeðum.

XVII. Hu se reccere sceal bion ðæm weldoendum monnum fore
    eaðmodnesse gefera, & wið ðara yfelena unðeawas stræc

5   for ryhtwislecum andan.

XVIII. Hu se lariow ne sceal ða inneran gimenne gewanian for ðær(e)
    uterran abisgunge, ne eft ða uterran ne forlæte he for
    ðære innerran.

XVIIII. Ðætte [se] reccere his gódan weorc fore gielpe anum ne dó,
10   ac ma for Godes lufan.

XX. Ðætte se reccere sceal geornlice witan ðætte oft ða únðeawas
    leogað & licettað ðætte hi sien gode ðeawas.

XXI. Hu gesceadwis se reccere sceal bion ón his ðrea[u]nga &
    [on] his oleccunga, & eac ón his hatheortnesse & on his
15   manðwærnesse.

XXII. Hu suiðe se reccere sceal bion ón his smeaunga abisgod
    ymb ða halga[n] æ.

XXIII. Hu micel scyle bion ðæt toscead, & hu mislice mon scyle
    men læran mid ðæm cræfte ðæs lareowdomes.

20 XXIIII. Ðætte ón oðre wisan sint to manianne weras, ón oðre
    wiif.

XXV. Ðætte ón oðre wisan sint to manianne ða iungan, ón oðre
    ða ealdan.

XXVI. Ðætte ón oðre wisan sint to manian[n]e ða welegan, ón oðre
25   ða wædlan.

XXVII. Ðætte on oðre wisan sint to manianne þa gladan, on oðre
    þa unrotan.

XXVIII. Ðætte on oðre wisan sint to monionne þa aldormen, on
    oðre [wisan] þa hieremen.

XXVIIII. Ðætte on oðre wisan sint to monianne þa hlafordas, on
    oðre wisan þa ðegnas & eac þa ðeowas.

XXX. Ðætte on oðre wisan sint to monianne þa dolan, on oðre
    þa wisan.

XXXI. Ðætte on oðre wisan sint to monianne þa scamfæstan, on
    oðre þa scamleasan.

XXXII. Ðætte on oðre wisan sint to monianne þa ofermodan &
    þa upahæfenan on hira mode, on oðre wisan þa earm-
    heortan & þa wácmodan.

XXXIII. Ðætte on oðre wisan sint to monianne þa ungeðyldegan,
    on oðre þa gedyldegan.

XXXIIII. Ðætte on oðre wisan sint to monianne þa welwillendan, &
    on oðre þa æfstegan.

XXXV. Ðætte on oðre wisan sint to monianne þa bilwitan, on
    oðre þa ðweoran. [& þa lytegan.]

XXXVI. Ðætte on oðre wisan sint to monianne þa halan, on oðre
    þa unhalan.

XXXVII. Ðætte on oðre wisan sint to monianne þa þe him ondrædað
    Godes swingellan oððe monna, & for þy forlætað þæt hi
    yfel ne doð ; .on oðre wisan ða þe bioð swæ aheardode

XXVII. Ðætte on oðre wisan sint to manianne ða gladan, ón oðre ða unrotan.

XXVIII. Ðætte ón oðre wisan sint to monianne ða aldormen, ón oðre wisan ða hiremen.

5 XXVIIII. Ðætte on [o]ðre wisan sint to monianne ða hlafordas, ón (o)ðre wisan ða ðegnas & eac ða ðeowas.

XXX. Ðætte on oðre wisan sint to monian(n)e ða dolan, ón oðre ða wisan.

XXXI. Ðætte on oðre wisan sint to monianne ða scamfæstan, 10 ón oðre ða scamleasan.

XXXII. Ðætte on oðre wisan sint to monianne ða ofermodan & ða upahafenan ón hira mode, on oðre wisan ða earmheortan & ða wácmodan.

XXXIII. Ðætte ón oðre wisan sint to monianne ða ungeðylðegan, 15 & on oðre ða geðyldegan.

XXXIIII. Ðætte on oðre wisan sint to monian(n)e ða welwillendan, & on oðre ða æfstegan.

XXXV. Ðætte on oðre wisan sint to monianne ða bilwitan, on oðre ða ðweoran & ða lytegan.

20 XXXVI. Ðætte on oðre wisan sint to monianne ða halan, on oðre ða únhalan.

XXXVII. Ðætte on oðre wisan sint to monianne ða ðe him ondrædað Godes suingellan oððe monna, & for ðy forlætað ðæt hi yfel ne doð; on oðre wisan ða ðe bioð sua áheardode

---

on unryhtwisnesse þæt hi mon ne mæg mid nanre
ðreaunge geðreatigean [þreatigan].

XXXVIII. Ðætte on oðre wisan sint to monianne ða þe to swiðe
swigge bioð, on oðre wisan ða þe willað to fela idles
& unnyttes gesprecan.

XXXVIIII. Ðætte on oðre wisan sint to monianne ða þe bioð to
late, on oðre ða þe bioð to hrade.

XL. Ðætte on oðre wisan sint to monianne ða monðwæran,
on oðre ða grambæran.

XLI. Ðætte on oðre wisan sint to monianne ða eaðmodan,
on oðre wisan ða upahæfenan on hira mode.

XLII. Ðætte on oðre wisan sint to monianne ða anwillan, on
oðre ða ungestæððegan & ða unfæstrædan.

XLIII. Ðætte on oðre wisan sint to monianne ða þe hi selfe
forgifað gifernesse, on oðre wisan ða þe doð for-
hæfdnesse.

XLIIII. Ðætte on oðre wisan sint to monianne ða þe hira agnu
ðing mildheortlice sellað, on oðre wisan ða þe þonne
git wilniað oðerra monna gereafian.

XLV. Ðætte on oðre wisan sint to monianne ða þe nohwæðer
ne oðerra monna ne wilniað, ne hira agen nyllað sellan;
on oðre wisan ða þe willað sellan þæt hi gestrienað, &
ðeah nyllað geswican þæt hi oðre men ne reafien.

XLVI. Ðætte on oðre wisan sint to monianne ða geðwæran,
on oðre ða ungeðwæran.

---

hardened in unrighteousness that they cannot be moved
by any chiding.

XXXVIII. That those who are too silent are to be admonished in one
way, in another way those who like to speak too much
of what is frivolous and useless.

XXXIX. That those who are too slow are to be admonished in one
way, in another those who are too hasty.

XL. That the goodnatured are to be admonished in one way,
in another the spiteful.

XLI. That the humble are to be admonished in one way, in
another those who are puffed up in spirit.

XLII. That the obstinate are to be admonished in one way, in
another the fickle and inconstant.

ón únryhtwisnesse ðæt hi mon ne mæg mid nanre
ðreaunge geðreatian.

XXXVIII. Ðætte on oðre wisan sint to monianne ða ðe to suiðe
suige beoð, on oðre wisan ða ðe willað to fela idles
& unnyttes gesprecan.

XXXIX. Ðætte on oðre wisan sint to monianne ða ðe bioð to
late, on oðre ða ðe bioð to hrade.

XL. Ðætte on oðre wisan sint to monianne ða monðwæran,
on oðre [ða] grambæran.

XLI. Ðætte on oðre wisan sint to monianne ða eaðmodan,
on oðre wisan ða uppahæfenan on hira mode.

XLII. Ðætte ón oðre wisan sint to monianne ða ánwillan,
on oðre ða ungestæððegan & unfæs[ð]rædan.

XLIII. Ðætte on oðre wisan sint to monianne ða ðe hi selfe
forgiefað gifernesse, on oðre wisan ða ðe doð for-
hæfdnesse.

XLIIII. Ðætte on oðre wisan sint to monianne ða ðe hira agenu
ðing mildheortlice sellað, & on oðre wisan ða ðe
ðan[ne] gít will[ni]að oðerra monna gereafian.

XLV. Ðætte ón oðre wisan sint to monianne ða ðe nohuæðer
ne oðra monna ne wilniað, ne hira agen nyllað sellan;
on oðre wisan ða ðe willað sellan ðæt hi gestrinað
& ðeah nyllað geswican ðæt hi oðre men ne reafien.

XLVI. Ðætte on oðre wisan sint to m[o]nianne ða geðwæran,
on oðre ða ungeðwæran.

XLIII. That those who give themselves up to gluttony are to be ad-
monished in one way, in another those who are abstinent.

XLIV. That those who generously give away their own things are
to be admonished in one way, and in another way those
who still wish to seize on those of other men.

XLV. That those who neither desire the property of other men nor
to give away their own are to be admonished in one way,
in another way those who wish to give away what they
gain and yet are not willing to cease robbing other
men.

XLVI. That the quiet are to be admonished in one way, in another
the turbulent.

2

XLVII. Ðætte on oðre wisan sint to monianne ða wrohtgeornan, on oðre ða gesibsuman.

XLVIII. Ðætte on oðre wisan sint to monianne ða þe ða halgan æ ryhtlice ongietan ne cunnon; on oðre wisan ða þe hie ryhtlice ongietað, & ðeah for eaðmodnesse swigiað þæt hi hie ne bodiað.

XLVIIII. Ðætte on oðre wisan sint to monianne ða þe medomlice cunnon læran, & ðeah for miclum ege & for micelre eaðmodnesse forwandiað; on oðre wisan ða þe ðonne git to ðæm gewintrede ne bioð ne geðigene, & ðeah for hrædhydignesse bioð to gegripene.

L. Ðætte on oðre wisan sint to monianne ða þe worldare wilniað, & hi ðonne orsorglice habbað; on oðre wisan ða þe worldare wilniað, & ðonne hi gewilnode habbað, hi ðonne mid micelre earfoðnesse & mid micle broce onwuniað.

LI. Ðætte on oðre wisan sint to monianne ða þe bioð gebundne mid sinrædenne, on oðre wisan ða þe freo bioð ðara benda.

LII. Ðætte on oðre wisan sint to monianne ða þe gefandod habbað ðara flæsclicra synna, on oðre wisan ða þe ðæs nowyht ne cunnon.

LIII. Ðætte on oðre wisan sint to monianne ða þe ða geworhtan synna wepað, on oðre wisan [wisan *omitted*] þa þe ða geðohtan wepað.

XLVII. That the quarrelsome are to be admonished in one way, in another the peaceable.

XLVIII. That those who cannot rightly understand the holy law are to be admonished in one way, in another way those who understand it rightly, and yet from humility refrain from preaching it.

XLIX. That those who can teach well, and yet hesitate from great fear and humility, are to be admonished in one way, and in another way those who are not yet old or experienced enough for it, and yet hastily undertake it.

L. That those who desire worldly honour and then possess it

XLVII. Ðætte on oðre wisan sint to monian(n)e ða wrohtgeornan, on oðre ða [ge]sibsuman.

XLVIII. Ðætte on oðre wisan sint to monian(n)e ða ðe ða halgan æ ryhtlice ongitan ne cunnan ; ón oðre wisan [ða] ðe hi ryhtlice angietað & ðeah for eaðmodnesse swigiað ðæt hi hie ne bodiat.

XLVIIII. Ðætte on oðre wisan sint to monianne ða ðe medomlice cunnon læran, & ðeah for miclum ege & for micelre eaðmodnesse forwandiað ; & on oðre wisan ða ðe ðanne giet to ðæm gewintrede ne beoð ne geðigene, & ðeah for hrædhy[dignesse] beoð to gegripene.

L. Ðætte on oðre [wisan] sint to monianne ða ðe woroldare wilniað, & hi ðonne orsorglice habbað ; & on oðre wisan ða ðe woroldare wilniað, & ðonne hi gewilnode habbað, hi ðonne mid micelre earforðnesse & [mid] micle broce onwuniað.

LI. Ðætte on oðre wisan sint to monianne ða ðe beoð gebundene mid sómrædenne, on oðre wisan ða ðe freo beoð ðara benda.

LII. Ðætte ón oðre wisan sint to monianne ða ðe gefandod habbað ðara flæsclicra synna, on oðre wisan ða ðe ðæs nowiht ne cunnan.

LIII. Ðætte on oðre wisan sint to monianne ða ðe ða [ge]worhtan synna wepað, on oðre ða ðe ða geðohtan wepað.

---

prosperously are to be admonished in one way, and in another way those who desire worldly honour, and after having desired it, possess it with great trouble and misfortune.

LI. That those who are married are to be admonished in one way, in another those who are free from those ties.

LII. That those who have tried the sins of the flesh are to be admonished in one way, in another those who have no experience of them.

LIII. That those who weep for the sins they have done are to be admonished in one way, in another those who weep for those they have meditated.

2—2

LIIII. Ðætte on oðre wisan sint to monianne ða þe ða ðurhtogenan
scylda wepað, & hi swæðeah ne forlætað ; on oðre wisan
ða þe hi no ne hreowsiað, & ðeah forlætað.

LV. Ðætte on oðre wisan sint to monionne ða þe ða unalifedan
ðing ða þe hi doð herigeað, on oðre ða þe hi tælað &
swæðeah doð.

LVI. Ðætte on oðre wisan sint to monianne ða þe swiðe hrædlice
bioð oferswiðde mid sumre unryhtre gewilnunge ; on oðre
wisan ða þe longe ær ymbðeahtigeað, & hit ðonne on last
ðurhteoð.

LVII. Ðætte on oðre wisan sint to monianne ða þe oftrædlice lytla
scylda wyrceað ; on oðre wisan ða þe hi gehealdað wið ða
lytlan scylda, & ðeah hwilum [hwiltidum] afeallað on
hefegum scyldum.

LVIII. Ðætte on oðre wisan sint to monianne ða þe nanwuht godes
ne onginnað ; on oðre wisan ða þe hit onginnað, & wel ne
geendiað.

LVIIII. Ðætte on oðre wisan sint to monianne ða þe digellice yfel
doð & god openlice ; on oðre wisan ða þe willað helan þæt
hi to gode doð, & of sumum ðingum openlice cyðað þæt hi
willað þæt men wenen þæt hi yfle beon.

LX. Embe þæt hu man monige scyndan scile to þæm þætte his
godan dæda ne weorðen to yflum dædum.

LXI. Embe þæt hu mon ænne mon scyndan scile ðonne he yfle
costunga monige ðrowað.

LIV. That those who weep for the sins they have committed, and
yet do not give them up, are to be admonished in one way,
in another those who do not repent of them and yet give
them up.

LV. That those who praise their unlawful deeds are to be ad-
monished in one way, in another those who blame them and
yet do them.

LVI. That those who are soon overcome by any unlawful desire are
to be admonished in one way, in another those who consider
it long before and at last carry it out.

LVII. That those who often commit small sins are to be admonished

LIIII. Ðætte on oðre wisan to monian(n)e ða ðe ðurhtogena scylda
      wepað, & hi suaðeah ne forlætað; on oðre wisan ða ðe
      hi nó ne hreowsiað, & ðeah forlætað.

  LV. Ðætte on oðre wisan sint to monianne ða ðe ða unaliefedan
5   ðing ða ðe hi doð herigeað, on oðre ða ðe hi tælað &
      suaðeah doð.

  LVI. Ðætte on oðre wisan sint to monianne ða ðe suiðe hrædlice
      beoð ofersui[ð]de mid sumere unryhtre gewilnunge; on
      oðre wisan ða ðe longe ær ymbðeahtiað, & hit ðonne on
10   lasð ðurhteoð.

  LVII. Ðætte on oðre wisan sint to monianne ða ðe ofthræ[d]lice
      lytla scylda wyrceað, on oðre wisan ða ðe hi gehealdað
      wið þa lytlan scylda, & ðeah hwiltidum afealleð on
      hefegum scyldum.

15 LVIII. Ðætte on oðre wisan sint to monianne ða ðe nan wuht
      godes ne onginnað; on oðre wisan ða ðe hit onginnað,
      & wel ne geendiað.

LVIIII. Ðætte on oðre wisan sint to monianne ða ðe deogollice yfel
      doð & gód openlice; on oðre wisan ða ðe willað helan
20   ðæt hi to gode doð, & of [s]umum ðingum openlice kyðað
      ðæt hi willað ðæt mén wenen ðæt hi yfele bion.

  LX. Ymbe ðæt hu man monige scyndan scyle to ðæm ðætte his
      godan dæda ne weorðen to yfelum dædum.

  LXI. Ymbe ðæt hu mon ænne mon scyndan scile ðonne he yfle
25   costunga monige ðrowað.

---

     in one way, in another way those who abstain from small
     sins, and yet sometimes fall into great sins.
LVIII. That those who begin no good work are to be admonished in
     one way, in another those who begin it and do not end it well.
  LIX. That those who do evil secretly and good openly are to be
     admonished in one way, in another those who wish to con-
     ceal their good deeds, and to a certain extent openly show
     that they wish men to think they are evil.
  LX. How many a one is to be exhorted that his good works may
     not become evil.
  LXI. How a man is to be exhorted when he suffers many evil
     temptations.

LXII. Ðætte hwilum ða leohtan scylda bioð betran to forlætonne,
ðylæs ða hefegran weorðen ðurhtogen [ðurhtogene].

LXIII. Ðætte ðara untrumena mod mon ne scyle eallenga to healice
læran.

LXIIII. Be ðæm weorcum ðæs lareowes & be his wordum.

LXV. Ðonne hwa ðis eal gefylled hæbbe, hu he ðonne sceal hine
selfne geðencean & ongietan, ðylæs hine auðer oððe his
lif oððe his lar to upahebbe.

Ðu leofesta broður, swiðe freondlice & swiðe fremsumlice ðu me
tældest, & mid eaðmode ingeðonce ðu me ciddest, forðæm ic min
mað, & wolde fleon ða byrðenne ðære hirdelican gemenne. Ðara
byrðenna hefignesse, eall þæt ic his geman, ic awrite on ðisse and-
weardan bec, ðylæs hi hwæm leohte ðyncen to underfonne; & ic
eac lære þæt hira nan ðara ne wilnige þe hine unwærlice begá; & se
þe hi unwærlice & unryhtlice gewilnige, ondræde he þæt he hi æfre
underfenge. Nu ic wilnige þætte ðeos spræc stigge on þæt ingeðonc
ðæs leorneres, swæ swæ on sume hlædere, stæpmælum near & near,
oðþæt hio fæstlice gestonde on ðæm solore ðæs modes ðe hi leornige;
& forðy ic hi todæle on feower: an is ðara dæla hu he on ðone
folgoð becume; oðer hu he þæron libbe; ðridda [ðridde] is hu
he þæron lære; feorða [feorðe] hu he his agene unðeawas ongietan
wille & hira geðæf bion, þylæs he for ðy underfenge his eaðmod-
nesse forlæte, oððe eft his lif sie ungelic his ðenenga, oððe he to
ðriste & to stið sie for ðy underfenge his lareowdomes; ac gemetgige

LXII. That it is often better to leave the lighter sins alone, lest the
more serious be carried out.
LXIII. That weak minds are not to be taught too loftily.
LXIV. Concerning the works of the teacher and his words.
LXV. When any one has performed all this, how he is then to
consider and understand himself, lest either his life or
teaching puff him up too much.

Thou dearest brother, very friendlily and very profitably thou
blamedst me, and with humble spirit thou chidedst me, because I hid
myself, and wished to flee the burden of pastoral care. The heavi-
ness of which burdens (all that I remember of it) I will write

LXII. Ðætte hwilum ða leohtan scylda beoð beteran to forlætan,
ðylæs ða hefegran weorðen ðurhtogen.

LXIII. Ðætte ða untruman mód mon ne scyle eallinga to helice
læran.

5 LXIIII. Be ðæm weorcum ðæs lareowes & be his wordum.

LXV. Ðonne hwa ðis eall gefylled hæbbe, hu he ðonne sceal hine
selfne geðencean & ongietan, ðylæs hine auðer oððe
his lif oððe his lar tó úpáhebbe.

Ðu leofusta broður, suiðe freondlice & suiðe fremsumlice ðu me
10 tældesð, & [mid] eaðmode ingeðonce ðu me ciddesð, forðon ic min
máð, & wolde fleon ða byrðenne ðære hirdelecan giemenne. Ðara
byrðenna hefignesse, eall ðæt ic his geman, ic awrite on ðisse andwear-
dan béc, ðylæs hi hwæm leohte ðyncen to underfónne, & ic eac lære
ðæt hira nan ðara ne wilnie ðe hine unwærlice begá; & se ðe hi un-
15 wærlice & únryhtlice gewilnige, ondræde he ðæt he hi æfre u[n]der-
fenge. Nu ic wilnige ðætte ðeos spræc stigge on ðæt ingeðonc ðæs
leorneres, suæ suæ on sume hlædre, stæpmælum near & near, oððæt
hio fæstlice gestonde on ðæm solore ðæs modes ðe hi leornige; &
forðy ic [hi] todæle [on] feower: án is ðara dæla hu he on
20 [ðone] folgoð becume; oðer hu he ðæron libbe; ðridda is hu he
ðæron lære; feorðe is hu he his agene unðeawas ongietan wille
& hira geðæf bion, ðylæs he for ðy underfenge his eaðmodnesse
forlæte, oððe eft his lif sie ungelic his ðenunga, oððe he to ðriste
& to stið sie for ðy underfenge his lareowdomes; ac gemetgige

of in this present book, lest they seem to any one easy to under-
take ; and I also advise no one to desire them who manages them
rashly ; and let him who desires them rashly and unrighteously fear
ever undertaking them. Now I wish this discourse to rise in the
mind of the learner as on a ladder, step by step, nearer and nearer,
until it firmly stands on the floor of the mind which learns it ; and
therefore I divide it into four parts : one of the divisions is how he
is to attain the dignity ; the second how he is to live in it ; the
third is how he is to teach in it ; the fourth is how he is to desire
to perceive his own faults, and subdue them, lest, having at-
tained it, he lose his humility, or, again, lest his life be unlike his
ministration, or he be too presumptuous and severe because he has

hit se ege his agenra unðeawa, & befæste he mid his lifes bisenum
ða lare ðæm þe his wordum ne geliefen ; & ðonne he god weorc
wyrce, gemyne he ðæs yfles þe he worhte, þætte sio unrotnes, þe he
for ðæm yflan [yflum] weorcum hæbbe, gemetgige ðone gefean þe
he for ðæm godan weorcum hæfde ; ðylæs he beforan ðæs diglan
deman eagum sie ahæfen on his mode & on ofermettum aðunden,
&· ðonne ðurh þæt selflice his godan weorc forleose. Ac monige
sindon me swiðe onlice on ungelærednesse, ðeah þe hi næfre leorning-
cnihtas næren, wilniað ðeah lareowas to beonne, & ðynceð him swiðe
leoht sio byrðen þæs lareowdomes, forðonþe hie ne cunnon þæt
mægen his micelnesse. From ðære dura selfre ðisse bec, þæt is
from onginne ðisse spræce, sint adrifene & getælde ða unwaran, þe
him agniað ðone cræft ðæs lareowdomes þe hi na ne geleornodon.

I. Ðætte unlærede ne dyrren underfon lareowdom.

Forðonþe nan cræft nis to læronne ðæm þe hine ær geornlice ne
leornode, forhwon beoð æfre swæ ðriste ða ungelæredan þæt hi
underfón þa heorde ðæs lareowdomes, ðonne se cræft þæs lareowdomes
bið cræft ealra cræfta ? Hwa nat þæt ða wunda ðæs modes bioð
digelran ðonne þa wunda ðæs lichoman ? & ðeah þa worldlecan læceas
scomað þæt hi onginnen þa wunda lacnian þe hi gesion ne magon,
& huru gif hi nouðer gecnawan ne cunnon ne þa medtrymnesse ne
eac þa wyrta þe ðær wið sculon. & hwilon ne scomað ða þe· ðæs
modes læceas bion scoldon, ðeah þe hi nane wuht [nanwuht] ongitan

---

attained the post of instruction ; but let the fear of his own faults
moderate it, and let him confirm with the example of his life his
teaching for those who do not believe his words ; and when he has
performed a good work, let him remember the evil he has done, that his
contrition for his evil deeds may moderate his joy for his good works ;
lest he be puffed up in spirit before the eyes of the unseen Judge,
and inflated with pride, and so through his egotism lose his good
works. But there are many who seem to me to be very similar in
want of learning, who, although they were never disciples, yet wish
to be teachers, and think the burden of teaching very light, because
they do not know the power of its greatness. From the very door
of this book, that is, from the beginning of this discourse, the unwary
are driven away and blamed, who arrogate to themselves the art of
teaching which they never learned.

hit se ege his agenra unðeawa, & befæste he mid his lifes bisenum
ða lare ðæm ðe his wordum ne geliefen ; & ðonne he gód weorc wyrce,
gemyne he ðæs yfeles ðe he worhte, ðette sio únrótnes, ðe he for ðæm
yflan weorcum hæbbe, gemetgige ðone gefean ðe he for ðæm godan
5 weorcum hæfde ; ðylæs he beforan ðæs dieglan deman eagum sie
áhafen on his mode & on ofermettum aðunden, & ðonne ðurh ðæt
selflice his godan weorc forleose. Ac monige sindon me suiðe ónlice
ón úngelærednesse, ðeah ðe hi næfre leorningcnihtas næren, wilniað
ðeah lareowas to beonne, & ðyncet him suiðe leoht sio byrðen ðæs
10 lareowdomes, forðonðe hi ne cunnon ðæt mægen his micelnesse.
From ðære dura selfre ðisse béc, ðæt is from onginne ðisse spræce,
sint adrifene & getælde ða únwaran, ðe him agniat ðone cræft ðæs
lareowdomes ðe hi na ne geleornodon.

I. Ðætte unlærde ne dyrren underfón lareowdóm.

15   Forðonðe nan cræft nis to læranne ðæm ðe hine ær geornlice
ne leornode, forhwon beoð æfre suæ ðriste ða ungelæredan ðæt hi
underfón ða heorde ðæs lariowdomes, ðonne se cræft ðæs lareowdomes
bið cræft ealra cræfta ? Hua nát ðæt [ða] wunda ðæs modes bioð
digelran ðonne ða wunda ðæs lichaman ? & ðeah ða woroldlecan
20 læcas scomaþ ðæt hi ong[i]nnen ða wunda lacnian ðe hi gesion ne
magon, & huru gif hi nouðer gecnawan ne cunnan ne ða medtrymnesse
ne eac ða wyrta ðe ðærwið sculon. & hwilon ne scomað ða ðe ðæs
modes læceas beon scoldon, ðeah ðe hi nane wuht óngitan ne cunnon

---

I. That the unlearned are not to presume to undertake the office
of teacher.

Since no art can be taught by him who has not diligently learnt
it before, why are the unlearned ever so rash as to undertake the
care of teaching, when the art of teaching is the art of all arts ?
Who does not know that the wounds of the mind are more obscure
than the wounds of the body?   And yet worldly physicians are
ashamed of undertaking to cure wounds which they cannot see,
especially if they neither understand the disease nor the herbs which
are to be employed.   And sometimes those who are to be physicians
of the mind, although they cannot understand anything of the spi-
ritual precepts, are not ashamed of taking upon themselves to be phy-

ne cunnon ðara gæstlecena beboda, þæt hi him onteoð þæt hi sin heortan læceas. Ac forðæmþe nu eal se weorðscipe ðisse worlde is gecyrred, Gode ðonc, to weorðscipe ðæm æwfæstestan [æwfestum], þæt þa sindon nu weorðoste þe æwfæstosðe sindon, forðon licet swiðe monig ðæt he æwfæst lareow sie, þe he wilnað micle worldare habban. Be ðæm Crist selfa clipode, & þus cwæð : Hi seccað þæt hi mon ærest grete & weorðige on çeapstowum & on gebiorscipum, & þæt hi fyrmest hlynigen æt æfengiflum, & þæt yldeste setl on gemetingum hi seceað. Forðæm hi swæ mid [on] ofermettum & mid upahæfennesse becumað to ðære are ðære hirdelecan gemenne, hi ne magon medumlice ðenian þa ðenunga, & ðære eaðmodnesse lareowas bion ; ac sio tunge bið gescended on ðæm lareowdome ðonne hio oðer lærð, oðer [hio] geleornode. Swelcum monnum Dryhten cidde ðurh ðone witgan, & him swelc oðwat, þa he cwæð : Hi ricsodon, næs ðeah mines ðonces ; ealdormen hi wæron, & ic hi ne cuðe. Ða þe swæ ricsiað, hi ricsiað of hira agnum dome, næs of ðæs hihstan deman, ðonne hi ne bioð mid nanre sylle underscotene þæs god-cundlican mægenes, ne for nanum cræfte gecorene, ac mid hira agenre gewilnunge hi bioð onbærnde, þæt hi gereafiað swæ heane lareowdom swiður ðonne hi hine geearnigen.   Hi ðonne se ecea & se digla dema upahefð swelce he hi nyte, & geðafiende he hit forbirð for ðæm dome his geðylde. Ac ðeah he on ðæm hade fela wundra wyrcen, eft ðonne hi to him cumað, he cwæð [cwið] : Gewitað from me ge unryht-wyrhtan ; nat ic hwæt ge sint. Eft he hi ðreade ðurh ðone witgan for hira ungelærednesse, þa he cwæð : Ða hirdas næfdon andgit :

---

sicians of the mind.   But since now all the honour of this world is turned by the grace of God to the honour of the pious, so that now the most pious are in greatest estimation, many pretend to be pious teachers because they desire great worldly honour.   On which subject Christ himself exclaimed, and said thus : "They desire to be greeted first, and honoured in market-places ' and at banquets, and to re-cline first at suppers, and they seek the most honourable seat in assemblies."   Since with pride and vainglory they thus arrive at the honour of pastoral care, they are unable properly to fulfil the duties of their ministration and to become teachers of humility ; but their exhortation in teaching is disgraced, when they teach one thing, having learnt another.   Such men God chided through the prophet,

ðara gæstlecena beboda, ðæt hie him ónteoð ðæt hie sien heortan
læcas. Ac forðonðe nú eall se weorðs[ci]pe ðisse worolde is gecierred,
Gode ðonc, to weorðscipe ðæm æwfæstam, ðæt ða sindon nú weorðoste
ðe æwfæstoste sindon, forðon licet suið[e] monig ðæt he æwfæsð lareow
5 sie, ðe he wilnað micle woroldare habban. Be ðam Crisð selfa
cleopode, & ðus cwæð : Hi secað ðæt hi mon ærest grete & weorðige
on ceapstowum & on gebeorscipum, & ðæt hie fyrmest hlynigen æt
æfengieflum, & ðæt ieldesðe setl on gemetengum hi secað. Forðon
hie sua ón ofermettum & mid [úp]áhafenesse becumað to ðære áre
10 ðære hirdelecan giemenne, hi ne magon medomlice ðenian ða ðenunga,
& ðære eaðmodnesse lareowas bion ; ac sio tunge bið gescinded on
ðam lariowdome ðonne hio oðer lærð, oðer hio liornode. Suelcum
monnum Dryhten cidde ðurh ðone witgan, & him suelc oðwát, ða
he cuæð : Hie ricsedon, næs ðeah mines ðonces ; ealdormen hi
15 wæron, & ic hie ne cuðe. Ða ðe sua ricsieað, hi ricsiað of hira
agnum dome, næs of ðæs hiehstan deman, ðonne hi ne beoð mid
nanre sylle underscotene ðæs godcundlican mægenes, ne for nanum
cræfte gecorene, ac mid hira agenre gewilnunge hie bioð onbærnede,
ðæt hie gereafiað sua heane lariowdóm suiðor ðonne [hi] hine geearnien.
20 Hie ðonne se éca & se diegla dema úp hefeð suelce he hi nyte, &
geðafiende he hit forbireð for ðam dome his geðylde. Ac ðeah hi
on ðam hade fela wundra wyrcen, eft ðonne hi to him cumað, he
cuið : Gewitað from me ge unryhtwyrhtan ; nat ic hwæt ge sint.
Eft he hie ðreade ðurh ðone witgan for hira ungelærednesse, ða
25 he cuæð : Ða hierdas næfdon &git : hie (h)æfdon mine æ, & hi me

and reproached them with such doings, when he said : "They reigned,
but not by my will ; they were princes, and I knew them not."
Those who so rule, rule through their own power, not through that
of the highest Judge, since they are not supported on any foundation
of the divine power, nor chosen for any excellence, but they are in-
flamed by their own desire, so as to seize on so high an office rather
than obtain it by their deserts. And the eternal and unseen Judge
exalts them as if he knew them not, and suffers it without interfering,
as an example of patience. But though they perform many wonders
in their office, when they come to him he says, "Depart from me, ye
evildoers ; I know not what ye are." Again, he rebuked them
through the prophet for their want of learning, when he said, "The

hi hæfdon mine æ, & hi me ne gecnewon. Se þe Godes bebodu ne
gecnæwð, ne bið he oncnawen from Gode. Ðæt ilce cwæð Paulus :
Se þe God ne ongit, ne ongit God hine. Unwise lareowas cumað
for ðæs folces synnum. Forðon oft for ðæs lareowes unwisdome
misfarað þa hiremen, & oft for ðæs lareowes wisdome unwisum
hiremonnum bið geborgen. Gif ðonne ægðer bið unwis, ðonne is
to geðencenne hwæt Crist self cwæð on his godspelle, he cwæð : Gif
se blinda ðone blindan lædeð, hi feallað begen on anne pyt. Be ðæm
ilcan se salmscop cwæð : Sin hira eagan aðistrode þæt hi ne gesion,
& hira hrycg simle gebigged. Ne cwæð he þæt forðype he ænegum
men ðæs wyscte oððe wilnode, ac he witgode swæ swæ hit geweorðan
sceolde. Soðlice ða eagan þæt bioð ða lareowas, & se hrycg þæt
sint ða hiremenn ; forðon ða eagan bioð on ðæm lichoman fore-
weardum & ufeweardum, & se hyrcg færð æfter ælcere wuhte ; swæ
gað ða lareowas beforan ðæm folce, & þæt folc æfter. Ðonne ðæm
lareowum aðistriað ðæs modes eagan, ðe beforan gán sceoldon mid
godum bisnum, ðonne gebigð þæt folc hira hrycg to [mid] hefegum
byrðenum monegum.

II. Ne eft ða gelæredan þa swæ nyllað libban swæ hie on bocum
    leornodon, þæt hie ne sceoldon underfón ða are ðæs lareow-
    domes.

Monige eac wise lareowas winnað mid hira ðeawum wið ðam [ða]
gastlican bebodum [bibodu] þe hi mid wordum lærað, ðonne hi on
oðre wisan libbað on oðre hi lærað. Oft ðonne se hirde gæð on

---

shepherds had not understanding ; they had my law, and knew me
not." He who knows not God's commands is not acknowledged by
God. The same said St. Paul : "He who knows not God, God
knows not him." Foolish teachers come for the people's sins.
Therefore often through the teacher's folly the disciples come to
grief, and often through the teacher's wisdom foolish disciples are
preserved. If, then, both are foolish, we must consider what Christ
himself said in his Gospel, he said : "If the blind lead the blind,
they will both fall into a pit." On the same subject the Psalmist
spoke : "May their eyes be dimmed that they may not see, and their
back always bent." He did not say this because he wished or desired
it to befall any man, but he prophesied how it was to happen. For

ne gecniowon. Se ðe Godes bebodu ne gecnæ(w)ð, ne bið he-on-
cnawen from Gode. Ðæt ilce cuæð *sanctus* Paulus : Se ðe God ne
ongit, ne ongit God hine. Unwise lareowas cumað for ðæs folces
synnum. Forðon oft for ðæs lareowes unwisdome misfarað ða
5 hieremenn, & oft for ðæs lareowes wisdome unwisum hieremonnum
bið geborgen. Gif ðonne ægðer bið unwis, ðonne is to geðencanne
hwæt Crisð self cuæð on his godspelle, he cwæð : Gif se blinda ðone
blindan læt, hi feallað begen on ænne pytt. Be ðæm ilcan se sealm-
scop cuæð : Sien hira eagan aðistrode ðæt hi ne geseon, & hiora hrygc
10 simle gebieged. Ne cuæð he ðæt forðyðe he ænegum men ðæs
wyscte oððe wilnode, ac he witgode sua sua hit geweorðan sceolde.
Soðlice ða eagan ðæt beoð ða lareowas, & se hrygc ðæt sint ða hiere-
menn ; forðan ða eagan bioð on ðam lichoman foreweardum & ufewear-
dum, & se hrycg færð æfer ælcre wuhte ; sua gæð ða lareowas beforan
15 ðæm folce, & ðæt folc æfter. Ðonne ðam lareowum aðistriað ðæs
modes eagan, ðe beforan gán scoldon mid godum bisenum, ðonne
gebigð ðæt folc hira hry[c]g to hefegum byrðenum manegum.

II. Ne eft ða gelæredan ðe swa nyllað libban swa hie ón bocum
   leornedon, ðæt hi scoldon ne underfon [ða are] ðæs lareow-
20   domes.

Monige eac wis[e] lareowas winnað mid hira ðeawum wið ða gæsð-
lecan bebodu ðe hi mid wordum lærað, ðonne hie on oðre wisan libbað
on oðre hi lærað. Oft ðonne se hirde gæð on frecne wegas, sio hiord

---

the eyes are the teachers, and the back the disciples ; because the
eyes are in the front and upper part of the body, and the back
comes after everything ; and in the same way the teachers go before
the people, and the people after. When the eyes of the teacher's
mind are dimmed, which ought to go before with good examples,
the people bend their backs under many heavy burdens.

II. Nor, again, let the learned, who are not willing to live as they
   have learnt in books, undertake the dignity of teaching.

Many wise teachers also fight with their behaviour against the spi-
ritual precepts which they teach with words, when they live in one
way and teach in another Often when the shepherd goes by dan-

frecne wegas, sio hiord þe unwærre biˀ, gehrist. Be swelcum hirdum
cwæˀ se witga : Ge fortrædon Godes sceapa gærs & ge gedrefdon
hira wæter mid eowrum fotum, ˀeah ge hit ær undrefed druncon.
Swæ ˀa lareowas hi drincaˀ swiˀe hlutor wæter, ˀonne hi ˀone
godcundan wisdom liorniaˀ, & eac ˀonne hi hine læraˀ ; ac hi hit
gedrefaˀ mid hira agnum unˀeawum, ˀonne ˀæt folc biscnaˀ on hira
unˀeawum, nalles on hira lare. Ðeah ˀæt folc ˀyrste ˀære lare, hi
hie ne magon drincan, ac hio biˀ gedrefed midˀæmþe ˀa lareowas
oˀer doˀ oˀer hi læraˀ. Be ˀæm Dryhten cwæˀ eft ˀurh ˀone
witgan : Yfle preostas bioˀ folces hryre. Ne dereˀ nan mon swiˀur
ˀære halgan gesomnunge ˀonne ˀa þe ˀone noman underfoˀ & ˀa
endebyrdnesse ˀæs halgan hades, & ˀonne on woh doˀ ; forˀon hi
nan mon ne dear ˀreagean ˀeah hi agylten, ac mid þæm bioˀ synna
swiˀe gebrædda, þe hi bioˀ swa geweorˀode. As hi woldon selfe
fleon ˀa byrˀenne swæ micelre scylde, ˀa þe his unwierˀe wæron,
gif hi mid hira heortan earum woldon gehiran & geornlice geˀencean
ˀone Cristes cwide, þe he cwæˀ : Se þe ænigne ˀissa ierminga be-
swicˀ, him wære betre ˀæt him wære sumu esulcweorn to ˀæm
swiran getigged, & swæ aworpen to sæs grunde. Ðurh ˀa cweorne
is getacnod se ymbhwyrft ˀisse worlde & eac monna lifes & hira
geswinces, & ˀurh ˀone sægrund [sæs gr.] hira ende & se siˀemesta
dom. Ðonne biˀ sio cweorn becirred ˀonne se mon biˀ geendod ;
ˀonne biˀ sio micle cwiorn becirred ˀonne ˀeos world biˀ geendod.
Se ˀonne þe to [Se þonne to] halgum hade becymˀ, & ˀonne mid
yflum bisnum oˀˀe worda oˀˀe weorca oˀre on wón gebringˀ, betre
him wære þæt he on læssan hade & on eorˀlecum weorcum his lif

---

gerous ways, the flock, which is too unwary, falls. Of such shepherds
the prophet spoke : " Ye trod down the grass of God's sheep, and
ye defiled their water with your feet, though ye drank it before
undefiled." Thus the teachers drink very pure water when they learn
the divine wisdom, and also when they teach it ; but they defile it
with their own vices, and set an example to the people by their vices,
not by their instruction. Though the people thirst for instruction,
they cannot drink it, but it is defiled by the teachers doing one
thing and teaching another. Of whom again God spoke through the
prophet : "Bad priests are the people's fall." No man injures more
the holy assembly than those who assume the name and order of the
holy office, and then pervert it ; for no man dare admonish them

ðe unwærre bið, gehrist. Be suelcum hirdum cwæð se witga: Ge
fortrædon Godes sceapa gærs & ge gedrefdon hiora wæter mid iowrum
fotum,✓ðeah ge hit ær undrefed druncen. Sua ða lareowas hi drincað
suiðe hluter wæter, ðonne hi ðone godcundan wisdóm leorniað, & eac
5 ðonne hie hiene lærȧð ; ac hie hit gedrefað mid hira agnum unðeawum,
ðonne ðæt folc bisenað on hira unðeawum, nals on hira lare. Ðeah ðæt
folc ðyrste ðære lare, hie hie ne magon drincan, ac hio bið gedrefed
midðamðe ða lareowas oðer dóð oðer hie læráð. Be ðæm Dryhten
cwæð eft ðurh ðone witgan: Yfle preostas bioþ folces hryre. Ne
10 dereð nan mon suiðor ðære halgan gesomnunge ðonne ða ðe ðone
noman underfóð & ða endebyrdnesse ðæs halgan hades, & ðonne on
wóh ðóð ; forðon hie nan monn ne dearr ðreag[e]an ðeah hie agylten,
ac mid ðam beoð synna suiðe [ge]brædda ðe hie beoð sua geweorðade.
Ac hie woldon selfe fleon ða byrðenne sua micelre scylde, ða ðe his
15 unwierðe wæron, gif hie mid hiora heortan earum woldon gehieran &
geornlice geðencan ðone Cristes cuide, ða he cuæð: Se ðe ænigne ðissa
ierminga besuicð, him wære betere ðæt him wære sumu esulcweorn to
ðæm suiran getiged, & sua áworpen to sǽs grunde. Ðurh ða cweorne
is getacnod se ymbhwyrft ðisse worolde & eac monna lifes & hira
20 gesu[i]nces, & ðurh ðone sǽgrund hira ende & se siðemesða demm.
Ðonne bið sio cweorn becierred ðonne se monn bið geendod ; ðonne
bið sio micle cweorn becierre[d] ðonne ðeos weorld bið geendod. Se.
ðonne to halgum hade becymð, & ðonne mid yflum bisnum oððe
worda oððe weorca oðre on wón gebringð, betre him wære ðæt he on
25 læssan hade & ón eorðlicum weorcum his lif geendode ; forðæm gif he

---

if they do wrong, and sins become very widely extended, since they
are so much honoured. But they would of their own accord flee
the burden of so great a sin, being unworthy of it, if they would
hear with the ears of their heart, and carefully consider the words
of Christ, when he said, "He who deceives one of these little ones,
it were better for him to have a millstone tied to his neck, and
so to be thrown to the bottom of the sea." By the mill is signi-
fied the circuit of this world, and also of man's life, and their
toil, and by the bottom of the sea their end and the last judgment.
The mill is turned when the man is ended ; the great mill is turned
when this world is ended. He who attains holy orders, and with
bad examples, either of words or of works, leads others astray, it

geendode; forðæm gif he on ðæm wel deð, he hæfð ðæs god lean,
gif he yfle deð, læsse wite he ðrowað on helle, gif he ana ðæder
cymð, ðonne he dó, gif he oðerne mid him ðæder bringð.

III. Be ðære byrðenne ðæs reccendomes, & hu he scile eall earfeðo
forseon, & hu forht he sceal bion for ælcre orsorgnesse.

Forðæm we ðis feaum wordum sædon, þe we woldon gecyðan hu
micel sio byrðen bið ðæs lareowdomes, ðylæs ænig hine underfón durre
ðara þe his unwierðe sie, ðylæs hi ðurh ða wilnunga ðære worldare
underfó ðone ladteowdom ðæs forlores. Swiðe medomlice Iacobus
se apostol his stirde, þa he cwæð : Broður ne beo eower to fela
lareowa. Forðæm se wealhstod self Godes & monna, ðæt is Crist,
fleah eorðrice [eorþlic rice] to underfónne. Se se þe ealne ðone
wisdom ðæra uferrena gasta oferstigð & ær worlde ricsode on hefonum,
hit is awriten on ðæm godspelle, Iudeas comon & woldon hine don
nidenga to kyninge. Ða se hælend þæt ongeat, þa becirde he hi &
gehydde hine. Hwa meahte ieð monnum rædan butan scylde, ðonne
se þe hi gescop ? Ne fleah he ðy rice ðy his ænig mon bet wirðe
wære, ac he wolde us ða bisene astellan [asællan] þæt we his to
swiðe ne gidsodon ; & eac wolde for us ðrowian. He nolde bion
kyning, & his agnum willum [willan] he com to rode gealgan. Ða
weorðmynde kynehades he fleah, & þæt wite ðæs fracoðlicostan deaðes
he geceas, forðæm þætte we, þe his limo sindon, leornodon æt him
þæt we flugen ða oliccunga ðisses middangeardes ; & eac ðæt þæt

---

were better for him to end his life in a humbler station and in
earthly works ; for if he do well in them he will have a good reward
for it, if he do ill he will suffer less torment in hell if he arrive
there alone, than if he bring another with him.

III. Of the burden of rule, and how he is to despise all toils,
and how afraid he must be of every luxury.

We have said thus much in few words, because we wished to show
how great is the burden of teaching, lest any one dare undertake it who
is unworthy of it, lest he through desire of worldly honour undertake
the guidance of perdition. Very justly the apostle James forbade it
when he said, "Brothers, let there not be too many masters among

on Ꝧæm wél deꝧ, he hæfꝧ Ꝧæs gód lean, gif he yfle deꝧ, læsse wíte he
ꝧrowaꝧ ón helle, gif he ana ꝧider cymꝧ, ꝧonne he dó, gif he oꝧerne
mid him ꝧider bringꝧ.

III. Be Ꝧære byrꝧenne Ꝧæs reccenddomes, & hu he scyle eall ear-
5　　foꝧu forsion, & hu for(h)t he sceal beon for ælcre orsorgnesse.

Forꝧon we ꝧiss feawum wordum sædon, ꝧy we woldon gecyꝧan hu
micel sio byrꝧen biꝧ Ꝧæs lareowdomes, ꝧylæs ænig hine únderfón
durre Ꝧara ꝧe his unwierꝧe sie, ꝧylæs hie ꝧurh ꝧa wilnunga Ꝧære
woroldáre underfó ꝧone latteowdom Ꝧæs forlores.　Suiꝧe medomlice
10 Iacobus se apostol his stirde, ꝧa he cuæꝧ : Broꝧor ne beo eower to fela
[lareowa].　ForꝦæm se wealhstod [self] Godes & monna, Ꝧæt is Crist,
fleah eorꝧrice to underfonne.　Se se ꝧe ealne ꝧon[e] wisdóm Ꝧara uferren-
na gæsta oferstigꝧ & ær worolde ricsode on hefenum, hit is awriten on
Ꝧæm godspelle, Iudeas comon & woldon hine dón niedenga to cyninge.
15 Ða se Hælend Ꝧæt ongeat, ꝧa becierde he hie & gehydde hiene.　Hwa
meahte ieꝧ monnum rædan butan scylde, ꝧonne se ꝧe hi gescop?　Ne
fleah he ꝧy rice ꝧy his ænig monn bét wyrꝧe wære, ac he wolde us ꝧa
bisene astellan, Ꝧæt we his to suiꝧe ne gitseden ; & eac wolde for ús
ꝧrowian.　He nolde beon cyning, & his ꝑgnum willan he com to rode
20 gealgan.　Ða weorꝧmynde cynehades he fleah, & Ꝧæt wite Ꝧæs
fraceꝧlecestan deaꝧes he geceas, forꝧam Ꝧætte we, ꝧe his liomu
sindon, leornedon æt him Ꝧæt we flugen ꝧa oliccunga ꝧisses middan-
geardes ; & eac Ꝧæt Ꝧæt we his ege & his brogan us ne óndreden, &

---

you."　Therefore the mediator himself between God and men,
that is Christ, shunned undertaking earthly rule.　He who sur-
passes all the wisdom of the higher spirits, and reigned in heaven
before the world was, it is written in the Gospel that the Jews
came and wished to make him king by force.　When the Saviour
perceived it, he dismissed them and hid himself.　Who could
easier rule men without sin than he who created them?　He did
not shun supremacy because any man was worthier of it, but
he wished to set us an example of not coveting it too much ;
and also wished to suffer for us.　He wished not to be king, yet of
his own free will he came to the cross.　He shunned the honour of
reigning, and chose the punishment of the most ignominious death,

we his ege & his brogan us ne ondreden, & for soðfæstnesse þæt we
lufien geswinc, & orsorgnesse we us ondræden, & hi forðy forbugen.
Forðæm for ðære orsorgnesse monn oft aðiut on ofermettum, & þa
earfeðu ðurh sar & ðurh sorge hine geclænsiað & geeaðmedað. On
ðæm gesuntfulnessum ðæt mod wirð upahæfen ; & on ðæm earfeðum,
ðeah hit ær upahæfen wære, hit við geeaðmeded. On ðære gesuntful-
nesse mon forgit his selfes; on ðæm geswincum· he sceal hine selfne
geðencean, ðeah he nylle. On ðære orsorgnesse oft þæt he to gode
gedyde he forlist ; on ðæm earfeðum oft þæt he [longe] ær to yfle ge-
dyde,·he hit (om.) gebet. Swiðe oft mon bið þære earfoðnesse lareow-
dome underðided, ðeah he ær nolde his lareowes ðeawum & larum bion.
Ac ðeah hine ðonne ða brocu getyn & gelæren, sona, gif he on rice be-
cymð, for ðære weorðunge ðæs folces he bið on ofermetto awended, &
gewunað to ðæm gilpe. Swa swa Saul se cyning, ærest he fleah ðæt
rice, & tealde hine selfne his swiðe unwierðne. Ac sona swa he ðone
onwald onfeng ðæs rices, he astag on ofermetto, & hinc bealg wið ðone
ilcan Samuhel þe hine ær on ðæm rice gebrohte, & hine to gehalgode,
forðæmþe he him sæde beforan ðæm folce his unðeawas, þa he him ær
hira ðonces gestiran ne meahte ; & þa he him fram wolde, þa feng
[gefeng] he hine, & toslat his hrægl, & hine geunarode. Swæ eac Dauid,
se folneah on eallum ðingum Gode licode, sona swæ he ða byrðen(n)e
næfde swæ mænegra earfoða, he wæs mid ofermettum gewundod, & þæt
swiðe wælhreowlice gecyðde on Urias slege his agnes holdes ðegnes,
for ðære scamleaslican wilnunge [gewilnunge] his wifes. Se ilca se

---

that we who are his members might learn from him to shun the
seductions of this world ; and also that we might not dread its fear
and terror, and for the sake of truth, love toil and dread luxury, and
therefore avoid it. For through luxury men are often inflated with
pride, while hardships through pain and sorrow purify and humble
them. In prosperity the heart is puffed up ; in adversity, even if it
were formerly puffed up, it is humbled. In prosperity men forget
themselves ; in adversity they must remember themselves, even if
they are unwilling. In prosperity they often lose the good they
formerly did ; in adversity they often repair the evil they long ago
did. Often a man is subjected to the instruction of adversity, although
before he would not follow the moral example and instruction of his

for soðfæsðnesse ðæt we lufigen gesuinc, & orsorgnesse we us
ondrædan, & hi forðy forbugen. Forðam for ðære orsorgnesse monn
oft aðint on ofermettum, & ða earfeðu ðurh sár & ður(h) sorge
hiene geclænsiað & geeaðmedað.   On ðæm gesundfulnessum ðæt
5 mód wierð úpáhafen ; & on ðæm earfeðum, ðeah hit ær úpáhafen
wære, hit bið geeaðmedd. On ðære gesundfulnesse mon forgiett
his selfes ; on ðæm gesuincum he sceal hine selfne geðencean, ðeah heͬ
nylle. On ðære orsorgnesse oft ðæt he to gode gedyde he forliesð ; on
ðæm earfoðum oft ðæt he longe ær to yfle gedyde, he gebett. Suiðe
10 oft monn bið ðære earfoðnesse lareowdome underðieded, ðeah he ær
nolde his lareowes ðeawum & larum bion. Ac ðeah hine ðonne ða
brocu getýn & gelæren, sona, gif he on rice becymð, for ðære weorð-
unge ðæs folces, he bið ón ofermettu awended, & gewunað to ðæm
gielpe. Sua sua Saul s[e] cyning, æresð he fleah ðæt rice, & tealde
15 hine selfne his suiðe únwierðne. Ac sona sua he ðone anwald onfeng
ðæs rices, he ástag on ofermetto, & hine bealg wið ðone ilcan Samuel
ðe hine ær on ðæm rice gebrohte, & hine to gehalgode, forðamðe he
him sæde beforan ðam folce his únðeawas, ða he him ær hiera ðonces
gestieran ne meahte ; & ða he him from wolde, ða gefeng he hine, &
20 toslat his hrægl, & hine geunarode. Sua eac Dauit, ðe folneah on
eallum ðingum Gode licode, sona sua he ða byrðenne næfde sua
monegra earfeða, he wæs mid ofermettum gewundad, & ðæt suiðe
wælhreowlice gecyðde on Urias slæge hi[s] agenes holdes ðegnes, for
ðære scamleaslecan gewilnunge his wifes. Se ilca se monegum yfelum

---

teácher. But although schooled and taught by adversity, soon, if he
attain to power, through the homage of the people he becomes proud
and accustomed to presumption. As king Saul at first declined
the throne, and deemed himself quite unworthy of it. But as soon
as he obtained the rule of the kingdom, he became proud, and was
angry with that same Samuel who formerly brought him to the throne,
and consecrated him, because he told him of his faults before the
people, since he could not control him before with their approval;
and when he wished to depart from him, he seized him, and tore his
clothes, and insulted him. So also David, who pleased God in nearly
everything, as soon as he had not the burden of so many troubles,
he was wounded with pride, and showed it very cruelly in the murder

monegum yflum wið hine selfne forworhtum ær geárode, he wearð
eft swæ ungemetlice grædig ðæs godan deaðes, butan ælcre scylde &
ælcre wiðerweardnesse wið hine. Se ilca Dauid þe forbær þæt he
ðone kyning ne yflode, þe hine on swæ heardum wræce gebrohte, &
of his earda adræfde, þa he his wel geweald ahte on ðæm scræfe, he
genam his loðan ænne læppan to tacne þæt he his gewald ahte, &
hine ðeah for ðæm ealdan treowum forlet. Se ilca Dauid miclum
his agnes herges pleh, & monigne forsende, þær he ymb his getreowne
ðegn unsynnigne sirede. Sio scyld hine swiðe feor of ealra haligra
rime atuge, ðær him eft ða geswinc & ða carfeðu ne gehulpen.

IV. Ond hu oft sio bisgung ðæs rices & ðæs recendomes toslit ðæt
mod ðæs recceres.

Swiðe oft gedrefð þa heortan sio monigfalde giemen ðæs under-
fangnan lareowdomes, & þonne ðæt mod bið on monig todæled, hit
bið on anes hwæm þe unfæstre, & eac ðy unnyttre. Be ðæm cwæð
Salomon se snottra: Sunu min, ne todæl ðu on to fela ðin mod, &
ðin weorc endemes. Forðon oft ðonne mon forlet ðone ege & ða
fæstrædnesse þe he mid ryhte on him innan habban sceolde, hine
spænð his mod to swiðe monegum unnyttum weorce. He sorgað
ymb ða, & bið ðara swiðe gemyndig, & forgit his selfes, ðonne he
swiður his mod gebint to ðæm unnyttan [unnyttran] weorcum ðonne
he ðyrfe. Him bið swæ swæ ðæm menn þe bið abisgod on færelte
mid oðrum cirrum, oðþæt he nat hwæder he ær wolde, ne geðencean

---

of Uriah, his own faithful servant, for the shameless desire of his
wife. The same one who formerly spared him who had sinned against
him with so many evils, became so immoderately eager for the death
of the virtuous Uriah, without any crime or offence against himself.
The same David who forbore injuring the king who brought him
into such painful exile, and drove him from his country, when he
had him completely in his power in the cave, took a lappet of his
coat as a sign of having had him in his power, and yet let him
escape for his former allegiance. The same David exposed his own
army to great danger, and caused many to perish, when he laid snares
for his faithful and innocent servant. The sin would have removed
him very far from the number of all the saints, had not his toils
and troubles come to his help again.

wið hine selfne forworhtum ær gearode, he wearð eft sua ungemetlice
grædig ðæs godan deaþes butan ælcre scylde & ælcre wiðerweardnesse
wið hine.   Se ilca Dauid ðe forbær ðæt he ðone kyning ne yfelode,
ðe hine on sua heardum wræce gebrohte, & of his earde ádræfde, ða
5 he his wel geweald ahte on ðæm scræfe, he genom his loðan ænne
læppan to tacne ðæt he his geweald ahte, & hine ðeah for ðam ealdan
treowum forlét.   Se ilca Dauid miclum hi[s] agenes herges pleah,
& monig[ne] forsende, ðær he ymb his getreowne ðegn únsynnigne
sierede.   Sio scyld hine suiðe feorr óf ealra haligra rime atuge, ðær
10 him eft ða gesuinc & ða earfeðu ne gehulpen.

IV. Ond hu oft sio bisgung ðæs rices & ðæs recedomes toslit ðæt
mod ðæs recceres.

Suiðe oft gedrefeð ða heortan sio manigfealde giemen ðæs under-
fangenan lareowdomes, & ðonne ðæt mód bið o[n] monig todæled, hit
15 bið on anes hwæm ðe unfæstre, & eac ðe un(n)yttre.   Bi ðam cuæð
Salomonn se snottra: Sunu mín, ne todæl ðu on to fela ðin mód, & ðin
weorc endemes.   Forðan oft ðonne mon forlæt ðone ege & ða fæs-
ðrædnesse ðe he mid ryhte on him innan habban scolde, hine spænð
[his mód] to suiðe manegum unnyttum weorce.   He sorgað ymb ða, &
20 bið ðara suiðe gemyndig, & forgiett his selfes, ðonne he suiðor his
mod gebint to ðam unnyttran weorcum ðonne he ðyrfe.   Him bið
[sua] sua ðam menn ðe bið abisgod on færelde mid oðrum cierrum,
oððæt he nát hwider he ær wolde, ne geðencan ne con hwæt him

IV. And how often the trouble of rule and government distracts
the mind of the ruler.

Very often the manifold care of teaching when it is undertaken
disturbs the heart, and when the mind is divided among many
objects it is the less firm in each, and also less useful.   Of which
spoke the wise Solomon : "My son, do not divide thy mind among
too many things, and thy works likewise."   For often when a man
loses the fear and firmness which he ought properly to have within
him, his mind allures him to many useless works.   He is concerned
for them, and very mindful of them, and forgets himself, when he
occupies his mind with the useless works more than he ought.   He
is like the man who is occupied on a journey with other affairs,

ne can hwæt him losað on ðære gælinge þe he þa hwile amirð, &
hu swiðe he on ðæm gesyngað. Ne wende na Ezechias Israhela
kyning þæt he gesyngode, þa he lædde þa elðeodgan ærendracan on his
maðmhus, & him geiewde his goldhord. Ac he onfunde ðeah Godes
irre on ðæm hearme þe his bearne æfter his dagum becom. & ðeah
he wende þæt hit nan syn nære. Oft ðonne hwæm gebyreð þæt he
hwæt mærlices & wunderlices gedeð, & his ðonne wundriað ða þe
him underðidde bioð, & hine heriað, ðonne ahefð he hine on his
mode, & his Deman ierre fullice to him gecigð, ðeah þe he hit on
yflum weorcum ne geopenige. Swæðeah mid ðy selflice se Dema
bið genided to ðæm irre, & se Dema se ðæt ingeðonc eal wat, he
eac ðæm ingeðonce demð. We magon monnum bemiðan ure geðonc
& urne willan, ac we ne magon Gode. Hwæt se Babilonia kyning
wæs swiðe upahæfen on his mode for his onwalde & for his gelimpe,
þa he fægenode þæs miclan weorces & fægernesse ðære ceastre, &
hine othof innan his geðohte eallum oðrum monnum, & swigende he
cwæð on his mode : Hu ne is ðis nu sio micle Babilon þe ic self
atimbrede to kynestole & to ðrymme, me selfum to wlite & to wuldre,
mid mine agne mægene & strengeo ? Ða swigendan stefne swiðe
hræðe se digla Dema gehirde, & him swiðe undigellice geondwyrde
mid ðæm witum þe he hit swiðe hrædlice wræc. Þa upahæfenesse
he arasode & hi getælde, þa he hine ásced of ðæm worldrice, &
hine gehwirfde to ungesceadwisum neatum, & swæ awende mode he
hine geðidde to feldgongendum deorum ; & swæ ðy ðearlan do(me) he
forleas his mennisce. Se ilca se þe wend(e þæt) he wære ofer ealle

---

until he knows not whither he formerly wished to go, and cannot
think what he loses in the delay, and how greatly he sins therein.
Hezekiah, king of Israel, did not think that he sinned when he led
the foreign ambassadors into his treasury, and showed them his
treasures. But he experienced God's anger in the misery which came
on his child after his days. And yet he thought it was no sin.
Often when any one happens to do anything famous and wonderful,
and those who are under him, admiring it, praise him, he is puffed
up in spirit, and completely calls down on himself the severe anger of
his Judge, although he does not show it in bad deeds. Yet through
his pride the Judge is compelled to anger, and the Judge, who knows
all the thoughts of the mind, also judges those thoughts. We can
hide our thoughts and desires from men, but not from God. The

losað on ðære gælinge ðe he ða hwile amierreð, & hu suiðe he on ðam
gesyngað. Ne wende na Ezechias Israhela kyning ðæt he [ge]syngade,
ða he lædde ða ællðeodgan ærenddracan on his maðmhus, & him ge-
iewde his goldhord. Ac he onfunde ðeah Godes ierre on ðam hearme
5 ðe his bearne æfter his dagum becóm. & ðeah he wende ðæt hit nan
syn nære. Oft ðonne hwæm gebyreð ðæt he hwæt mærlices & wun-
dorlices gedeð, & his ðonne wundriað ða ðe him underðiedde bioð,
hine heriegeað, ðonne áhefð he hine on his mode, & his Deman ierre
fullice to him gecigð, ðeah ðe he hit on yfelum weorcum ne geopenige.
10 Suaðeah mid ðy selflice se Dema bið genieded to ðæm ierre, & se Dema
se ðe ðæt inngeðonc eall wát, he eac ðæm inngeðonce demð. We magon
monnum bemiðan urne geðonc & urne willan, ac we ne magon Gode.
Hwæt se Babylonia cyning wæs suiðe úpáhafen on his mode for his
anwalde & for his gelimpe, ða he fægnode ðæs miclan weorces &
15 fægernesse ðærre ceastre, & hine oðhof innan his geðohte eallum
oðrum monnum, & suigende he cwæð on his mode: Hu ne is ðis sio
micle Babilon ðe ic self atimbrede to kynestole & to ðrymme, me selfum
to wlite & wuldre, mid mine agne mægene & strengo? Ða suigendan
stefne suiðe hraðe se diegla Dema gehirde, & him suiðe undeogollice
20 g&wyrde mid ðam witum ðe he hit suiðe hrædlice wræc. Ða úpáhafen-
esse he árasode & hie getælde, ða he hine ás[c]ead of ðam woroldrice,
& hine gehwyrfde to ungesceadwisum neatum, & sua áwende mode he
hine geðiedde to feldgo(n)gendum deorum; & sua ðy ðearlan dome
he forleas his mennisce. Se ilca se ð[e] wende ðæt he wære ofer ealle

---

Babylonian king was greatly puffed up in spirit for his power and
success when he rejoiced at the size and beauty of the city he had
built, and extolled himself in thought above all other men, and spoke
silently in his mind : "How, is not this the great Babylon which I
myself built as a throne of splendour, to adorn and glorify myself,
with my own might and strength?" The silent voice the unseen
Judge very soon heard, and answered him very distinctly with the
punishments with which he very quickly punished it. He rebuked
and blamed his pride by depriving him of his worldly kingdom, and
turning him into an irrational animal, and broke his spirit by asso-
ciating him with beasts of the field ; and so by the severe punishment
he lost his state of man. To the very one who thought he was above
all other men it happened that he hardly knew whether he was a man

oðre men, him gebyrede (þæt he) nysse self ðæt he man wæs.
Swaðeah, (ðeah ic) nu ðis recce, ne tæle ic na micel weorc ne
ry(htne) onwald, ac ic tæle þæt hine mon forðy upahe(bbe) on his
mode; & þa untrymnesse hira heortan ic wolde getrymman & gestiran
ðære wilnunge ðæm unmedemum, þæt hira nan ne durre gripan swæ
orsorglice on ðæt rice & on ðone lareowdom, ðylæs ða gongen on
swæ frecne stige, ða þe ne magon uncwaciende gestondan on emnum
felda.

V. Be ðæm þe magon on ealdordome nytte beon on bisnum & on
     cræftum, & ðonne for hiera agenre ieðnesse ðæt fleoð.

Ac monige sindon mid miclum gifum monegra mægena & cræfta
geweorðode, forðonþe hi hie sceoldon monegum tæcean, & for oðerra
monna ðearfe onfoð ðyllica gifa. Þæt is þæt hie gehealdað hiera
lichoman firenlusta clænne; oðer is þæt hie bioð on forhæfdnesse
strengeo strange; ðridde is þæt hie bioð mid lara swetmettum gefylde;
feorðe is þæt hie bioð on ælengum ðingum & on ælcre longunge
geðyldige, & on forebyrde eaðmode; fifte is þæt hie habbað þa arud-
nesse & þa bældo þæt hie magon anwald habban; sixte is þæt hie
bioð fremsume; siofoðe is þæt hie bioð reðe & strece for ryhtwisnesse.
Ða þe ðonne ðyllice bioð, & him mon swelcne folgoð beodeð, & hie
him wiðsacað, oft him gebyreð þæt hie weorðað bereafod ðara gifa
þe him God for monegra monna ðingum geaf, næs for hiera anra.
Ðonne hie synderlice ðenceað hu hie selfe scylen fulfremedeste
weorðan, & ne gimað to hwon oðerra monna wise weorðe, mid ðy

---

at all. However, although I tell this now, I do not blame great works
nor legitimate power, but I blame a man for being conceited on that
account; and I would strengthen the weakness of their hearts, and
forbid the incompetent such desires, lest any of them presume to
seize on power or the office of teaching so rashly, lest those attempt
such dangerous paths who cannot stand firmly on level ground.

V. Concerning those who can be useful as teachers with their
     example and virtues, and for their own ease avoid it.

But there are many distinguished with great gifts of many virtues
and talents, because they ought to teach many, and for the need
of other men they receive such gifts. That is, that they keep their

oðere menn, him gebyrede ðæt he nyste self hwæðer he monn wæs.
Suaðeah, ðeah ic nu ðis recce, næ tæle ic na micel weorc ne ryhtne
anwald, ac ic tæle ðæt hine mon forðy upáhebbe on his mode.; & ða
untrymnesse hiera heortan ic wolde getrymman & [ge]stiran ðære
5 wilnunge ðæm unmedemum, ðæt hiera nan ne durre gripan sua or-
sórglice on ðæt rice & on ðone lareowdóm, ðylæs ða gongen on sua
frecne stige, ða ðe ne magon uncwaciende gestondan ón emnum
felda.

V. Bi ðæm ðe magon on ealdordome nytte beon ón bisnum & ón
10   cræftum, & ðonne for hira agenre ieðnesse ðæt fleoð.

Ac monige siendun mid miclum giefum monegra cræfta & mægene
geweorðode, forðonðe hie hie scoldon monegum tæcan, & for oðerra
monna ðearfe onfóð ðyllica giefa. Ðæt is ðæt hie gehealdað hir[a] li-
choman firenlusta clæn[n]e; oðer is ðæt hi beoð on færhæfdnesse strenge
15 strange; ðridde is ðæt hi beoð mid lara suetmettum gefylde; feor(ðe)
is ðæt hi beoð on ælengum ðingum & ælcre longunge geðyldige, & on
forebyrde eaðmode; fifte is ðæt hie habbað ða árodnesse & ða bieldo
ðæt hie magon anweald habban; siexte is ðæt hi beoð fremsume;
siofoðe is ðæt hi beoð reðe & stræce for ryhtwisnesse. Ða ðe ðonne
20 ðyllice beoð, & him mon suelcne folgað beodeð, & hie him wiðsacað,
oft him gebyreð ðæt hie weorðað bereafod ðara giefa ðe h[i]m God
for monigra monna ðingum geaf, næs for hiera anra. Ðonne hie
synderlice ðenceað hu hie selfe scylen fullfremodeste weorðan, & ne
giemað to hwon oðerra monna wise weorðe, mið ðy [hi bereafiað] hie

body pure from lusts; the second is that they are strict in the
severity of abstinence; the third is that they are full of the dainties
of learning; the fourth is that they are patient in tedious things
and in every delay, and humble in authority; the fifth is that they
have spirit and boldness enough to possess authority; the sixth is
that they are beneficent; the seventh is that they are zealous and
severe for the cause of righteousness. Such as these then, if, when
such power is offered them, they refuse it, it often happens that they
are deprived of the gifts which God bestowed on them for the sake
of many men, not of them alone. When they consider only how they
themselves may become most perfect, and do not care what becomes
of other men, they thus deprive themselves of the benefits which

hie bereafiað hie selfe ðara goda þe hie wilniað synderlice habban.
Be swelcum monnum Crist on his godspelle cwæð : Ne scyle nan
mon blæcern ælan under mittan. And eft he cwæð to Petre ðæm
apostole : Petrus lufast ðu me ? He cwæð : Ðu wast þæt ic ðe lufige.
And þa cwæð Dryhten : Fed ðonne min sceap, gif ðu me lufige. Gif
ðonne sio feding ðara sceapa bið þære lufan tacen, hwy forcwið ðonne
se þe him God swelce cræftas gifð þæt he ne fede his heorde, buton
he cweðan wille þæt he ne lufige ðone Hlaford & ðone hean Hirde
ealra gesceafta ? Be ðæm Paulus se apostol cwæð : Gif Crist for us
eallum dead wæs, ðonne weorðað ealle men deade. Hwæt is ðonne
betre ða hwile þe we libben, ðonne we ures flæsces lustum ne libben,
ac ðæs bebodum þe for us dead wæs & eft aras ? Be ðæm cwæð
Moyses : Gif hwa gefare & nan bearn ne gestrine, gif he broður
læfe, fo se to his wife. Gif he ðonne bearn ðærbie gestriene,
ðonne cenne he þæt ðæm gefarenan breðer þe hie ær ahte   Gif he
ðonne ðæt wif wille forsacan, ðonne hræce hio him on ðæt neb
foran, & his mægas hiene anscogen oðre fet, þæt mon mæge siððan
hatan his tun ðæs anscodan tun. Ðis wæs ryht dom on ðære ealdan
æ, & is nu us to bispelle. Se ær gefarena broður getacnað Crist.
He hiene ætiewde æfter ðære æriste, & cwæð : Farað & cyðað minum
broðrum þæt hie cumen to Galileum ; ðær hie me gesioð. · He gefor
swelce he butan bearnum gefore, forðon he næfde gefylled þagit
ðone rim his gecorenra. Swæ swæ ðæs gefarenan broður wif on
ðære ealdan æ wæs geboden ðæm libbendan breðer to anfonne, swæ
is cynn þæt sio gimen ðære halegan cirican, ðæt is Cristenes folces

---

they wish to keep to themselves. Of such men Christ spoke in his
Gospel : "Let no man light a lantern under a measure." And again
he spoke to the apostle Peter : " Peter, dost thou love me ? He said :
Thou knowest that I love thee. And then said the Lord : Feed my
sheep, if thou lovest me." If, then, the feeding of the sheep is the
sign of love, why does he, to whom God has given such qualities,
refuse to feed his flock, unless he wish to say that he does not love
the Lord and high Shepherd of all creatures ? Of which the apostle
Paul spoke : "If Christ died for us all, all men will die." What
is, therefore, better while we live than not to live in the lusts of
our flesh, but after his commands who died for us and rose again ?
About which spoke Moses : " If any one die without begetting a child,

selfe ðara goda ðe hie wilniað synderlice habban. Be suelcum monnum
Crist on his godspelle cuæð : Ne scyle nan mon blæcern ælan under
mittan. & eft he cuæð to Petre ðæm apostole : Petrus lufastu me? He
cuæð : Ðu wast ðæt ic [ðe] lufige.   & ða cuæð Dryhten : Fed ðonne
5 min sceap, gif ðu me lufige. Gif ðonne seo feding ðara sceapa bið ðære
lufan tac[e]n, hwi forcwið ðonne se ðe him God suelce cræftas giefð
ðæt he ne fede his heorde, buton he cueðan wielle ðæt he ne lufige
ðone Hlaford & ðone hean Hierde eallra gesce[a]fta? Be ðam Paulus se
apostol cuæð : Gif Crist for us eallum dead wæs, ðonne weorðað ealle
10 menn deade.   Hwæt is ðonne betere ða hwile ðe we libben, ðonne we
úres flæsces lustum ne libben, ac ðæs bebodum ðe for ús dead wæs &
eft árás? Be ðam cuæð Moyses : Gif hwa gefare [& nan] bearn ne
gestriene, gif he broðor læfe, fó se to his wife. Gif he ðonne bearn
ðærbig gestriene, ðonne cenne he ðæt ðam gefarenan breðer ðe hie ær
15 ahte. Gif he ðonne ðæt wif wille [for]sacan, ðonne hræce hio him on
ðæt nebb foran, & his mægas hine anscogen oðre fét, ðæt mon mæge
siððan hatan (h)is tún ðæs anscodan tún. Ðis wæs ryht dóm on ðære
ealdan æ, & is nu ús to bispelle. Se ær gefaréna broðor getacnað
Crist. He hine ætiede æfter ðære æriste, & cuæð : Farað & cyðað
20 minum broðrum ðæt hie cumen to Galileum ; ðær hie me geseoð.
He gefór suelce he butan bearnum gefóre, forðon he næfde gefylled
ðagiet ðone rím his gecorenra. Sua sua ðæs gefarenan broðor wíf on
ðære ealdan ǽ wæs geboden ðæm lifiendan breðer to onfónne, sua is
cynn ðæt sio giemen ðære halgan ciricean, ðæt is Cristes folces

---

if he leave a brother, let him take his wife.   If he beget a child
by her, let him beget it for the dead brother who formerly had her
But if he wish to refuse the woman, let her spit in his face, and
let his relations take the shoe off one of his feet, that his house may
afterwards be called the house of the one-shoed." This was a lawful
sentence in the old law, and is now an example for us. The brother
who died first signifies Christ. He appeared after the resurrection, and
said : "Go and tell it to my brothers that they may come to Galilee,
where they will see me." He died as it were without children, for
he had not yet filled up the number of his elect. As in the old law
the wife of the brother who had died was offered to the living brother
that he might take her, so it is proper that the care of the holy Church,

gesomnung, sie ðæm beboden þe hie wel ofer mæge, & hiere wel
rædan cunne. Gif hiere ðonne se wiðsace, þonne is cyn þæt him
spiwe ðæt wif on ðæt neb, þæt is þæt hiene tæle ðæs folces gesom-
nung, emne swelce he [hie] him on ðæt neb spæten, forðonþe he
nyle gifan þæt him God geaf, and helpan ðæs folces mid ðæm þe
he his healp. Swæ is cyn ðæt sio halige gesomnung tæle ælces
ðara god ðe hit him anum wile to gode habban, & nyle oðerra mid
helpan. Se bið eac mid ryht [ryhte] oðre fet onscod, & hiene mon
scile on bismer hatan se anscoda. Be ðæm cwæð Crist on his
godspelle : Sceogeað eowre fett, þæt ge sin gearwe to ganne on sibbe
weg æfter minra boca bebodum. Gif we ðonne habbað swæ micle
sorge & swæ micle gieman urra nihstena swæ swæ ure selfra, ðonne
hæbbe we begen fett gescode swiðe untællice ; gif we ðonne agieme-
leasiað urra nihstena ðearfe [ðearfa], & ðenceað ymbe ure synderlice,
ðonne bið us swiðe fracuðlice oðer fot unscod. Monige men sindon,
swæ swæ we ær cwædon, þe bioð geweorðod [geweorðode] mid miclum
& mid monegum Godes gifum, & ðonne bioð onælede mid ðære
girninge ðara smeaunga Godes wisdomes anes, & fleoð ðonne þa
nytwierðan hiersumnesse ðære lare, & nyllað ðæs ðencean hu hie
mægen nytwierðuste bion hiera nihstum, ac lufiað digla stowa, &
fleoð monna ansine [onsina]. Gif him ðonne God ryhtlice & streclice
deman wile, & he him for his mildheortnesse ne arað, ðonne bioð hie
swæ monegum scyldum scyldige swæ hie monegra unðeawa gestieran
[stieran] meahton mid hiora larum & bisnum, gif hie ongemong
monnum bion woldon. Hwæt ðenceað ða þe on swelcum weorcum

---

that is the assembly of Christ's people, be offered to him who can
superintend and rule it well.   But if he refuse it, it is proper for
the woman to spit in his face, that is, for the assembly of the people
to blame him, exactly as if they spat in his face, because he would
not give what God gave him, and help the people with what
he helped him with.   In the same way it is proper for the holy
assembly to blame the advantages of those who wish to appropriate
them to themselves alone, and will not help others with them.   He
is also rightly shod on one foot only, and he shall be called in
ignominy the one-shoed.   Of which Christ spoke in his Gospel :
"See to your feet, that ye be ready to go in the path of peace after
the commands of my books."   If we take as much trouble and care
about our neighbours as ourselves, we have both feet shod very

gesomnung, sie ðam beboden ðe hie wel ófer mæge, & hiere wél rǽdan
cunne. Gif hire ðonne se wiðsace, ðonne is cynn ðæt him spiwe ðæt wif
on ðæt nebb, ðæt is ðæt hine tæle ðæs folces gesomnung, emne suelce
hie him on ðæt nebb spæten, forðonðe he nyle giefan ðæt him God
5 geaf, & helpan ðæs folces mid ðam ðe he his healp. Sua is cynn ðæt
sio halige gesomnung tæle ælces ðara gód ðe hit him anum wile to gode
habban, & nyle oðer(r)a mid helpan. Se bið eac mid ryhte oðre fét
anscód, & hine mon scyle on bismer hatan se anscóda. Be ðæm cuæð
Crist on his gospelle: Sceawiað iowre fét, ðæt ge sien gearwe to
10 ganganne on sibbe wég æfter minra boca bebodum. Gief we ðonne
habbað sua micle sorge & sua micle gieman urra niehstena sua sua ure
selfra, ðonne hæbbe we begen fét gescóde suiðe untællice; gif we
ðonne ágiemeleasiað urra niehstena ðearfa, & ðenceað ymbe ure
synderlice,. ðonne bið us suiðe fracoðlice ðer fót unscód. Monige
15 menn siendon, sua sua we ær cuædon, ðe beoð geweorðode mid miclum
& mid monegum [Godes] giefum, & ðonne beoð onælede mid ðære
gierninge ðara smeaunga Godes wisdomes anes, & fleoð ðonne ða
nyttwyrðan hiersumnesse ðære lare, & nyllað ðæs ðencean hu hie
mægen nyttweorðuste bion hiera niehstum, ac lufiað diegla stowa, &
20 fleoð monna onsiena. Gif him ðonne God ryhtlice & stræclice deman
wile, & he him for his mildheortnesse ne árað, ðonne beoð hie su[a]
monegum scyldum scyldige sua [h[i]e] manegra unðeawa gestiran
meahton mid hiora larum & bisenum, gif hi ongemong monnum beon
wolden. Hwæt ðenceað ða ðe on suelcum weorcum scinað, & magon

---

blamelessly ; but if we neglect the wants of our neighbours, and
think about our own specially, then one of our feet is very disgrace-
fully unshod. There are many men, as we have remarked above,
who are honoured with great and many gifts of God, and then are
inflamed with the desire of the contemplation of God's wisdom alone,
and so avoid the profitable obedience of teaching, and will not con-
sider how they can be most useful to their neighbours, but love
solitude and shun the face of men. But if God determines to judge
them righteously and severely, and does not of his mercy spare them,
they are guilty of as many sins as they could have corrected faults
with their instruction and example, if they had been willing to
associate with men. What reason have those, who shine with such
works and can be so useful to their neighbours, for trusting rather

scinaÞ, & magon hiera nihstum swæ nytte bion, hwy hie þara geearnunga hiora digelnesse & anette bet truwien Þonne Þære hu hie oÞerra monna mæst gehelpen? Hwæt se ancenda Godes sunu of his fæder bosme wæs ferende to urre andweardnesse Þæt he ure gehulpe.

VI. Be Þæm þe for eaÞmodnesse fleoÞ Þa byrÞenne þæs lareow-domes, Þonne hi beoÞ ryhtlice eaÞmode Þonne hie ne winnaÞ wiÞ Þone godcundan dom.

Þonne sindon monige þe fleoÞ for eaÞmodnesse anre, forÞæm hie noldon þæt hie mon ahofe ofer Þa þe him betran ÞynceaÞ Þonne hie selfe. Nis Þæs Þonne nan tweo, gif swelc eaÞmodnes biÞ mid oÞrum godum Þeawum begyrded, þæt Þæt biÞ beforan Godes eagum soÞ eaÞmodnes, Þonne he for nanre anwilnesse ne wiÞcwiÞ Þæm nyttum weorcum þe him mon beodeÞ to underfonne. Ne biÞ Þæt na soÞ eaÞmodnes, gif mon ongit Þæt Þæt Godes willa sie Þæt he ofer oÞre bion scile, Þæt he Þonne wiÞsace, ac bio underÞided Godes willan & his dome, & forlæte Þa uncysta Þære anwilnesse. Þonne he oferstæled biÞ, & him gereaht biÞ þæt he oÞrum mæg nyt bion on Þæm þe him mon Þonne bebeodeÞ, mid his mode he hit sceal fleon & Þeah for hiersumnesse he hit sceal underfon.

VII. Þætte oft Þæs lareowdomes Þenung biÞ swiÞe untælwierÞlice gewilnod, & eac swiÞe untælwierÞlice monige bioÞ to ge-niedde.

ÞeahhwæÞre monige wilniaÞ folgoÞes & ealdordomes swiÞe un-

---

to the merits of retirement and solitude than aiding other men as much as possible? Did not the only born Son of God come from his Father's bosom to be with us and help us?

VI. Of those who through humility avoid the burden of teaching, but if they are really humble, do not oppose the divine decree.

And there are many who avoid it out of humility alone, because they do not wish to be raised above those whom they think better than themselves. There is no doubt that if such humility is enforced with other virtues, it is before God's eyes genuine humility, when he

hiera niehstum sua nytte beon, hwy hie ðara geearnunga & diegel-
nesse & anette bet truwigen ðonne ðære hu hie oðerra monna mæst
gehelpen? Hwæt se ancenneda Godes sunu of his fæder bosme wæs
ferende to urre andweardnesse ðæt he ure gehulpe.

5   VI. Bi ðæm ðe for eaðmodnesse fleoð ða byrðenne ðæs lareow-
         domes, ðonne hie beoð ryhtlice eaðmode ðonne hie ne winnað
         wið (ð)one godcundan dom.

Ðonne siendon monige ðe fleoð for eaðmodnesse anre, forðon hie
noldon ðæt hie mon áhófe ofer ða ðe him beteran ðynceað ðonne hie
10 selfe. Nis ðæs ðonne nan tweo, gif suelc eaðmodnes bið mid oðrum
godum ðeawum begyrded, ðæt ðæt bið beforan Godes eagum soð
eaðmodness, ðonne he for nanre anwielnesse ne wiðcuið ðam nyttan
weorcum ðe him mon beodeð to underfonne. Ne bið ðæt na soð
eaðmodnes, gif mon ongiett ðæt ðæt Godes willa sie ðæt he ofer oðre
15 beon scyle, ðæt he ðonne wiðsace, ac beo underðieded Godes willan &
his dóme, & forlæte ða uncyste ðære anwielnesse. Ðonne [he] ofer-
stæle[d] bið, & him gereaht bið ðæt he oðrum mæg nytt bion on ðam
ðe him mon ðonne bebeodeð, mid his mode he hit sceal fleon & ðeah
for hiersumnesse he hit sceal underfón.

20   VII. Ðætte oft ðæs lareowdomes ðenung bið swiðe untælwyrðlice
          gewilnad, & eac swiðe untælwierðlice monige beoð to
          geniedde.

Ðeahhwæðre monige wilniað folgoðes & ealdordomes suiðe untæl-

---

does not out of any obstinacy reject the useful works which are offered
for his acceptance.   It is not true humility, if a man perceives that it
is God's will that he be above others, for him to refuse it, but to
submit to God's will and decree, and relinquish the vice of obstinacy.
When he is exalted and appointed that he may be useful to others
in the post which is offered him, he should avoid it in spirit, and yet
out of obedience accept it.

    VII. That the ministration of teaching is also very blamelessly
         desired, and also many are compelled very blamelessly to
         undertake it.

However, many desire rule and supremacy very blamelessly, and

tælwierðlice, & monige bioð togeniedde eac swiðe untælwierðlice. Ðæt
we magon swiðe sweotule ongietan, gif we geðenceað þa twegen witgan
þe God wolde sendan to læranne. Oðer hine his selfes willum gebead
to ðære lare & to ðæm færelte. Oðer for ðæm ege, þe he ondred
þæt he hit swæ medomlice don ne meahte, him wiðsoc. Ðæt wæs
Hieremias. Þa he hiene sendan wolde, þa bæd he eaðmodlice þæt
he hiene ne sende, & cwæð : Eala eala eala Dryhten, ic eom cniht ;
hwæt can ic sprecan ? Ac Isaias, þa Dryhten ascode hwone he sendan
meahte, þa cwæð Isaias : Ic eom gearo ; sende me. Loca nu hu
ungelic spræc eode of ðissa twegea monna muðe. Ac hio wæs of swiðe
gelicum willan, forðon hio afeoll [aweol] of anum welle ; ðeah hio
[he] on tu tofieowe, ðeah wæs se [sio] æspring sio soðe lufu. Ymbe
þa we habbað twa bebodu : an is þæt we lufien God, oðer þæt we
lufien ure nihstan. For ðære lufan Isaias wilnode hu he nyttost
meahte bion his nihstum on ðys earfeðlican [eorðlican] life, & forðon
he wilnode ðære ðegnunga ðæs lareowdomes. Ieremias ðonne wil-
node singallice hine geðidan to ðære lufan his scippendes, & forðæm
he forcwæð, & nolde þæt hiene man sende to læronne. Ðæt ilce
þæt he untælwierðlice ondred to underfoonne, þæt ilce se oðer swiðe
hergendlice gewilnode. Oðer ondred þæt he forlure sprecende ða
gestreon þe he on ðære swiggean geðencean meahte ; oðer ondred
þæt he ongeate on his swiggean þæt he sumne hearm geswugade ðær
ðær he freme geclipian meahte, gif he ymb þæt geornlice swunce.
Ac we sculon swiðe smealice ðissa ægðer underðencean, forðonþe
se þe ðær wiðcwæð, na fullice ne wiðcwæð, & se se þe wolde
þæt hiene mon sende, he geseah ær hiene clænsian ðurh þa colu

---

many are also compelled to undertake it very blamelessly. This we
can clearly understand, if we think of the two prophets whom God
wished to send to teach. The one voluntarily undertook the teaching
and the journey. The other, through fear of not doing it so well,
refused. This was Jeremiah. When he wished to send him, he
begged him humbly not to send him, and said : " Behold, Lord, I am
a youth ; what can I say ? " But Isaiah, when God asked whom he
should send, said : " I am ready ; send me." See now what different
speeches came from the mouth of these two men. But they arose
from a very similar desire, for they flowed from the same spring ;
although they flowed in different directions, the source was true love.
About which we have two precepts : one is to love God, the other

wier[ð]lice, & monige beoð togeniedde [eac] suiðe untælwierðlice. Ðæt
we magon sueotole ongietan, gif we geðenceað ða twegen witgan ðe
God wolde sendan to læra[n]ne. Oðer hiene his selfes willum gebead
to ðære lare & to ðæm færelte. Oðer for ðæm ege, ðe he ondred ðæt
5 he hit sua medomlice dón ne meahte, him wiðsóc. Ðæt wæs Heremias.
Ða he hine sendan wolde, ða bæd he eaðmodlice ðæt he hiene ne sende
& cuæð: Eala e[a]la eala Dryhten, ic eom cnioht; hwæt conn ic
sprecan? Ac Essaias, ða Dryhten acsode hwone he sendan meahte, ða
cuæð Essaias: Ic eom gearo; send me. Loca nu hu ungelic spræc
10 eode of ðissa tuega monna muðe. Ac hio wæs of suiðe gelicum willan,
forðon hio áweoll of anum wille; ðeah heo an tu tefleowe, ðeah wæs
sio æspryng sio soðe lufu. Ymb ða we habbað tua bebodu: an is ðæt
we lufigen God, oðer ðæt we lufien ure niehstan. For ðære lufan
Essaias wilnode hu he nyttosð meahte beon his nihstum on ðys eorð-
15 lican life, & forðon he wilnode ðære ðegnunga ðæs lariowdomes.
Hieremias ðonne wilnode singallice hine geðiedan to ðære lufan his
Scippendes, & forðam he forcwæð, & nolde ðæt hine mon sende to
læranne. Ðæt ilce ðæt he untælwyrðlice ondred to underfonne, ðæt
ilce se oðer swiðe hergeondlice gewilnode. Oðer ondred ðæt he forlure
20 sprecende ða gestrion ðe he on ðære swigean geðencan meahte; oðer
ondred ðæt he ongeate on his swygean ðæt. he sumne hearm geswi-
gode ðær ðær he freme gecleopian meahte, gif he ymb ðæt geornlice
sw[u]nce. Ac we sculon swiðe smealice ðissa ægðer underðencean,
forðonðe se ðe ðær wiðcwæð, [na fullice ne wiðcwæð], & se se ðe wolde
25 ðæt hine mon sende, he geseah ær hine clænsian ðurh ða colu ðæs

to love our neighbour. From love Isaiah desired to be as useful as
possible to his neighbours in this earthly life, and therefore he desired
the ministration of teaching. Jeremiah desired always to continue
in the love of his Creator, and therefore he refused, and did not wish
to be sent to teach. The same charge that he blamelessly dreaded
to undertake, the other very laudably desired. The one feared losing
what he had gained in silence and meditation; the other feared
concealing some mischief by his reticence, while he might have spoken
to advantage, if he had zealously laboured. But we ought to consider
both cases very narrowly, for he who refused did not altogether
refuse, and he who wished to be sent saw that he was first purified
by the coals of the altar lest any one durst undertake unpurified

þæs alteres, ðylæs ænig unclænsod dorste on swæ micelne halig-
dom fón ðære clænan ðenunge ðæs sacerdhades, oððe eft ænig
durre on eaðmodnesse hiewe hit ofermodlice forcweðan, swelce he
licette eaðmetta, & do ðeah for gilpe, gif hiene gecistð sio· uplice
gifu. Ac forðæmþe hit swæ earfoðe is ænegum men to wietanne
hwonne he geclænsod sie, he mæg ðy orsorglicor forbugan þa ðenunga ;
& næs swæðeah to anwillice ne forbuge he, swæ we ær cwædon,
ðonne he ongiete ðone ufancundan willan þæt he hit don scyle.
Ægðer ðissa gefylde Moyses þa he wiðsoc swæ miclum ealdordome.
Ægðer ge he wolde ge he nolde, & ðeah for eaðmodnesse geðafode.
We witon ðæt he nære eaðmod, gif he underfenge ðone ealdordom
swelces unrimfolces buton ege ; & eft he wære ofermod, gif he
wiðcwæde þæt he nære underðiedd his Scippende. Ac ægðer ðissa
he dyde for eaðmodnesse & for underðiednesse. He sceawode hine
selfe, [selfne] & pinsode, þa þa him ðuhte ðæt he hit don ne meahte,
& swæðeah geðafode, forðæmþe he getruwode ðæs mægene þe hit
him bebead. Hwæt se halga wer ongeat þæt he hæfde Godes fultom,
& swæðeah ondred þæt he underfenge ðone ladteowdom þæs folces,
& nu him ne ondrædað þa dolan for hiora agnum scyldum þæt hie
sien ofer oðre, & ne magon him gegadrian on ðyllicum bisene hu
micel syn & hu micel frecennes hit bið. God selfa tyhte Moyses on
ðone folgoð, swæðeah he him ondred ; & nu fundiað [fandiað] swelce
wræcceau & teoð to, woldon underfón ðone weorðscipe & eac ða
byrðenne ; & ða þe beoð mid hiora agnum byrðennum ofðrycte þæt
hie ne magon standan [gestondan], hie willað lustlice underfón oðerra

---

so holy a work of the pure ministration of the priesthood, or under
the pretext of humility haughtily refuse it, as if he simulated humility,
and yet showed himself vainglorious, if the divine grace chooses him.
But since it is so difficult for any man to know when he is purified,
he can with so much the less hesitation decline the ministration ; and
yet he must not decline it too obstinately, as we remarked above,
when he sees that it is the divine will for him· to do so. Moses
fulfilled both requirements when he refused so great a sovereignty.
He was both willing and unwilling, and yet from humility he con-
sented. We know that he would not have been humble, if he had
undertaken the rule of so vast a host without fear ; and, again, he

alteres, ðylæs ænig unclænsod dorste on swa micelne haligdom
fón ðære clænan ðegnenga ðæs sacerdhades, oððe eft ænig durre
on eaðmodnesse hiwe hit ofermodlice forcweðan, swelce he licette
eaðmetto, & doo ðeah for gilpe, gif hine gecist sio uplice gifu. Ac
5 forðæmðe hit swa earfoðe is ænegum menn to witanne hwonne
he geclænsod sie, he mæg ðy orsorglicor forbugan ða ðegnunga ;
ond næs swaðeah to anwillice ne forbuge he, swa we ær cwædon,
ðonne he óngiete ðone ufancundan willan ðæt he hit dón scyle.
Ægðer ðissa gefylde Moyses ða he wiðsóc swa miclum ealdordome.
10 Ægðer ge he wolde ge he nolde, & ðeah for eaðmodnesse geðafode.
We witon ðæt he nære eaðmod, gif he underfenge ðone ealdordóm
swelces unrimfolces buton ege ; & eft he wære ofermod, gif he [wið-]
cwæde ðæt he nære underðidd his Scippende. Ac ægðer ðissa he
dyde for eaðmodnesse & for underðidednesse. He sceawode hine
15 selfne, & pinsode, ða ða him ðuhte ðæt he hit doon ne meahte, &
swaðeah geðafode, forðamðe he getruwode ðæs mægene ðe hit him
bebead. Hwæt se haliga wer ongeat þæt he hæfde Godes fultom,
& swaðeah ondred ðæt he underfenge ðone lattiowdóm ðæ[s] folces, &
nu him ne ondrædað ða dolan for hiera agnum scyldum ðæt hie sien
20 ofer oðre, & ne magon him gegaderian on ðyllicum biwene hu micel
synn & hu micel frecennes hit bið. God selfa tyhte Moyses on ðone
folgoð, swaðeah he him óndred; ond nu fandiað swelce wræccan & teoð
to, woldon underfón ðone weorðscipe & eac ða byrðenne; & ða ðe beoð
mid hira agnum byrðennum ofðrycte ðæt hie ne magon gestondan, hie
25 willað lustlic[e] underfón oðerra monna, ond unniedige hie underlutað

would have been presumptuous, if he had refused to be subject to
his Maker. But he did both out of humility and docility. He con-
templated himself, and thought that he could not do it, and yet
consented, for he trusted in the might of him who offered it him.
The holy man saw that he had God's help, and yet feared to under-
take the leadership of the people, and yet fools are not afraid because
of their own sins to rule others, and cannot infer from such an example
how great sin and presumption it is. God himself encouraged Moses
to rule, yet he feared; and yet such wretches try for, and aspire
to undertake the dignity and burden ; and those who are oppressed
with their own burdens so that they cannot keep their footing, are

monna, & unniedige hie underlutað mid hiora sculdrum oðerra byr-
ðenne toeacan hiora agnum.   He ne mæg his agene aberan, & wolde
ðeah maran habban.

> VIII. Be ðæm þe wilniað biscephád to underfonne, hu hie gripað
> [gegripað] ðone cwide ðæs apostoles Paules hiora gidsunge
> to fultome.

Ac ða þe willað gripan on swelcne folgoð for hiera gidsunge hie
doð him to lade [leafæ] ðone cwide þe *sanctus* Paulus cwæð : Se þe
biscephad [biscephade] gewilnað, god weorc he gewilnað.   Gif he
hit þa herede & on tyhte, eft he stirde ðære gewilnunge þa he cwæð :
Biscepe gedafenað þæt he sie tælleas.   And ðærbufan is geteald
hwelc he beon sceal, gif he untælwierðe bið. Mid oðrum worde he
hierte, mid oðrum he bregde, swelce he openlice cwæde : Ic herige
þæt ge seceað, ac leorniað þæt ge wieten hwæt hit sie, ac gif ge
agiemeleasiað þæt ge ameten eow selfe hwelce ge sien, swæ ge eow
on hieran folgoðe ahebbað, swæ ge sweotulran & widmærran gedoð
eowre tælwierðlicnesse.   Swæ se micla cræftega hiertende toscyfð, &
egesiende stierð ofermetta mid ðære tælinge his hieremonnum, þæt he
hie gebrenge on life.   Eac is to geðencenne þæt on ða tid þe se bisce-
phad swæ gehened [gehered] wæs, swæ hwelc swæ hiene underfeng, he
underfeng martyrdom.   On þa tild wæs to herianne þæt mon wilnode
biscephades, þa þa nan tweo næs þæt he ðurh ðone sceolde cuman to hefe-
gum martyrdome.   Ðæt is to tacne þæt mon endebyrdlice ðone biscepdom
halde, þæt he hiene on godum weorcum geendige.   Forðon hit is gec-
weden : Se þe biscephad gewilnað, god weorc he gewilnað.   Se ðonne for

---

ready cheerfully to undertake those of other men, and needlessly bow
their shoulders under the burden of others beside their own.   They
cannot support their own, and yet desire to have greater ones.

VIII. Of those who wish to become bishops, how they seize on the
words of the apostle Paul to excuse their desire.

But those who wish to seize on such authority excuse their desire
with the words of St. Paul : "He who desires to be a bishop, desires
a good work."   If he praised and encouraged, again he forbade
the desire, saying, "A bishop should be blameless."   It is besides
said what kind of man he must be to be blameless.   With the one
speech he encouraged, with the other he dissuaded, as if he had

mid hira sculdrum oðerra byrðenna toeacan hiera agnum ; he ne mæg
his agne áberan, & wolde ðeah maran habban.

> VIII. Be ðæm ðe wilnað biscephád to underfonne, hu hie gegripað
> ðone cwide ðæs apostoles Paules hiora gitsunge to ful-
5   tome.

Ac ða ðe willað gripan on swelcne folgað for hiera gitsunge hie
doð him to leafe ðone cwide ðe sanctus Paulus cwæð : Se ðe biscephade
gewilnað, god weorc he gewilnað. Gif he hit ða herede & on tyhte,
eft he stierde ðære gewilnunge ða he cwæð : Biscepe gedafnað ðæt
10 he sie tælleas. Ðærbufan is geteald hwelc he beon sceal, gif he
untælwierðe bið. Mid oðrum worde he hierte, mid oðrum he bregde,
swelce he openlice cwæde : Ic herige ðæt ge secað, ac leorniað ðæt ge
witen hwæt hit sie, ac gif ge agiemeleasiað ðæt ge ameten eow sélfe
hwelce ge sien, sua eow ón hierran folgoðe áhebbað, swa ge sweotolran
15 & widmærran gedoð eowre tælweorðlicnesse. Sua se micla cræftiga
hiertende toscyfð, & egesiende stierð ofermetta mid ðære tælinge his
hieremonnum, ðæt he hie gebringe on life. Eac is to geðencanne
ðæt ón ða tiid ðe se biscephad swa gehiered wæs, sua huelc swa hine
underfeng, he underfeng martyrdóm. On ða tiid wæs to herigeanne
20 ðæt mon wilnode biscephades, ða ðe nan twio næs ðæt he ðurh ðone
sceolde cuman to hefegum martyrdome. Ðæt is to tacne ðæt mon
endebyrðlice ðone biscepdóm healde, ðæt he hine on godum weorcum
geendige. Forðon hit is gecweden : Se ðe biscephad gewilnað, gód

---

openly said : "I praise your desire, but learn to know what it is,
and if ye neglect to estimate yourselves at your real worth, the higher
the authority ye attain to, the more manifest and notorious will ye
make your unfitness." Thus the great craftsman incites and en-
courages his disciples, and sternly rebukes their pride by blaming
them, that he may bring them to life. We must also reflect that
at the time when the office of bishop was in such high estimation,
he who accepted it accepted martyrdom. At that time it was praise-
worthy for a man to desire to become a bishop, for there was no
doubt that through it he would arrive at a cruel martyrdom. It
is a proof of a bishop's holding his office well for him to end it with
good works. Therefore it is said : "He who desires the office of

ðære wilnunge [gewilnunge] swelcra weorca biscepdom ne secð, he
bið ðonne him selfum [self] gewiota ðæt he wilnað him selfum gilpes;
ne deð he ðonne ðæt an yfel ðæt he ne lufað ða halgan ðenunga,
ac eallunga he hie forsihð; & ðonne he fundað to ðæm weorðscipe
ðæs folgoðes, his mod bið afedd mid ðære smeaunga ðære wilnunge
[wilnunga] oðerra monna hiernesse & his selfes upahæfenesse, & fæge-
nað ðæs hu hiene mon sciele herigean. Ahefð ðonne his heortan
forðy, & for ðære genyhte ðæs flowendan welan he blissað. He licet
eaðmodnesse, & secð mid ðæm ðisses middangeardes gestreon. On
ðæm hiewe ðe he sceolde his gilpes stieran on ðæm he his strienð. Mid
ðy [ðam] þe he sceolde his gestreon toweorpan, mid ðy he hie gadrað.
Ðonne ðæt mod ðenceð gegripan him to upahæfenesse ða eaðmod-
nesse, ðæt ðæt he utan iowað innan he hit awendeð [anwent].

> IX. Hu ðæt mod ðætte wilnað fore [for] oðre bion lihð him
> selfum, ðonne hit ðenceð fela godra weorca to wyrceanne,
> & ðæt licet oðrum monnum, gif he worldare hæbbe, & wile
> hit ðonne oferhebban, siððan he hio hæfð.

Ac ðonne he wilnað to underfonne þa are & ðone ealdordom, he
ðenceð on ðæm oferbrædelse his modes ðæt he scile monig god weorc
ðæron wyrcean, & he ðenceð mid innewearde mode ðæt he girneð
for gilpe & for upahæfenesse ðæs folgoðes, smeageað ðeah & ðeahtigeað
on hiora modes rinde monig god weorc to wyrceanne, ac on ðæm
piðan bið oðer gehyded. Ac on uteweardum his mode he lihð him
selfum ymbe hine selfne bi ðæm godum weorcum ; licet ðæt he lufige

---

bishop, desires a good work." He, therefore, who does not aspire
to that office from the desire of such works, is his own witness that
he desires his own vainglory; he not only does wrong in not loving
the holy ministration, but altogether slights it; and when he aspires
to the honour of rule, his heart is nourished with the contemplation
of the desire of having other men subject to him, and his own
exaltation, and rejoices in being praised. Hence he is puffed up in
spirit, and rejoices in the possession of abundant wealth. He simu-
lates humility, and through it seeks the possessions of this world.
Under the pretence of mortifying his pride he increases it. Instead
of distributing his property he accumulates it. When the mind
thinks to make humility a pretext for pride, that which he displays
openly he perverts in secret.

weorc he gewilnað. Se ðonne for ðære gewilnunge swelcra weorca
biscopdóm ne secð, he við ðonne him self gewita ðæt he wilnað him
selfum gielpes; ne deð he ðonne ðæt án yfel ðæt he ne lufað ða
halgan ðegnunga, ac eallinga he hie forsiehð; ond ðonne he fundað to
5 ðæm weorðscipe ðæs folgoðes, his mod við afedd mid ðære smeaunga
ðære wilnunga oðerra monna hiernesse & his selfes upáhæfenesse, &
fægenað ðæs hu hic[ne] mon scyle herigean. Ahefð ðonne his heortan
forðy, & for ðære genyhte ðæs flowendan welan he blissað. He licet
eaðmodnesse, & secð mid ðam ðisses middangeardes gestreon. On
10 ðæm hiewe ðe he sceolde his gielpes stieran on ðæm he his strienð.
Mid ðy ðe he sceolde his gestreon toweorpan, mid ðy he hie gadrað.
Đonne ðæt mod ðenceð gegripan him to upáhefenesse ða eaðmod-
nesse, ðæt ðæt he utan eowað innan he hit anwent.

IX. Hu ðæt mod ðætte wilnað for oðre beon lihð him selfum, ðonne
15   hit ðencð fela godra weorca to wyrcanne, & ðæt licett oðrum
    monnum, gif he worldare hæbbe, & wile hit ðonne ofer-
    hebban, siððan he hie hæfð.

Ac ðonne he wilnað to underfonne ða are & ðone ealdordom, he
ðencð on ðam oferbrædelse his modes ðæt he sciele monig (g)ód
20 weorc ðærón wyrcan, & he ðencð mid innewearde mode ðæt he
gierneð for gilpe & for upáhafenesse ðæs folgoðes, smeageað ðeah &
ðeahtigað on hiera modes rinde monig god weorc to wyrcanne, ac on
ðam piðan við oðer gehyded. Ac on uteweardum his mode he liehð him
selfum ymbe hine selfne bie ðæm godum weorcum; licet ðæt he lufige

---

IX. How the mind that desires to be above others deceives itself,
    when it thinks to perform many good works, and simulates
    it before other men, if he has worldly honour, and wishes to
    neglect it-when he has it.

But when he wishes to undertake honour and rule, he thinks on
the surface of his heart that he will do many good works in his office,
and acknowledges in his inmost heart that he desires it out of pride
and conceit of authority, but ponders and considers in the bark of
his mind that he will perform many good works, but in the pith is
something else hid. On the surface of his mind he is deceived about
himself as to the good works; he pretends to love that which he

ðæt he ne lufað: ðyses middangeardes gilp he lufað, & he licet
swelce he ðone onscunige, & hine him ondræde. Ðonne he wilnað
on his mode ðæt hie sciele ricsian he bið swiðe forht & swiðe be-
healden; ðonne he hæfð ðætte he habban wolde, he bið swiðe ðriste.
Ðonne he to fundað, he ondræt þæt he ne mote to cuman, & sona swæ
hi to ðære are cymð, swæ ðyncð him ðæt [se] hie him niedscylde
[mid scyld] sceolde se se hie him salde & brycð ðære godcundan
are worldcundlice, & forgit swiðe hraðe ðæt he ær æfestlices geðohte.
Hu mæg hit butan ðæm bion ðætte ðæt mod þe ær wæs aled of his
gewunan for ðære gewilnunge [wilnunge] ðære worldare, ðæt hit ne
sie eft to gecirred ðonne hit hæfð ðætte hit ær wilnode? Ac sona
bioð ðæs modes eagan eft gewende to ðæm weorcum þe hit ær worhte.
Ac ðence ælc mon ær hu nytwierðe he sie & hu gehiersum ðæm þe
he ðonne mid ryhte hieran sciele on ðæm þe he ðonne deð. Ðonne
mæg he wietan be ðy, gif he hieran folgoð habban sceal, hwæðer
he ðonne dón mæg ðæt ðæt he ær ðencð ðæt he don wolde, forðon
seldun mon geliornað [leornað] on miclum rice eaðmodnesse, gif he
ær on læssan folgoðe ofermod wæs & recceleas. Hu mæg he ðonne
ðæt lof & ðone gilp fleon ðonne he onahæfen bið, se his ær wilnode
þa he butan wæs? Hu mæg he bion ðonne butan gidsunge, ðonne
he sceal ymb monegra monna are ðencean, gif he nolde þa þa he
moste ymb his anes? Healde hiene ðæt hiene his agen geðanc ne
beswice, þæt he ne truwige þæt he on ðæm maran folgoðe wille wel
don, gif he nolde on ðæm læssan; forðæmþe oftor on ðæm hieran
folgoðe mon forlæt godne gewunan, ðonne he hiene ðær on geleornige,

loves not: he loves the glory of this world, and pretends to shun
and dread it. When he desires in his heart to rule, he is very timid
and cautious; when he has what he wished to have, he is very bold.
While he is aspiring to it he dreads not attaining it, and when he at-
tains the honour he thinks he who granted him the honour was bound
to grant it of necessity and enjoys the divine honour in a worldly spirit,
and very soon forgets his former pious resolutions. How can it other-
wise happen but that the mind which was formerly diverted from its
usual routine through the desire of worldly honour returns thereto
when it has attained its desire? And the eyes of the mind soon
return to its former works. But let every man consider before how
useful and obedient he is to those he is bound to obey in his actions,

ðæt he ne lufað : ðisses middangeardes gilp he lufað, & he licett
swelce he ðone onscunige, & hine him ondræde. Ðonne he wilnað
on his mode ðæt he sciele ricsian he við swiðe forht & swiðe
behealden ; ðonne he hæfð ðæt he habban wolde, he við swiðe ðriste.
5 Ðonne he to fundað, he ondræt ðæt he ne mote to cuman, ond sona
swa he to ðære are cymð, swa ðyncð him ðæt se hie him niedscylde
sceolde se se hie him sealde, & brycð ðære godcundan áre worldcund-
lice, & forgitt swiðe hræðe ðæt he ær æfæstlices geðohte. Hu mæg
hit butan ðam beom ðætte ðæt mod ðe ær wæs keled of his gewunan
10 for ðære wilnunge ðære worldáre, ðæt hit ne sie eft to gecirred
ðonne hit hæfð ðætte hit ær wilnode ? Ac sona beoð ðæs modes eagan
eft gewende to ðæm weorcum ðe hit ær worhte. Ac ðence ælc mon
[ær] hu nytwyrðe he sie & hu gehiersum ðæm ðe he ðonne mid
ryhte hieran scyle on ðam ðe he [ðonne] deð. Ðonne mæg he witan
15 be ðy, gif he hie[r]ran folgað habban sceal, hwæðer he ðonne dón mæg
ðæt ðæt he ær ðencð ðæt he don wolde, forðon seldun mon geleornað
on miclum rice eaðmodnesse, gif he ær on læssan folgoðe ofermod
wæs & recceleas. Hu mæg he ðonne ðæt lóf & ðone gilp fleon ðonne
[he] on[a]hæfen bið, se his ær wilnode ða he butan wæs ? Hu mæg
20 he ðonne beon butan gitsunge, ðonne he sceal ymb monigra monna
are ðencan, gif he nolde ða ða he moste ymb his anes ? Healde hine
ðæt hine his agen geðanc ne biswice, ðæt he ne truwige ðæt he on
ðæm folgoðe wille wel dón, gif he nolde on ðæm læssan ; forðæmðe
oftor on ðæm hieran folgoðe mon forlæt goodne gewunan, ðonne he
25 hine ðæron geleornige, gif he hine ær næfde on læssan folgoðe & on

---

and by his performance under these circumstances he can judge
whether, if he is to have higher authority, he is able to carry out his
former intentions, for men seldom learn humility in a high station
if they were proud and reckless in a humbler one. How can he
avoid praise and vainglory when he is exalted, who formerly desired
them when he was without power ? How can he be without covet-
ousness when he has to consult the interests of many, if formerly he
would not avoid it when he had to consult his own interests alone ?
Let him beware of allowing himself to be deceived with his own
imagination, lest he believe that he will do well in that station when
he would not in the lesser ; for in a higher station men oftener lose
good habits than learn them there, if they had them not in a humbler

gif he hiene ær næfde on læssan folgoðe & on maran æmettan.
Swiðe eaðe mæg on smyltre sæ ungelæred scipstiora genoh ryhte
stieran, ac se gelæreda him ne truwað on ðære hreon sæ & on ðæm
miclan stormum. Hwæt is ðonne ðæt rice & se ealdordom buton
ðæs modes storm, se symle bið cnyssende ðæt scip ðære heortan
mid ðara geðohta ystum, & bið drifen [dræht] hider & ðider on swiðe
nearwe bygeas worda & weorca, swelce hit sie ongemong miclum
& monegum stancludum tobrocen? Hwæt is nu ma ymbe ðis to
sprecanne, buton se se þe swelc ongieten sie þæt he ða cræftas hæbbe
þe we ær bufan cwædon, þæt he ðonne to fo, gif he niede sciele, &
se se þe swelc ne sie, ðær no æt ne cume, ðeah hiene mon niede?
Se ðonne se þe ðeonde bið on swelcum cræftum & on geearnungum,
swelce we ær spræcon, & ðonne to swiðe wiðscorað ðæm ealdordome,
healde hiene ðæt he ne cnytte ðæt underfangne feoh on ðæm swatline
þe Crist ymbe spræc on his godspelle; ðæt is ðæt he ða Godes gifa
þe he onfeng ge on cræftum ge on æhtum ðæt he ða ne becnytte
on ðæm sceate his slæwðe, & he for his swongornesse hie ne gehyde,
ðylæs hit him sie eft witnod. Ða ðonne þe idle beoð swelcra giefa,
& ðeah wilniað ðæs alderdomes, healden hie þæt hie mid hiera un-
ryhtum bisnum ða ne screncen ða þe gað on ryhtne weg toweard
ðæs hefonrices, swæ dydon Fariseos: naðer ne hie selfe on ryhtne
weg gán noldon, ne oðrum geðafian. Ymb ðyllic is to geðencenne
[ðencenne] & to smeageanne, forðæm se þe biscephad underfehð, he
underfehð ðæs folces medtrymnesse, & he sceal faran gind lond swæ
swæ læce æfter untrumra monna husum. Gif he ðonne git geswicen

---

station and in greater leisure. An untaught steersman can very easily
steer straight enough on a smooth sea, but the skilled steersman does
not trust him on a rough sea and in great storms. And what is sove-
reignty and rule but the mind's storm, which ever tosses the ship
of the heart with the waves of the thoughts, and is driven hither
and thither in very narrow straits of words and works, as if it were
wrecked amongst great and many rocks? What need is there to
say more about this, except that he who is known to possess the
above-mentioned qualities is to undertake it if he is obliged, and
he who is not fit is not to approach it, even if compelled? And
let him who is gifted with such qualities and merits as we have
mentioned above, and too obstinately refuses the supremacy, be careful

maran æmettan. Swiðe eaðe mæg on smyltre sæ ungelæred scipstiera
genoh ryhte stieran, ac se gelæreda him [ne] getruwað on ðære hreon
sæ & on ðæm miclan stormum. Hwæt is ðonne ðæt rice & se
ealdordoom butan ðæs modes storm, se simle bið cnyssende ðæt scip
5 ðære heortan mid ðara geðohta ystum, & bið drifen hider & ðider on
swiðe nearwe bygeas worda & weorca, swelce hit sie ongemong miclum
& monigum stancludum tobrocen? Hwæt is nu ma ymbe ðis to
spreceune, buton se se ðe swelc ongieten sie ðæt he ða cræftas hæbbe
ðe we ær bufan cwædon, ðæt he ðonne to fóo, gif he niede sciele,
10 & se se ðe swelc ne sie, ðær no æt ne cume, ðeah hiene mon niede?
Se ðonne se ðe ðeonde bið on swelcum cræftum & geearnungum, swelce
we ær spræcon, & ðonne to swiðe wiðsceorað ðæm ealdordome,
healde hine ðæt he ne cnytte ðæt underfongne feoh on ðæm swátline
ðe Xrist ymbe spræc on his godspelle; ðæt is ðæt he ða Godes gifa ðe
15 he onfeng ge on cræftum ge on æhtum ðæt he ða ne becnytte on ðæm
sceate his slæwðe, & he for his swongornesse hie ne gehyde, ðylæs hit
him sie eft witnod. Ða ðonne [ðe] idle beoð swelcra giefa, & ðeah
wilniað ðæs ealdordomes, healden hie ðæt hie mid hiera unryhtum
bisenum ða ne screncen ða ðe gað on ryhtne weg toweard ðæs hefon-
20 rices, swa dydon Fariseos : naðer ne hie selfe on ryhtne wég gán
noldon, ne oðrum geðafigean. Ymb ðyllic is to geðencenne & to
smeaganne, forðam se ðe biscephád underfehð, he underfehð ðæs
folces mettrymnesse, & he sceal faran gind lond swa swa læce æfter
untrumra monna husum. Gif he ðonne giet geswicen næfð his agenra

---

not to tie up the money he has received in the napkin mentioned
by Christ in his Gospel; that is, let him not tie up the divine gifts
he has received, both in virtues and in riches, in the cloth of his
sloth, and through his laziness hide it, lest he be reproached for it
afterwards. Let those who are devoid of such gifts, and yet wish
for supremacy, beware lest they seduce with their bad example those
who are going the right way to the kingdom of heaven, as the Phari-
sees did : they neither cared to go the right way themselves, nor
to suffer others. Such things are to be considered and meditated
on, because he who undertakes the office of bishop undertakes the
charge of the people's health, and he must traverse the country like
a physician, and visit the houses of sick men. If he has not yet

næfð his agenra unðeawa, hu mæg he ðonne oðerra monna mod
lacnian, ðonne he bireð on his agnum monega opena wunda? Se
læce bið micles to bald & to scomleas þe gæð æfter oðerra monna
husum lacniende, & hæfð on his agnum nebbe opene wunde un-
lacnode.

X. Hwelc se beon sceal þe to reccendome cuman sceall.

Ac ðone mon sciele ealle mægene to biscephade teon, þe on mone-
gum ðrowungum his lichoman cwilmð, & gastlice liofað, & ðisses
middangeardes orsorgnesse ne gimð, ne him nane wiðerweardnesse
ne ondræt ðisse worlde, ac Godes anne willan lufað. Swelcum inge-
ðonce gerist ðæt he for lichoman tidernesse ne for worlde [woruld-]
bismere anum wið þa scire ne winne, ne he ne sie gidsiende oðerra
monna æhta, ac sie his agenra rummod, and his breost sien symle
onhielde for arfæstnesse to forgifnesse, næfre ðeah swiður ðonne hit
gedafenlic sie for ryhtwisnesse. Ne sceal he noht unalyfedes don, ac
ðæt þætte oðre men unaliefedes doð he sceal wepan swæ swæ his
agne scylde, hiora untrymnesse he sceal ðrowian on his heortan,
& ðæs godes his nihstena he sceal fagenian swæ swæ his agnes.
His weorc sculon ðæs wierðe beon þæt him oðre men onhyrien. Hi
sceal tilian swæ to libbenne swæ he mæge ða adrugodan heortan
geðwænan mid ðæm flowendan yðum his lare. He sceal geleornian
þæt he gewunige to singallecum gebedum, oð he ongiete ðæt he
mæge abiddan æt Gode þæt he onginne, swelce him mon to cweðe :

---

given up his own vices, how can he doctor the minds of other men,
while he has in his own mind many open wounds? The doctor is
much too bold and shameless who visits the houses of other men,
undertaking to cure them, and has on his own face an open wound
unhealed.

X. What kind of a man he is to be who is to rule.

But every effort is to be made to induce him to undertake the
office of bishop who mortifies his body with many hardships, and
lives spiritually, and regards not the pleasures of this world, nor
dreads any worldly trouble, but loves the will of God alone. It is
befitting for such a disposition, not for weakness of body or mere worldly

unðeawa, hu mæg he ðonne oðerra monna mód lacnían, ðonne he bireð
on his agnum moniga opena wunda? Se læce bið micles to beald & to
scomleas ðe gæð æfter oðra monna husum læcnigende, & hæfð on his
agnum nebbe opene wunde uñlacnode.

5   X. Hwelc se bion sceal ðe to reccenddome cuman sceal.

Ac ðon[e] monn scyle ealle mægene to bisscephade teon, ðe on
monigum ðrowungum his lichoman cwilmð, & gæstlice liofað, & ðisses
middangeardes orsorgnesse ne gimð, ne him· nane wiðerweardnesse ne
andræt ðisse worolde, ac Godes anne willan lufað. Suelcum ingeðonce
10 gerist ðæt he for licuman tiedernesse ne for woroldbismere anum wið
ða scire ne winne, ne he ne sie gietsiende oðerra monna æhta, ac sie
his agenra rummod, & his breosð sien simle onhielde for arfæstnesse
to forgiefnesse, næfre ðeah suiðor ðonne hit gedafenlic sie for ryht-
wisnesse. Ne sceal he naht unaliefedes dón, ac ðæt ðætte oðre menn
15 unaliefedes dót he sceal wepan sua sua his agne scylde, & hira
untrymnesse he sceal ðrowian on his heortan, & ðæs gódes his
nihstena he sceal fægnian sua sua his agnes. His weorc sceolon beon
ðæs weorðe ðæt him oðre menn onhyrien. He sceal tilian sua to
libbanne sua he mæge ða adrugodan heortan geðwænan mid ðæm
20 flowendan yðon his lare. He sceal geleornian ðæt he gew[u]nige to
singallecum gebedum, oð he ongite ðæt he mæge abiddan æt Gode ðæt
he ongiene, suelce him mon to cueðe: Nu ðu me cleópodesð; nu ic

reproach to decline the supremacy, nor to be greedy of other men's
property, but liberal with his own, and his heart is to be always
inclined to forgiveness for piety's sake, yet never more so than is
befitting for righteousness. He must not do anything unlawful, but
he must bewail the unlawful deeds of others as if they were his own
sins ; and he must sympathize with their weakness in his heart, and
rejoice in the prosperity of his neighbours as his own. His works
must make him worthy of being imitated by other men. He must
strive to live so as to moisten the dried-up hearts with the flowing
waves of his instruction. He must learn to accustom himself to
incessant prayer, until he sees he can obtain from God what he
requires, as if it were said to him, "Thou hast called me ; here I

Nu ðu me clipodest ; nu ic eom her. Hwæt wenest ðu [wenstu nu], gif hwelc forworht mon cymð, & bideð urne hwelcne ðæt we hiene læden to sumum ricum men, & him geðingien ðonne he wið hiene iersað? Gif he me ðonne cuð ne bið, ne nan mon his hieredes, ic wille him swiðe hræðe andwyrdan & cweðan : Ne mæg ic ðæt ærendian : ic ne eom him swæ hiewcuð. Gif we ðonne scomiað þæt we to uncuðum monnum swelc sprecen, hu durre we ðonne to Gode swelc sprecan ? Oððe hu dear se gripan on ða scire ðæt he ærendige oðrum monnum to Gode, se se þe hiene selfne hiwcuðne ne ongit Gode ðurh his [lifes] geearnunga ? Oððe hu dear he ðingian oðrum monnum, & nat hwæðer him selfum geðingod bið ? He mæg ondrædan þæt he for his agnum scyldum mare ierre gewyrce. Ealle we wioton be monnum, se se þe bideð ðone mon þæt him ðingige wið oðerne ðe he bið eac irre, ðæt irsiende mod he gegremeð, & wyrse irre he astyreð. Geðencen ðæt ða þe ðonne git ðisse worulde wilniað, & healden hie ðæt hie mid hiera ðingengum hefigre ierre ne astyrien ðæs ðearlwisan deman. Healden hie hie ðonne hie gitsiað swæ micles ealdordomes ðæt hie ne weorðen ealdormen to forlore hiera [hiere] hieremonnum. Ac pinsige ælc mon hiene selfne georne [geornlice], ðylæs he durre underfón ðone lareowdom ðæs folces þa hwile þe him ænig unðeaw on ricsige. Ne wilnige se na bion ðingere for oðerra monna scylde se þe bið mid his agenum geswenced [gesciended].

XI. Hwelc se beon sceal se ðærto cuman ne sceal.

Bi ðon cwæð sio uplice stefn to Moyse ðæt he sceolde beodan

---

am." What thinkest thou, now, if a criminal comes to one of us, and prays him to lead him to a man in power who is angry with him, and intercede for him? If he is not known to me, or any man of his household, I shall very soon answer him and say : "I cannot undertake such an errand : I am not familiar enough with him." If we are ashamed to speak so to strangers, how dare we speak so to God? Or how can he presume to undertake the office of mediator between God and other men, who is not sure of being himself intimate with God through the merits of his life, or to intercede for other men while he knows not whether he himself has been interceded for? He has reason to fear arousing greater anger because of his own sins. We all know that among men he who prays a man

eom her. Hwæt wenstu nu, gif hwelc forworht monn cymð, & bitt urne
hwelcne ðæt we hine læden to sumum ricum menn, & him geðingien
ðonne he wið hine iersað? Gif he me ðonne cúð ne bið, ne nán monn
his hiredes, ic wille him suiðe ræðe andwyrdan & cueðan: Ne mæg
5 ic ðæt ærendigean: ic ne eom him sua hiwcuð. Gif we ðonne scomiað
ðæt we to uncuðum monnum suelc sprecen, hu durre we ðonne to Gode
suelc sprecan? Oððe hu dear se gripan on ða scire ðæt he ærendige
oðrum monnum to Gode, se [se] ðe hine selfne hiwcuðne ne óngiet
Gode ður(h) his lifes geearnunga? Oððe hu dearr he ðingian oðrum
10 monnum, & nat hwæðer him selfum geðingod bið? He mæg ondrædan
ðæt he for his ægnum scyldum mare ierre gewyrce. Ealle we witon bi
monnum, se se ðe bitt ðone monn ðæt him ðingie wið oðerne ðe he bið
eac ierre, ðæt irsigende mod he gegremeð, & wierse ierre he astyreð.
Geðencen ðæt ða ðe ðonne giet ðisse worolde wilniað, & [h]ealden
15 hie ðæt hie mid hira ðingengum hefigre ierre ne ástyrien ðæs ðearl-
wisan deman. Healden hie hie ðonne hie gitsiað sua micles ealdor-
domes ðæt hie ne weorðen ealdormenn to forlore hira hieramonnum.
Ac pinsige ælc mon hiene selfne georne, ðylæs he durre underfón ðone
lareowdóm ðæs folces ða hwile ðe him ænig unðeaw on ricsige. Ne
20 wilnige se na beon ðingere for oðerra scylde se ðe bið mid his agenum
gescinded.

XI. Hwelc se beon sceal se ðe ðærto cuman ne sceal.

Bi ðon cuæð sio úplice stemn to Moyse ðæt he sceolde beodan

---

to intercede for him with another, who is angry with the interceder
also, irritates the angry mind and arouses worse anger. Let those
consider this who still desire this world, and avoid arousing with their
intercessions more violent anger of the severe Judge, lest, when they
covet so great authority, they lead their disciples into destruction.
But let every one carefully examine himself, lest he presume to under-
take the office of instruction whilst any vice prevail within him. Let
him not desire to intercede for the sins of others who is disgraced
with his own.

XI. What kind of man is not to attain thereto.

About which the sublime voice commanded Moses to tell Aaron

Arone þæt nan mon hiera cynnes ne hiera hioredes ne offrode his
Gode nanne hlaf, ne to his ðenunga ne come, gif he ænig wam hæfde :
gif he blind wære oððe healt, oððe to micle nosu hæfde, óððe to
lytle, oððe eft [to] wó nosu oððe tobrocene honda oððe fett, oððe
hoferede wære, oððe torenigge, oððe fleah hæfde on eagan oððe
singale sceabbas oððe teter oððe healan. Se bið eallinga blind se
þe naht ne ongit bi ðæm leohte ðære uplican sceawunge, & se se þe
bið ofseten mid ðæm ðiestrum ðisses andweardan lifes, ðonne he
næfre ne gesihð mid his modes eagum ðæt towearde leoht, ðy þe
he hit lufige, & he nat hwider he recð mid ðæm stæpum his weorca.
Be ðæm witgode Anna, þa hio cwæð: Dryhten gehilt his haligra
fet, & þa unrihtwisan siccettað on ðæm ðistrum. Se bið eallinga
healt se þe wat hwider he gan sceal, & ne mæg for his modes un-
trymnesse, ðeah he gesio lifes weg, he ne mæg medomlice ongan,
ðonne he hæfð to godum weorce gewunad, & læt ðonne þæt aslacian,
& hit nyle uparæran to ðæm staðole fulfremedes weorces ; ðonne ne
magon ðider fullice becuman þa stæpas ðæs weorces ðider þe he
wilnað. Be ðæm cwæð Paulus : Astrecceað eowre agæledan honda
& eowru cneowu, & stæppað ryhte, ne healtigeað leng, ac bioð hale.
Ðonne is sio lytle nosu ðæt mon ne sie gesceadwis ; forðæm mid ðære
nose we tosceadað ða stenceas, forðæm is sio nosu gereaht to scead-
wisnesse [gesc.]. Ðurh ða gesceadwisnesse we tocnawað good & yfel,
& geceosað ðæt good, & aweorpað ðæt yfel. Be ðæm is gecweden
on ðære bryde lofe : Ðin nosu is swelc swelce sé torr on Libano ðæm
munte. Forðæm sio halige gesomnung ðurh gesceadwisnesse gesihð

---

that no man of their kin or household was to offer to his God any
bread, nor come to his ministration, if he had any blemish : if he
were blind or lame, or had too big or too little a nose, of if he were
crooked-nosed, or had broken hands or feet, or were hump-backed
or blear-eyed, or afflicted with albugo or continual scabbiness, or
eruptions or hydrocele. He is quite blind who has no conception
of the light of sublime contemplation, and is enveloped in the
darkness of this present life, when he never sees with his mind's
eye the future light so as to love it, and knows not whither he is
tending with the steps of his works. About which Anna prophecied,
saying : "The Lord will direct the feet of his saints, and the un-
righteous shall lament in darkness." He is altogether lame who

Arone ðæt nan monn hiera cynnes ne hiera hieredes ne offrode his
Gode nau[n]e hláf, ne to his ðegnunga ne come, gif he ænig wom
[h]æfdex gif he blind wære oððe healt, oððe to micle nosu [h]æfde, oððe
to lytle, oððe eft wó nosu oððe tobrocene honda oððe fét, oððe
hoferede wære, oððe toreníge, oððe fleah hæfde on eagan oððe singale
5 sceabbas oððe teter oððe healan. Se bið eallenga blind se ðe noht ne
ongiet þe ðam leohte ðære úplecan sceawunge, ond [se] se ðe bið
o[f]seten mid ðæm ðistrum ðisses an(d)weardan lifes, ðonne he næfre
ne gesiehð mid his modes eagum ðæt towearde leoht, ðy ðe he hit
lufige, & he nát hwider he recð mid ðæm stæpum his weorca. Be ðæm
10 witgode Anna, ða hio cuæð: Dryhten gehilt his haligra fét, ond ða
unryhtwisan sicettað on ðam ðiestrum. Se bið eallenga healt se ðe wat
hwider he gaan sceal, & ne mæg for his modes untrymnesse, ðeah he
geseo lifes weg, he ne mæg medomlice ongán, ðonne he hæfð to godum
weorce gewunad, & læt ðonne ðæt áslacian, & hit nyle úparæran to
15 ðam staðole fulfremedes weorces; ðonne ne magon ðider fullice
becuman ða stæpas ðæs weorces ðieder ðe he wilnað. Be ðæm cuæð
Paulus: Astreccað eowre agalodan honda & eowru cneowu, & stæppað
ryhte, ne healtigeað leng, ac beoð hale. Ðonne is sio lytle nosu ðæt
mon ne sie gescadwis; forðæm mid ðære nose we tosceadað ða
20 stencas, forðam is sio nosu gereaht to [ge]sceadwisnes[se]. Ðurh ða
gesc[e]adwisnesse we tocnawað good & yfel, & geceosað ðæt gód, &
aweorpað ðæt yfel. Be ðæm is gecueden on ðære bryde lofe: Ðin
nosu is suelc [suel] se torr on Liuano ðæm munte. Forðæm sio
halige gesomnung ður(h) gesceadwisnesse gesiehð & ongietað of huan

---

knows whither he ought to go, and for the infirmity of his mind,
although he see the way of life, cannot properly follow it, when he has
accustomed himself to good works and then relaxes his vigour, and will
not raise it to the state of perfect works; then the steps of the works
cannot entirely arrive at the desired point. Of which Paul spoke:
"Stretch out your relaxed hands and knees, and proceed rightly, and
limp no longer, but be saved." The little nose is want of sagacity; for
with the nose we distinguish odours, therefore the nose is put for sa-
gacity. By sagacity we distinguish between good and bad, and choose
the good and reject the bad. Of which it is said in the praise of the
bride: "Thy nose resembles the tower on Mount Lebanon." For the
holy assembly through sagacity sees and understands whence every temp-

5

& ongietað of hwæm ælc costung cymeð, & ðæt towearde gefeoht
ðara uncysta, hwonon hie ðæs wenan sculon.   Ac monige men bioð
þe noldon ðone hlisan habban ðæt hie unwise sien ; anginnað ðonne
oftrædlice mare secggean & smeagean swiðor ðonne him ðearf sie
to begonganne, & rædað sume leasunge on ðære smeaunge.   Ðæt
is sio micle nosu & sio woo se þe wile ungemetlice gesceadwis beon,
& secð þæt smealicor ðonne he ðyrfe, se hæfð to micle nosu & to
woo, forðon sio gesceadwisnes hie selfe gescent mid ðære ungemet-
godan smeaunge.   Ðæt is ðonne se foruda fot & sio forude hond
ðæt mon wite Godes beboda weg, & ðær nylle on gán, ac sie bedæled
& aidlod ælces godes weorces, nealles na swæ swæ healt mon oððe
untrum, hwilum hie gáð, hwilum hie restað, ac se forudfota bið
ælces feðes bedæled.   Se ðonne bið hoferede se þe sio byrðen ofðry-
ceð ðisse eorðlican gewilnunge, & næfre ne besyhð to ðære uplican
are ; ac ealneg [ealne weg] fundað to ðisum eorðlicum, & ðonne hie
gehierað auht be ðæm gode ðæs hefonlican rices, ðonne ahefegiað hiera
heortan ða byrðenna ðæs forhwirfedan gewunan ðætte hie ne magon
hiera geðohtes staðol uparæran.   Be ðæm se salmscop cwæð : Ic eom
gebigged, & æghwonon ic eom gehiened. Ond eft be ðæm ilcan scyldum
sio Soðfæstnes ðurh hie selfe cwæð: Hiora sæd gefeollun on þa ðornas.
Ðæt sindon ða þe gehierað Godes word, & mid ðære geornfulnesse &
mid ðære wilnunge ðisse worlde & hiere welena bið asmorad ðæt sæd
Godes worda, ðeah hie upasprytten, ðæt hie ne moton fullgrowan
ne wæstmbære weorðan.   Se ðonne bið siwenigge se þe his ondgit
bið to ðon beorhte scinende ðæt hie mæge ongietan soðfæstnesse,

---

tation comes, and whence they are to expect the impending attack of
vices. And there are many men who, not wishing to be thought fools,
often try to speak and meditate more than is profitable for them to do,
and are led astray in their meditation.   The big and crooked nose is
the desire of over-sagacity, when a man desires it more eagerly than
he ought, he has too big and crooked a nose, for his sagacity shames
itself by its excessive contemplation.   The broken hand and foot is
when a man knows the path of God's commands and will not follow
it, but is deprived of every good work and frustrated, not at all like
a lame or diseased man, who is sometimes in motion, sometimes at
rest, while the broken foot is always entirely deprived of motion.
He is humpbacked who is oppressed by the burden of earthly desire,

ælc costu(n)g cymeð, ond ðæt towearde gefeoht ðara uncysta, hwonon
hie ðæs wenan sculon. Ac monige menn beoð ðe noldon ðone hlisan
habban ðæt hie unwiese sien; angiennað ðonne oftrædlice mare sec-
gean & smeagean suiðor ðonne him ðearf sie to begonganne, & rædað
5 sume leasunge on ðære smeaunge. Ðæt is sio micle nosu & sio woo
se ðe wile ungemetlice gesceadwis beon, & sec[ð] ðæt smealicor ðonne
he ðyrfe, se (h)æfð to micle nosu & to woo, forðon sio gesceadwisnes
hie selfe gescind mid ðære ungemetgodan smea[u]nge. Ðæt is ðonne
se foreda foot & sio forude hond ðæt mon wite Godes biboda wég, &
10 ðær nylle on gán, ac sie bedæled & aidlad ælces godes weorces, nals na
sua sua healt monn oððe untrum, hwilum hie gað, hwilum hie restað,
ac se foreda fot a við ælces feðes bedæled. Se ðonne við hoferede
se ðe sio byrðen ofðrycð ðisse eorðlican gewilnunge, & næfre ne
besyhð to ðære uplican áre; ac ealne weg fundað to ðeosum eorð-
15 lecum, ond ðonne hie gehierað awuht be ðæm góde ðæs hefonlican
rices, ðonne ahefegiað hira heort[a]n ða byrðenna ðæs forhwirfdan
gewunan ðætte hie ne magon hiera geðohtes staðol upáræran. Be
ðæm se salmsceop cwæð: Ic eom gebiged, & æghwonon ic eom
geh[i]ened. Ond eft be ðæm ilcan scyldum sio Soðfæstnes ðurh hie
20 selfe cwæð: Hiera sæd gefeollon on ða ðornas. Ðæt sindon ða ðe
gehierað Godes word, & mid ðære geornfulnesse & mid ðære wilnunge
ðisse worlde & hiere welena við asmoród ðæt sæd Godes worda, ðeah
hie úpáspryttæn, ðæt hie ne moten fulgrowan ne wæstmbære weorðan.
Se ðonne við siwenige se ðe his &git við to ðon beorhte scinende
25 ðæt he mæge ongietan soðfæstnesse, gif hit ðonne aðistriað ða

and never contemplates exalted virtue, but ever pursues earthly things,
and when they hear aught of the excellence of the kingdom of heaven,
their hearts are oppressed by the burdens of their perverse habits, so
that they cannot exalt the state of their mind. Of which the Psalmist
spoke: "I am bowed and humiliated on all sides." And, again, Truth
itself spoke about the same sins: "Their seed fell among thorns."
That is those who hear the word of God, and by the cares and desires
of this world and its wealth the seed of God's words is smothered,
although they spring up, so that they cannot flourish or bear fruit. He
is blear-eyed whose mind is clear enough to perceive the truth, but is
obscured by fleshly works. The pupils of the bleared eyes are sound,
but the eyelashes become bushy, being often dried because of the

gif hit ðonne aðistriað ða flæsclican weorc. Hwæt on ðæs siwenig-
gean eagum beoð ða æplas hale, ac ða bræwas greatiað, forðæm hie
bioð oft drygge [drygde] for ðæm tearum þe ðær gelome offlowað,
oððæt sio scearpnes bið gewierd ðæs æples. Swæ sindon wel monige
ðara þe gewundiað hiora mod mid ðæm weorcum ðisses flæsclican
lifes, ða þe meahton smealice & scearplice mid hiera ondgiete ryht
gesion, ac mid ðæm gewunan ðara wona weorca ðæt mod bið adim-
mod. Se bið eallenga siwenigge ðonne his mod & his ondgit ðæt ge-
cynd ascyrpð, & he hit ðonne self gescent mid his ungewunan & wóm
wilnungum. Be ðæm wæs wel gecweden ðurh ðone engel: Smire-
wað eowre eagan mid sealfe ðæt ge mægen gesion. Ðonne we smire-
wað ure heortan eage mid sealfe þæt we mægen ðy bet gesion, ðonne
we mid ðæm læcedome godra weorca gefultumað urum ondgiete ðæt
hit bið ascirped to ongietonne ða birhtu ðæs soðan leohtes. Se ðonne
hæfð eallenga fleah on his modes eagum, þe on nane wisan ne mæg
ryhtwisnesse gesion, ac bið ablend mid unwisdome þæt he ne ongiet
ða uplican rihtwisnesse. Ðurh ðone æpl ðæs eagean mon mæg
gesion, gif him ðæt fleah on ne gæð, gif hine ðonne ðæt fleah mid
ealle ofergæð, ðonne ne mæg he noht gesion. Swæ eac be ðæs
modes eagum, gif ðæt ondgit ðæs mennescan geðohtes ongit þæt hit
self dysig bið [sie] & synfull, ðonne gegripð hit ðurh ðone wenan
ðæt ondgit ðære incundan birhto ; gif he ðonne self weneð ðæt he
sie wis & gesceadwislice ryhtwis, mid ðy he hiene bedæleð ðære
oncnawnesse ðæs uplican leohtes, [& micle þy læs he ongiet þa bierhto
ðæs soðan leohtes] ðonne he hiene upahefð on his mode on swelc

---

frequent flow of tears, until the sharpness of the pupil is dulled.
Thus there are very many who wound their mind with the works of this
fleshly life who could clearly and sharply perceive righteousness with
their understanding, but with the habit of bad works the mind is
dimmed. He is altogether blear-eyed who has a naturally good heart
and understanding, and of himself disgraces it with his bad habits
and perverse desires. Of which was well spoken through the angel :
"Anoint your eyes with salve, that ye may see." We anoint the eyes
of our heart to see better, when we aid our understanding with the
medicine of good works, so that it is sharpened enough to perceive
the brightness of true light. He has altogether albugo in his mind's
eyes who can in no wise see righteousness, but is blinded with folly

flæsclican weorc. Hwæt on ðæs siwenigean eagum beoð ða æpplas
hale, ac ða bræwas greatigað, forðam hie beoð oft drygde for ðæm
tearum ðe ðær gelome offlowað, oððæt sio scearpnes bið gewird ðæs
æpples. Swa sindon wel monege ðara ðe gewundiað hiera mod
5 mid ðæm weorcum ðisses flæsclican lifes, ða ðe meahton smealice
& scearplice mid hiera &gíte ryht geseon, ac mid ðæm gewunan
ðara wona weorca ðæt mod bið adimmod. Se bið eallinga siwenige
ðonne his mod & his &git ðæt gecynd ascirpð, & he hit ðonne self
gesci[e]nt mid his ungewunan & wom wilnungum. Be ðæm wæs
10 wel gecweden ðurh ðone ængel : Smiriað eowre eagan mid sealfe
ðæt ge mægen geseon. Ðonne we smierewað ure heortan eage mid
sealfe ðæt we mægen ðy bet geseon, ðonne we mid ðæm læcedome
godra weorca gefultumað urum ondgite ðæt hit bið ascirped to
ongietenne ða bierhtu ðæs soðan leohtes. Se ðonne hæfð eallinga
15 fleah ón his modes eagum, ðe on nane wisan ne mæg ryhtwisnesse
geseon, ac bið áblend mid unwisdome ðæt he ne ongit ða uplican
ryhtwisnesse. Ðurh ðone æpl ðæs eagan mon mæg geseon, gif him
ðæt fleah ón ne gæð, gif hine ðonne ðæt fleah mid ealle ofergæð,
ðonne ne mæg he noht geseon. Sua eac bi ðæs modes eagum is
20 gecueden, gif ðæt ondgit ðæs menniscan geðohtes ongiett ðæt
hit self dysig sie & synfull, ðonne [ge]gripð hit ðurh ðone wenan
ðæt andgit ðære incundan byrhto ; gif he ðonne self wenð ðæt
he sie wis & gescadwislice ryhtwis, mid ðy he hiene bedælð ðære
oncnawnesse ðæs uplecan leohtes, & micle ðy læs he ongiet ða bierhto
25 ðæs [s]oðan leohtes ðonne he hiene upahefeð on his mode on suelc

---

so that he does not understand celestial righteousness. A man
can see with the pupil of the eye if it is not covered with albugo,
but if it is entirely covered with albugo, he cannot see anything.
So also it is said of the mind's eyes that if the understanding of
human thought perceives that it is itself foolish and sinful, through
that idea it grasps the conception of inner brightness ; but if he
himself thinks that he is wise and prudently righteous, he thereby
deprives himself of the recognition of celestial light, and he under-
stands so much the less of the brightness of true light by extolling
himself in spirit with such pride and egotism; as is said of cer-
tain men : "They said they were wise, and therefore they became
foolish." He is afflicted with chronic scabbiness who never refrains

gilp & on swelc selflice ; swæ swæ be sumum monnum cweden is : Hie
sædon ꝥæt hie wæron wise, & þa wurdon hie dysige forðon. Soꝥlice
se hæfꝥ singalne sceabb se þe næfre ne blinꝥ ungestæꝥꝥignesse. Ðonne
bi ꝥæm sceabbe swiꝥe ryhte sio hreofl getacnaꝥ ꝥæt wohhæmed. And
ꝥonne biꝥ se lichoma hreof, ꝥonne se bryne þe on ꝥæm innoꝥe biꝥ
utaflihꝥ [utaslihꝥ] to ꝥære hyde. Swæ biꝥ sio costung ærest on ꝥæm
mode, & ꝥonne færeꝥ utweardes to ꝥære hyde, oꝥꝥæt hio utascieꝥ
on weorc. Butan tweon gif ꝥæt mod ær ꝥæm willan ne wiꝥbritt, se
wilm ꝥæs innoꝥes utabirst [utbirst] & wierꝥ to sceabbe, & monega
wunda utan wyrcꝥ mid ꝥæm won weorcum. Forꝥæm wilnode *sanctus*
Paulus ꝥæt he ꝥære hyde giocꝥan ofadrygde mid ꝥæm worde, þa he
cwæꝥ : Ne gegripe eow næfre nan costung buton mennescu. Swelce
he openlice cwæde : Mennislic is ꝥæt mon on his mode costunga
ꝥrowige on ꝥæm luste yfles weorces, ac ꝥæt is deofullic ꝥæt he ꝥone
[ꝥonne] willan ꝥurhteo. Se ꝥonne hæfꝥ teter on his lichoman se
þe hæfꝥ on his mode gidsunge, and gif hiere ne biꝥ sona gestiered,
heo wile weaxan mid ungemete. Butan tweon se teter butan sare
he ofergæꝥ ꝥone lichoman, & swæꝥeah ꝥæt lim geunwlitegaꝥ ;
se gicꝥa biꝥ swiꝥe unsar, & se claweꝥa biꝥ swiꝥe row, & swæꝥeah
hwæꝥre [& ꝥeahhwæꝥre] gif him mon to longe fylgꝥ, he wundaꝥ
& sio wund saraꝥ. Swæ eac sio gitsung ꝥæt mod ꝥæt hio gebindeꝥ
mid ꝥære lustfulnesse hio hit gewundaꝥ, ꝥonne hio wirpꝥ on ꝥæt geꝥoht
hwæthwugu to begietenne. Hio gehæt him æghwæs genoh, ꝥeah
ꝥæt ꝥonne ꝥæm mode licige & lustfullige, ꝥeah hit gewundaꝥ mid-
ꝥæmþe hit wyrcꝥ feondscipe. Ðurh ꝥa wunde he forlist ꝥone wlite
his lioma, ꝥonne he ꝥurh ꝥæt wó weorc forlisꝥ ꝥone wlite ꝥara [wlite

---

from wantonness. The scab of leprosy is a type of fornication. The
body is leprous when the inflammation of the body spreads to the
skin. Thus temptation is first in the mind and then spreads to the
skin until it bursts forth in actions. Doubtlessly, unless the mind
oppose the desire beforehand, the internal inflammation breaks forth
and becomes scab, causing many external sores with the perverse
actions. Hence Paul desired to wipe off the prurience of the flesh
with the words he spoke : "Let no temptation seize on you unless
human ; " as if he had openly said : "It is only human for a man to
suffer temptations in his mind from the desire of bad deeds, but it
is devilish for him to carry out his desire." He suffers from ring-

gielp & on suelc selflice ; sua sua be sumum monnum cueden ís :
Hie sædon ꝥæt [hie] wæren wiese, & ꝥa wurdo[n] hie dysige forꝥam.
Soꝥlice se ꝥe hæfꝥ singalne sceabb se ꝥe næbre ne ablinꝥ ungestæꝥ-
ꝥignesse. Ðonne bi ꝥam sceabbe suiꝥe ryhte sio hreofl getacnaꝥ ꝥæt
5 wohhæmed. Ðonne biꝥ se lichoma hreof, ꝥonne se bryne ꝥe o[n] ꝥæm
innoꝥe biꝥ utaslihꝥ to ꝥære hyde. Sua biꝥ sio costung æresꝥ on ꝥæm
mode, & ꝥonne fereꝥ útweardes to ꝥære hyde, oꝥꝥæt hio útasciet ón
weorc. Butan tweon gif ꝥæt mod ær ꝥæm willan ne wiꝥbritt, se
wielm ꝥæs innoꝥes utabiersꝥ & wierꝥ to sceabbe, & moniga wunda
10 utane wyrcꝥ mid ꝥæm wón weorcum. Forꝥon wilnode sanctus Paulus
ꝥæt he ꝥære hyde giocꝥan ofadrygde mid ꝥæm worde, ꝥa he cuæꝥ :
Ne gegripe eow næfre nán costung buton menniscu. Suelce he openlice
cuæde : Mennisclic ís ꝥæt mon on his mode costunga ꝥrowige on
ꝥæm luste yfles weorces, ac ꝥæt is deofullic ꝥæt he ꝥone willan
15 ꝥur(h)teo. Se ꝥonne hæfꝥ teter on hi[s] lichoman se hæfꝥ on his
mode gi[t]sunga, gif hiere ne biꝥ sona gestiered, hio wile weahsan
mid ungemete. Butan tueon se teter butan sare he ófergæꝥ ꝥone
lichoman, & sua ꝥeah ꝥæt lim geúnwlitegaꝥ ; se giecꝥa biꝥ suiꝥe
unsár, & se cleweꝥa biꝥ suiꝥe rów, & ꝥeahhwæꝥere gif him mon
20 to longe fylgꝥ, he wundaꝥ & sio wund saraꝥ. Sua eac sio gitsung
ꝥæt mod ꝥæt hio gebindeꝥ mid ꝥære lustfulnesse hio hit gewundaꝥ,
ꝥonne hio wyrpꝥ on ꝥæt geꝥoht hwæthugo to bigieten(n)e. Hio ge-
hæt him æghwæs genog, ꝥeah ꝥæt ꝥonne ꝥæm mode licige & lustful-
lige, ꝥeah hit gewundaꝥ midꝥæmꝥe hit wyrcꝥ feondscipe. Ðurh ꝥa
25 wunde he forliest ꝥone wlite his lioma, ꝥonne he ꝥur(h) ꝥæt woo
weorc forliest ꝥone wlite oꝥerra godra weorca, gelicost ꝥæm ꝥe he

worm on his body whose mind is filled with covetousness, which,
unless soon checked, will increase enormously. Ringworm doubt-
lessly spreads over the body without pain, and yet disfigures the
limb ; scab is not at all painful, and itch is very mild, and yet if
it is allowed to go too far, it wounds, and the wound pains. Thus
covetousness wounds the mind that it enslaves with desires when
it excites in the mind the desire of obtaining something. It pro-
mises him enough of everything, which, although it pleases and
delights the mind, yet wounds it by causing enmity. Through the
wound he loses the beauty of his limbs, when he through the evil
work loses the beauty of other good works, as if he polluted his whole

oðerra] godra weorca, gelicost ðæm þe he gewemme ealne ðone licho-
man, ðonne he ðurh ealle uncysta ðæt [þa] mod gescrencð; ðæt try-
mede *sanctus* Paulus þa he cwæð ðæt ælces yfles wyrtruma wære ðæt
mon wilnode hwelcere gidsunge. Se ðonne þe bið healede he mæg mid
weorce began ða sceondlicnesse, & swæðeah bið ahefegod mid ðæm
singalum geðohte butan ælcum gemete, & swæðeah næfre ne mæg
ðurhteon ðæt unryhtlice weorc, & hwæðre ðæt mod hæfð fullfre-
medne willan to ðære wrænnesse butan ælcere steore & wearne gif
he hit ðurhteon meahte. Ðonon cymeð sio medtrymnes ðæm heale-
dum, ðe se wæta ðara innoða asigð [astigð] to ðæm lime, ðonne
aswilð hit & hefegað & unwlitegað. Se bið eac eallinga healede se
þe eal his mod bioð aflowen to gæglbærnesse & to dole, ðonne he
byrð on his heortan ða byrðenne ðæs bismeres, & swæðeah mid
woon weorcum hit to ðweorlice ne fremeð, ðeah he hit on his mode
forlætan ne mæge, ne fullice gewunian to godum weorcum, forðæm
sio byrðen ðære sceonde hiene diegollice hefegað. Swæ hwelc ðonne
swæ ðissa uncysta hwelcre underðieded bið, him bið forboden ðæt he
offrige Gode hlaf, forðæm hit is wen ðæt se ne mæge oðerra monna
scylde ofaðwean, se se þe [hine *added*] ðonne giet his agna on herigeað.
Ær ðissum we sægdon feam wordum hwelc se bion sceolde þe medeme
hierde & lareow bion sceolde, & eac hwelc se bið þe him ondrædan
sceal ðæt he unmedeme sie. Ær ðissum we reahton hwelc se beon
sceolde þe to ðæm biscepdome cuman sceolde ; nu we willað reccean,
gif he ðær swelc to cume, hu he ðæron libban scyle.

---

body by perverting his mind with every vice, which Paul confirmed
by the remark that " covetousness is the root of all evil." He who
is afflicted with hydrocele cannot carry out his shameful desires, and
yet is excessively troubled with continually thinking of it, and yet
can never accomplish the unrighteous deed, although the mind is
altogether desirous of lasciviousness without any restraint or hesitation
if he could accomplish it. Hydrocele is caused by the humours of the
body collecting in the member, so that it swells and becomes heavy
and disfigured. He is altogether hydrocelous whose whole mind is ad-
dicted to wantonness and folly, when he bears in his heart the burden
of shame, and yet does not too perversely carry it out in evil deeds,

gewemme ealne ðone lichoman, ðonne he ðurh ealle uncysta ða mod
gescrencð; ðæt trymede *sanctus* Paulus ða he cuæð ðæt ælces yfeles
wyrttruma wære ðæt mon wilnode hwelcre gitsunge. Se ðonne
se bið healede he mæg mid weorce beg[e]an ða scondlicnesse, &
5 suaðeah bið ahefegod mid ðæm singalam[u] geðohte butan ælcum
gemete, & suaðeah næfre ne mæg ður(h)teon ðæt unryhtlice weorc,
ond hwæðere ðæt mod hæfð fulfremedne willan to ðære wrænnesse
butan ælcre steore & wearne gif he hit ðurhteon mealŋte. Ðonan
cymeð sio mettrymnes ðæm healedum, ðe se wæta ðara innoða astigð
10 to ðæm lime, ðonne asuilð hit & ahefegað & unwlitegað. Se bið eac
eallenga healede [se] se ðe eall his mod bið aflogen to gæglbærnesse &
to dole, ðonne he bierð on his heortan ða byrðenne ðæs bismeres, &
suaðeah mid won weorcum hit to ðweorlice ne fremeð, ðeah he hit on
his mode forlætan ne mæge, ne fullice gewunian to godum weorcum,
15 forðon sio byrðen ðære sconde hine diogollice hefegað. Sua hwelc
ðonne sua ðissa uncysta hwelcre underðieded bið, him bið forboden
ðæt he offrige [Gode] hláf, forðæm hit is wén ðæt se ne mæge oðerra
monna scylda ofaðuean, se se ðe hine ðonne giet his agena on-
herigeað. Ær ðioson we sægdon feam wordum hwelc se bion scolde
20 ðe medome hierde & lareow bion sceolde, ond eac hwelc se bið ðe him
ondrædan sceal ðæt he unmedome sie. Ær ðiosum we rehton hwelc se
beon sceolde ðe to ðæm biscepdome cuman sceolde; nu· we willað
reccan, gif he ðær suelc to cyme, hu he ðæron libban scyle.

---

although he cannot dismiss it from his mind, nor fully habituate
himself to good works, for he is secretly oppressed by the burden of
shame. Whoever, then, is subject to one of these vices is forbidden
to offer bread to God, for it is to be expected that he will not be
competent to wash away the sins of others while he is harassed by
his own. We have briefly stated above what kind of man the proper
pastor and teacher ought to be, and also he who has cause to fear
being incompetent. We have said above what kind of man is to be
appointed bishop; we will now say how he is to conduct himself
when he has attained the dignity.

XII. Hu se se þe gedafenlice & endebyrdlice to cymð, hu he ðæron drohtigean sciele.

Ðæs biscepes weorc sculon bion ofer oðerra monna weorc swæ micle betran swæ hit micel bið betweox ðæs hierdes life & ðære heorde. Him gedafenað ðæt he geðence & geornlice smeage hu micel niedðearf him is ðæt he sie gebunden to ðære ryhtwisnesse mid ðy rape ðæt he ongiete for hwæs geðyncðum ðæt folc sie genemned heord. Hwæt ðæm hierde [ðonne] wel geristð ðæt he sie healic on his weorcum, & his word sien nytwierðu, & on his swiggean he sie gesceadwis ; him sculon eglan oðerra monna brocu swelce he efnswiðe him ðrowige ; he sceal sorgian ymbe ealle & foreðencean ; he sceal beon for eað-modnesse hiera gefera ælces ðara þe wel do ; he sceal beon strec wið þa þe ðær agyltað, & for ryhtwisnesse he sceal habban andan to hiera yfele ; & ðeah for ðara bisgunge ne sie his giemen no ðy læsse ymb þa gehiersuman ; ne eac for hiera lufan geornfulnesse ne forlæte he ða ungehiersuman. Ac ðis ðæt we nu feaum wordum arimdon we willað hwene rumedlicor heræfter areccean.

XIII. Hu se lareow sceal beon clæne on his mode.

Se reccere sceal bion simle clæne on his geðohte, ðæt[te nan] unclænnes hine ne besmite ðonne he ða ðenunga underfehð, forðæm ðæt he mæge adryggean of oðerra monna heortan ðæt ðæron fules sie. Hit is ðearf ðæt sio hond sio ær geclænsod þe wille ðæt fenn of oðerre aðierran ; gif sio ðonne bið eac fennegu, ðonne is wen ðæt hio

---

XII. How he who attains the dignity properly and regularly is to conduct himself therein.

The bishop's works must surpass other men's works as much as the shepherd's life is superior to that of the flock. It behoves him to think and carefully consider how very necessary it is for him to be bound to righteousness with the rope of understanding through whose dignity the people is called flock ; it befits the shepherd to be lofty in works, profitable in words, and discreet in silence ; he must grieve for the troubles of others as if he suffered equally with them ; he must care and provide for all : through humility he must be the equal of all well-doers ; he must be stern with sinners, and through

XII. Hu se [se ðe] gedafenlice & endebyrdlice to cymð, hu he
ðærón drohtian scyle.

Ðæs biscepes weorc sceolon bion ofer oðra monna weorc sua micle
beteran sua hit micel bið betwux ðæs hirdes life & ðære heorde. Him
5 gedafenað ðæt he geðence & geornlice smeage hu micel niedðearf him
is ðæt he sie gebunden to ðære ryhtwiesnesse mid ðy rápe ðæt he
ongite for hwæs geðyncðum ðæt folc sie genemned heord. Hwæt
ðæm hierde ðonne wel gerisð ðæt he sie healic on his weorcum,
& his word sien nyttwyrðu, & on his suigean he sie gescadwís;
10 him sculan eglan oðerra monna brocu suelce he efnsuiðe him ðrowige;
he sceal sorgian ymbe ealle & foreðencean; he sceal bion for eað-
modnesse hira gefera ælces ðara ðe wel doo; h[e] sceal bion stræc
wið ða ðe ðær agyltað, ond for ryhtwisnesse he sceal habban andan to
hira yfele; ond ðeah for ðara bisgunge ne sie his g[i]emen na ðy læsse
15 ymb ða gehirsuman; ne eac for hira lufan geornfulnesse ne forlæte
he ða ungehirsuman. Ac ðis ðæt we nu feaw wordum arimdon
we willað hwene rumedlicor heræfter areccean.

XIII. Hu se lareow sceal bion clæne on his mode.

Se reccere sceal bion simle clæne on his geðohte, ðætte nan
20 unclænnes hine ne besmite ðonne he ða ðegnunga underfehð, for-
ðæm ðæt he mæge adrygean of oðra monna heortan ðæt ðæron
fules sie. Hit is ðearf ðæt sio hond sie ær geclænsad ðe wille ðæt
fenn of oðerre aðierran; gif sio ðonne bið eac fennegu, ðon(n)e is

---

righteousness he must feel indignation at their ill deeds; and yet in
his care of them he is not to neglect the obedient; nor also in his
love of the latter is he to neglect the disobedient. But this which we
have now briefly recounted we will treat more at length in the
following chapters.

XIII. How the teacher is to be pure in heart.

The teacher must be ever pure in heart, that no impurity defile
him when he undertakes the ministration, to enable him to wipe off
the impurity of other men's hearts. It is needful for the hand to
have been cleaned beforehand which is to wipe off the dirt from the
other; if it is also dirty there is reason to expect that it will dirty the

ða oðre wiers besmite gif hio hiere onhrinð. Forðæm wæs ðurh ðone
witgan gecweden : Doð eow clæne, ge þe berað Godes fatu. Ða ðonne
berað Godes fatu, ða þe oðerra monna saula underfooð to lædonne on
ða triowa hiera agenra geearnunga to ðæm innemestan halignessum. Ge-
ðencen hie ðonne betweoh him selfum hu swiðe hie sculon beon geclæn-
sode ða þe berað on hiera greadum ða á libbendan fatu to ðæm eccan
temple on hiera agenre [ægenne] borg. Forðy wæs ðurh þa halgan stemne
beboden ðætte on Arones breostum sceolde beon awriten sio racu ðæs
domes on ðæm hrægle þe mon hæt rationale, & mid nostlum gebunden,
forðæm ðætte sio oferflownes ðara geðohta ne mealite ofsittan þæs
sacerdes heortan, ac hio sceolde beon gebunden mid ðære ilcan race,
ðætte he ne ðohte naht ungesceadwislices ne unnytlices. Forðæm he
bið gesett to bisene oðrum monnum, simle he sceal ætiewan on his
lifes gestæððignesse hu micle gesceadwisnesse he bere on his breostum.
On ðæm selfan hrægle, þe he on his breostum wæg, wæs eac awriten
ða naman ðara twelf heahfædra. Ðonne birð se sacerd swiðe untæl-
lice awriten ðara fædra naman on his breostum, ðonne he singallice
geðencð hiora lifes bisene. Ðonne stæpð se sacerd swiðe tælleaslice
on ðone weg, ðonne he þa bisene ðara forðgefarenra fædra geornlice
& unablinnendlice sceawað, & on ðæt swæð ðara haligra singallice
winnað to spyrianne, & unalifede geðohtas ofðrycð, ðylæs he ofer
ðone ðerscold his endebyrdnesse stæppe. Swiðe ryhte is ðæt hrægl
gehaten, ðæt se sacerd beran sceolde ðæs domes racu, forðon se
sacerd sceolde & gitt sceal simle smealice geðencean ðæt he cunne
god & yfel tosceadan, & siððan geornlice geðence hu he gehwelcne
læran scile & hwonne, & hwæt him gecopust sie, & nowuht him selfum

---

other worse if it touches it. Hence it was said through the prophet :
"Purify yourselves, ye who bear God's vessels." They bear God's
vessels who undertake the guidance of other men's souls in the faith
of their own merits to the inmost sanctuary. Let those consider
among themselves how pure they ought to be who carry in their
breasts the ever-living vessels to the eternal temple on their own
responsibility. Therefore it was commanded by the holy voice that
an account of judgment was to be inscribed on Aaron's breast on the
robe called rationale and bound with fillets, that the flood of thoughts
might not overwhelm the priest's heart, but it was to be bound by
that same account not to entertain foolish or useless thoughts. Since

wén ðæt hio ða oðre wiers besmite gif hio hire anhrinð. Forðæm
wæs ðurh ðone witgan gecueden : Dooð eow clæne, ge ðe berað
Godes fátu. Ða ðonne berað Godes fatu, ða ðe oðerra monna saula
underfooð to lædanne on ða treowa hira agenra gearnunga to ðæm
5 innemestan halignessum. Geðencen hie ðonne betwuh him selfum
hu suiðe hie sculon beon geclænsode ða ðe berað on hira greadum
ða á libbendan fátu to ðæm ecean temple on hira agenne borg. Forðy
wæs ðurh ða halgan stemne beboden ðætte on Arones breostum sceolde
beon awriten sio racu ðæs domes on ðæm hrægle ðe mon hæt rationale,
10 & mid noslum gebunden, forðæm ðætte sio oferflownes ðara geðohta ne
meahte ofsittan ðæs sacerdes heortan, ac hio sciolde beon gebunden mid
ðære ilcan race, ðætte he ne ðohte nawuht ungesceadwislices ne unnet-
lices. Forðæm he bið gesett to bisene oðrum monnum, simle he sceal
ætiewan on his lifes gestæðstignesse hu micle gesceadwisnesse he bere on
15 his breostum. On ðæm selfan hrægle, ðe he ón his breostum wæg, wæs
eac awriten ða naman ðara twelf heahfædera. Ðonne birð se sacerd
suiðe untællice awriten ðara fædra naman on his breostum, ðonne he
singallice geðencð hiera lifes bisene. Ðonne stæpð se sacerd suiðe
tælleaslice on ðone weg, ðonne he ða bisene ðara forðgefarenra federa
20 geornlice & unablinnendlice sceawað, & on ðæt suæð ðara haligra sin-
gallice winnað to spyriganne, & unaliefde geðohtas ófðrycð, ðylæs he
ófer ðone ðerscold his endebyrdnesse stæppe. Suiðe ryhte ðæt hrægl
is gehaten, ðæt se sacerd beran sceolde ðæs domes racu, forðam se
sacerd scolde & git sceal simle smealice geðencean ðæt he cunne gód
25 & yfel tosceadan, ond siððan geornlice geðence hu he gehwelcne læran
scyle & hwonne, & hwæt him gecopust sie, & nowuht him selfum syn-

---

he is set as an example for other men, he must always show in the
consistency of his life how much prudence he cherishes in his heart.
On the same robe which he wore on his breast were also written the
names of the twelve patriarchs. The priest bears the names of the
fathers written very blamelessly on his breast when he is ever mind-
ful of the example of their life. The priest advances very blame-
lessly on the path by zealously and incessantly contemplating the
example of the departed Fathers, and ever striving to follow in
the tracks of the saints, and suppressing unlawful thoughts lest
he cross the threshold of his authority. Very rightly the priest's
robe is called the account of judgment, because the priest was

synderlice wilnige, ac his nihstena god he sceal tellan him selfum. Be
ðæm is awriten ðæt mon sceolde writan on ðæm hrægle ðe Aron bær on
his breostum, ðonne he inneode beforan Gode, ða lare & ða domas &
ða soðfæstnesse. Ða domas he bær on his breostum beforan Gode [&]
Israhela bearna simle. Swa sceal se sacerd gitt simle ða domas beran
awritene on his breostum Israhela bearna, ðæt is ðæt he ðara ðing þe
him underðiedde bioð for ðæm ege anum ðæs godcundan [innecundan]
deman innweardlice undersece, ðætte sio mennisce olicung for nanum
freondscipe ðærto ne gemenge, forðonþe he bið to Cristes bisene
& to his anlicnesse ðær gesett [aset]. & ðeah for ðære geornfulnesse
ðære ryhtinge ne sie he to hræd ne to stið to ðære wrace, ac ðonne
he bið ongieten æfstig wið oðerra monna yflu, anscunige he eac his
agenu, ðylæs ða smyltnesse ðes domes hine gewemme [oððe] se dyrna
æfst oððe to hræd irre. Ac gif he geðencð ðone ege ðæs deman þe
ofer eall sitt, ðonne ne stirð he no his hieremonnum butan miclum
ege. Ac se ege ðonne he geeaðmet ðæt mod he hit geclænsað, ðylæs
sio dyrstignes [gedyrstignes] his modes hiene to upahebbe, oððe ðæs
flæsces lustfulnes hiene besmite, oððe ðurh þa wilnunga ðissa eorð-
cundlicra ðinga ðæt mod aðistrige se forhwirfeda gewuna gemalicnesse,
sio oft ðæt mod ðæs recceres astyreð. Ac hit is micel ðearf ðæt
mon hiere swiðe hrædlice wiðbrede, ðylæs sio scyld þe hiene ðurh
scinnesse [scirnesse] costað for his luste & for his wacmodnesse hiene
oferswiðe ; forðon gif hio ne bið hrædlice aweg adrifen, he bið ofslegen
mid ðæm [ðy] sweorde ðære geðafunge.

---

bound and still is ever to consider how he can discern good and
evil, and then to consider carefully how and when he is to teach
each one, and what is most profitable for them, and not desire to
appropriate anything to himself only, but reckon the prosperity of
his neighbours as his own. About which it is written that on the
robe which Aaron wore on his breast when he entered before God
were to be written the instruction, judgments, and truth. He ever
bore on his breast before God the judgments of the children of Israel.
Thus the priest must still always bear the judgments of the children
of Israel written on his breast, that is, that he must zealously serve
the interests of those under his care solely from his awe of the inner
Judge, that no human flattery be mingled therewith through friend-
ship, for he is placed there to serve as an example and type of Christ.

derlice wilnige, ac his niehstena god he sceal tellan him selfum.   Be
ðam is awriten ðæt mon sceolde writan on ðæm hrægle ðe Aron bær
on his breostum, ðonne he inneode beforan Gode, ða lare & ða domas
& ða soðfæsðnesse. Ða domas he bær on hi[s] breostum beforan Gode
5 Israhela bearna simle. Sua sceal se sacerd giet simle beran ða domas
awritene on his breostum Israhela bearna, ðæt is ðæt hie ðara ðing ðe
him underðiodde bioð for ðæm ege anum ðæs innecundan deman
inweardlice undersece, ðætte si[o] men(n)isce oliccung for nanum
freondscipe ðærto ne gemencge, forðon he bið to Cristes bisene &
10 to his anlicnesse ðær asét. & ðeah for ðære geornfulnesse ðære
ryhtinge ne sie he to hræd ne to stið to ðære wrace, ac ðonne he bið
ongieten æfstig wið oðra monna yfelu, anscunige he eac his agenu,
ðylæs ða smyltnesse ðæs domes gewemme oððe se dierna æfst oððe
to hræd ierre. Ac gif he geðencð ðone ege ðæs deman ðe ofer
15 eall sitt, ðonne ne stierð he no his hieremonnum butan miclum ege.
Ac se ege ðonne he geeaðmed ðæt mod he hit geclænsað, ðylæs
sio gedyrstignes his modes hine to uppahebbe, oððe ðæs flæsces lusð-
fulnes hiene besmite, oððe ðurh ða wilnunga ðissa eorðcun[d]licra
ðinga ðæt mód aðistrige se forhwierfeda gewuna gemalicnesse,
20 sio oft ðæt mod ðæs recceres astyreð. Ac hit is micel ðearf ðæt
mon hire suiðe hrædlice wiðbregde, ðylæs sio scyld ðe hiene ðurh
scienesse costað for his luste & for his wácmodnesse hine ofersuiðe ;
forðon gif hio ne bið hrædlice awég adrifen, he bið ofslægen mid
ðæm sueorde ðære geðafunge.

And yet his zeal in correcting must not be too excessive, nor his
severity in punishing, but whilst showing himself zealous against
the faults of others, let him fear his own, lest secret malice or over-
hasty anger corrupt the calmness of judgment. And if he consider
the terror of the Judge who sits over all, he will not correct his
subjects without great fear. But fear humbles and purifies the spirit,
lest the boldness of his heart puff him up too much, or the pleasures
of the flesh corrupt him, or through desire of earthly things the
perverse habit of wantonness obscure the mind, which often disturbs
the ruler's mind. But it is very necessary to withstand it at once,
lest the sin which assails him with temptations through his desire and
weakness of mind overcome him ; for if it is not quickly driven
away, he will be slain with the sword of consent.

XIV. Hu se lareow sceal beon on his weorcum fyrest [fyrmest].

Se lareow sceal beon on his weorcum healic, ðæt he on his life
gecyðe lifes weg his hieremonnum, ðætte sio heord se þe folgað ðæm
wordum & ðæm ðeawum ðæs hirdes, mæge bett gán æfter his ðeawum
ðonne æfter his wordum. He bið genied mid ðæm folgoðe ðæt he sceal
healice sprecan ; geðence he ðonne ðæt him is efnmicel nied, siððan
he hit gesprecen hæfð, ðæt he eac swæ dó swæ swæ he lærð, forðon
sio stefn ðæs lareowes micle ðy ieðelicor ðurhfærð ða heortan ðæs
gehierendes, gif he mid his ðeawum hie ðæron gefæstnað ; ðæt is
ðæt he sprecende bebiet ðæt he ðæt wyrcende oðiewe, ðæt hit ðurh
ðone fultom sie forðgenge. Be ðæm wæs gecweden ðurh ðone
witgan : Ðu þe wilt godspellian Sion, astig ofer heanne munt. Ðæt
is ðætte se sceal, se þe wile brucan ðara godcundra ðinga & ðara
heofonlicra lara, forlætan ðas nieðerlican & ðas eorðlican weorc,
forðæm he bið gesewen standende on ðæm hrofe godcundra ðinga.
Swæ micle he mæg ieð his hieremen geteon to betran, & he bið swæ
micle sel gehiered swæ he ufor gestent on his lifes gecearnengum.
Forðæm bebitt sio halige æ ðæt se sacerd scyle onfón ðone swiðran
bogh æt ðære offrunge, & se sceolde beon asyndred from ðæm oðrum
flæsce. Ðæt ðonne tacnað ðæt ðæs sacerdes weorc sculon bion
asyndred from oðerra monna weorcum. Nalles no ðæt an ðæt he
good dó gemong oðrum monnum, ac eac synderlice swæ swæ he on
geðyncðum bið furðor ðonne oðre, ðæt he eac sie on his weorcum
& ðeawum swæ micle furður. Eac him mon sceolde sellan ða breost
ðæs neates toeacan ðæm boge, ðæt is ðæt he geleornige ðæt he

XIV. How the teacher is to be foremost in his works.

The teacher must be lofty in his works, to show in his own life the
way of life to his disciples, that the flock which follows the words and
moral example of the shepherd may rather follow his example than his
words. His position obliges him to speak eloquently ; let him then
consider that it is equally needful for him, when he has spoken, to act
according to his teaching, for the voice of the teacher penetrates the
heart of the hearer much the more easily if he fix it there with good
examples ; that is, that he is to display openly what he commands with
his words, to help it to become effective. Of which was said through the

XIV. Hu se lareow sceal beon ón his weorcum fyrmest.

Se lareow sceal bion on his weorcum [h]ealic, ðæt he on his life
gecyðe lifes weg his hieremonnum, ðætte sio hiord se ðe folgað ðæm
wordum & ðæm ðeawum ðæs hierdes, ðætte sio heord mæge bét
5 gan æfter his ðeawum ðonne æfter his wordum. He bið genied mid
ðæm folgoðe ðæt he sceal healice sprecan; geðence he ðonne ðæt
him is efnmicel nied, siððan he hit gesprecen hæfð, ðæt he eac
sua doo sua sua he lærð, forðon sio stefn ðæs lariowes micle ðe
ieðelicor ðurhfærð ða heortan ðæs gehirendes, gif he mid his ðeawum
10 hi ðæron gefæsðnað; ðæt is ðæt he sprecende bebiet ðæt he ðæt
wyrcende oðiewe, ðæt hit ðurh ðone fultum sie forðgenge. Bi ðæm
wæs gecueden ðurh ðone witgan: Ðu ðe wilt godspellian Sioní, astig
ofer heane munt. Ðæt is ðætte se sceal, se ðe wile brucan ðara
godcundra ðinga & ðara hefonlícra lara, forlætan ða[s] niðerlican
15 & ðas eorðlecan weorc, forðam he bið gesewen standende on ðam
hrofe godcun(d)ra ðinga. Sua micle he mæg ieð his hieremenn geteon
to beteran, & he bið sua micle sel gehiered sua he ufor gestent on
his lifes geearnungum. Forðam bebiet sio halige æ ðæt se sacerd
scyle onfón ðone suiðran bógh æt ðære of[f]runge, & se sceolde
20 bion asyndred from ðæm oðrum flæsce. Ðæt ðonne tacnað ðæt ðæs
sacerdes weorc s[c]ulon beon asyndred from oðerra monna weorcum.
Nalles na ðæt an ðæt he gód doo gemang oðrum mo[n]num, ac eac syn-
derlice sua suæ he ón ðyncðum bið furður ðonne oðre, ðæt he eac sie on
his weorcum & ðeawum sua micle furður. Eac him mon scolde sellan
25 ða breosð ðæs neates toeacan ðæm boge, ðæt [is ðæt] he geleornige ðæt

---

prophet: "If thou wishest to preach to Zion, ascend a lofty mountain."
That is, that he who desires to enjoy divine things and heavenly in-
struction must forsake low and earthly works, since he is seen standing
on the roof of divine things, He can the more easily improve his
disciples, and the better he will be heard, the higher he stands in his
life's merits. Therefore the holy law commands the priest to receive
the right shoulder of the offering, which is to be separated from the
rest of the carcass. This signifies that the works of the priest are to
be separated from those of other men, not only by his doing good
among men, but also specially by his excelling as much in good works
and virtue as in rank. He was also to have the breast of the beast as

6

selle Gode his agne breost, ðæt is his ingeðanc ; nalles no ðæt an
ðæt he on his breostum ðence ðætte ryht sie, ac eac ða spane þe
his ðeawa giemað to ðæm ilcan mid his godum bisenum. Ne wilnige
he nanes eorðlices ofer ðæt, ne he him ne ondræde nanne eorðlicne
ege ðisses ondweardan lifes, ac geðence he ðone incundan Godes ege,
& forsio ælce oliccunge ðisses middangeardes, & eac his ege for ðære
wynsuman swetnesse Godes. Forðon ðurh ða uplican stefne wæs
beboden on ðære æ ðæt se sacerd sceolde beon fæste bewæfed on
bæm [bewæbed on þæm] sculdrum mid ðæm mæsschrægle. Ðæt
is ðæt he beo simle getrymed & gefrætwod wið ælce freceneesse ge
gastlice ge mennisclice, & wið ælce orsorgnesse beswapen mid ðissum
mægnum, swæ swæ Paulus cwæð: Gað ge gewæpnode ægðer ge on
ða swiðran hond ge on ða winestran mid ðæm wæpnum ryhtwisnesse.
Forðæm ðonne he higað to ðæm godcundum ðingum anum, ðæt he ne
dyrfe an nane healfe abugan [anbugan] to nanum fullicum & synlicum
luste, ne eac ne ðyrfe beon to upahafen for nanum wlencum ne for nanre
orsorgnesse, ne hiene ne gedrefe nan wuht wiðerweardes [nan wider-
weardnes], ne hiene ne geloccige nan oliccung to hiere willan, ne hiene
ne geðrysce nan wiðermodnes to ormodnesse. Gif ðonne mid nanum
ðissa ne bið onwæced his ingeðonc, ðonne bið hit sweotol ðæt he
bið swiðe gerisenlice beswapen mid swiðe wlitige oferbrædelse on
bæm [ðæm] sculdrum. Ðæt hrægl wæs beboden ðæt sceolde bion
geworht of purpuran & of twiblium derodine & of twispunnenum
twine linenum & gerenod mid golde & mid ðæm stane iecinta, forðæm
ðæt wære getacnod on hu mislecum & on hu monigfealdum mægenum

---

well as the shoulder, that is that he is to learn to offer up to God his
own breast, that is his thoughts ; not only by meditating righteousness
in his breast, but also by attracting others who observe his virtues to
the same with his good example.   Nor let him desire anything earthly
beyond that, nor be influenced by any earthly fear of this present life,
but consider the inner fear of God, and despise all worldly flattery and
fears for the pleasant sweetness of God.   Therefore it was commanded
in the law by the sublime voice that the priest was to be clothed on
both shoulders with the close-fitting surplice.   In other words, he is
to be always strengthened and provided against all dangers, both
spiritual and human, and protected against all pleasures with this
cloak of strength, as Paul said : " Go on your way armed on the

he selle Gode his agne breosð, ðæt is [his] inngeðonc ; nalles na ðæt
án ðæt he on his breostum ðence ðætte ryht sie, ac eac ða spone
ðe his ðeawa giemað to ðæm illcan mid his gódum biesenum. Ne
wilnige he nanes eorðlices ofer ðæt, ne he him ne ondræde nanne
5 eorðlicne ege ðyses andweardan lifes, ac geðence he ðone inncundan
ege Godes, & forsio ælce olicunge ðisses middangeardes, & eac his
ege for ðære wynsuman suetnesse Godes. Forðon ðurh ða úplecan
stefne wæs beboden on ðære æ ðæt se sacerd scolde beon fæste bewæfed
on bæm s[c]uldrum mid ðæm mæssehrægle. Ðæt is ðæt he bio simle
10 getrymed & gefrætwod wið ælce frecenesse ge gæstlice ge mennisclice
& wið ælce orsorgnesse besuapen mid ðy[s]sum mægenum, sua sua
Paulus cuæð : Gáð ge gewæpnode ægðer ge on ða suiðran hond,
ge on ða winstran mid ðæm wæpnum ryhtwisnesse. Forðæm
ðonne he higað to ðæm godcundum ðingum anum, ðæt he ne
15 ðyrfe an nane healfe anbugan to nanum fullicum & synlicum luste,
ne eac ne ðyrfe bion to úpahæfen for nanum wlencum ne for
nanre orsorgnesse, ne hine ne gedrefe nan wuht wiðerweardes, ne
hine ne geloccige nán oliccung to hiere willan, ne hi[ne] ne geðrysce
nan wiðermodnes to ormodnesse. Gif ðonne mid nanum ðissa ne
20 bið ónwæced his inngeðonc, ðonne bið hit swutul ðæt he bið suiðe
gerisenlice besuapen mid swiðe wlitige oferbrædelse on bæm sculdrum.
Ðæt hrægl wæs beboden ðæt scolde bion geworht of purpuran
& óf tweobleom derodine & of twispunnenum twine linenum &
gerenod mid golde & mid [ðæm] stane iacincta, forðæm ðæt wære
25 getacnod on hu mislecum & [on] hu monigfaldum mægenum se sacerd

right hand and on the left with the weapons of righteousness." That
when he aspires to divine things alone he may not deviate on either
side after any foul and sinful lusts, nor become inflated with pride
and luxury, nor be troubled by adversity, nor be allured and subjected
by any flattery, nor be reduced to despair by disappointment. If
then none of these are able to shake his resolution, it is clear that
he is very becomingly attired on both shoulders with a very beautiful
dress. The dress was commanded to be made of purple and double-
dyed scarlet and twice-spun linen cloth, adorned with gold and the
gem jacinth, to show with how various and manifold virtues the
priest was to shine before God as an example to men. First and fore-
most among all the ornaments gold was to shine on his robe. That

se sacerd sceolde scinan beforan Gode, monnum to bisene. Ærest
ealra glengea & fyrmest [ymest] sceolde scinan gold on his hrægle.
Ðæt is ðætte on his mode scine ealra ðinga fyrmest ondgit wisdomes.
Toeacan ðæm golde ealra glengea fyrmest on his hrægle wæs beboden
ðæt sceolde bion se gîm iacinctus, se is lyfte onlicost on hiewe. Se
ðonne tacnað ðætte eal ðætte ðæs sacerdes ondgit ðurhfaran mæge,
sie ymb ða hefonlican lufan, næs ymbe idelne gylp, ðylæs him losige
ðæt hefenlice ondgit, forðæmþe he sie gehæfted mid ðæm luste his
selfes heringe. Eac ðæm golde & ðæm line wæs ongemong purpura,
ðæt is kynelic hrægl, forðæm hit tacnað kynelicne onwald.   Be
ðæm geðence se sacerd, ðonne he oðre men healice lærð, ðæt he
eac on him selfum healice ofðrysce [ðrysce] ða lustas his unðeawa,
forðæmþe he kynelic hrægl hæfð, ðæt he eac sie kyning ofer his
agene unðeawas, & ða kynelice oferswiðe ; & geðence he simle sie
swæ æðele swæ unæðele swæðer he sie ða æðelu ðære æfterran
acennesse, ðæt is on ðæm fulluhte, & simle otiewe [ætiewe] on his
ðeawum ða ðing þe he ðær to Gode hett [ðær Gode gehet], & ða
ðeawas þe him mon ðær bebead. Be ðæm æðelum ðæs gastes Petrus
cwæð : Ge sint acoren kynn Gode & kynelices preosthades.   Be
ðæm onwalde, þe we sculun ure unðeawas mid ofercuman, we magon
bion getrymede mid Iohannes cwide ðæs godspelleres, ðe he cwæð :
Ða þe hiene onfengon, he salde him onwald ðæt hie meahton beon
Godes bearn. Ða medomnesse ðære strengeo se salmscop ongeat, þa
he cwæð : Dryhten, suiðe suiðe sint geweorðode mid me ðine friend,
& swiðe is gestrangod hiera ealdordom ; forðæmþe ðæt mod ðinra
haligra bið aðened swiðe healice & swiðe stranglice to ðe, ðonne

is, that above all the knowledge of wisdom was to shine in his mind.
After the gold, above all the gem jacinth was to be on his robe,
which is most like the sky in colour, signifying that whatever the
mind of the priest penetrates, it must be for the sake of divine love
and not of idle vaunt, lest heavenly understanding fail him when
he is ensnared by the desire of his own praise. Besides the gold and
linen there was purple, which is a royal vestment, since it is the
sign of royal authority. By which let the priest remember, when
he loftily teaches other men, loftily to destroy his vicious desires,
since he has a royal robe, that he may also be king over his own
faults and royally vanquish them ; and whether he be noble or of

scolde scinan beforan Gode, mannum to biesene. Æresð alra glengea
& ymesð scolde scinan gold on his hrægle. Ðæt is ðætte on his
mode scine ealra ðinga fyrmesð ongit wisdomes. Toeacan ðæm golde
ealra glenga fyrmesð on his hrægle wæs beboden ðæt scolde bion
5 se giem iacinctus, se is lyfte onlicusð on hiwe. Se ðonne tacnað
ðæt [e]all ðætte ðæs sacerdes ondgit ðurhfaran mæge, sie ymb
ða hefonlican lufan, næs ymbe idelne gilp, ðylæs him losige ðæt
he[o]fenlice ondgit, forðæmðe he sie gehæfted mid ðæm luste his
se[l]fes heringe. Eac ðæm golde & ðæm line wæs ongemang pur-
10 pura, ðæt is cynelic hræg[l], forðæm hit tacnað kynelicne anwald.
Be ðæm geðence se sacerd, ðonne he oðre mén healice lærð, ðæt he
eac on him selfum healice ofðrysce ða lustas his unðeawa, forðæmðe
he kynelic hrægl [h]æfð, ðæt he eac sie kyning ofer his agne unðea-
was, & ða cynelican ofersuiðe ; & geðence he simle sie sua æðele
15 sua únæðele suæðer he sie ða æðelu ðære æfterran acennesse, ðæt
is on ðæm ful[l]uhte, & simle atiewe on his ðeawum ða ðing ðe
he ðær Gode gehet, & ða ðeawas ðe him mon ðær bebead. Be
ðæm æðelum ðæs gæstes Petrus cuæð : Ge sint acoren kynn Gode
& kynelices preosthades. Bi ðæm anwalde, ðe we sculon ure unðea-
20 was mid ofercuman, we magon beon getrymede mid Iohannes cuide
ðæs godspelleres, ðe he cuæð : Ða ðe hine onfengon he salde him
anwald ðæt hie meahton beon Godes bearn. Ða medomnesse ðære
strengio se salmscop ongeat, ða he cuæð : Dryhten, suiðe suiðe sint
geweorðode mid me ðine friend, & suiðe is gestrangod hiera ealdor-
25 dom ; forðæm[ðe] ðæt mod ðinra haligra bið aðened suiðe healice
& suiðe stranglice to ðe, ðonne [ðonne] oðrum monnum ðyncð ðæt

_____

low birth, let him ever consider the nobility of regeneration, which is
in baptism and ever show in his morals the promises he made on
that occasion to God, and the virtues which were then inculcated on
him. Of spiritual nobility Peter spoke : "Ye are a race chosen for
God of royal priesthood." As to the power with which we can
correct our vices, we can be strengthened by the words of the evan-
gelist John : "To those who received him he gave power of being
God's children." The excellence of this strength the Psalmist ac-
knowledged when he said, " Lord, greatly are thy friends in honour
with me, and their power is greatly strengthened ; for the heart
of thy saints is exalted very loftily and mightily to thee, when to

ðonne oðrum monnum ðyncð ðæt hie mæstne dem & mæste scande
ðrowigen, & hie forsewenuste bioð for worlde. On ðæs sacerdes
hrægle wæs toeacan golde & iacincte & purpuran, dyrodine twegra
bleo. Ðæt tacnað ðætte eal ða god & ða mægenu þe he dó, bion
gewlitegode mid ðære lufan Godes & monna beforan ðæm eagum
ðæs ecean Deman, ðætte se spearca ðara godra weorca, þe her twinclað
beforan monnum, birne healice ligge on ðære incundan lufan beforan
ðæm diglan Deman. Sio lufu ðonne hio lufað ætsomne ægðer ge
God ge his nihstan, hio scinð swiðe smicere on twæm bleom swæ swæ
twegea bleo godweb. Se ðonne se þe swæ hiegað ealneweg to
andweardnesse his scippendes, & agiemeleasað þa giemenne his nih-
stena, oððe eft swæ singallice folgað ðære giemenne his nihstena ðæt
he agiemeleasað ða godcundan lufe, ðonne hæfð he anforlæten ðæt
tweagea bleo godweb ðæt he habban sceolde on ðæm halgan hrægle,
gif he auðer ðissa forlæt. Ac ðonne ðæt mod bið aðened on þa lufan
ægðer ge Godes ge his nihstena, ne bið hit ðonne nohtes wan buton
forhæfdnesse anre, ðæt he his lichoman swence and blænige. Forðon
is beboden toeacan ðæm twibleon godwebbe ðæt scile beon twiðrawen
twin on ðæm mæssegierelan. Of ðære eorðan cymeð ðæt fleax, ðæt
bið hwites hiewes. Hwæt mæg ðonne elles beon getacnod ðurh
ðæt fleax buton lichoman clænnes, sio sceal scinan of clænre heortan?
Forðæm bið gefæstnod ðæt geðrawene twin to [on] ðæm wlite ðæs
mæssehrægles, forðæm sio clænnes bið ðonne to fulbeorhtum wlite
becumen, ðonne ðæt flæsc bið geswenced ðurh forhæfdnesse, & ðonne
betweox oðrum mægenum bið ðeonde sio earnung ðæs geswenctan

---

other men they seem to suffer the greatest misfortune and shame,
and are most despised in the eyes of the world." On the priest's
dress, besides gold and jacinth and purple, there was twice-dyed
scarlet, signifying that all his good deeds and virtues are to be
adorned with the love of God and men before the eyes of the
eternal Judge, that the spark of good works which twinkles
before men may burn with the vigorous flame of inner love before
the unseen Judge. The love which includes both God and one's neigh-
bours shines very beautifully with two colours like the twice-dyed
cloth. He therefore who is continually striving to attain to the
presence of his Creator, and neglects the care of his neighbours, or,

h[i]e mæstne demm & mæste scande ðrowigen, & hie forsewenuste
bioð for worulde. On ðæs sacerdes hrægle wæs toeacan golde
& iacincðe & pur[pu]ran, dyrodine twegera bleo. Ðæt tacnað ðætte
eal ða gód & ða mægenu ðe heo doð beon gewlitegode mid ðære lufan
5 Godes & monna beforan ðæm eagum ðæs eccan Deman, ðætte se
spearca ðara godra weorca ðe her tuinclað beforan ma[n]num, bierne
healice li[c]ge on ðære inncundan lufan beforan ðæm dieglan Deman.
Sio lufu ðonne hio lufað ætsomne ægðer ge God ge his niehstan,
hio scinð suiðe smicere ón twæm bleom sua sua twegea bleo godwebb.
10 Se ðonne se ðe sua higað ealneweg to andweardnesse his scip[p]endes,
& agiemeleasað ða giemene his nihstena, oððe eft sua singallice
folgað ðære giemenne h[i]s niehstena, ðæt he agiemeleasað ða god-
cundan lufe, ðonne hæfð he anforlæten ðæt twegea bleo godwebb
ðæt he habban sceolde on ðæm halgan hrægle, gif he auðer ðissa
15 forlæt. Ac ðonne ðæt mod bið aðened on ða lufan ægðer ge Godes ge
his niehstena, ne bið hit ðonne nohtes [h]won buton forhæfdnesse
anre, ðæt he his lichoman suence & hlænige. Forðon is toeacan
ðæm twiblion godwebbe ðæt scyle beon twiðræwen twin on ðæm
mæssegierelan. Of ðære eorðan cymeð ðæt fleax, ðæt bið hwites
20 hiwes. Hwæt mæg ðonne elles beon getácnod ðurh ðæt fleax butan
lichoman clænnes, sio sceal scinan of clænre heortan? Forðæm
bið gefæsðnod ðæt geðræwene twin to ðæm wlite ðæs mæssehrægles,
forðam sio clænnes bið ðonne to fulbeor[h]tum wlite becumen,
ðonne ðæt flæsc bið gesuenced ðurh færhæfdnesse, & ðonne betweox
25 oðrum mægenum bið ðiónde sio e[a]rnu[n]g ðæs gesuenctan flæsces,

on the other hand, is always so intent on the care of his neighbours as
to neglect the divine love, has omitted the double-dyed purple, which
he ought to have on the holy vestment, if he forsake either of these
two.   And when the mind is exalted with the love of God and its
neighbours, there is nothing wanting but abstinence, with which he
must mortify and starve the flesh.   Therefore, besides the twice-dyed
cloth, there is to be on the surplice twice-spun linen.   Flax comes
from the earth and is of a white colour.   What can be signified by
the flax but bodily purity, which must shine from a pure heart?
The woven linen is fastened to the beautiful surplice because purity
attains resplendent beauty when the flesh is mortified by abstinence,

flæsces, swæ swæ on ðæm mæssehrægle scinð ongemang oðruɱ bleom
ðæt twyðrawene twin.

XV. Hu se lareow sceal beon gesceadwis on his swiggean & nyt-
wierðe on his wordum.

Sie se lareow gemetfæst & gescadwis & nytwierðe on his wordum,
ðætte he ne swigige ðæs þe nytwierðe sie to sprecanne, ne ðæt he ne
sprece ðæt he swigian sciele. Forðæm swæ swæ unwærlicu &
giemeleaslicu spræc menn dweleð, swæ eac sio ungemetgode swigge
ðæs lareowes on gedwolan gebringð ða þe he læran meahte, gif he spre-
cende bion wolde. Oft eac ða unwaran lareowas for ege ne durron
clypion & (om.) ondrædað him sumra monna unðanc, ne durron forðon
ryht freolice & unforwandodlice sprecan. Be ðæm sio Soðfæstnes
cwæð: Ne healde ge mid swelcum eornoste þa heorde swæ [swelce]
hierdas sceoldon, ac hyrena ðeawe ge fleoð, & hydað eow mid ðære
swiggean, swæ se hyra ðonne he ðone wulf gesyhð. Ðæt ilce oðwat
Dryhten ðurh ðoné witgan, þa he cwæð: Dumbe hundas ne magon
beorcan. Ond eft he cidde, þa he cwæð: Ne come ge no togeanes
minum folce ðæt ge meahton standan on minum gefeohte for Israhela
folce, ne ge ðone weall ne trymedon ymb hiera hus on ðæm dæge þe him
nidðearf wæs. Ðæt is ðonne ðæt he fare togeanes Israhela folce him
mid to feohtanne ðæt he wiðstande mid his spræce ðæm unryhtwillen-
dum þe ðyses middangeardes waldað mid freore & u(n)forwandodlicre
stefne, for gescieldnesse his heorde. Ðæt is ðonne ðæt he him mid feohte
on ðæm dæge þe him niedðearf sie, ðæt he wiðstande ealle mægene ðæm

---

and then the merits of the mortified flesh flourish among other
virtues, as the twice-woven linen shines on the surplice among the
other colours.

XV. How the teacher must be discreet in his silence and useful in
his words.

Let the teacher be moderate and discreet and useful in his words,
lest he keep unsaid what is useful to speak, or speak what ought to
be kept silent. For as unguarded and careless speaking leads men
astray, so the excessive silence of the teacher leads into error those
whom he might teach if he were willing to speak. Often also un-
thinking teachers out of fear dare not speak, fearing the displeasure

sua sua on ðæm mæssehrægle scienð ongemang oðrum bleon ðæt
tweoðræwene twin.

XV. Hu se lareow sceal bion gesceadwis on his swigean & nyt-
    wyrðe on his wordum.

5 Sie se lariow gemetfæsð & gescadwis & nyttwyrðe on his
wordum, ðætte he ne suigige ðæs ðe nyttwyrðe sie to sprecanne,
ne ðæt ne sprece ðæt he suigigean scyle. Forðæm sua sua
unwærlicu & giemeleaslicu spræc menn dweleð, sua eac sio
ungemetgode suige ðæs lareowes on gedwolan gebrin(g)ð ða ðe he
10 læran meahte, gif he sprecende beon wolde. Oft eac ða unwaran
lareowas for ege ne durron cleopian, ondrædað him sumra monna
unðonc, ne durron forðon ryht freolice læran & unforwandodlice
sprecan. Be ðæm sio Soðfæsðness cuæð : Ne healde ge mid suelcum
eorneste ða heorde suelce hirdas scoldon, ac hyrena ðeawe ge fleoð,
15 & hydað eow mid ðære suigean, sua se hyrra ðonne he ðone wulf
gesiehð. Ðæt ilce oðwát Dryhten ðurh ðone witgan, ða he cuæð :
Dumbe hundas ne magon beorcan. Ond eft he cidde, ða he cuæð : Ne
come ge no togenes minum folce ðæt ge meahton standan on minum
gefeohte for Israhela folce, ne ge ðone weall ne trymedon ymbe hira
20 hus on ðæm dæge ðe him niedðearf wæs. Ðæt is ðonne ðæt he
fáre togeanes Israhela folce him mid to feohtanne ðæt he wiðstande
mid his spræce ðam unryhtwillendum ðe ðyses middangeardes waldað
mid· freore & unforwandodlicre stefne, for gescildnesse his heorde.
Ðæt is ðonne ðæt he him mid feohte on ðæm dæge ðe him niedðearf

---

of men, and so are afraid to teach with due freedom and speak without
hesitation. Of which Truth spoke : "Ye do not watch over the flock
with the zeal which befits the shepherd, but ye flee like hirelings,
and hide yourself in silence, like the hireling when he sees the wolf."
The same fault the Lord rebuked through the prophet, saying : "Dumb
dogs cannot bark." And again he rebuked it when he said : "Ye came
not towards my people to stand in my fight for the people of Israel,
nor did ye strengthen the wall round their house in their day of
need." Going towards the people of Israel to fight with them is
withstanding with his speech the unrighteous who rule this world
with free and fearless voice, to protect his flock. Fighting with them
in the day of need is withstanding with all his might those whose

þe on woh willen for ðære ryhtwisnesse lufan. Be ðæm wæs eft ge-
cweden to ðæm scyldegan folce : Eowre witgan eow witgodon dysig &
leasunga, & noldon eow gecyðan eowre unryhtwisnesse, ðæt he eow
gebrohten on hreowsunge. Ða godan lareowas beoð oft genemnede on
halgum gewritum witgan, forðon hie gerecceað ðis anwearde lif fleonde,
& ðæt towearde gesweotuliað. Ða ðonne þe sio godcunde stefn ðreade,
& cwæð ðæt hie sceoldon leasunga witgian, ðæt sindon þa ða (om.) þe
him ondrædað ðæt hie men for hiera scyldum ðreagen, ac mid idelre
olicunge orsorgnesse gehateð ðæm scyldegan, ond mid nanum ðingum
nyllað geopenian ðæm syngiendum hiera unryht, ac swigiað ðara
ðreaunga. Ðæt word ðære ðreaunge is cæg, forðæm hit oft onlycð
& geopenað ða scylde þe se him self ær nyste se hie ðurhteah. Be
ðæm cwæð Paulus ðæt se lareow sceolde beon mihtig to tyhtanne on
halwende lare, & eac to ðreageanne ða þe him wiðstandan willen
[willað]. Eft wæs gecweden ðurh Zacharias : Sio æ sceal bion soht on
ðæs sacerdes muðe, & his weloras gehealdað ðæt ondgit, forðæm he
bið Godes boda to ðæm folce. Forðæm myndgode Dryhten ðurh
Essaiam ðone witgan & cwæð : Cliopa & ne blin, hefe up ðine stefne
swa ðer bieme. Forðæm se se þe ðone sacerdhad onfehð, he onfehð
fryccean scire & foreryneles þa her iernað beforan kyningum, & bodiað
hiora færelt & hiera willan hlydende. Swæ sculon þa sacerdas nu
faran hlydende & bodigende beforan ðæm egeslican deman þe him
swiðe andrysnlic æfter gæð. Gif ðonne se sacerd bið ungerad ðæs
lareowdomes, hwæt forstent ðonne his gehlyd ? Hwæt mæg he bodian
ma ðonne se dumba fryccea ? Ac for ðissum wæs geworden ðæt

---

desires are evil, through love of righteousness. Of which was again
spoken to the guilty people : " Your prophets prophesied to you folly
and falsehood, and would not proclaim to you your unrighteousness to
bring you to repentance." Good teachers are often called prophets in
holy writ, for they proclaim that this present life is fleeting, and reveal
the future. Those whom the divine voice blamed, and said that they
would prophesy untruth, are they who fear to reproach men with their
sins, but gently soothe them with promises of security, and are quite
unwilling to show sinners their wickedness, but suppress their admo-
nitions. The word of admonition is a key, for it often unlocks and
opens the sin which he who committed it was not aware of. Of which
Paul said that the teacher should be mighty to exhort to salutary doc-

sie, ꝥæt he wiðstonde ealle mægene ðæm ðe on woh wiellen for
ðære ryhtwisnesse lufan. Be ðæm wæs eft gecueden to ðæm scyldegan
folce : Eowre witgan eow witgodan dysig & leasunga, & noldon
eow gecyðan eowre [un]ryhtwisnesse, ꝥæt hie eow gebrohten on
5 hreowsunge. Đa godan lareowas beoð oft genemnede on halgum
gewritum wietgan, forðæm hie gereccað ðis andwearde líf fleonde,
& ꝥæt towearde gesueotoligeað. Đa ðonne ðe sio godcundde stefn
ðreade, & cuæð ꝥæt hie scolden leasunga witgian, ꝥæt sindon ða ða
ðe him ondrædað ꝥæt hie menn for hira scyldum ðreagen, ac mid
10 iedelre olicunge orsorgnesse gehatað ðæm scyldegan, & mid . nanum
ðingum nyllað geópenian ðæm syngiendum hiera unryht, ac suigiað
ðara ðreaunga. Đæt word ðære ðreau[n]ge is cæg, forðæm hit
oft anlycð & geopenað ða scylde ðe se him self ær nyste se hie
ðurhteah. Be ðæm cuæð Paulus ꝥæt se lareow sceolde beon miehtig
15 to tyhtanne on halwende lare, & eac to ðreanne ða ðe him [wið]-
stondan wiellen. Eft wæs gecueden ður[h] Zacharias : Sio æ sceal
beon soht on ðæs sacerdes muðe, & his weleras gehaldað ꝥæt andgit,
forðæm he bið Godes boda to ðam folce. Forðam myndgode Dryhten
ðurh Essaiam ðone witgan & cuæð : Cleopa & ne blin, hefe úp ðine
20 stefne sua ðes bime. Forðæm se se ðe ðone sacerdhád onfehð, he on-
fehð friccan scire & foreryneles ða her iernað beforan kyningum, &
bodigeað hira færelt & hiera willan hlydende. Sua sculun ða
sacerdas nu faran hlydende & bodiende beforan ðæm egeslican deman
ðe him suiðe andrysnlic æfter gæð. Gif ðonne se sacerd bið ungerad
25 ðæs lareowdomes, hwæt forstent ðonne his gehlyd ? Hwæt mæg he
bodigean má ðonne se dumba fryccea ? Ac for ðeosum wæs geworden

---

trine, and also to reprove those who oppose him. Again it was said
through Zachariah : "The law must be sought in the mouth of the
priest, and his lips contain understanding, for he is God's messenger to
the people." Therefore the Lord admonished through the prophet
Isaiah, saying : "Cry aloud and cease not, raise thy voice like a trum-
pet." For he who undertakes the priesthood undertakes the office of
herald and footmen who run before kings, loudly proclaiming their
journey and will. Thus priests ought to run and proclaim loudly
before the awful Judge, who follows them in great majesty. But if the
teacher is unskilled in instruction, what avails his cry ? What more
can he proclaim than the dumb herald ? Therefore the Holy Ghost in
the shape of tongues settled on the apostles, for without doubt whom-

se halga gast on tungena onlicnesse gesette ofer þa apostolas, forðon
butan tweon ðone þe he gefylð he gedeð ðæt he bið swiðe hræðe
ymbe hiene sprecende. Forðæm wæs beboden Moyse ðæt se sacerd
sceolde bion mid bellum behangen. Ðæt is ðæt he hæbbe þa stefne
ðære lare, þylæs he abelge mid ðære swiggean ðone dom ðæs Scea-
weres. Hit is awriten ðæt he sceolde ingongende & utgongende
beforan Gode to ðæm halignessum beon gehiered his sweg, þylæs
he swulte. Hit is gecweden ðæt se sacerd sceolde sweltan, gif se
sweg nære of him gehiered ægðer ge ingongendum ge utgongendum,
forðon he geniet ðone diglan deman to irre, gif he ingæð butan ðæm
sweg ðære lare. Hit wæs awriten ðæt ðæs sacerdes hrægl wære
mid bellum behongen. Hwæt elles getacnað ðæs sacerdes hrægl
buton ryht weorc? Dauid se witga ðæt cyðde, þa he cwæð: Sin
ðine sacerdas gegirede mid ryhtwisnesse. On ðæs sacerdes hrægle
wæron bellan hangiende. Ðæt is ðæt þa weorc ðæs sacerdes & eac se
sweg his tungan clipien ymb lifes weg. Ac ðonne se lareow hiene
gegearwað to ðære spræce, behealde he hiene geornlice ðæt he wærlice
sprece; forðon gif he unendebyrdlice onet mid ðære spræce, & wilnað
ðæt he ðy wisra ðynce, ðonne is wen ðæt he gewundige ða heortan
ðara gehierendra mid ðære wunde, ðæt is ðæt he hi gedweleð &
unwislice geicð þa idelnesse þe he ofaceorfan sceolde. Be ðæm sio
Soðfæstnes cwæð: Habbað ge sealt on eow, & sibbe habbað betweoh
eow. Ðurh ðæt sealt is getacnod ða word wisdomes. Se ðonne
se þe fundige wislice to spreconne, ondræde he him swiðlice ðylæs
his spræc gescende þa anmodnesse ðara þe ðærto hlystað. Be ðæm
cwæð Paulus: Ne wilnigen ge mare to wietenne ðonne eow ðearf sie,

---

soever he fills he readily causes to speak about him. Therefore it was
enjoined on Moses that the priest was to be hung around with bells;
in other words, he was to have the voice of instruction, lest with
silence he offend against the will of the Spectator. It is written,
that whether he went in or out before God to the sanctuary, his
sound was to be heard, lest he died. It is said that the priest was
to die unless the sound was heard from him both entering and coming
out, because he compels the unseen Judge to anger if he enters without
the sound of instruction. It is written that the robe of the priest
was to be hung with bells. What signifies the priestly robe but good
deeds? The prophet David showed it when he said: "Let thy priests

ðæt se halega gæsð on tu[n]gena onlicnesse gesette ofer ða apostolas,
forðæm butan tweon ðone ðe he gefylð he gedeð ðæt he bið suiðe
ꝼhræðe ymbe hine sprecende.　Forðæm wæ[s] beboden Moyse ðæt
se sacerd scolde bion mid bellum behangen.　Ðæt is ðæt he hæbbe
5 ða stefne ðære lare, ðylæs he abelge mid ðære suigean ðone dom ðæs
Sceaweres.　Hit is awriten ðæt he scolde inngongende & útgongende
beforan Gode to ðam halignessum beon gehiered his sueg, ðylæs he
swulte.　Hit is gecueden ðæt se sacerd scolde sweltan, gif se sweg
nære of him gehiered ægðer ge inngongendum ge útgongendum,
10 forðon he geniet ðone dieglan deman to irre, gif he inngæð butan
ðam swege ðære lare.　Hit wæs awriten ðæt ðæs sacerdes hrægl
wære behongen mid bellum.　Hwæt elles getacnað ðæs sacerdes
hrægl butan ryht weorc？　Dauið se witga ðæt cyðde, ða he cuæð :
Sien ðine sacerdas gegierede mid ryhtwisnesse.　On ðæs sacerdes
15 hrægle wæron bellan hangiende.　Ðæt is ðæt ða weorc ðæs sacerdes
& eac se sueg his tungan clypien ymb lifes weg.　Ac ðonne se lareow
hine gegearwað to ðære spræce, behalde he hine geornlice ðæt he
wærlice sprece ; forðon gif he unendebyrdlice onet mid ðære spræce,
& wilnað ðæt he ðy wi[s]ra ðynce, ðonne is wén ðæt he gewundige ða
20 heortan ðara gehirendra mid ðære wunde, ðæt is ðæt he hie gedweleð
& unwislice geiecð ða idelnesse ðe he ofaceorfan sceolde.　Be ðæm sio
Soðfæsðnes cuæð.　Habbað ge sealt on ieow, & sibbe habbað betweoh
iow.　Ðurh ðæt sealt is getacnod ða word wisdomes.　Se ðonne se ðe
fundige wislice to sprecanne, ondræde he him suiðlice, ðylæs his spræc
25 gescynde ða anmodnesse ðara ðe ðærto hlystað.　Be ðæm cuæð
Paulus : Ne wilnien ge mare to witenne ðonne iow ðearf sie, ac witað

---

be clad with righteousness." Bells hung on the priestly robe, which
means that the works of the priest and his voice are to proclaim the
way of life.　But when the teacher is ready to speak, let him be
careful to speak warily ; for if he hastens on irregularly with his speech
that he may seem the more wise, it is probable that he will wound
the hearts of his hearers by leading them into error and foolishly
increasing the frivolity which he ought to prune away.　Of which
Truth spoke : " Have salt in you and peace among you."　Salt signifies
the words of wisdom.　He therefore who hastens to speak wisely ought
to fear greatly, lest his speech disturb the confidence of the hearers.
Of which Paul spoke : " Desire not to know more than is needful for

ac wietað ðæt ðæt eow gemetlic sie & eower ondefnu sien tó wietonne. Be ðæm wæs gecweden mid ðære godcundan stefne ðæt on ðæs sacerdes hrægle sceoldon hangian bellan & ongemong ðæm bellum reade apla. Hwæt elles is getacnod ðurh þa readan apla buton sio anmodnes ryhtes geleafan ? Swæ se æppel bið betogen mid anfealdre rinde, & ðeah monig corn oninnan him hæfð, swæ sio halige cirice unrim folces befehð mid anfealde geleafan, & þa habbað swæðeah swiðe mislica geearnunga þe ðærinne wuniað. Forðon ðence [geðænce] se lareow ðæt he unwærlice forð ne ræse on þa spræce. Embe ðæt þe we ær spræcon sio Soðfæstnes ðurh hie selfe clipode to ðæm apostolum, & cwæð : Habbað ge sealt on eow & sibbe betweoh eow. Sio anliènes wæs gecweden ðæt sceolde beon on ðæs sacerdes hrægle ða readan apla ongemang ðæm bellum. Ðæt is ðætte ðurh eal ðæt ðæt we ær spræcon sie under-fangen & wærlice gehealden sio anmodnes ðæs godcundan geleafan. Se lareow sceal mid geornfullice ingehygde foreðencean na ðæt an ðæt he ðurh hiene nan woh ne bodige, ac eac ðæt he nane ðinga ðæt ryht to swiðe & to ungemetlice & to unaberendlice ne bodige ; forðæm oft ðæt mægen ðære lare wirð forloren, ðonne mon mid ungedeflicre [ungedafenlicre] & unwærlicre oferspræce ða heortan & ðæt andgit ged-weleð ðara þe ðærto hlystað, ond eac se lareow bið gescended mid ðære oferspræce, ðonne he ne con geðencean hu he nytwierðlecust læran mæge ða þe ðærto hlystan willað. Be ðæm wæs swiðe wel gecweden ðurh Moyses ðætte se wer se ðrowude oferflownesse his sædes, & ðæt unnytlice agute, ðæt he ðonne wære unclæne. Swæ eac ða word ðære

---

you, but know what is fitting for you to know and what ye are capa-ble of knowing." Of which was said by the divine voice that bells were to hang on the priest's robe, and among the bells red apples. What signify the red apples but the constancy of righteous belief ? As the apple is covered with a single skin, and yet has many pips inside it, so the holy Church encloses a multitude of people with one faith, and yet they who dwell therein have very different merits. Therefore let the teacher consider lest he incautiously hurry on with his speech. About that which we have treated above Truth itself spoke to the apostles : "Have salt in you and peace among you." It was said as an illustration that there were to be the red apples on the priest's robe among the bells. That is, that through all that we have said

ðæt ðæt iow gemetlic sie & iower ondefenu sien to witenne. Be ðæm
wæs gecueden mid ðære godcundan stefne ðæt on ðæs sacerdes
hrægle scoldon hangigan bellan & ongemang ðæm bellum reade
apla. Hwæt elles is getacnod ðurh ða readan apla buton sio
5 anmodnes ryhtes geleafan? Sua se æppel við betogen mid ánfealdre
rinde, & ðeah monig corn oninnan him hæfð, sua sio halige cirice
unrim folces befehð mid anfealde geleafan, & ða habbað suaðeah suiðe
misleca geearnunga ðe ðærinne wunigeað. Forðæm geðence se lariow
ðæt he unwærlice forð ne ræse on ða spræce. Ymbe ðæt ðe we
10 ær spræcon sio Soðfæsðnes ðurh hie selfe cleopade to ðæm apostolum,
& cuæð: Habbað ge sealt on iow & sibbe betweoh iow. Sio anlicnes
wæs gecueden ðæt sceolde bion on ðæs sacerdes hrægle ða readan
appla ongemang ðam bellum. Ðæt is ðætte ðurh eall ðæt ðæt we
ær spræcon sie underfangen & wærlice gehealden sio anmodnes ðæs
15 godcundan geleafan. Se lareow sceal mid geornful[l]ice ingehygde
foreðencean na ðæt an ðætte [he] ðurh hine nan wóh ne bodige,
ac eac ðæt he nane ðinga ðæt ryht to suiðe & to ungemetlice & to
unaberendlice ne bodige, forðæm oft ðæt mægen ðære lare wierð
forloren, ðonne mon mid ungedafenlicre & unwærlicre oferspræce
20 ða heortan & ðæt andgiet gedweleð ðara ðe ðærto hlystað, ond eac
se lariow við gescinded mid ðære oferspræce, ðonne he ne conn
geðencean hu he nyttwyrðlicost læran mæge ða ðe ðærtó hlystan
willað. Be ðæm wæs suiðe wel gecueden ðurh Moyses ðætte se wer
se ðe ðrowude oferflownnesse [h]is sædes, & ðæt unnytlice agute, ðæt
25 he ðonne wære unclæne. Sua eac ða word ðære lare beoð sæd,

---

above the constancy of divine belief is to be received and carefully
held. The teacher must consider beforehand with careful meditation
not only how he is to avoid himself preaching bad doctrine, but also
how he is not to preach what is right too excessively or too immo-
derately or too severely; for often the virtue of doctrine is lost when
the heart and understanding of the hearers are led into error with
unseemly and imprudent loquacity, and the teacher also is disgraced
by his loquacity, when he cannot think how he may most usefully
teach those who wish to hear it. Of which was very well said
through Moses, that the man who suffered overflow of his seed and
discharged it to no purpose, was to be unclean. Thus also the words
of instruction are seed, and they fall on the heart of the hearer,

lare beoð sæd, & hie gefeallað on ða heortan þe hiera hlyst, swæ nytt
swæ unnyt, swæðer hie bioð. Đurh ða earan ða word beoð onfangen,
& on ðæm mode hie bioð acende ðurh ðæt ondgit. Forðon heton
worldwise men wordsawere ðone æðelan lareow Paulus. Se ðonne se
þe ðolað flownesse his sædes he bið unclæne gecweden. Swæ eac se
þe oferspræce bið, he bið nohte ðon læs mid ðære besmiten. Gif he
ðonne endebyrdlice his spræce forðbringð, ðonne mæg he cennan mid
ðæm ðæt tuder ryhtes geðohtes on ðara tohlystendra heortan. Gif
ðonne unwærlice sio lar toflewð ðurh oferspræce, ðonne bið ðæt sæd
unnyt agoten, næs to nanre cenninge ðæs cynrenes, ac to unclænnesse
& to ungerisnum. Be ðæm Paulus cwæð, þa he manode his cniht
ðæt he sceolde standan on ðære lare, he cwæð: Ic ðe bebeode
beforan Gode & ðæm hælendan Criste, se þe demende is cwicum
& deadum, & ic ðe bebeode [beode] ðurh his tocyme & ðurh his
rice, ðæt ðu stande on ðissum wordum, & hie lære ægðer ge gedæfte-
lice ge eac ungedæftelice. Đeah he cwæde ungedæftelice (Đ.h.c.u. *om.*),
he cwæð ðeah ær gedæftelice, forðæm sio ofersmeaung mirð ða unwisan
þe hit gecnawan ne magon, & gedeð ða spræce unnytte ðæm tohlysten-
dum ðonne sio ungedæftnes hit ne can eft gedæftan.

XVI. Hu se lareow sceal beon eallum monnum efnðrowiende &
foreðencende on hiera earfeðum.

Ac sie se lareow eallum monnum se nihsta & eallum monnum
efnðrowiende on hiera geswincum, & sie he for ealle upaðened
mid ðære godcundan foresceawunge his ingeðonces, ðætte ðurh þa

whether they be profitable or not. The words are received by the ears
and brought forth in the mind by the understanding. Therefore the
noble teacher Paul was called by learned men word-sower. He who
suffers overflow of his seed is accounted unclean, so also he who is
loquacious is not a whit the less defiled therewith. But if he brings
forth his speech seasonably, he can beget therewith the progeny of
righteous thoughts in the listeners' heart. But if the instruction is
carelessly spilt by loquacity, the seed is discharged to no purpose,
not for any procreation of progeny but for uncleanness and indecency.
Of which Paul spoke when he admonished his servant to stand firm
in doctrine, he said: "I command thee before God and the Saviour
Christ, who is to judge the living and dead, and I charge thee

& hi gefeallað on ða [h]eortan ðe hiera hlyst, sua nytt sua unnyt,
suæðer hie beoð. Ðurh ða earan ða word bioð onfangen, & on
ðæm mode hie beoð acennedu ðurh ðæt ondgiet. Forðæm heton
woroldwise menn wordsawere ðone æðelan lareow Paulus. Se ðonne
5 se ðe ðolað flow[ed]nesse his sædes he bið unclæne gecueden. Sua
eac se ðe oferspræce bið, he bið nohte ðon læs mid ðære besmiten.
Gif he ðonne endebyrdlice his spræce forðbringð, ðonne mæg he
cennan mid ðam ðæt tuder ryhtes geðohtes on ðara tohlystendra
heortan. Gif ðonne unwærlice sio lár toflewð ðurh oferspræce, ðonne
10 bið ðæt sæd unnnyt agoten, næs to nanre kenninge ðæs cynrenes,
ac to unclænnesse & to ungerisnum. Be ðam Paulus cuæð, ða he
manode his cneoht ðæt he scolde standan on ðære lare, he cuæð:
Ic ðe bebeode beforan Gode & ðæm hælendum Criste, se ðe demende
is cucum & deadum, & ic ðe beode ðurh his tocyme & ðurh. his
15 rice, ðæt ðu stande on ðissum wordum, & hie lære ægðer ge gedæftlice
ge [eac] ungedæftlice. Ðeah he cuæde un[ge]dæftelice, he cuæð
ðeah ær gedæftelice, forðæm sio ofersmeaung mirð ða unwisan ðe hit
gecnawan ne magon, & gedeð ða spræce unnytte ðæm to[h]lystendum
ðonne sio ungedæftnes hit ne cann eft gedæftan.

20   XVI. Hu se lareow sceal bion eallum monnum efnðrowiende &
          foreðencende on hiora earfoðum.

Ac sie se lareow eallum monnum se niehsta & eallum mon(n)um
efnðrowiende on hira gesuincum, & sie he for ealle upaðened mid
ðære godcundan foresceawunge his inngeðances, ðætte ðurh ða

---

by his coming and kingdom to abide by these words and teach them
both seasonably and unseasonably." Although he said unseasonably,
yet he said before seasonably, because excessive argument injures the
unwise who cannot understand it, and makes the discourse useless to
the hearers, when unseasonable interference cannot set it right again.

XVI. How the teacher is to be sympathizing with and solicitous
about all men in their troubles.

The teacher must be the nearest to all men and sympathizing with
them in their troubles, and elevated above all with the divine fore-
sight of his mind, that through his pious benevolence he may take

7

mildheortnesse his arfæstnesse ðæt he teo on hiene selfne oðerra monna scylda, & eac ða heanesse ðære sceawunga his ingeðonces he hiene selfne oferstigge mid ðære gewilnunge ðara ungesewenlicra ðinga, & ðætte he swæ healicra ðinga wilnigende ne forsio his nihstan untrume & scyldige, ne eft for hiera untrymnesse ne forlæte ðæt he ne wilnige ðæs hean. For ðissum wæs geworden ðætte Paulus, ðeah þe he wære gelæded on neorxna wong þær (*om.*) he arimde ða digolnesse ðæs ðriddan hefones, & swæðeah for ðære sceawunge ðara ungesewenlicra ðinga ðeah he upaðened wære on his modes scearpnesse, ne forhogode he ðæt he hit eft gecirde to ðæm flæsclican burcotum, & gestihtode hu men sceoldon ðærinne hit macian, þa he cwæð: Hæbbe ælc mon his wif, & ælc wif hiere ceorl; & do ðæt wif ðæm were ðæt hio him mid ryhte dón sceal, & he hiere swæ some, ðylæs hie on unryht hæmen. And hwene æfter he cwæð [cuið]: Ne untreowsige ge no eow betweoxn, buton huru ðæt ge eow gehæbben sume hwile, ærðæmþe ge eowru gebedu & eowra offrunga dón willen, & eft sona cirrað to eowrum ryhthæmde. Loca nu hu se halga wer, se þe swæ fæstlice geimpad wæs to ðæm hefonlicum digolnessum, & swæðeah for mildheortnesse wæs ðonon gecirred to smeagenne hu flæsclicum monnum gedafenode on hiera burcotum & on hiera beddum to donne; & swæ swiðe swæ he wæs upahafen to ðæm ungesewenlicum, he ðeah gehwirfde his heortan eage, & for mildheortnesse gebigde his mod to untrumra monna digelnessum. Hefonas he ðurhfor mid his modes sceawunga, & swæðeah ðone ymbhogan ne forlet ðæs flæsclican beddgemanan; forðæm he wæs gefeged mid ðære lufan Godes & monna ægðer ge to ðæm hihstan

---

on himself the sins of other men, and also by the lofty contemplation of his mind surpass himself with the desire of invisible things, and that aspiring after such lofty things he may not despise his weak and sinful neighbours, nor, on the other hand, through their weakness give up his lofty aspirations. Therefore Paul, though he was taken to Paradise and enumerated the mysteries of the third heaven, and although by the contemplation of unseen things he was exalted in the sharpness of his mind, yet he deigned to direct it to carnal bedchambers, and ordained how men were to arrange it therein, saying: "Let each man have his wife, and each woman her husband; and let the woman do with the man what is lawful, and he with her

mildheor(t)nesse his arfæsðnesse ðæt he tio on hine selfne oðerra
monna scylda, & eac ða he[a]nesse ðære sc[e]awunga his inngeðonces
he hine selfne of[er]stige mid ðære [ge]wilnunge ðara ungesewenlicra
ðinga, & ðætte hie sua healicra ðinga wilnigende ne forsio his niehstan
5 untrume & scyldige, ne eft for hiera untrymnesse ne forlæte ðæt
he ne wilnige ðæs hean.   For ðysum wæs geworden ðætte Paulus,
ðeah ðe he wære gelæded on neorxna wong he arimde ða diogol-
nesse ðæs ðriddan hefones, ond suaðeah for ðære sceawungge ðara un-
gesewenlicra ðinga ðeah ðe he úpaðened wære on his modes scearp-
10 nesse, ne forhogde he ðæt he hit eft gecierde to ðam flæsclican búr-
cótum, & [ge]stihtode hu men scoldon ðærinne hit macian, ða he
cuæð : Hæbbe ælc monn his wif, & ælc wíf hiere ciorl ; & doo ðæt wíf
ðæm were ðæt hio him mid ryhte doon sceal, & he hire sua some,
ðylæs hie on unryht hæmen. & hwene æfter he cuið : Ne untreowsige
15 ge nó eow betweoxn, buto[n] huru ðæt ge eow gehæbben sume hwile,
ærðæmðe ge eowru gebedu & eowra offrunga doon wiëllen, & eft sona
cirrað to eowrum ryhthæmede. Loca nu hu se halega wér, se ðe
sua fæsðlice geimpod wæs to ðæm hefenlicum diogolnessum, & sua-
ðeah for mildheortnesse wæs ðonon gecierred to smeaganne hu flæsc-
20 licum mo(n)num gedafonode on hira burcótum & on hiera beddum
to dónne ; & sua suiðe sua he wæs upáhæfen to ðæm ungesewenlicum,
he ðeah gehwyrfde his heortan eage, & for mildheortnesse gebigde
his mod to untrumra monna diogolnessum. Hefonas he ðurhfór mid
his modes sceawunga, & suaðeah ðone ymbhogan ne fo[r]let ðæs flæsc-
25 lican beddgemanan ; forðæm he wæs gefeged midð ære lufan Godes
& monna ægðer ge to ðam hiehstum ðingum ge to ðæm nyðemestum.

---

in the same way, lest they commit fornication." And shortly after he
said : "Defraud not one another, unless ye abstain for some time before
the day of prayers and sacrifices, and return forthwith to your lawful
intercourse." Behold, now, how the holy man who was so familiar
with the secrets of heaven applied himself to the consideration of
what was proper for carnal men to do in their chambers and beds ;
and although he was so exalted to the unseen, yet he directed his mind's
eye and through humanity turned his attention to secrets of weak
men. He traversed heaven with the contemplation of his mind, and
yet neglected not the consideration of carnal intercourse ; for he con-
nected through the love of God and men both the highest and the

[liihstum] ðingum ge to ðæm niðemestum. He wæs on himselfum mid ðæs halgan gastes mægene swiðe healice upabrogden, & ðeah eorðlicum monnum efnlice for arfæstnesse & for niedðearfe wæs geuntrumad. Forðæm he cwæð: Hwa bið geuntrumod ðæt ic ne sie eac geuntrumod; oððe hwa bið gescended ðæt ic eac ðæs ne scamige? Eft he cwæð be ðæm ilcan: Ðonne ic wæs mid Iudeum ic wæs swelce hie. Ne cwæð he ðæt forþyþe he wolde his treowa & his geleafan forlætan swæ swæ hie, ac he wolde otiewan [ætiwan] his arfæstnesse, ða he licette hiene selfne ðæt he wære ungeleaffull, ac on ðæm he geleornode hu he sceolde oðrum monnum miltsian þe he geðohte hu he wolde ðæt mon him miltsode gif he swelc wære. And eft he cwæð: Ðeah we nu ofer ure mæð ðencen & smeagen, ðæt we doð for Gode; ðonne we hit eft gemet-læceað, ðonne doð we ðæt for eow. He ongeat ðæt he oferstag hiene selfne on ðære sceawunge ðære godcundnesse, & eft hiene selfne ofdune astigende he cuðe gemetgian his hieremonnum. Be ðæm eac Iacobus se heahfæder, þa he smirede ðone stan þe æt his heafdum læg to tacne ðæt he eft wolde his ierfe ðær geteoðian, for ðære gesihðe þe he on ðæm swefne geseah, þa he æt ðæm stane slæpte. He geseah ane hlædre stondan æt him on eorðan. Oðer ende wæs uppe on hefonum, & æt ðæm uferran ende Dryhten hlinode, & englas stigon up & ofdune on ða hlædre. Forðæm ða godan lareowas upsceawigende no ðæt an wilniað secean & sceawian ðæt halige heafod ðære halgan gesom-nunge, ðæt is Dryhten, ac wilniað for mildheortnesse ðæt hie ofdune astigen to his limum. Forðæm Moyses oft eode in & ut on ðæt templ, forðæm he wæs ðærinne getogen to ðære godcundan sceawunge,

---

lowest things. In his own person he was greatly exalted with the power of the Holy Ghost, and yet his piety made him equally solici-tous about earthly men in their need. Therefore he said : "Who is weak and I am not weak ; or who is shamed and I am not ashamed?" Again, he said on the same subject: "When I was among the Jews I was like them." He did not say so because he wished to forsake his honour and faith, as they did, but he wished to show his piety by pretending to be an unbeliever, and learnt to be merciful to other men by thinking how he would desire mercy if he were such as they. And again he said : "If we now exalt our thoughts beyond measure, it is for the sake of God ; if we moderate them again, it is for your sake."

He wæs on himselfum mid ðæs halgan gæstes mægene suiðe healice
úpabrogden, & ðeah eorðlicum monnum emnlice for arfæsðnesse & for
niedðearfe wæs geuntrumod. Forðæm he cuæð : Hwa bið geuntrumod
ðæt ic ne sie eac geuntrumod ; oððe hwa bið gesciended ðæt ic eac
5 ðæs ne scamige ? Eft he cuæð be ðæm ilcan : Ðonne ic wæs mid
Iudeum ic wæs suelc hie. Ne cuæð he ðæt forðyðe he wolde his
treowa & his geleafan forlætan suæ suæ hie, ac he wolde ætiewan his
arfæsðnesse, ða he licette hine selfne ðæt he wære ungeleaffull, ac
on ðæm he geleornode hu he scolde oðrum monnum miltsian ðe
10 he geðohte hu he wolde ðæt mon him miltsode gif he suelc wære.
& eft he cuæð : Ðeah we nu ofer ure mæð ðencen & smeagean, ðæt
we dooð for Gode ; ðonne we hit eft gemetlæcað, ðonne doð we
ðæt for eow. He ongeat ðæt he oferstag hine selfne on ðære scea-
wunge ðære godcundnesse, & eft hine selfne ofdune astiggende he
15 cuðe gemetgian his hieremo[n]num. Be ðæm [eac] Iacobus se heah-
fæder, ða he smirede ðone stan ðe æt his heafdum læg to tacne ðæt
he eft wolde his irfe ðær geteoðian, for ðære gesihðe ðe he on ðæm
swefne geseah, ða he æt ðæm stáne slæpte. He geseah ane hlædre
standan æt him on eorðan. Oðer ende wæs uppe on hefenum, & æt
20 ðæm uferran ende Dryhten hlinode, & englas stigon úp & ofdune on
ða hlædre. Forðæm ða godan lareowas upsceawiende no ðæt an wilniað
secean & sceawian ðæt halige heafoð ðære halgan gesomnunge, ðæt is
Dry[h]ten, ac wilnað for mildheortnesse ðæt hie ofdune astigen to his
limum. Forðæm Moyses oft eode inn & ut on ðæt templ, forðæm he
25 wæs ðærinne getogen to ðære godcundan sceawunga, & ðærút he wæs

---

He perceived that he surpassed himself in the contemplation of godli-
ness, and he knew how to let himself down again to the level of his
disciples. Therefore Jacob the patriarch anointed the stone which lay
at his head, to show that he would afterwards tithe his inheritance
there, because of the vision he saw in sleep when he slept at the stone.
He saw a ladder standing near him on the earth. The other end was
up in heaven, and at the upper end the Lord reclined, and angels
climbed up and down the ladder. For good teachers gazing upwards
desire not only to seek and contemplate the holy Head of the holy
Church, which is God, but also from humanity to descend to his mem-
bers. Therefore Moses often went in and out of the temple, because

& ðærute he wæs abisgod ymb ðæs folces ðearfe. Ðærinne he
sceawode on his mode ða digolnesse ðære godcundnesse, ond ðonon
utbrohte ðæm folce, & cyðde hwæt hie wyrcean & healdan sceoldon.
And simle ymb ðæt þe hiene ðonne tweode, ðonne orn he eft into ðæm
temple, & frægn ðæs Dryhten beforan ðære earce þe se haligdom on
wæs ðæs temples. He onstalde [astealde] on ðæm bisene ðæm
reccerum þe nu sindon. Hie sculon, ðonne hie ymb hwæt tweoð
ðæs þe hie ðærute don sculon, cyrran eft to hiera agnum inngeðonce,
& ðær God ascian, swæ swæ Moyses dyde beforan ðære earce on ðæm
temple.   Gif hie ðonne git ðær tweonað, gongen ðonne to ðæm
halgum gewritum, frine ðara hwæt he don oððe læran scielen.   Forðon
sio Soðfæstnes self, ðæt is Crist, ða he on eorðan wæs, he hiene gebæd
on muntum & on diglum stowum, & on burgum he worhte his wundru,
mid ðæm he strewede ðone weg ðære onhyrenesse ðæm godum
lareowum, ðæt hie ne (om.) sceolden forhycgean ðone geferscipe ðara
synfulra & ðara ungetydena, ðeah þe hie selfe wilnigen ðæs hihstan.
Forðon ðonne sio lufu for mildheortnesse niðerastigeð, & hio hie
geðiet to his nihstena ðearfe, ðonne bið (om.) hio swiðe wunderlice
upastigen; and swæ micle swæ hio estelicor ofdune astigeð, swæ hio
ieðelicor upastigeð; swelce hie sculon hie selfe ætiewan, ða þe oðrum
fore bioð, ðætte ða þe him underðiedde sien him durren hiera diglan
ðing for scome geondettan.   Forðæm ðonne ða yða ðara costunga þa
synfullan ðrowiað, ðæt hie mægen iernan & fleon to ðæs lareowes
mode him to andettunge, swæ swæ cild to his modur greadan, & þa
scylda þe hie wenað ðæt hie mid besmitene sin, mid his fultume
& geðeahte hie mægen aðwean clænran ðonne hie ær ðære costunge

---

in it he was led to divine contemplation, and outside he occupied
himself with the people's wants.   In it he contemplated in his mind
the mysteries of godliness, and brought them out thence to the people,
and proclaimed what they were to do and observe.   And whenever he
was in doubt he ran back into the temple and asked God about it
before the ark, in which was the covenant of the temple, thus setting
an example to those who are now rulers.   When they are uncertain
about anything which they are to do outside, they must return to their
mind, and there ask God, as Moses did before the ark in the temple.
If they still doubt there, let them go to the holy Scriptures, and ask
there what they are to do or teach.   For Truth itself, that is Christ,
when on earth prayed on mountains and in retired places, and per-

abisgod ymb ðæs folces ðearfe. Ðærinne he sceawode [on] his mode
ða diogolnesse ðære godcundnesse, ond ðonon utbrohte ðæm folce, &
cyðde hwæt hie wyrcean & healdan scoldon. & symle ymb ðæt ðe
hine ðonne tueode, ðonne orn he eft innto ðæm temple, & frægn ðæs
5 Dryhten beforan ðære earce ðe se haligdom ón wæs ðæs temples. He
ástealde on ðæm bisene ðæm reccerum ðe nu siendon. Hie sculon,
ðonne hie ymb hwæt tweoð ðæs ðe hie ðærute ðon sculon, cierran eft
to hira agnum inngeðonce, & ðær God ascian, suæ suæ Moyses dyde
beforan ðære earce on ðæm temple. Gif hie ðonne giet ðær tueonað,
10 gongen ðonne to ðæm halgan gewritum, frine ðara hwæt hie don
oððe læran scylen. Forðæm sio Soðfæsðnes self, ðæt is Krisð, ða he on
eorðan wæs, he hine gebæd on muntum & on dioglum stowum, & on
burgum he worhte his wundru, mid ðæm he strewede ðone weg ðære
onhyrenesse ðæm godum lariowum, ðæt hie ne scolden forhyggean ðone
15 geférscipe ðara synfulra & ðara ungetydra, ðeh ðe hi selfe wilnien ðæs
heahstan. Forðæm ðonne sio lufu for mildheortnesse nieðerastigeð,
& hio hie geðied to his niehstena ðearfe, ðonne hio suiðe wunderlice
upastigen[ð] ; & sua micle sua hio estelicor ofdune astigeð, sua hio
ieðelicor upastigeð ; suelce hie sculon hie selfe ætiowan, ða ðe oðrum
20 fore beoð, ðætte ða ðe him underðiedde sien him dyrren hira dieglan
ðing for scome geandettan. Forðæm ðonne ða yða ðara costunga ða
synfullan ðrowiað, ðæt hi mægen iernan & fleon to ðæs lareowes mode
him to ondettunge, suæ suæ cild to his moder greadan, & ða scylda ðe
hie wenað ðæt hie mid besmitene sien, mid his fultume & geðeahte hie
25 mægen aðwean clænran ðonne hie ær ðære costunge wæren, mid ðæm

---

formed his miracles in cities, thus preparing the path of imitation for
good teachers, lest they despise the company of weak and sinful men,
though they themselves aspire to the highest. Because when love de-
scends through humanity and is occupied with the need of his neigh-
bours, it rises marvellously ; and the more cheerfully it descends, the
easier it ascends, signifying that those who are set above others are to
let themselves be seen, that their subjects may not through shame fear
confessing to them their secrets, that when the sinful are overwhelmed
with the waves of temptation, they may hasten to take refuge in
the heart of the teacher for confession like a child in its mother's
bosom, and wash away the sins wherewith they think themselves
polluted, with his help and counsel, and become purer than they were

wǽren, mid ðǽm tearum ðara gebeda [aðwegen]. Forðǽm eac wæs ðæt
þe beforan ðǽm temple stod æren ceac onuppan twelf ærenum oxum,
ðǽtte þa men þe into ðǽm temple gán woldon meahton hiera honda
ðwean on þǽm mere. Se ceac [eac] wæs suæ micel ðæt he oferhelede ða
oxan ealle, butan þa heafdu totodun ut. Hwæt getacniað [tacnigað]
ðonne þa twelf oxan buton þa twelf apostolas, & siððan ealle ða ende-
byrdnessa ðara biscopa þe ðæræfter fylgeað? Bi ðǽm wæs gecweden on
ðǽre æ : Ne forbinde ge no ðǽm ðerscendum oxum ðone muð. Ðone
cwide Paulus gereahte eft to biscepum ðara openlican weorc we gesioð,
ac we nyton hwelc hiera ingeðonc bið beforan ðǽm ðearlwissan deman
on ðǽm diglan edleanum. Ða ðeah ðonne hie niðerastigað to aðweanne
hiera nihstena scylda, ðonne hie him ondettað, hie [him *added*] bioð
onlicost swelce hie beren ðone ceac beforan ðǽre ciricean duru [dura],
swæ swæ ða oxan dydon beforan ðǽm temple ; ðǽtte swæ hwelc swæ
inweard higige to gangenne on ða duru ðæs ecean lifes, he ðonne on-
dette ælce costunge þe him on becume ðǽm mode his scriftes beforan
ðǽm temple ; ond swæ swæ ðara manna handa & fett wǽron aðwægene
on ðǽre ealdan æ on ðǽm ceace beforan ðǽm temple, swæ ðonne nu we
aðwean ures modes handa & ure weorc mid ðǽre ondetnesse. Oft eac
gebyreð ðonne se scrift ongit ðæs costunga þe he him ondetteð ðæt he
eac self bið mid ðǽm ilcum gecostod. Hwæt ðæt wǽter on ðǽm ceace
wæs gedrefed, ðonne ðǽr micel folc hiera fett & honda an ðwogon.
Swæ bið ðæs sacerdes mod ðonne ðǽr bið micel folc on aðwægen hiera
scylda ðurh his lare. Ðonne he underfehð ðæt fenn ðara ðweandra,
him ðyncð swelce he forleose þa smyltnesse his clænnesse. Ac nis ðæt

---

before confession, washed in the tears of their prayers. Therefore
also there stood before the temple a brazen basin, supported by twelve
brazen oxen, that those who wished to enter the temple might wash
their hands in the sea. The basin was big enough to cover the oxen
entirely, except the projecting heads. What signify the twelve oxen but
the twelve apostles and the whole succession of bishops which come
after them? Of which was spoken in the law : "Bind not the mouth of
the thirsting-oxen." This saying Paul applied again to those bishops
whose public works we see, while we know not what their thoughts
are before the severe Judge with his hidden requital. When they
descend to wash the sins of their neighbours, when they confess, they

tearum ðara gebeda aðwægen. Forðæm eac wæs ðæt ðe beforan ðæm
temple stod æren céac onuppan twelf ærenum oxum, ðætte ða menn
ðe into ðæm temple gán woldon meahten hira honda ðwean· on ðæm
mere. Se ceac wæs sua micel ðæt he oferhelede ða oxan ealle, buton
5 ða heafudu totodon út. Hwæt getacniað ðonne ða twelf oxan buton
ða XII apostolas, & siððan ealle ða endebyrdnessa ðara biscopa ðe
ðæræfter fylgeað? Bi ðon wæs gecueden on ðære æ: Ne forbinden
ge na ðæm ðyrstendum oxum ðone muð. Ðone cwide Paulus geryhte
eft to b[i]scepum ðara openlican weorc we gesioð, ac we nyton hwelc
10 hira inngeðonc bið beforan ðæm ðearlwisan deman on ðæm dieglan
edleanum. Ða ðeah ðonne hi niðerástigað to aðweanne hiera niehstena
scylda, ðonne hie him ondettað, hie beoð onlicost suelce hi beren ðone
ceak beforan ðære ciricean dura, sua sua ða oxan dydon beforan ðæm
temple; ðætte sua hwelc sua inweard higige to gangenne on ða duru
15 ðæs ecean lifés, he ðonne ondette ælce costu[n]ge ðe him on becume
ðam mode his scriftes beforan ðæm temple; ond suæ suæ ðara monna
honda & fet wæren aðwægene on ðære ealdan æ on ðæm ceake
beforan ðæm temple, sua ðonne nu we aðwean ures modes honda &
ure weorc mid ðære ondetnesse. Oft eac gebyreð ðonne se scrift ongit
20 ðæs costunga ðe he him ondetteð ðæt eac self bið mid ðæm ilcum
gecostod. Hwæt ðæt wæter on ðæm ceake·wæs gedrefed, ðonne ðær
micel folc hiera fét & honda on ðwogon. Sua bið ðæs sacerdes mod
ðonne ðær bið micel folc on aðwægen hira scvlda ðurh his lare.
Ðonne he underfehð ðæt fenn ðara ðweandra, him ðyncð suelce he
25 forleose ða smyltnesse his clænnesse. Ac nis ðæt na to andrædanne

---

support, as it were, the basin before the church door, as the oxen did
before the temple; so that whoever inwardly desires to enter the
gates of eternal life must confess every temptation which has assailed
him to the mind of his confessor before the temple; and as men's
hands and feet were under the old law washed in the basin before
the temple, so let us now. wash our mind's hands and our works with
confession. It often happens also that when the confessor hears the
temptations of him who confesses, he is himself assailed with the same
temptations. The water in the basin was dirty when many hands and
feet were washed in it. In the same way, when the sins of many are
washed in the mind of the priest with his instruction, and he receives

no to ondrædonne ðæm hierde, forðæmþe [forðæm] Dryhten hit eall
swið esmealice geðencð, & him forgifð ðæt he swæ micle ieðelicor
bið gefriðod from his agnum costungum swæ he mildheortlecor bið
geswenced mid oðerra monna costungum.

XVII. Hu se reccere sceal bion ðæm weldondum monnum fore
      eaðmodnesse gefèra & wið ðara yflena unðeawas stræc
      for ryhtwislecum andan.

Se ealdormon sceal lætan hiene selfne gelicne his hieremonnum :
he sceal bion hiera gefera for eaðmodnesse ðara ðeah þe wel don ; he
sceal bion wið ðara agyltendra unðeawas upahæfen for ðæm andan
his ryhtwysnesse, & ðætte he on nanum ðingum hiene betran ne doo
ðæm godum ; ond ðeah ðonne he ongite ða scylda ðara ðweortimena,
ðonne geðence he ðone ealdordom his onwaldes ; & eft ongean ða
godan & ða wellibbendan forsio he his caldordom swæ swiðe ðæt he
on eallum ðingum ða þe him underðidde sien læte him gelice, ond ne
wene he nanes ðinges hiene selfne betran ; & eft wið þa wiðerweardan
ne ondræde he ðæt he begonge his ryhtwisnesse, swæ swæ ic geman
ðæt ic iu sæde on ðære bec þe Morales [Moralis] Iob hatte. Ic
cwæð ðæt æghwelc mon wære oðrum (*om.*) gelic acenned, ac sio unge-
licnes hiera earnunga hie tihð sume behindan sume, & hiera scylda
hie ðær gehabbað. Hwæt ðonne ða ungelicnesse ðe of hiera unðeawum
forðcymeð, se godcunda dom geðencð ðætte calle menn gelice bion
ne magon, ac wile ðæt simle se oðer beo aræred from ðæm oðrum.
Forðæm ealle ða þe for [fore] oðrum beon sculon ne sculon hie na

---

the dirt of the washers, he fears losing his unruffled purity. But the
pastor has no cause to fear it, for God considers it very carefully, and
the more he is afflicted with the temptations of others, the easier
deliverance he grants him from his own.

XVII. How the ruler must be the companion of well-doers from
      humility, and severe against the vices of the wicked from
      righteous indignation.

The ruler must put himself on a level with his subjects : he must
be the companion of well-doers from humility ; he must be severe with
the faults of sinners from righteous zeal, and must not exalt himself
above the good ; and yet, when he perceives the sins of the perverse,

ðæm hirde, forðæmðe Dryhten hit eall swiðe smealice geðencð, &
h[i]m forgiefð ðæt he sua micle ieðelicor bið gefriðod from his agnum
costungum sua he mildheortlicor bið gesuenced mid oðerra monna
costungum.

5   XVII. Hu se reccere sceal bion ðæm weldondum monnum for
          eaðmodnesse gefera & wið ðara yfelena unðeawas stræc for
          ryhtwislicum andan.

Se ealdormonn sceal lætan hine selfne gelicne his hieremonnum :
he sceal bion hira gefera for eaðmodnesse ðara ðea[h] ðe wel dón ; he
10 sceal bion wið ðara agyltendra unðeawas úpahæfen for ðæm andan his
ryhtwisnes(se), & ðætte he on næn[eg]um ðingum hine beteran ne do
ðæm godum ; & ðeah ðonne he ongiete ða scylda ðara ðweortiemena,
ðonne geðence he ðone ealdordom his onwealdes ; & eft ongean ða
godan & ða wellibbendan forsio he his ealdordom suæ suiðe ðæt he on
15 allum ðingum ða ðe him underðiedde sien læte him gelice, & ne wene
he nanes ðinges hine selfne beteran ; & eft wið ða wiðerweardan ne
ondræde he ðæt he bego[n]ge his ryhtwisnesse, suæ suæ ic geman ðæt
ic io sæde on ðære béc ðe Morales Iob hatte. Ic cuæð ðæt æghwelc
monn wære gelice oðrum acenned, ac sio ungelicnes hira geearnunga
20 hie tiehð sume behindan sume, & hira scylda hi ðær gehabbað. Hwæt
ðonne ða ungelicnesse ðe of hira unðeawum forðcymeð, se godcunda
dom geðencð ðæt(t)e ealle men gelice beon ne magon, ac wile ðæt
simle se oðer beo aræred from ðæm oðrum. Forðæm ealle ða ðe fore
oðrum bieon sculon ne sculon hi na sua suiðe ne sua oft geðencean

---

let him consider the authority of his office ; and again, with those who
lead a good life, let him think so lightly of his authority as to place
his subjects on an equality with himself, nor deem himself in any
respect their superior ; and, again, with the perverse, let him not fear
to practise his righteousness, as I remember once saying in the book
entitled "Morales." I said that all men are born alike, but some are
kept behind others by the difference in their merits, and their sins
keep them there. The divine judgment is mindful of the difference
caused by their moral defects, and that all men cannot be equal, and
always wishes them to be raised one above another. Therefore all
those who are to be above others must not think too much or too
often of their authority, but of how like they naturally are to other

swæ swiðe ne swæ oft geðencean hiera ealdordomes swæ hie sculon
geðencean hu gelice hie bioð oðrum monnum on hiera gecynde ; & ne
gefeon hie no ðæt hie ofer oðre menn bion moten swæ swiðe swæ ðæs
ðæt hie oðrum monnum mægen nyttoste bion.   Hwæt hit is gesæd
ðæt ure ealdan fædras wæron ceapes hierdas.   Ond eac Dryhten
cwæð to Noe & to his bearnum : Weahsað ge & monigfaldiað & gefyl-
lað eorðan, & eower ege & broga sie ofer all [ealle] eorðan nietenu. Ne
cwæð he no ofer oðre men ac ofer nietenu, ða he wæs forboden ofer
menn, ða he wæs aliefed ofer nietenu (ða h. w. f. . . . nietenu *om.*).   Se
mon is on gecynde betera ðonne dysig nietenu, ac he ne bið na betra
ðonne oðre menn.   Forðon hit nas na gecweden ðæt hiene sceoldon
oðre men ondrædan, ac nietenu.   Forðon hit is ungecyndelicu ofer-
modgung ðæt se mon wilnige ðæt hiene his gelica ondræde, & swæ-
ðeah hit is nidðearf ðæt mon his hlaford ondræde, & se cniht his
magister.   Forðæm ðonne ða lareowas ongietað ðæt ða þe him
underðiedde bioð him to hwon God ondrædað, ðonne is ðearf ðæt
hie gedon ðæt hie huru him menniscne ege ondræden, ðæt hie ne
durren syngian ða þe him ne ondrædað ðone godcundan dom.   Ne
ofermodgiað ða scirmen na forðy, ðeah hie for ðyslicum wilnien ðæt
hie andrysne sien, forðon hie ne seceað na hiera selfra gilp on ðæm,
ac hiera hieremonna ryhtwisnesse hie wilniað, & ðæm hie wilniað ðæt
hie andrysne sien ðæm þe on woh libbað ; & ofer ða hie sculon ricsian
næs na swæ ofer menn ac swæ swæ ofer nietenu, forðæmþe hie be
sumum dæle wildiorlice bioð.   Hie sculon forðy ofdrædde licgean
astreahte oðrum monnum underðiodde swæ swæ nietenu.   For ðissum
ðonne oft gebyreð ðæt se reccere on his mode wierð upahafen, &

---

men ; nor think so much of how they are to gain authority over
others, as how they can be most useful to them.   It is said that
our ancestors were shepherds.   And the Lord said also to Noah and
his children : " Grow and multiply, and fill the earth, and your fear
and terror shall be over all the beasts of the earth."   He did not say
over other men, but over animals, since he was forbidden to have
power over men, but was allowed to have it over animals.   Man is by
nature superior to irrational animals, but not to other men.   Therefore
it was not said that other men should fear him, but not animals.
Therefore it is unnatural presumption for a man to wish to be feared
by his equals, and yet it is necessary for a man to fear his lord, and

hiera ealderdomes sua hie sculon geðencean hu gelice hie beoð oðrum
monnum on hira gecynde; & ne gefeon hie na ðæt hie ofer oðre menn
bion moten sua suiðe sua ðæs ðæt hie oðrum monnum mægen ny[t]-
toste beon.   Hwæt hit is gesæd ðæt ure ealdan fæderas wæron ceapes
5 hierdas.   Ond eac Dryhten cuæð to Nóe & to his bearnum : Weahsað
ge & monigfaldiað & gefyllað eorðan, & iower ege & broga sie ofer
ealle eorðan nitenu.   Ne cuæð he no ofer oðre menn ac ofer nietenu,
ða he wæs forboden ofer menn, ða he wæs aliefed ofer nietenu.   Se
monn is on gecynde betera ðonne dysig nietenu, ac he ne bið na betera
10 ðonne oðre menn.   Forðæm hit næs na gecueden ðæt hie [ne] scoldon
oðre menn ondrædan, ac nietenu.   Forðæm hit is ungecyndelicu ofer-
modgung ðæt se monn wilnige ðæt hine his gelica ondræde, & sua-
ðeah hit is niedðearf ðæt mon his hlaford ondræde, & se cneoht his
magi[s]ter.   Forðæm ðonne ða lareowas ongitað ðæt ða ðe him
15 underðiedde beoð him to hwon God andrædað, ðonne is ðearf ðæt hie
gedón ðæt hi huru him mennisc[ne] ege ondræden, ðæt hie ne durren
syngian ða ðe him ne ondrædað ðone godcundan dom.   Ne ofermod-
giað ða scirmenn na forðy, ðeah hi for ðyslicum wielnien ðæt hie
andrysne sien, forðon hi ne secað na hira selfra gielp on ðam, ac hiora
20 hieremonna ryhtwisnesse hie wilniað, & ðæm hi wilniað ðæt hie
andrysne sien ðæm ðe on wóh libbað; & ofer ða hi sculon ricsian næs
na sua ofer menn ac sua sua ofer nietenu, forðonðe hie be sumum dæle
wildorlice beoð.   Hie sculon forðy ofdræd[de] licgean astreahte
oðrum monnum underðiodde sua sua nietenu.   For ðiosum ðonne
25 oft gebyreð ðæt se reccere on his mode wirð upahæfen, & wierð

the servant his master.   Therefore when teachers perceive that their
subjects fear God too little, it is necessary to make them at any rate
fear human authority, that they may fear to sin, though they do not
dread the divine judgment.   Nor do the rulers become proud, although
they desire to excite terror on account of such as these, because they
do not therein seek their own glory, but desire the righteousness of
their subjects, and wish to be feared by those who lead a corrupt life;
and over such they are to rule, not as over men, but as over beasts,
because to a certain extent they resemble wild animals, and therefore
must lie prostrate in terror, subjected to other men like animals.
Hence it often happens that the ruler becomes puffed up in spirit

wierð aðunden on ofermetto, ðonne he swæ swiðe oðre oferhlifað
ðæt hie ealle licgeað under his willan, & eal ðæt he bebeodeð bið
swiðe hræðe gefylled to his nytte ; ond gif hwæt welgedones bið,
ðonne cnodað him ðæt ealle ða þe him underðidde bioð mid here-
nesse ; & gif he hwæt yfeles deð, ne wiðcwið ðæm nan mon, ac
herigeað oft swæ swiðe swæ hie hit léan sceoldon ; & mid ðy wierð
ðæt mod beswicen & genætt mid ðara oliccunga þe him underðiedde
bioð ðæt he bið up ofer [for] hiene selfne ahafen on his mode ; ond
ðonne he bið utane ymbhringed mid ungemetlicre heringe, he bið innan
aidlad ðære ryhtwisnesse, & forgiett hiene selfne ðonne he tolætt, &
fægenað ongean ðara oðerra word, & geliefeð ðæt he swelc sie swelce
he gehierð ðæt his olicceras sæcgeað ðæt he sie, næs swelc swelc his
selfes gesceadwisnes sceolde ongietan ðæt he wære.   Ac forsihð ða
þe him underðiedde bioð, & ne mæg ongietan ða þe him bioð on
gecynde & on ðeawum gelice, & [ac] wenð ðæt he hæbbe hie ofer-
ðungne on his lifes geearnunga swa he hie hæfð oferstigene mid ðæm
hliete his anwaldes, & wenð ðæt he swæ micle ma wiete ðonne oðre
men, swæ he gesihð ðæt he mare mæg doon ðonne oðre menn.   Ond
ðonne hiene selfne swæ healice upahefð on sumum ðingum, & swæ-
ðeah bið getiged to oðrum monnum mid onlicre gecynde, ðeah he
forsio ðæt he him onlocige.   Ac swæ he wierð self to ðæs onlicnesse
þe awriten is ðæt he (om.) gesio ælce ofermetto, se is kyning ofer eall
ða bearn oferhyde.   Se wilnode synderlices ealdordomes, & forseah ða
geferrædenne oðerra engla & hiera liif, þa he cwæð : Ic wille wyrcean
min setl on norðdæle, & wille beon gelic ðæm hiehstan, & þa

---

and inflated with pride when he towers so much above others that
all are subject to his will, and all his commands are very quickly
obeyed for his benefit ; and if anything is well done, all his subjects
praise him for it ; and if he does any wrong no man opposes it, but
they often praise, as much as they ought to blame it ; and thus
the heart is deceived and injured by the flattery of the subjects, so
that he is exalted above himself in his mind ; and when he is sur-
rounded externally with immoderate praise he is internally deprived of
righteousness, and forgets himself while he gives himself up to the
pleasure of hearing the praises of others, believing himself to be such as
his flatterers say he is, not such as his own sagacity ought to under-

aðunden on ofermetto, ðonne he sua suiðe oðre oferhlifað ðætte ealle
licggeað under his willan, ond eall ðæt he bebeodeð við suiðe hraðe
gefylled to his nytte ; ond gif hwæt welgedones við, ðon[n]e cnodað
him ðæt ealle ða ðe him underðiedde bioð mid herenesse ; & gif he
5 hwæt yfeles deð, ne wiðcuið ðam nan mann, ac herigað oft sua suiðe
sua hie hit lean scoldon ; & mid ðy wyrð ðæt mod besuicen & genæt
mid ðæra olicunga ðe him underðiedde beoð ðæt he við up ofer hine
selfne ahæfen on his mode ; ond ðonne he við utane ymbhringed mid
ungemetlicre heringe, he við innan aidlad ðære ryhtwisnesse, & forgiet
10 hine selfne ðonne he tolætt, & fægnað ongeagn ðara oðerra word, ond
geliefð ðæt he suelc sie suelce he gehierð ðæt his olicceras secgað ðæt
he sie, næs suelc scu[e]lc his selfes gescadwisnes sceolde ongietan ðæt
he wære. Ac forsiehð ða ðe h[i]m underðiqdde beoð, & ne mæg
ongietan ða ðe him beoð on gecynde & on ðeawum gelice, ac wenð
15 ðæt he hæbbe hie oferðungne on his lifes geearnunga sua he hi hæfð
oferstigene mid ðam hliete his anwaldes, ond wenð he sua micle
ma wite ðonne oðre menn, sua he gesihð ðæt he mare mæg doon
ðonne oðre menn. & ðonne hine selfne sua healice upahefeð on
sumum ðingum, ond suaðeah við getieged to oðrum monnum mid
20 onlicre gecynde, ðeah he forsio ðæt he him onlocige. Ac sua he
wierð self to ðæs onlicnesse ðe awriten is ðæt gesio ælce ofermetto,
se is kyning ofer eall ða bearn oferhygde. Se wilnode synderlices
ealdordomes, & forsieh ða geferræddene oðerra engla & hira lif,
ða he cuæð : Ic wille wyrcean min setl on norðdæle, & wielle bion
25 gelic ðæm hiehstan, ond ða wunderlice dome gewearð ðæt he

stand that he is. But he despises his subjects, and does not perceive
that they are his equals in birth and virtue, but thinks he has sur-
passed them in the merits of his life as he has in the acquisition of
authority, and thinks he is as much their superior in knowledge as he
is in power. And so he extols himself so loftily in some respects, and
yet is bound to other men by being of the same kind, although he
disdains to regard them. But thus he himself is made similar to him
of whom it is written that "he beholds all pride who is king of all the
children of pride." Who desired a separate sovereignty, and despised
the fellowship and way of life of the other angels, saying: "I will build
my seat in the north, and be like the highest." And then by a won-

wundorlice dome gewearð ðæt he geearnode mid his agne inngeðonce
ðone pytt þe he on aworpen wearð, ða he hine his agnes ðonces upahof
on swæ healicne onwald.   Buton tweon ðonne se mon oferhygð ðæt
he bio gelic oðrum monnum, ðonne bið he gelic ðæm wiðerwearðan
& ðæm aworpnan deofle.   Swæ swæ Saul Israhela kyning ðurh
eaðmodnesse he geearnode ðæt rice, ond for ðæs rices heanesse him
weoxon ofermetto.   For eaðmodnesse he wæs ahafen ofer oðre menn,
ond for ofermettum he wæs aworpen.   Dryhten ðæt gecyðde ða þa
he cwæð: Ða ðu ðe selfum ðuhtest unwenlic, ða ic ðe gesette eallum
Israhelum to heafde.   Ærest him ðuhte selfum ðæt he wære swiðe
unmedeme, ac siððan he understungen & awreðed wæs mid ðys
hwilendlecan onwalde, he ðuhte him selfum swiðe unlytel & swiðe
medeme.   Forðæm he hiene æthof from oðerra monna geferrædenne,
& hiene dyde oðrum monnum swæ ungelicne.   Forðy he ongeat ðæt
he ma meahte ðonne ænig oðer, ða wende he ðæt he eac mara wære.
Ðæt wæs wunderlicu gemetgung ðætte ða ða he him selfum wæs lytel
geðuht, ða wæs he Gode micel geðuht, ond ða ða he wæs him selfum
micel geðuht, ða wæs he Gode lytel geðuht.   Swæ oft ðonne ðæt
mod aðintt on ofermettum for ðære menge ðæs folces þe him under-
ðieded bið, hit bið gewemmed mid ðæs onwaldes heanesse.   Ðone
onwald mæg wel reccean se þe ægðer ge hiene habban con ge wiðwin-
nan.   Wel hine secð [recð] se þe conn wel stræc beon & ahafen wið þa
unryhtwisan & wið þa scyldgan & wel emn wið oðre men, & he hiene
na betran ne deð.   Ac ðæt mennisce mod bið oft upahafen, ðeah hit
mid nane onwalde ne sie underled ; ac hu micle ma wenst ðu ðæt hit

---

drous judgment he obtained through his own presumption the abyss
into which he was cast, when he exalted himself in imagination to
such a height of power.   Without doubt when a man is impatient of
being like other men he resembles the perverse and banished devil.
As Saul, king of Israel, through humility obtained sovereignty, and
became proud because of the dignity of power.   Through humility
he was raised above others, and through pride he was rejected.   God
showed it when he said : "When thou didst seem despicable in thine
own eyes I made thee chief of all Israel."   As first he himself thought
that he was incompetent, but when he was supported by transitory
authority, he considered himself far from despicable and quite com-
petent.   Therefore he exalted himself above the companionship of

geearnode mid his agne inngeðonce ðone pytt ðe he on aworpen wearð,
ða he hine his agnes ðonces úpahof on sua healicne ánwald. Butan
tweon ðonne se monn oferhyð ðæt he beo gelíc oðrum monnum,
ðonne bið he gelíc ðæm wiðerweardan & ðæm aworpnan diofule.
5 Sua sua Sawl Israhela kyning ðurh eaðmodnesse he geearnode ðæt
rice, ond for ðæs rices heanesse him weoxon ofermetto. For eað-
modnesse he wæs ahæfen ofer oðre menn, ond fær ofermettum he
wæs aworpen. Dryhten ðæt gecyðde ða ða he cuæð: Ða ðu ðe
selfum ðuhtest [unwenlic,] ða ic ðe gesette eallum Israhelum to
10 heafde. Æresð him ðuhte selfum ðæt ðæt he wære suiðe unmedeme,
ac siððan he understungen & awreðed wæs mid ðys hwilendlican
onwalde, he ðuhte him selfum suiðe unlytel & suiðe medeme. For-
ðæm he hine æthóf from oðerra monna geferrædenne, ond hine dyde
oðrum monnum sua ungelicne. Forðy he óngeat ðæt he ma mehte
15 ðonne ænig oðer, ða wende he ðæt he eac mara wære. Ðæt wæs
wunderlicu gemetgung ðætte ða ða he him selfum wæs lytel geðuht,
ða wæs he Gode micel geðuht, ond ða ða he wæs him selfum micel
geðuht, ða wæs he Gode lytel geðuht. Sua oft ðonne ðæt mod aðint
on ofermet[t]um fo[r] ðære menige ðæs folces ðe him underðied bið,
20 hit bið gewemmed mid ðæs anwaldes heanesse. Ðone anwald mæg
wel reccan se ðe ægðer ge hine habban cann ge wiðwinnan. Wel hine
recð se ðe conn wel stræc bicn & ahæfen wið ða unryhtwisàn & wið ða
scyldgan & wel emn wið oðre menn, ond he hine na bettran ne deð.
Ac ðæt mennisce mod bið oft upahafen, ðeah hit mid nane anwalde
25 ne sie underléd; ac hu micle má wenstu ðæt hit wolde, gif ða

---

other men, and made himself so different from other men. Perceiving
that he had more power than any other man, he thought he was also
greater. It was a wondrous dispensation that when he deemed him-
self little, he was great in the eyes of God, and when he deemed
himself great, he was in the eyes of God little. Thus often when the
mind is swelled with pride, because of the multitude of people subject
to it, it is polluted with the height of its authority. He is well able
to wield authority who knows both how to hold and resist it. He
wields it well who knows when to exercise the requisite severity and
authority against the wicked and sinful, and impartiality towards other
men, and does not exalt himself above them. But the human heart
is often puffed up without being supported by any authority ; and

8

wolde, gif ðа wlencea & se anwald ðær wære to gemenged! And
ðeah swiðe ryhte stihtað ðone anwald se þe geornlice conn ongietan
ðæt he of him gadrige ðætte him tælwierðe [stælwirðe] sie, & wið ðæt
winne ðæt him dereð, & ongiete hiene selfne, & ongiete ðæt he bið
self oðrum monnum gelic, & ðeah ahebbe hiene ofer ðа scyldgan mid
andan & mid wræce. We magon eac fullicor ongietan & tosceadan
ðа spræce, gif we sceawiað ðа bisene ðæs forman hierdes, ðæt wæs *sanc-*
tus Petrus. Ðurh Godes giefe he onfeng ðone ealdordom ðære halgan
ciricean, & ðeah he wiðsoc ðæt hiene mon to ungemetlice weorðode.
Ða ðа Cornelius for eaðmodnesse wel dyde ðæt he hiene astreahte
[strehte] beforan him, he ðeah hiene selfne ongeat him gelicne, &
cwæð: Aris, ne do swæ; hu, ne eom ic mon swæ ilce swæ ðu? Ac
ðа ðа he ongeat þa scylde on Annanian & on Saffiran, swiðe hrædlice
he oðiewde hu micelne onwald he hæfde ofer oðre men, ðа he hiera
liif ðurh ðа smeanga ðæs halgan gastes ongeat, & hiene ðа mid
his worde geslog, & mid ðy anwalde gecyðde ðæt he wæs ieldest ofer
ðа halgan cyricean & strengest wið scylda. Ðæt rice & ðone onwald
he no ne ongeat wið Cornelius, ðа ðа he hiene swæ swiðlice weorðian
wolde; he wolde him ætfæstan his eaðmetto, & mid ðy he geearnode
ðæt him ðuhte ðæt he wære his gelica. He cwæð to him ðæt he wære
his gelica: ðær he gecyðde his eaðmodnesse; ond eft on Annanian &
on Saffiran gecyðde his nið & his onwald mid ðære wræce. And eft
sanctus Paulus ne ongeat he no hiene selfne betran oðrum godum mon-
num, ðа ðа (*om.*) he cwæð: Ne sint we nane waldendas eowres geleafan,
ac sint fultumend eowres gefean, forðæmþe ge stondað on geleafan.

---

consider how much more so if distinction and power were added!
And yet he wields authority very rightly who well knows how to
gather from it that which is beneficial for him; and oppose what is
hurtful, and understand himself, and see that he is like other men,
and yet exalt himself above the sinful with zeal and severity. We
shall be able more fully to understand and sift the argument, if we
consider the example of the first shepherd, St. Peter. By the gift of
God he received the rule of the holy Church, and yet rejected the
excessive adulation of men. When Cornelius out of humility did
right in prostrating himself before him, he nevertheless acknowledged
himself to be his equal, and said: "Arise, do not so; what, am I not
a man as thou art?" But when he perceived the sin of Ananias and

wlenca & se anwald ðær wære to gemenged! & ðeah suiðe ryhte
stihtað ðone anwald se ðe geornlice conn ongietan ðæt he óf him
gadrige ðæt him stælwierðe sie, & wið ðæt winne ðæt him dereð,
& ongite hine selfne, ond ongiete ðæt he bið [self] oðrum monnum
5 gelic, ond ðeah ahebbe hine ofer ða scyldgan mid andan & mid wræce.
We magon eac fullecor ongietan & tosceadan ða spræce, gif we sceawiað
ða biesene ðæs forman hierdes, ðæt wæs *sanctus* Petrus.   Ðurh Godes
giefe he onfeng ðone ealdordóm ðære halgan ciericean, ond ðeah he
wiðsóc ðæt hine mon to ungemetlice weorðode.   Ða ða Cornelius for
10 eaðmodnesse wel dyde ðæt he hine as[t]rehte beforan [him,] he ðeah
hine selfne ongeat him gelicne, & cuæð: Arîs, ne do sua; hu, ne
iom ic monn sua ilce sua ðu? Ac ða ða he ongeat ða scylde ón
Annanian & on Saffiram, suiðe hrædlice he oðiewde hu micelne on-
wald he hæfde ofer oðre menn, ða he hira lif ðurh ða smeanga ðæs
15 halgan gæstes ongeat, & hine ða mid his worde geslog, & mid ðy
anwalde gecyðde ðæt he wæs ieldesð ofer ða halgan ciriean &
strengesð wið scylda.   Ðæt rice & ðo[ne] anwald he na ne angeat
wið Cornelius, ða ða he hine sua suiðlice weorðian wolde ; he wolde
him ætfæstan his eaðmetto, & mid ðy he geearnode ðæt him ðuhte
20 ðæt he wære his gelica.   He cuæð to him ðæt he wære his gelica:
ðær he gecyðde his [eað]modnesse ; ond eft on Annaniam & on
Saffiram gecyðde his nið & his onwald mid ðære wræce.   Ond eft
sanctus Paulus ne ongeat he na hine selfne beteran oðrum godum
monnu*m*, ða ða he cuæð : Ne sint we nane waldendas eowres geleafan,
25 ac sint fultemend eowres gefean, forðamðe ge stondað on geleafan.

Sapphira he soon showed how great his authority was over others,
when he perceived their course of life by the meditation of the Holy
Ghost, and smote him with his word, and by his power showed that
he was chief of the holy Church and most severe against sins.   He
did not acknowledge his power and authority in the case of Cornelius,
when he wished to honour him so excessively ; he wished to impart
to him his humility, and so he earned the reputation of being his
equal.   He told him he was his equal, and thus showed his humility ;
and, on the other hand, he showed his zeal and authority in the
punishment of Ananias and Sapphira.   And again, St. Paul acknow-
ledged that he was not better than other good men, when he said :
" We are not rulers of your belief, but helpers of your joy, because ye

Swelce he openlice cwæde : We sint emnlice on ꝥæm ꝥe we ongietað
ꝥæt ge stondað. Eft he spræc swelce he nysse ꝥæt he á furður wære
ꝥonne oꝥre broꝥor, ꝥa he cwæð : We sint gewordene swelce lytlingas
betweoxn eow. Ond eft he cwæð : We sint eowre ꝥeowas for Cristes
lufan. Ac ꝥonne he gemette ꝥa scylde þe he stieran sceolde, hrædlice
he cyꝥde ꝥæt he wæs magister & ealdormonn. Ðæt he cyꝥde þa he
cwæð on his epistolan to Galatum : Hwæꝥer wille ge ꝥæt ic cume þe
eow, þe mid gierde þe mid monꝥwærę gaste ? Swelce he cwæde .
Hwæꝥer ic cume þe mid ege þe mid lufe ? Ðonne bið ꝥæt rice wel
gereaht, ꝥonne se þe ꝥærfore bið swiður wilnað ꝥæt he ricsige ofer
monna unꝥeawas ꝥonne ofer oꝥre gode menn. Ac ꝥonne ꝥa ealdor-
men ꝥreageað ꝥa scyldgan, ꝥonne is him micel ꝥearf ꝥæt hie geornlice
geꝥencen ꝥætte ꝥurh ꝥa lare & ꝥurh ꝥone ege þe hie niede dón sculon
mid hiora onwalde gestieren ꝥara scylda. Ond ꝥeahhwæꝥre, ꝥylæs he
his eaꝥmodnesse forleose, geꝥence he ꝥæt he bið self swiꝥe gelic ꝥæm
ilcan monnum þe he ꝥær ꝥreatað & hienð ; ond eac we magon swi-
gende geꝥencean on urum ingehygde, ꝥeah we hit ne sprecen, ꝥæt hie
bioð betran ꝥonne we, & ꝥæs wierꝥe ꝥæt we hie furꝥur dón, ꝥeah we
to ꝥæm gesette sien ꝥæt we hie ꝥreagean scylen, & ꝥurh us scylen
bion hiera scylda gestiered mid cræfte & mid lare. Ac eft ꝥonne we
selfe gesyngiað, ne ꝥreað us nan mon, ne furꝥum ane worde ne tælð.
Forꝥæm we bioð mid Gode swæ micle swiður gebundne swæ we for
mannum orsorglicor ungewitnode syngiað. buton ælcre wrace. Ac
ꝥonne we ure hieremen lærað & ꝥreageað, swæ micle ma we hie ge-
freogeað æfter ꝥæm godcundan dome, swæ we her hiera synna swiður

---

stand in faith." As if he had openly said : "We are equal to you
in that in which we perceive you are standing." Again, he spoke as
if he knew not that he was exalted above the rest of the brothers,
when he said : "We have become as it were little children among
you." And again he said : "We are your servants for the love of
Christ." But when he discovered the sin which he had to punish,
he soon showed that he was master and lord. He showed it when
he said in his Epistle to the Galatians : "Do ye wish me to come to
you with a rod, or with gentleness of spirit ?" As if he had said :
"Shall I come with fear or with love ?" The government is well
administered when he who rules desires rather to rule over human
vices than over other good men. But when rulers chide the sinful

Suelce he openlice cuæde : We sint emnlice on ðam ðe we ongietað
ðæt ge stondað.　Eft he spræc suelce he nysse ðæt he a furðor wære
ðonne oðre broðor, ða he cuæð : We sint gewordene suelce lytlingas
betu[e]ox eow.　Ond eft he cuæð : We sint eowre ðeowas for Cristes
5 lufan.　Ac ðonne he gemette ða scylde ðe he stieran scolde, hrædlice
he gecyðde ðæt he wæs magister & ealdormonn.　Ðæt he cyðde ða
he cuæð on his epistolan to Galatum : Hwæðer wille ge ðæt ic cume
to eow, ðe mid gierde ðe mid monnðwære gæste ?　Suelce he cuæde :
Hwæðer ic cume ðe mid ege ðe mid lufe ?　Ðonne bið ðæt rice wel
10 gereht, ðonne se ðe ðærfore bið suiðor wilnað ðæt he ricsige ofer
monna unðeawas ðonne ofer oðre góde menn.　Ac ðonne ða ealder-
menn ðreageað ða scyl(d)gan, ðonne is him micel ðearf ðæt hie
geornlice geðencen ðætte ðurh ða lare & ðurh ðone ege ðe hie niede
dón sculon mid hiera anwalde gestiran ðara scylda.　Ond ðeahhwæðre,
15 ðylæs he his eaðmodnesse forleose, geðence he ðæt he bið self suiðe
gelic ðam ilcan monnum ðe he ðær ðreatað & henð ; ond eac we
magon suigende geðencean on urum inngehygde, ðeah we hit ne
sprecen, ðæt hie beoð beteran ðonne wé, & ðæs wierðe ðæt we hie
furðor dón, ðeah we to ðam gesette sien ðæt we liie ðreagean scylen,
20 & ðurh us scylen bion hiora scylda gestiered mid cræfte & mid lare.
Ac eft ðonne [we] selfe gesyngiað, ne ðreað us nan monn, ne furðum
ane worde ne tælð.　Forðam we beoð mid Gode sua micle suiðor
gebundne sua we for monnum orsorglicor ungewitnode syngiað buton
ælcre wrace.　Ac ðonne we ure hieremenn lærað & ðreageað, sua
25 micle ma we hie gefreogað æfter ðam godcundan dome, sua we her

---

it is very necessary for them to consider carefully how with the
instruction and awe which they are bound to employ they may correct
sins with their authority.　And yet, lest he lose his humility, let him
consider that he is himself very similar to those very men he chides
and humbles ; and also we can silently think in our heart, without
saying it aloud, that they are better than we, and worthy of being pro-
moted by us, although we are appointed to reprove them, and their
sins are to be corrected by us with power and doctrine.　But, on the
other hand, when we ourselves sin, no one chastises or even blames us
with a single word.　Therefore our responsibility with God is the
greater in proportion to the security and impunity with which we sin
among men without any punishment.　But when we teach and reprove

wrecað ; & swæðeah on ðære heortan is á sio eaðmodnes to haldanne
& eac on weorcum to læronne ; & betweoh ðæm twæm is eallinga to
geðenceanne ðæt we to ungemetlice ða eaðmodnesse ne healden, ðylæs
se anwald aslacige ðæs recendomes, & ðæt we ure hieremen swæ
gearigen swæ we hie eft geegsian mægen. Ðonne ealdordom & ðæt
riceter þe se reccere for manegra monna ðearfe underfehð he hiene
sceal eowan utan, & he sceal healdan his eaðmodnesse innan. Eahtige
he hiene selfne on his ingeðonce swelcne he ondræt ðæt he sie. And
ðeah hit on sumum ðingum getacnad sie ðæt he hwelc gerisenlic
wundor wyrcean mæge, gedó he ðeah ðæt his hieremen ongieten
ðæt he sie eaðmod on his ingeðonce, ðæt hie mægen ðæm onhy-
rigean, ond on his ealdorlicnesse hie ongieten ðæt hie him mægen
ondrædan. Ða þe ofer oðre bioð giemen he geornlice ðætte swæ
micle swæ hiera anwald bið mara gesewen ofer oðre menn ðæt hie
swæ micle ma sie innan geðrycte mid eaðmodnesse, ðylæs ðæt ge-
ðoht hiene oferswiðe & on lustfulnesse his mod geteo hwelces un-
ðeawes, ðæt he hit ðonne ne mæge to his willan geweldan, forðæmþe
he him ær to unðeawum his agenne willan underðiedde, & him geða-
fode ðæt hit mid onwalde him moste oferricsian, ðætte ðæt ofsetene
mod mid ðære lustfulnesse his onwaldes ne sie getogen to upahæfe-
nesse. Be ðæm wæs swiðe ryhte gecweden ðurh sumne wisne monn,
he cwæð to ðæm oðrum : To ealdormenn ðu eart gesett, ne bio ðu
ðeah to upahæfen, ac bio swelce an ðinra hieremonna. And eft be
ðæm ilcan cwæð *sanctus* Petrus : Ne sint we nane waldendas ðisses
folces, ac we sint to bisene gesette urre heorde. Be ðæm ilcan eft

---

our subjects, the more severely we punish their sins in this world, the
greater will be their freedom after the divine judgment ; and yet
humility must ever be preserved in the heart and taught in practice ;
and between the two we must avoid carrying humility too far, lest the
influence of authority be weakened, and take care to honour our sub-
jects in such a way as to be able to command their reverence again.
The authority and power which the ruler receives for the benefit of
many he must exhibit outwardly, and preserve humility internally.
Let him consider himself in his heart to be such as he would wish
not to be. Even if it is shown on any occasion that he is able to
perform some good and admirable deed, let him make his subjects
understand that he is humble in spirit that they may imitate it, and

hiera synna wreca𐑄 sui𐑄or; ond sua𐑄eah on 𐑄ære heortan is â sio
ea𐑄modnes to healdanne & eac on weorcum to læranne; & betûh 𐑄æm
twæm is eallenga to ge𐑄encenne 𐑄æt we to ungemetlice 𐑄a ea𐑄mod-
nesse ne healden, 𐑄ylæs se anwẹald áslacie 𐑄æs recendomes, ond 𐑄æt
5 we ure [hiere]menn sua geárige sua we hie eft geegesian mæge.
Đone ealdordom & 𐑄æt riceter 𐑄e se reccere for monigra monna 𐑄earfe
underfeh𐑄 he hine sceal eowian utan, & he sceal healdan his ea𐑄mod-
nesse innan. Eahtige he hine selfne on his innge𐑄once suelcne suelcne
he ondrætt 𐑄æt he sie. Ond 𐑄eah hit on sumum 𐑄ingum getacnad
10 sie 𐑄æt he hwelc gerisenlic wundor wyrcean mæge, gedó he 𐑄eah 𐑄æt
his hieremenn ongieten 𐑄æt he sie ea𐑄mod on his [inn]ge𐑄once, 𐑄æt
hi mægen 𐑄æm o[n]hyrigean, ond on his ealdorlicnesse hie ongieten
𐑄æt hie him mægen ondrædan. Đa 𐑄e ofer o𐑄re bio𐑄 giemen hie
geornlice 𐑄ætte sua micle sua hira onwald bi𐑄 mara gesewen ofer
15 o𐑄re menn 𐑄æt hie sua micle ma sien innan ge𐑄ryccede mid ea𐑄mod-
nesse, 𐑄ylæs 𐑄æt ge𐑄oht hine ofersui𐑄e & on lustfulnesse his mód geteo
hwelces un𐑄eawes, 𐑄æt he hit mæge 𐑄onne to his willan gewealdan,
for𐑄æm𐑄e he him ær to un𐑄eawum his ag[en]ne willan under𐑄eodde,
& him ge𐑄afade 𐑄æt hit mid anwalde him moste oferricsian, 𐑄ætte
20 𐑄æt ofsetene mĉd mid 𐑄ære lustfulnesse his anwaldes ne sie getógen
to úpahafenesse. Bi 𐑄am wæs sui𐑄e ryhte gecueden 𐑄urh sumne
wisne monn, he cuæ𐑄 to 𐑄æm o𐑄rum: To ealdormenn 𐑄u eart gesett,
ne beo 𐑄u 𐑄eah to upahafen, ac bio suelce án 𐑄inra hieremonna.
Ond eft be 𐑄am ilcan cuæ𐑄 *sanctus* Petrus: Ne sint we nane walden-
25 das 𐑄isses folces, ac we sint to bisene gesette urre [h]eorde. Be 𐑄æm

by his authority understand that they have cause to fear him. Let
those who are above others be very careful that the greater their
visible authority over others the more they be inwardly subdued by
humility, lest his imagination overcome him and lead his mind to the
desire of some vice so that he cannot subject it to his will, because he
formerly had made his own will subservient to his vices, and allowed it
to rule over him with authority, lest the troubled mind through the
intoxication of authority be led to pride. Of which was very rightly
spoken by a wise man, who said to some one else: "Thou art made
ruler, yet be not too proud, but be like one of thy subjects." St. Peter,
again, said on the same subject: "We are no rulers of this people, but
we are set as an example to our flock." Again, on the same subject,

sio Soðfæstnes, ðæt is Crist, ðurh hiene selfne cwæð, ða he us
spon to ðæm hiehstan geearnungum, he cwæð: Wiete ge ðætte
ðeoda kyningas beoð ðæs folces waldendas, & ða þe ðone onwald
begað hie beoð hlafurdas gehatene; ne sie hit ðonne no swæ be-
tweoxn eow, ac swæ hwelc swæ wille betweoxn eow fyrmest beon, se
sceal bion eower ðegn, & swæ hwelc swæ wille betweoxn eow mæst
beon, sie se eower ðeow. Swæ swæ monnes sunu, cwæð Crist be
him selfum, ne com he no to ðæm on eorðan ðæt him mon ðenade,
ac ðæt he wolde ðenian. For ðissum ilcan is eac gesæd on ðæm
godspelle hwelc wite sceolde ðrowian se upahafena ðegn æfter ðæm
anfangenan rice; he cwæð ðonne: Se yfela ðeow cwið on his mode:
Hit bið long hwonne se hlaford cume; ic mæg slean & ierman mine
heafudgemæccean. Itt him ðonne & drincð mid ðæm druncenwillum
monnum, & læt his hlafordes gebod to giemeliste. Ðonne cymð his
hlaford on ðæm dæge þe he ne wenð, & on ða tiid ðæt he hiene
ær nat; hæfð hine ðonne siððan for ænne licettere. & swiðe ryhte
deð for ðære licettunge þe he licet[te] ðæt he wolde habban ða
ðenunga ðeawas & ðeodscipe to læronne; & ða he ðæt hæfde, þa
wolde he hit habban him to agnum anwalde, & dyde him ðæt riceter
to sioda & to gewunan. And swæðeah oft agyltað ða ealdormenn
efnswiðe on ðæm þe he bið to eaðmod ðæm yflum [yflan] monnum,
& læt hiene him to gelicne, & licet wið hie ma geferrædenne ðonne
ealdordome. Swiðe ryhte se bið geteald to ðæm licetterum se þe
on lareowes onlicnesse ða ðenunga ðæs ealdordomes gecirð to hlaford-
dome, & gemacað ðæt his ege & his onwald wyrð to gewunan & to

Truth, that is Christ, himself said, when he incited us to the highest
virtues: "Know that kings of nations are rulers of the people,
and they who exercise authority are called lords; let it not be so
among you, but whoever among you desires to be first, shall be your
servant, and whoever wishes to be greatest among you, shall be your
slave." "As the Son of Man," said Christ of himself, "did not
come on earth to be served but to serve." Hence we are also told
in the gospel what punishment the proud servant would suffer after
obtaining power; he said then: "The wicked slave says in his
heart: 'My master is long of coming; I can beat and abuse my com-
panions.' So he eats and drinks with drunkards, and neglects his
lord's commands. And his lord comes on the day he expects not

ilcan eft sio Soðfæsðness, ðæt is Crist, ðurh hine selfne cuæð, ða he
us speon to ðæm hiehstan geearnungum, he cuæð : Wite ge ðætte
ðiod[a] kyningas bioð ðæs folces waldendas, ond ða ðe ðone anwald
begað hi beoð hlafordas gehatene ; ne sie hit ðonne na sua betweoxn
5 eow, ac sua hwelc sua wille betweox[n] eow fyrmest beon, se sceal
beon eower ðegn, ond sua hwelc sua wille betweoxn eow mæst beon,
sie se eower ðeow.   Sua sua monnes sunu, cuæð Crist be him selfum,
ne cóm he na to ðam on eorðan ðæt him mon ðenade, ac ðæt he
wolde ðenian.   For ðeosun illcan is eac gesæd on ðæm godspelle
10 hwelc wite scolde ðrowian se upahafena ðegn æfter ðam anfangnan
rice ; he cuæð ðonne: Se yfela ðeow cuið on his mode: Hit bið long
hwonne se hlaford cume ; ic mæg sléan & ierman mine [b]eafodge-
mæccan.   Itt him ðonne & drincð mid ðam dru(n)cenwillum monnum,
ond læt his hlafordes gebód to giemelieste.   Ðonne cymð his hlaford
15 on ðæm dæge ðe he ne wenð, ond on ða tiid ðæt he hine ær nát ;
hæfð hine ðonne siððan for ænne licettere. & suiðe ryht deð for
ðære licettunge ðe he licette ðæt he wolde habban ða ðenunga ðeawas
& ðeodscipe to læranne ; ond ða he ðæt hæfde, ða wolde he hit
habban him to agnum anwalde, ond dyde him ðæt riceter to sida
20 & to gewunan.   Ond suaðeah oft agyltað ða ealdormenn efnsuiðe
on ðam ðe he bið to eaðmód ðam yflan mannan, ond læt hine him
to gelicne, & licett wið hie ma geferrædenne ðonne ealdordome.
Suiðe ryhte se bið geteald to ðæm liceterum se ðe on lareowes
onlicnesse ða ðenenga ðæs ealdordomes gecierð to hlaforddome, &
25 gemacað ðæt his ege & his onwald wierð to gewunan & to landsida

***

and at the time he knows not beforehand, and considers him a hypo-
crite." And does so very rightly because of his hypocrisy in pre-
tending to desire ministration in order to teach morality and disci-
pline, and, when he has it, desiring to have it for his own aggrandise-
ment, and habituating himself to authority.   Yet the rulers often err
as much in being too humble with the wicked man, and putting himself
too much on an equality with him, and affecting familiarity rather than
authority.   He is very rightly accounted a hypocrite who, while
seeming to teach, perverts the ministration of authority to temporal
supremacy, and causes the reverence of himself and his power to
become the regular habit of the country he rules.   And yet sometimes
they sin still more by making themselves companions and equals of

landsida on his scire. Ond ðeah hwilum giet swiður hie gesyngiað
[syngiað] on ðæm þe hie healdað ma geferrædenne & efnlicnesse
ðonne ealdordom wið ða yflan & ða unryhtwisan.   Swæ Heli se
sacerd dyde.   He wæs mid leasre mildheortnesse oferswiðed ðæt he
noldé witnian his agne suna ða hie agylton, ac beforan ðæm ðearl-
wisan Deman he ofslog ægðer ge ða suna ge hiene selfne midðæmþe
he geðafode ða scylde unwitnode.   Hit wæs onlicost swelce sio god-
cunde stefn to him cwæde : Ðu weorðast ðine suna ma ðonne me.
And eft ðurh ðone witgan wæs gecidd ðæm hierdum, ða he cwæð :
Ðæt sceap ðæt ðær scancforad wæs ne spilcte ge ðæt, & ðæt ðær
forloren wæs ne sohte ge ðæt, ne ham ne brohton.   Se bringð ham
ðone forlorenan se þe mid geornfulnesse ðære hierdelican giemenne
ðone þe afielð on synne eft gehwierfð & arærð ðæt he stent on ryht-
wisnesse.   Hwæt se foroda sceonca bið gewriðen mid ðæm bende,
swæ bioð ða synna mid ðæm lareowdome gebundne.   Swæ swæ sio
wund wile toberan, gif hio ne bið gewriðen mid wræðe, swæ willað
ða synna weaxende toflowan, gif hie ne beoð gebundne hwilum mid
stræclice lareowdome.   & swæðeah oft sio wund bið ðæs þe wierse
& ðy mare, gif hio bið unwærlice gewriðen, & him bið ðæt sar þe
gefredre [ungefredre], gif sio wund bið to ungemetlice fæste gewriðen.
Swæ is eac ðearf ðæt se lareow, se bið ðære saule læce, ðara synna
wunda stierende gemetlice gewriðe on his hieremonnum, & ðeah swæ
geornlice bega ða ryhtwisnesse ðæs lareowdomes wið þa gyltendan
ðæt he ne forlæte his mildheortnesse.   Ond eac him is to giemenne
ðæt he ætiewe his hieremonnum ðæt he sie hiera fæder & reccere
on lare, & hiora modur on mildheortnesse, ðæt he huru ne sie to

---

the wicked and unrighteous rather than exercising their authority.
Thus did Eli the priest.   He was overcome with false humanity so as
not to punish his own sons when they sinned, but before the severe
Judge he slew both his sons and himself by allowing their sins to
pass unpunished.   It was as if the divine voice had said to him :
"Thou honourest thy sons more than me."   And, again, shepherds
were blamed through the prophet, when he said : "Ye did not bind
up the broken leg of the sheep, nor did ye seek that which was lost,
and bring it home."   He brings home the lost one who, with the zeal
of pastoral care, brings back and raises up him who falls into sin,
so that he stands in righteousness.   The broken leg is bound with

o[n] his scire. Ond ðeah (h)wilum giet suiðor hie syngiað on ðam
ðe hie healdað ma geferrædenne & efnlicnesse ðonne ealdordóm wið
ða yfelan & ða únryhtwisan. Sua Heli se sacerd dyde. He wæs
mid leasre mildheortnesse ofersuiðed ðæt he nolde witnian his agne
5 suna ða hie agylton, ac beforan ðam ðearlwisan Deman he ofslog ægðer
ge ða suna ge hine selfne midðamðe he geðafade ða scylde unwitnode.
Hit wæs onlicost suelce sio godcunde stemn to him cuæde: Ðu weor-
ðasð ðine suna ma ðonne me. Ond eft ður(h) ðone witgan wæs
gecid hierdum, ða he cuæð: Ðæt sceap ðæt ðær sceoncforad wæs
10 ne spilcte ge ðæt, ond ðæt ðær forloren wæs ne sohte ge ðæt, ne ham
ne brohtan. Se brin[g]ð ham ðone fo(r)lorenan se ðe mid georn-
fulnesse ðære hierdelican giemenne ðone ðe áfielð on synne eft
gehwyrfð [& aræð] ðæt he stent on ryhtwisnesse. Hwæt se foreda
sconca bið gewriðen mid ðæm bende, sua beoð ða synna mid ðam
15 lareowdome gebundne. Sua sua sio wund wile toberan, gif hio ne bið
gewriðen mid wræde, sua willað ða synna weaxænde toflowan, gif hie
ne beoð gebundne hwilum mid stræclice lareowdome. Ond suaðeah
[oft] sio wund bið ðæs ðe wierse & ðy mare, gif h[i]o bið unwærlice
gewriðen, & him bið ðæt sár ðe gefredre, gif sio [wund] bið to un-
20 gemetlice fæste gewriðen. Sua is eac ðearf ðæt se lareow, se bið
saule læce, ðara synna wunde stirende gemetlice gewriðe on his hiere-
monnum, ond ðeah sua geornlice begáa ða ryhtwisnesse ðæs lareow-
domes wið ða gyltendan ðæt he ne forlæte his mildheortnesse. Ond
eac him is to giemenne ðæt he ætiewe his hieremonnum ðæt he sie
25 hiera fæder & reccere on lare, & hiera modur ón mildheortnesse, ðæt

a bandage ; in the same way sins are bound with instruction. As
the wound is sure to swell unless bound with a bandage, so will sins
increase and spread unless sometimes bound with rigorous discipline.
And yet the wound is often aggravated and increased if carelessly
bound, and the wound is more painful if bound too tightly. So
it is also necessary for the teacher, who is the soul's physician, while
curing the wounds of the sins of his subjects, to bind them mode-
rately, and yet to exercise the righteousness of instruction towards
the guilty so carefully as not to neglect humanity. And he must also
be careful to prove to his subjects that he is their father and ruler
in instruction, and their mother in humanity, lest he be too severe

strec on ðære lare, ne to slæc on ðære mildheortnesse. Swæ swæ we
iu cwædon on ðeawa bocum be Iobe ðæt ægðer wære unnyt ge mild-
heortnes ge steor, gif hie anlepe wæren, buton hie butu ætsomne sien.
Forðæm sceal beon on ðæm reccere ðæt he sie ryhtlice & mildheort-
lice rædende his hieremonnum & mildheortlice witnigende.   For
ðissum ilcan wæs ðætte sio Soðfæstnes self cwæð, ðæt is Crist, ða he
lærde ðurh ða tiolunga ðæs Samaritaniscan ymb ðone gewundedan,
þe mon lædde healfcwicne to ðæm giesthuse, & bæd ðæt mon sceolde
ægðer ge win ge ele geotan on his wunde. Wiotodlice ðæt win slit
ða wunde, & se ele hie gesmeð & gehælð. Ðis is ðearf ðæt se se
þe wunde lacnian wille geote win on, ðæt sio reðnes ðæs wines ða
forrotedan wunde suge & clænsige, & eft ele, ðæt se hie liðe & hæle.
Swæ eac ðæm lareowe is to mengenne ða liðnesse wið ða reðnesse,
& of ðæm gemange wyrce gemetgunge, ðæt he mid ungemetlicre
grimsunge his hieremonna wunda to swiðe ne slite ne ne iece, ne
eft for ungemetlicre mildheortnesse he hie ne læte unwriðena. Swiðe
wel ymb ðæt tacnað sio earc on ðære ealdan æ. On ðære wæron
þa stænenan bredu þe sio æw wæs on awriten mid tien bebodum,
& eac sio gierd mid ðæm bredum, & eac se sweta mete þe hie heton
monna, se him com of hefonum. Swæ eac, gif ðara haligra gewrita
andgit bið on ðæm breostum ðæs godcundan recceres, ðonne sceal
ðær bion gierd. Ðæt is ðæt he geðreage his hieremenn. And eac
sceal bion on ðæm breostum ðæs monnan swetnes. Ðæt is ðæt he
him sie liðe. Be ðissum ilcan cwæð David to Gode: Ðin gierd &
ðin stæf me afrefredan. Mid gierde mon bið beswungen, & mid

---

in instruction and too remiss in humanity. As we have said before
in the book of morals, speaking of Job, that both humanity and
severity were separately useless unless combined.   Therefore the ruler
ought to have a righteous and loving care of his subjects, and severity
tempered with mercy.   Therefore Truth itself, which is Christ, spoke
when he taught by the Samaritan's care of the wounded man, who
was carried half alive into the inn, and wine and oil were ordered to
be poured into his wound. Wine irritates a wound, and oil softens
and heals it.   He who desires to heal a wound must pour in wine,
that the harshness of the wine may penetrate and cleanse the corrupted
wound, and afterwards oil, to soften and heal it. So also the teacher
is to mingle gentleness and severity, that he may attain moderation

he huru ne sie to stræc on ðære lare, ne to slæc on ðære mildheortnesse.
Sua sua we io cuædon on ðe[a]wa bocum be Iobe ðæt ægðer wære
unnyt ge mildheortnes ge steor, gif hie anlipe wæron, buton hi butu
ætsomne sien.   Forðæm scel bion on ðæm reccere ðæt he sie ryhtlice
5 & mildheortlice rædende his hieremonnum & mildheortlice witniende.
Ᵹor ðioson ilcan wæs ðætte sio Soðfæstnes self cuæð, ðæt is Crist, ða
he lærde ðurh ða tielunga ðæs Samaritaniscan ymb ðone gewundedan,
ðe mon lædde helfcuicne to ðæm giesðhuse, & bæd ðæt mon scolde
ægðer ge win ge ele giotan on his wunde.   Witodlice ðæt win slit ða
10 wunde, & se ele hie gesmeð & gehælð.   Ðis is ðearf ðæt se [ðe] wunde
lacnigean wille giote win on, ðæt sio reðnes ðæs wines ða forrotedan
wunde suge & clænsige, & eft ele, ðæt se hie lieðe & gehæle.   Sua
eac ðam lareowe is to monianne ða lieðnesse wið ða reðnesse, & of
ðam gemounge wyrce gemetgunge, ðæt he mid ungemetlicre grim-
15 sunge his hieremonna wunda to suiðe ne slite ne ne ice, ne eft for
ungemetlicre mildheortnesse he hie ne læte unwriðena.   Suiðe wel
ymb ðæt tacnað sio earc on ðære ealdan æ.   On ðære wæron ða
stænenan bredu ðe sio æ̇ wæs on awriten mid tien bebodum, & eac
sio gierd mid ðæm bredum, & eac se sweta mete ðé h[i]e heton monna,
20 se him cuom o[f] hefonum.   Sua eac, gif ðara haligra gewrita &git
bið on ðam breostum ðæs godan recceres, ðonne sceal ðær bion gierd.
Ðæt is ðæt he ðreage his hiremenn.   & eac sceal bion on ðæm
breostum ðæs monnan swetnes.   Ðæt is ðæt he him sie lieðe.   Be
ðiosum illcan cuæð Dauið to Gode: Ðin gierd & ðin stæf me áfre-
25 fredon.   Mid gierde mon bið beswungen, & mid stæfe he bið awreðed.

---

by combining the two, lest with excessive ferocity he irritate and
increase overmuch his subjects' wounds, or, on the other hand, out
of excessive mildness, leave them unbound.   This is well illustrated
by the ark in the old law.   In it were kept the stone tablets on
which the law was written in ten commandments, and with the tablets
the rod and the sweet food they called manna which came to them
from heaven.   So also, if the understanding of the holy writings is in
the breast of the good ruler, there must be a rod, signifying that he
is to correct his subjects, and sweetness of manna in his breast show-
ing that he is to be gentle with them.   Of this same David spoke to
God: "Thy rod and staff have comforted me."   We are beaten with
rods and supported by staves.   If there is a rod to beat with, let there

stæfe he biÐ awreÐed. Gif Ðær Ðonne sie gierd mid to Ðreageanne, sie Ðær eac stæf mid to wreÐianne: sie Ðær eac lufu, næs Ðeah to hnesce; sie Ðær eac reÐnes, næs Ðeah to stiÐ; sie Ðær eac onda, næs Ðeah to ungemetlice grim; sie Ðær eac arfæstnes, næs Ðeah wandigendre Ðonne hit gedafenlic sie; Ðætte Ðonne sio ryhtwisnes & sio mildheortnes hie gegadrige on Ðæm onwalde Ðæs recceres, & Ðæt mod his hieremonna oleccende egesige & Ðreatigende olecce.

XVIII. Hu se lareow ne sceal Ða innerran giemenne gewanian for Ðære uterran abisgunge, ne eft Ða uterran ne forlæte he for Ðære innerran.

Ne forlætte se reccere Ða innerran giemenne Ðæs godcundan Ðeowdomes for Ðære abisgunge Ðara uterra weorca, ne eac ne gewanige he na Ðone ymbhogan Ðære innerran scire for Ðære abisgunge Ðære uterran; Ðylæs he sie gehæfÐ mid Ðæm uterran, oÐÐe eft mid Ðæm innerran anum abisgad, Ðæt he ne mæge Ðurhteon his nihstum Ðæt he him utan dón sceolde. Monigé Ðeah nyllaÐ na geÐencean Ðæt hie beoÐ oÐrum broÐrum ofergesett, & him fore beon sculon on godcundum Ðingum; ac mid calre heortan geornfulnesse begongaÐ Ða worldcundan giemenne, & fægniaÐ Ðæs Ðæt hie Ða habbaÐ to begonganne; & Ðonne, Ðonne hie hie nabbaÐ, dæges & nihtes hie fundiaÐ to begietonne, & beoÐ swiÐe gedrèfede on hiera mode forÐæmÞe him Ðonne wana biÐ Ðæs Þe hie habban woldon. Ac Ðonne him eft gelimpÐ Ðæt hie æmettige beoÐ Ðære scire, Ðonne beoÐ hie swiÐur on hiera mode geswenced for Ðæm æmettan; forÐæm Ðæt wære his willa

---

be also a staff to support with: let there be also love, yet not too effeminate; let there be also vigour, but not too severe; let there be also zeal, but not too excessively fierce; let there be also kindness, yet not more scrupulous than is fitting; that when righteousness and mercy are associated in the ruler's authority, he may, while soothing the hearts of his subjects, inspire them with reverence, and, whilst correcting, soothe them.

XVIII. How the teacher is not to diminish his care of inner things for outer occupations, nor neglect outer things for the inner.

Let not the ruler forsake the inner care of the divine ministration

Gif ðær ðonne sie gierd mid to ðreageanne, sie ðær eac stæf mid to
wreðianne : sie ðær eac lufu, næs ðeah to hnesce ; sie ðær eac reðnes,
næs ðeah to stið ; sie ðær eac onda, næs ðeah to ungemetlice grim ;
sie ðær eac arfæsðnes, næs ðeah wandigendre ðonne hit gedafenlic
5 sie ; ðætte ðonne sio ryhtwisnes & sio mildheortnes hi gegadrige on
ðæm anwalde ðæs receeres, & ðæt mod his hieremonna oliccende
egesige & ðreatigende olicce.

    XVIII. Hu se lareow ne sceal ða inneran giemenne gewanian for
          ðær[e] uterran abisgunge, ne eft ða uterran ne for-
10   læte he for ðære inneran.

    Ne forlæte se reccere ða inneran giemenne ðæs godcundan ðiow-
domes for ðære abisgunge ðara uterra weorca, ne eac ne gewanige
he na ðone ymbhogan ðære innera scire for ðære abisgunge ðære
uterran ; ðylæs he sie gehæft mid ðam uterran, oððe eft mid ðam
15 inneran anum abisegad, ðæt he ne mæge ðurhteon his nieh[s]tum ðæt
he him utan dón scolde. Monige ðeah nyllað ná geðencean ðæt hi
beoð oðrum broðrum ofer[ge]sett, & him fore bion scoldon on god-
cundum ðingum ; ac mid ealre heortan geornfulnesse begongað ða
woroldcundan giemenne, & fægniað ðæs ðæt hie ða habbað to begon-
20 genne ; & ðonne, ðonne hie hie habbað, dæges & niehtes hie fundiað
to bigietenne, & beoð suiðe gedrefede on hira mode forðamðe him
ðonne wona ðæs ðe hie habban woldon. Ac ðonne him eft gelimpð
ðæt hi æmtige beoð ðære scire, ðonne bioð hie suiður on hira mode
gesuenced for ðæm æmtan ; forðæm ðæt wære his willa ðæt he moste

---

for the occupation of outer works, nor let him diminish his care of
inner government for outward occupations ; lest he be hampered by
the outer or engaged exclusively in the inner occupations, so that he
cannot accomplish the exterior duties which he owes to his neighbours.
Many, however, will not consider that they are set over other brothers
to superintend them in divine things ; but with the desire of their
entire heart, exercise worldly care, and rejoiçe that they have it to
exercise ; and when they have it not, they strive day and night to
obtain it, and are greatly grieved in spirit when they are without that
which they would like to have. And when they happen to be again
without authority they are more troubled in mind because of the
want ; since it was his desire to be allowed to toil therein, and it

ðæt he moste ymb swincan, & ðyncð him geswinc ðæt he bið butan
worldgeswincum.   & swæ hit gebyreð, ðonne he fægnað ðæt ·he
sie abisgod mid worldðingum, ðæt he ne can oðre læran ða
godcundan wisan þe he læran sceolde.   Forðon aðr . . . . . [aðreat]
ða hieremen ryhtes lifes, ðonne hie wilniað gastlice libban, be
ðæm yfelan bisnum þe se deð þe him fore beon sceolde.   Ðonne
ætspornað hie, & weorðað mid ðæm ascrencte.   & swæ eac ðær ðæt
heafod bið unhal eal ða limu bioð idelu, ðeah hie hal sien, swæ bið
eac se here eal idel, ðonne he on oðer folc winnan sceal, gif se heretoga
dwolað ⁊ swæ eac ðonne se biscep begæð ða ðenunga þe eorðlice
deman sceoldon, ðonne ne tyht nan man his hieremonna mod ne ne
bielt to gastlicum weorcum, ne nan mon hiera scylda ne ðreað, ac
se hierde bið idel þe sceolde ðære heorde gieman.   Forðy ne magon
þa hieremenn begietan ðæt leoht ðære soðfæstnesse, forðæm ðonne
sio geornfulnes eorðlicra ðinga abisgað ðæt ondgit, & ablent ðæs
modes eagan mid ðære costunge [costunga] ðæm folce, suæ suæ dust
deð ðæs lichoman eagan on sumera mid ðodene.   Forðæm swiðe
ryhtlice se Aliesend monna cynnes, ða he us stierde urra womba
oferfylle, he cwæð : Behealdað eow ðæt ge ne gehefegien eowre heortan
mid oferæte & oferdrynce & mid monigfealdre gieminge ðisse worlde.
And eac he geiecte ðærto ege, ða he cwæð : Ðylæs eow hrædlice on
becume se færlica domes dæg.   Ðæs dæges tocyme hwelc he beo he
cyðde, þa he cwæð : He cymð swæ swæ grin ofer ealle ða þe eardiað
ofer eorðan.   Ond eft he cwæð : Ne mæg nan mon twæm hlafordum
hieran.   And eac cwæð Paulus, þa þa he wolde arweorðra monna mod
from ðises middangeardes geferræddenne ateon, swiðe swiðe he him

---

seems to him a hardship to be without worldly troubles.   And so
it happens, when he rejoices in being occupied with worldly matters,
that he knows not how to teach the divine things which he ought
to teach.   Therefore the subjects become indifferent to righteous life
when they wish to live spiritually, through the evil example set by
their superior.   Then they become rebellious, and thus are led astray.
As when the head is unsound all the members are useless, even if
they are sound, and as the army which is ready to attack another
nation is useless if the general goes wrong : so also when the bishop
is engaged in the ministrations which properly belong to earthly
judges, no one incites or encourages the minds of the subjects to
spiritual works, nor does any one correct their faults, but the shep-

ymb swincan, ond ðync[ð] him gesuinc ðæt he bið butan worold-
gesuincium.   & sua hit gebyreð, ðonne he fægnað ðæt he sie abisgod
mid woroldðingum, ðæt he ne conn oðre læran ða godcundan wisan
ðe he læran scolde.   Forðon aðreat ða hieremenn ryhtes lifes, ðonne
5 hie wilniað gæstlice libban, be ðæm yfelum bisenum ðe se deð ðe
him fore beon sceolde.   Ðonne ætspornað hie, & weorðað mid ðæm
ascrencte.   Sua eac ðær ðæt heafod bið unhal eall ða limu bioð
idelu, ðeah hie hal sien, sua eac bið se here eal idel, ðonne he on
oðer folc winnan sceal, gif se heretoga dwolað; sua eac ðonne se
10 biscep begæð ða ðeninga ðe eorðlice deman sceoldon, ðonne ne tyht
nan mon his hieremonna mód ne ne bilt to gæstlicum weorcum, ne
nan mon hiera scylda ne ðreað, ac se hierde bið idel ðe scolde ðære
heorde gieman.   Forðy ne magon ða hieremenn begietan ðæt leoht
ðære soðfæs(t)nesse, forðæm ðonne sio giornfulnes eorðlicra ðinga
15 abisgað [ðæt] &git, & ablent ðæs modes eagan mid ðære costunga
ðæm folce, sua sua dust deð ðæs lichoman eagan on sumra mid
ðodne.   Forðæm suiðe ryhtlice se Aliesend monna cynnes, ða he
us stierde urra womba oferfylle, he cuæð: Behealdað cow ðæt ge ne
gehefegien eowre heortan mid oferæte & oferdrynce & mid monigfaldre
20 gieminge ðisse worolde.   & eac he geicte ðærto ege, ða he cuæð:
Ðylæs eow hrædlice on becume se færlica domes dæg.   Ðæs dæges
tocyme hwelc he beo he cyðde, ða he cuæð: He cymð sua sua grin
ofer ealle ða ðe eardiað ofer eorðan.   Ond eft he cuæð: Ne mæg nan
mon twam hlafordum hieran.   Ond eac cuæð Paulus, ða ða he wolde
25 arwierðra monna mód from ðisses middangeardes geferrædenne ateon,

---

herd is useless who ought to watch over the flock.   Therefore the
subjects cannot obtain the light of truth, because the desire of earthly
things occupies the understanding and blinds the mind's eyes of the
people with temptation, as dust does the eyes of the body in summer
in a high wind.   Therefore the Redeemer of mankind spoke very
rightly dissuading us from gluttony : " Beware dulling your hearts
with gluttony and drunkenness and manifold worldly cares."   He also
added fear when he said : " Lest the terrible day of judgment come
on you."   He showed what was to be the coming of this day when
he said : "It shall come as a snare on all dwellers on the earth."   And
again he said : "No man can obey two masters."   Paul also said,
wishing to divert the mind of pious men from the companionship of

wiðbræd, ða he cwæð : Nele nan Godes ðeow hiene selfne to un-
gemetlice gebindan on worldscipum, ðylæs he mislicige ðæm þe he
hiene ær selfne gesealde. Ða ða he lærde ðæt ðære ciricean ðegnas
sceoldon stilnesse ðæra ðenunga habban, ða lærde he hie eac hu hie
hie geæmetigian sceoldon oðerra weorca; he cwæð : Gif ge ymb
worldcunde domas beon scylen, ðonne nime ge ða þe on ðæm hiorede
unweorðuste sien, & settað þa to domerum, ðæt hie stierien [strienen]
& stihten ymb ða eorðlecan ðing, ða þe ne beoð swæ swiðe geweor-
ðude mid ðæm gastlicum gifum. Swelce he openlice cwæde : Gedoð
ðæt hie sien on ðæm oðrum nytte, gif hie on ðæm oðrum ne cunnen.
Be ðæm eac Moyses [sæde], se þe wæs Gode swæ weorð ðæt he oft wið
hiene selfne spræc, æt sume cirre Giethro his sweor, ðeah he hæðen
& elðeodig wære, hiene tælde & sæde ðæt he on ðyslicum [dyslicum]
geswincum wære nird ðæs folces eorðlican ðeowote, ac lærde hiene
ðæt he gesette oðre for hiene to demenne betweox ðæm folce ymb
hiera geflito, ðæt he wære ðæs þe freora to ongitonne ða diglan &
ða gastlican ðing, ðæt he meahte ðæt folc ðy wislecor & ðy ræd-
licor læran ; forðon ða hlafordas & ða recceras sculon ðencean ymbe
ðæt healecoste, & ða underðieddan sculon dón ðæt unweorðlicre.
Ða recceras sculon beon beforan ðæm folce swæ swæ monnes eage
beforan his lichoman, his weg & his stæpas to sceawianne. Ðonne
is ðearf ðæt ðæt dust ðisse eorðlican giemenne ne aðiestrige ðæt
eage ðæs recceres, forðæm ealle ða þe ofer oðre beoð, beoð heafdu
ðara þe ðærunder beoð, & ðæt heafod sceal wisian ðæm fotum, ðæt
hie stæppen on ryhtne weg ; ufane sceal ðæt heafod gieman ðæt þa

this world, and charged them very straitly when he said : "Let no
servant of God be too much engaged in worldly matters, lest he offend
him to whom he formerly rendered himself." When he directed that
the servants of the Church were to have quietness in their ministra-
tions, he also directed that they were to keep themselves free from
other occupations ; he said : "If ye have to deliver judgment in worldly
things, take those who are least esteemed in the household, and appoint
them judges, that they may rule and arrange about earthly things who
are not so greatly honoured with divine gifts." As if he had openly
said : "Make them useful in the one pursuit if they cannot be so in
the other." Therefore Moses, who was in such honour with God that
he often spoke to him, was once reproved by his father-in-law Jethro,

sui[ðe] suiðe he him wiðbræd, ða he cuæð : Ne [scy]le nan Godes
ðeow hine selfne to ungemetlice bindan on woruldscipum, ðylæs he
mislicige ðæm ðe he ær hine selfne gesealde. Ða ða he lærde ðæt
ðære ciricean ðegnas scoldo[n] stilnesse ðære ðenunga habban, ða
5 lærde he hi eac hu hie hie geæmettian scoldon oðerra weorca ; he
cuæð : Gif ge ymb woroldcunde domas beon scylen, ðonne nime ge
ða ðe on ðæm hirede unweorðuste sien, & settað ða to domerum,
ðæt hie strienen & stihtien ymb ða eorðlican ðing, ða ðe ne beoð
sua suiðe geweorðode mid ðæm gæstlicum giefum. Suelce he openlice
10 cuæde : Gedoð ðæt hie sien on ðæm oðrum nytte, gif hie on ðæm
oðrum ne cunnen. Be ðæm eac Moyses, se ðe wæs Gode sua weorð
ðæt he oft wið hine selfne spræc, æt sume cierre Githro his sueor,
ðeah he [h]æðen & elðiodig wære, hine tælde & sæde ðæt he on
dyslicum gesuincum wære mid ðæs folces eorðlican ðeowote, ac lærde
15 hine ðæt he gesette oðre for hine to demenne betweox ðæm folce
ymbe hira geflita, ðæt he wære ðæs ðe freo[r]ra to ongietanne ða
dieglan & ða gæstlican ðing, ðæt he meahte ðæt folc ðy wislicor
& ðy rædlicor læran ; forðæm ða hlafordas & ða recceras scoldon
ðencean ymb ðæt helicuste, & ða under̃ðioddan scoldon dón ðæt
20 unweorðlicre. Ða recceras sceolon bion beforan ðæm folce sua sua
monnes eage beforan his lichoman, his weg & his stæpas to sceawianne.
Ðonne is ðearf ðæt ðæt dust ðisse eorðlican giemenne ne aðisðrige
ðæt eage ðæs recceres, forðæm ealle ða ðe ofer oðre bioð, bioð heafda
ðara ðe ðærunder bioð, & ðæt he[a]fod sceal wisian ðæm fotum, ðæt
25 hie stæppen on ryhtne wég ; ufone sceal ðæt heafod giman ðæt ða

---

although he was a heathen and foreigner, who said that he occupied
himself foolishly with the earthly service of the people, and advised
him to appoint others to decide for him the differences among the
people, that he might have the more leisure to understand secret and
spiritual matters, so as to be able to teach the people more wisely and
prudently ; because lords and rulers' ought to meditate on the loftiest
subjects, and the subjects discharge humbler duties. The rulers ought
to be before the people as a man's eye before his body, to see his
path and steps. So it is necessary that the eye of the ruler be not
obscured by the dust of earthly cares, because all those in authority
are heads of the subjects, and the head has to guide the feet and
make them step in the right path ; the head above must take care

fett ne asliden on ðæm færelte, forðæm, gif þa fet weorðað ascrencte,
eal se lichoma wierð gebigged, & ðæt heafod gecymð æt [on] ðære
eorðan.　Hu gerades mæg ðonne se biscep brucan ðære hierdelican
are, gif he self drohtað on ðæm eorðlicum tielengum þe he oðrum
monnum lean sceolde?　Forðæm ryhtan edleane Dryhten ðreade
ðurh ðone witgan, þa he cwæð: Swelc ðæt folc bið, swelc bið se
sacerd.　Ðonne bið se sacerd swelc swelc ðæt folc bið, ðonne he ðæt
ilce deð ðæt hie doð, & his on þa ilcan wisan tiolað þe hie doð.
Ðæt ongeat Ieremias se witga, þa þa he swiðe sarlice weop, & spræc
swelce ðæt templ wære eal toworpen; he cwæð: Eala, hwy is ðis gold
adeorcad?　& ðæt æðeleste hiew hwy wearð hit onhworfen [ahworfen]?
Toworpne sint ða stanas ðæs temples, & licgcað æt ælcre stræte ende.
Hwæt tacnað ðonne ðæt gold þe is swæ deorwierðe ofer eal oðer
ondweorc, buton ða heanesse ðæs haligdomes?　Oððe hwæt getacnað
ðæt æðele hiew buton ða arwyrðnesse ðære æfestnesse, þe eallum
monnum is to lufianne?　Hwæt getacniað eac ða stanas ðæs halgan
huses buton ðone hád ðære halgan endebyrdnesse?　Hwæt getacnað
eac sio rume stræt buton ðone widan weg ðysses ondweardan lifes?
Be ðæm ruman wege sio Soðfæstnes, ðæt is Crist, ðurh hiene selfne
he cwæð: Ðæt is swiðe rum weg & widgille þe læt to forwyrde.　Ac
ðonne bið ðæt gold asweartod, ðonne sio halignes monnes lifes bið
mid eorðlicum weorcum gewemmed.　And ðonne bið ðæt æðeleste
hiow onhworfen, ðonne se æht ðara godra weorca, þe he ær beéode,
bið gewanod, forðæmþe men ær wendon ðæt he ær æfestlice drohtode.
Ac ðonne hwelc æfter halgum hade hiene selfne fæstlice geimpað on

---

not to let the feet slip in their course, for, if the feet fail, the whole
body is inclined, and the head comes to the ground.　How, then, can
the bishop properly enjoy the pastoral dignity, if he is himself engaged
in those earthly occupations which he ought to blame in others?
Therefore God justly requited them by reproving them through the
prophet when he said: "As the people are, such is the priest."　The
priest is the same as the people, when he does the same as they do,
and has the same aspirations as they.　Jeremiah the prophet perceived
it, when he wept very sorely, and spoke as if the temple were altogether
destroyed; he said: "Alas, why is the gold dimmed, and why is the
noblest colour changed?　The stones of the temple are scattered, and
lie at the end of every street."　What signifies the gold, which is so

fét ne asliden on ꝥæm færelte, forꝥæm, gif ꝥa fét weorꝥaꝥ ascrencte,
eal se lichoma wierꝥ gebiged, & ꝥæt heafod gecymꝥ on ꝥære
eorꝥan.   Hu gerades mæg ꝥonne se biscep brucan ꝥære hirdelican
are, gif he self drohtaꝥ on ꝥam eorꝥlicum tielongum ꝥe he oꝥrum
5 monnum lean sceolde?   Forꝥæm ryhtan edleane Dryhten ꝥreade ꝥurh
ꝥone witgan, ꝥa he cuæꝥ : Suelc ꝥæt folc biꝥ, suel[c] biꝥ se sacerd.
Ðonne biꝥ se sacerd suélc suelc ꝥæt folc biꝥ, ꝥonne he ꝥæt ilce deꝥ
ꝥæt hie dóꝥ, & his on ꝥa ilcan wisan tielaꝥ ꝥe hie dóꝥ.   Ðæt ongeat
Heremias se witga, ꝥa ꝥa he suiꝥe sarlice weop, & spræc suelce ꝥæt
10 templ wære eal toworpen ; he cuæꝥ : Eala, hwy ïs ꝥis gold adeorcad ?
& ꝥæt æꝥeleste hiew hwy wearꝥ hit onhworfen ?   Toworpne sint ꝥa
stanas ꝥæs temples, & licggeaꝥ æt ælcre stræte ende.   Huæt tacnaꝥ
ꝥonne ꝥæt gold ꝥe is sua diorwyrꝥe ofer eall ondweorc, buton ꝥa
heanesse ꝥæs haligdomes ?   Oꝥꝥe hwæt getacnaꝥ ꝥæt æꝥele hïew
15 buton ꝥa arwyrꝥnes ꝥære æfesꝥnesse, ꝥe eallum monnum is to lufi-
genne ?   Hwæt getacn[i]aꝥ eac ꝥa stanas ꝥæs halgan huses buton ꝥone
hád ꝥære halgan endebyrdnesse ?   Hwæt getacnaꝥ eac sio rume stræt
butan ꝥone widan wég ꝥisses andwerdan lifes ?   Be ꝥam ruman wege
sio Soꝥfæsꝥnes, ꝥæt is Crist, ꝥur(h) hine selfne [he] cuæꝥ : Ðæt is
20 suiꝥe rum weg & widgille ꝥe læt to færwyrde.   Ac ꝥonne biꝥ ꝥæt
gold asueartod, ꝥonne sio halignes monnes lifes biꝥ mid eorꝥlïcum
weorcum gewemmed.   Ond ꝥonne biꝥ ꝥæt æꝥeleste hïw onhworfen,
ꝥonne se æht ꝥara godra weorca, ꝥe he ær beeode, biꝥ gewanod,
forꝥæmꝥe menn ær wendon ꝥæt he æfæsꝥlice drohtode.   Ac ꝥonne
25 hwelc æfter halgum hade hine selfne fæstlice geimpaꝥ on eorꝥlicum

---

precious above all substances, but the excellence of holiness ? Or what
signifies the noble colour but the reverence of piety, which is to be
loved by all ?   What signify also the stones of the holy edifice but the
office of holy ordination ?   What also signifies the wide street but the
wide road of this present life ?   Of the wide road Truth, that is Christ
himself, spoke : " It is a very spacious and wide road which leads to
destruction."   The gold is blackened when the sanctity of a man's life
is stained with earthly works.   The noblest hue is changed when the
possession of the good deeds he formerly accomplished is diminished,
since he was formerly thought to live virtuously.   When any one, after
obtaining the holy office, is busily engaged in earthly works, it is as if
the fair hue of the gold were changed and it were dulled and despised

eorðlicum weorcum, ðonne hit swelce ðæt fægre hiew ðæs goldes
sie onhworfen, & hit sie ablacod & forsewen for monna eagum. And
þa gimmas ðara halignessa licgeað toworpene æfter stræta endum.
Ðonne licgeað ða gimmas toworpne æfter strætum, ðonne ða men þe
hie selfe to ðære ciricean wlite geæmettigian sceoldon on ðæm diglum
ðenengum ðæs temples, ðonne hie ute wilniað ðara rumra [rumena]
wega ðisse worlde. Soðlice ða gimmas ðara halignessa to ðæm
wæron gemacode [getacnode] ðæt hie sceoldon scinan on ðæs hihstan
sacerdes hrægle betweox ðæm halgestan halignessum. Ac ðonne ða
sacerdas to æfestnesse & to weorðunga ures Aliesendes ne bædað
ða þe him underðiedde beoð mid hiera lifes geearnungum, ðonne ne
beoð hie na ðære halgestan halignesse gimmas on ðæm gerenum ðæs
biscepes gierelan, ac licgeað toworpne æfter strætum, ðonne ða hadas
ðære halgan endebyrdnesse bioð forgifene ðæm widgillan wegum
hiora agenra lusta, & bioð getigde to eorðlicum tiolengum. Eac is
to witonne ðæt he ne cwæð na ðæt ða gimmas wæren forsceadene æfter
ðæm strætum, ac æt ðæra stræta endum; forðæm ðeah hie world-
cundlice drohtigen, hie wilniað ðæt hie ðyncen ða betstan, & ðeah
hie gan on ðone ruman weg hiera agnes willan & lustfulnesse, he
wilniað ðæt hie mon hæbbe for ða betstan & ða halgestan. And swa-
ðeah hwilum sint to geðafienne for niedðearfe ðas eorðlican tiolunga,
& næfre ðeah to swiðe ne lufige, ðylæs hie gehefegien ðæs monnes
mod þe hie to swiðe lufað, ðæt he for ðære byrðenne gehefgad
& oferswiðed ne sie besenced of ðæm yfemestum to ðæm nieðe-
mestan. Ond swæðeah monige underfoð heorde, & ðeah wilniað
ðæt hie bion freo & æmettige synderlice him selfum to gastlicum

in the eyes of men. And the gems of the sanctuaries lie scattered at
the end of the streets. The gems of the sanctuaries lie scattered along
the streets when the men, who ought to keep themselves unoccupied
for the adornment of the church in the secret ministrations of the
temple, desire the wide roads of this world outside. For the gems of
the sanctuaries were made in order to shine on the robe of the highest
priest among the holiest holinesses. But when the priests do not incite
their subjects to virtue and reverence of our Redeemer with the merits
of their life, their gems of the holiest holinesses are not in the orna-
ments of the bishop's robe, but lie scattered up and down the streets,
when the offices of holy ordination are left to the wide roads of their

weorcum, ðonne bið hit suelc ðæt fægere hiw ðæs goldes sie ón-
hworfen, & hit sie ablacod & fo[r]sewen for monna eagum.　& ða
giemmas ðara halignessa licggeað toworpne æfter stræta endum.
Ðonne licggeað ða giemmas toworpne æfter strætum, ðonne ða menn
5 ðe hie selfe to ðære ciricean wlite æmtegian sceoldon on ðæm dieglum
ðenungum ðæs temples, ðonne hie ute wilniað ðara rumena wega
ðisse worulde.　Soðlice ða gimmas ðara halignessa to ðæm wæron
gemacod ðæt hi scoldon scinan on ðæs hiehstan sacerdes hrægle
betwux ðam halegestan halignessum.　Ac ðonne ða sacerdas to æfæsð-
10 nessum & weorðunga ures Aliesendes ne bædað ða ðe [him] under-
ðiedde bioð mid hira lifes geearnungum, ðonne ne beoð hira ðære
halegestan halignesse gimmas on ðæm gerenum ðæs biscepes gierelan,
ac licggeað toworpne æfter strætum, ðonne ða hadas ðære halgan
endebyrdnesse beoð forgiefene ðæm widgillan wegum hiera ageura
15 lusta, & beoð getigede to eorðlicum tielengum.　Eac is to witanne
ðæt he ne cuæð na ðæt ða giemmas wæren forsceadne æfter [ðæm]
strætum, ac æt ðara stræta endum ; forðæm ðeah hie woroldcun(d)lice
drohtigen, hie wiliniað ðæt hie ðyncen ða betstan, ond ðeah hie gán
on ðone ruman weg hiera agnes willan & lustfulnesse, hie wilniað ðæt
20 hie mon hæbbe for ða betstan & ða halgestan.　& suaðeah hwilum
sint to geðafianne for niedðearfe ðas eorðlican tielunga, & næfre ðeah
to suiðe ne lufige, ðylæs hie gehefegien ðæs monnes mód ðe hi to
suiðe lufað, ðæt he for ðære byrðenne gehefegad & ofersuiðed, ne
sie besenced of ðæm ymestun to ðæm nioðemestum.　Ond suaðeah
25 monige underfóð heorde, & ðeah wilniað ðæt hie beon freo & æmtige
synderlice him selfum to gæstlicum weorcum, & noldon beon abisgode

---

own desires and are tied to earthly occupations.　We must also know
that he did not say that the gems were scattered along the streets, but
at the ends of the streets ; because although they live in a worldly
manner they desire to be considered the best, and, although they go
in the wide road of their own will and desires, they wish to be con-
sidered the best and holiest.　And yet, in cases of need, earthly occu-
pations are sometimes to be tolerated, yet never to be loved too much,
lest they oppress the mind of the man who loves them too much, so
that he is oppressed and overcome with the burden, and depressed
from the highest to the lowest.　Yet many undertake ministration,
and wish to be free and unoccupied, so as to devote themselves to

weorcum, & noldon beon abisgode nane wuht on eorðlicum ðingum.
Ða ðonne hie eallinga agymeleasiað ðone ymbhogan worldcundra
ðinga, ðonne ne fultumað [gefultumað] he noht to his hieremonna
niedðearfe. Forðæm wirð oft forsewen ðara monna lar, ðonne hie
tælað & hatigeað hiera hieremonna unðeawas, & ne doð him nan
oðer god [ðisse weorolde] ; forðæm ðæt word ðære lare ne mæg
ðurhfaran ðæs wædlan heortan, gif he næfð ða are þe he on bion
[onfon] mæge. Ac ðonne grewð ðæt sæd swiðe wel ðara worda,
ðonne sio mildhiortnes ðæs lareowes geðwænð & geleoð ða breost
ðæs gehierendes. Forðæm is niedðearf ðæm reccere ðæt he mæge
& cunne oðerra monna ingeðonc gindgcotan & gewætrian, & hie eac
on hiora niedðearfum utane besio. Swæ sculon ða hierdas weallan
ymb ða geornfulnesse ðære innerran ðearfe his hieremonna, ðæt hie
ne forlæten ða giemenne hiera uterran ðearfe. Niede sceal bion
gebrocen ðæt mod ðara hieremonna, gif se lareow & se hierde agieme-
leasað ðæt he hiera utan ne helpe. Be ðæm se forma hierde sanctus
Petrus geornfullice manode, & cwæð : Ic eom eower efnðeowa &
Cristes ðrowunge gewiota, ic eow healsige ðæt ge feden Godes heorde
þe under eow is. Swiðe hræðe æfter ðon he gecyðde hwæðer he
mænde, þe ðæs modes foster þe ðæs lichoman, ða he cwæð : Unge-
nidde, mid eorum agnum willum, ge sculon ðencean for eowre heorde
Godes ðonces, nalles no for fracoðlicum gestreonum. Mid ðæm
wordum fullice he us warude & lærde ðætte ðonne hie gefylden &
gebeten ða wædle hiera hieremonna, ðæt hie ne wurden selfe ofslægene
mid ðæm sweorde ðære gidsunge, ðætte ðonne hiera nihstan ðurh hie
beoð gereorde & geárode ðæt hie selfe ne fæsten ðæs hlafes ryhtwis-

---

divine works, and would not concern themselves at all with earthly
things. These, when they entirely neglect the care of worldly things,
do not at all help their subjects in their need. Therefore their in-
struction is often despised when they blame and hate the faults of
their subjects, and do them no other good in this world ; for the word
of instruction cannot penetrate the heart of the poor man unless he
be encouraged with kindness. But the seed of words grows very well
when the humanity of the teacher softens and moistens the breast of
the hearer. Therefore it is necessary for the ruler to be able and
know how to irrigate and water the minds of others, and also to pro-
vide for their outer wants. The pastors are to be fervidly zealous
about the inner wants of their subjects, without neglecting the care of

nane wuht on eorðlicum ðingum. Ða ðonne hie eallinga agiemeleasiað
ðone ymbhogan woruldcundra ðinga, ðonne ne gefultumað he nawuht
to his hieremonna niedðearfe. Forðæm wyrð oft forsewen ðara
monna lár, ðonne hie tælað & hatigað hiera hieramonna unðeawas, &
5 ne dooð him nan oðer gód ðisse weorolde; forðæm ðæt word ðære
lare ne mæg ðurhfaran ðæs wædlan heortan, gif he næfð ða áre ðe
he on beon mæge. Ac ðonne grewð ðæt sǽd suiðe wel ðara worda,
ðonne sio mildheortnes ðæs lareowes geðwænð & gelecð ða breost ðæs
[ge]hierendes. Forðæm is niedðearf ðæm reccere ðæt he mæge & cunne
10 oðerra monna inngeðonc giendgeotan & gewæterian, & hie eac on hiera
niedðearfum utane besio. Sua sculon ða hierdas weallan ymb ða
geornfulnesse ðære inneran ðearfe his hieremonna, ðæt he ne forlæte
ða giemenne hira uterran ðearfe. Niede sceal bion gebrocen ðæt
mod ðara hieremonna, gif se lareow & se hierde agiemeleasað ðæt he
15 hiera utan ne helpe. Be ðæm se forma hierde sanctus Petrus georn-
fullice monode, & cuæð: Ic, eower emnðeowa & Cristes ðrowunge
gewita, ic eow healsige ðæt ge feden Godes heorde ðe under eow ís.
Suiðe hræðe æfter ðon he gecyðde hwæðer he mænde, ðe ðæs modes
foster ðe ðæs lichoman, ða he cuæð: Ungeniedde, mid eowrum agenum
20 willan, ge sculon ðencean for eowre heorde Godes ðonces, nals na for
fraceðlecum gestreonum. Mid ðæm wordum fullice he us warode &
lærde ðæt ðonne hie gefylden & gebeten ða wædle hiera hieremonna,
hie ne wurdon self ofslægene mid ðam sueorde ðære gitsunge, ðætte
ðonne hira niehstan ðurh hie beoð gereorde,& geárode ðæt hie selfe
25 ne fæsten ðæs hlafes ryhtwisnesse. Ðas ilcan geornfulnesse ðara

---

their outer wants.. The spirit of the subjects is necessarily broken
if the teacher and shepherd neglect helping them outwardly. About
which the first shepherd, St. Peter, earnestly admonished us, and said :
"I, your fellow-servant and witness of Christ's suffering, entreat you
to feed God's flock which is under your care." Soon after he
showed whether he meant food of the mind or of the body, when
he said: "Without compulsion, of your own freewill, ye must provide
for your flock for the love of God, not for base gain." With these
words he fully warned and taught us, lest, after replenishing and
bettering the wants of their subjects, they themselves should be slain
with the sword of avarice, lest, while their neighbours are refreshed
and aided by them, they themselves abstain from the bread of right-

nesse. Ðas ilcan geornfulnesse ðara hierda *sanctus* Paulus aweahte,
ða he cwæð : Se þe ne gimð ðara þe his beoð, & huru Godes ðeowa,
he wiðsæcð Godes geleafan, & he við treowleas. And swæðeah
betweox ðissum simle is to ondrædonne & geornlice to behealdanne,
ðonne he ða uterran ðing dón sculon, ðæt hie ne sien ðæm incundum
[innecundan] ingeðance afirrede ; forðæm oft ða heortan ðara rec-
cera, swæ swæ we ær cwædon, ðonne hie mid ðissum hwilendlicum
ðingum hie selfe abisgiað, & ðæm unwærlice ðeowiað, hie ðonne lætað
acolian ða incundan lufan, & ne ondrædað him na ðæt hie forgieten
ðæt hie underfengon ðone reccendom [reccedom] manna saula. Ac hit
is ðearf ðætte sio giemen, þe hie hiera hieremonnum utan dón sculon,
sie wel gemetgod. Be ðæm swiðe wel wæs gecweden to Ezechiele
ðæm witgan ðætte ða sacerdas ne sceoldon no hiera heafdu scieran
mid scearseaxum, ne eft hie ne sceoldon hiera loccas lætan weaxan,
ac hie sceoldon hie efsian mid scearum. Swiðe ryhte ða sacerdas sint
gehatene sacerdas, ðæt is on Englisc clænseras, forðæm hie sculon
ladteowdom geearwian ðæm geleaffullum & him sculon fore bion. Ðæt
feax ðonne on hiera heafde getacnað þa uterran geðohtas, ðæt grewð
& scinð ofer ðæm brægene, & his man ðeah ne gefret ; þa giemenne
ðisses ondweardan lifes ðæt getacnað. Swæ giemeleaslice oft sceacað
ure geðohtas from us, ðæt we his furðum ne gefredað, ðon ma þe
man his feax mæg gefredan butan ðæm felle, forðæm we oft ymb
ungedafenlice wisan smeageað. & swæðeah ealle ða þe fore oðrum
bion sculon, sculon habban giemenne ðissa uterrena ðinga, ond ðeah
ne sien hie to fæste to gebundene. Swiðe ryhtlice wæs ðæm sacerde
forboden ðæt he his heafod sceare, & eac ðæt he his feax lete weaxan ;
ðæt is ðæt he ealle ða geðohtas of his mode ne aceorfe þe he scyle

---

eousness.   This same zeal of the shepherds St. Paul aroused, saying :
" He who cares not for those that are his, and especially God's, servants,
is an apostate and infidel."   Yet, with all this, it is always to be
feared and due care taken, lest, while they are to perform outer duties,
they be not estranged from inner contemplation ; because the minds
of rulers, as we have remarked above, when occupied with these tran-
sitory things and inconsiderately devoted to them, often let the inner
love grow cold, and are not afraid of forgetting that they have received
the control of men's souls.   But it is necessary that their solicitude
about the outer wants of their subjects be kept within due bounds.
Concerning which it was well said to the prophet Ezekiel that the

hierda *sanctus* Paulus aweahte, ða he cuæð: Se ðe ne gimð ðara ðe
his beoð, & huru Godes ðeowa, he wiðsæcð Godes geleafan, & he bið
treowleas.　& suaðeah betuoxn ðissum simle is to ondrædenne &
geornlice to behealdenne, ðonne hie ða uterran ðing dón sculon, ðæt
5 hie ne sien ðæm innecundan ingeðonce afierrede; forðæm oft ða
heortan ðara reccera, sua. sua we ær cuædon, ðonne hie mid ðissum
hwilendlicum ðingum hie selfe abisegiað, & ðæm unwærlice ðiowiað,
hi ðonne lætað acolian ða innecundan lufan, & ne ondrædað him na
ðæt hie forgieten ðæt hie onfengon ðone recedóm monna saula.　Ac
10 hit is ðearf ðætte sio giemen, ðe hie hira hiremonnum utan dón scylen,
sie wel gemetgod.　Be ðæm suiðe wel wæs gecueden to Ezechiele
ðam witgan ðætte ða sacerdas ne scoldon no hiera heafdu scieran mid
scierseaxum, ne eft hi ne scoldon hira loccas lætan weaxan, ac hie
scoldon hie efsigean mid scearum.　Suiðe ryhte ða sacerdas sint
15 gehatene sacerdas, ðæt is on Englisc clænseras, forðæm hie sculon
latteowdóm gearwian ðam geleaffullum & him sculon fore beon.　Ðæt
feax ðonne on hira heafde getacnað ða uterran geðohtas, ðæt grewð
& scinð ofer ðæm brægene, & his mon ðeah ne gefred; ða g[i]emen
ðisses andweardan lifes ðæt getacnað.　Sua giemeleaslice oft sc[e]acað
20 ure geðohtas from ús, ðæt we his furðum ne gefredað, ðon ma ðe
mon his feax mæg gefredan butan ðam felle, forðæm we oft ymb
ungedafenlice wisan smeageað.　Ond suaðeah ealle ða ðe for oðrum
beon sculon, sculon habban giemenne ðissa uterrena ðinga, ond ðeah
ne sien hi to fæste to gebundene.　Suiðe ryhte wæs ðæm sacerde
25 forboden ðæt he his heafod sceare, & eac ðæt he his feax lete weaxan ;
ðæt is ðæt he ealle ða geðohtas of his mode ne aceorfe ðe he scyle

---

priests were not to shave their heads with razors, nor, on the other
hand, let their locks grow, but clip them with scissors.　Priests are
very properly called *sacerds*, that is in English "cleansers," because
they are to act as guides of believers and govern them.　The hair on
their head signifies outer thoughts, for it grows and flourishes over the
brain and yet no one feels it ; which signifies the cares of this present
life.　Our thoughts often proceed from us so carelessly that we no
more feel it than a man can feel his hair above the skin, because we
often meditate on improper subjects.　Yet all those who are to be
above others must be careful of outer things, and yet must not be too
much hampered by them.　The priest was with good reason forbidden

his hieremonnum to nytte habban, ne eft he ne læte forweaxan to
swiðe to unnytte & to unryhte. Be ðæm wæs swiðe wel gecweden
ðæt se efsienda efsade his heafod, ðæt is ðæt he swæ geornfullice sie
ymb ða giemenne ðissa hwilendlicra ðinga swæ swæ hit niedðearf
sie, ond ðeah swæ swæ he mæge hie ieðlice butan sare ofaceorfan
ðæt hie to ungemetlice ne forweaxen; ðylæs, ðonne ðæt lif ðæs
lichoman bið gescielded, ðæt ingeðonc sie gebunden ðære heortan
for ðære ungemetgunge ðæs ymbehogan ðara uterra ðinga; swæ
sindon ða loccas to sparianne ðæm sacerde ðæt hie ða hyd behe-
ligen, & ðeah ðæt he hie forceorfe ær, ær hie on ða eagan feallen.

XIX. Ðætte se reccere his godan weorc for gielpe anum ne dó, ac
     ma for Godes lufan.

Betweox ðissum is micel ðearf ðæt se reccere geornlice wacige &
ðence ðæt hiene ne cnysse sio wilnung ðæt he sciele monnum lician;
forðæm, ðonne he geornlice ongit ða innerran & ða gastlican ðing on
his ingeðonce, ond swiðe wel giemeð ðara uterra ðinga, ðæt he ðonne
ma ne wilnige ðæt he self licige his hieremonnum ðonne Gode; ðylæs
ðonne he mid godum weorcum bið underwreðed, & from world-
monnum ongieten swelce he sie elðiedig on ðissum middangearde,
ðæt he ðonne for ðære wilnunge his agne [agnes] gilpes & heringe
ne weorðe elðidig from Gode. Se bið callinga Godes gewinna se se
þe wilnað ðæt he hæbbe þa weorðunga for his godan weorcum þe

---

to shave his head, or let his hair grow; that is, that he is not to cut
away from his mind all the thoughts which he ought to preserve for
the benefit of his subjects, nor yet let them grow too rankly so as
to be useless and evil. About which it was well said that the cutter
was to cut his hair; in other words, that he is to be as zealous as is
needful in the care of transitory things, and yet so as easily to be able
to clip them without pain to prevent their growing too luxuriantly;
lest, while the bodily life is protected, the thoughts of the heart be tied
down through the excessive care of outer things; the priest must pre-
serve his locks so as to cover the skin, and yet clip them before they
fall into his eyes.

his hieremonnum to nytte habban, ne eft he ne læte forweahsan to
suiðe to unnytte & to unryhte. Be ðæm wæs suiðe wel gecueden
ðæt se efsigenda efsode his heafod, ðæt is ðæt he sua geornfullice
sie ym[b] ða giemenne ðissa hwilendlicra ðinga sua sua hit niedðearf
5 sie, ond ðea[h] sua sua he mæge hie iðelice butan sare ofaceorfan ðæt
hie to ungemetlice ne forweaxen ; ðylæs, ðonne ðæt lif ðæs lichoman
bið gescilðed, ðæt innegeðonc sie gebunden ðære heortan for ðære
ungemetgunge ðæs ymbehogan ðara uterra ðinga ; sua sindon ða
loccas to sparienne ðæm sacerde ðæt hi ða hyd behelien, & ðeah ðæt
10 he hie forceorfe ær, ær hie on ða eagan feallen.

XIX. Ðætte se reccere his goda[n] weorc for gielpe anum ne dó, ac ma for Godes lufan.

Betueox ðissum is micel ðearf ðæt se reccere geornlice wacige &
ðence ðæt hine ne cnysse sio wilnung ðæt he scyle monnum licigean ;
15 forðam, ðonne he geornlice ongiett ða inneran & ða gæstlican ðing
on his ingeðonce, & suiðe wel giemeð ðara uterra ðinga, ðæt he ðonne
ma ne wilnige ðæt he self licige his hieremonnum ðonne Gode ; ðylæs
ðonne he mid godum weorcum bið underwreðed, & from woruldmonnum
ongiten suelce he sie ælðiedig on ðiosum middangearde, ðæt he ðonne
20 for ðære wilnunga his agnes gielpes & heringe ne weorðe ælðiodig
from Gode. Se bið eallinga Godes gewinna se se ðe wilnað ðæt he
hæbbe ða weorðunga for his godan weorcum ðe God habban sceolde

---

XIX. That the ruler is not to do his good works for vainglory only,
but rather for the love of God.

Meanwhile, it is very necessary for the ruler to be zealously vigilant
and careful, lest the desire of popularity overcome him ; that, when
he zealously studies inner and spiritual things in his mind, and is very
careful of outer things, he may not desire to please his subjects rather
than God ; lest, when he is supported with good works, and is regarded
by worldly men as a stranger in this world, through the desire of his
own glory and praise he become estranged from God. He is alto-
gether God's adversary who desires to have the reverence for his good

God habban sceolde æt ðæm folce. Hwæt we genoh georne wieton
ðæt se esne þe ærendað his worldhlaforde wifes, ðæt he bið dierne-
geligres scyldig wið God, & wið his hlaford eallenga forworht, gif he
wilnað ðæt hio hiene lufige, & he hiere licige bet ðonne se þe hiene
& ðæt feoh ðider sende. Ac ðonne ðæt selflice gegripð ðæt mod ðæs
recceres, he wilnað ungemetlice lician, ðonne beræsð he oft on ungemet-
lice cweminge, & bið hwilum to ungemetlice smeðe, hwilum to unge-
metlice reðe. Ðonne bið ðæt mod awacod ðæs recceres, ðonne he ge-
syhð ðæt his hieremen agyltað, & he nyle hie arasian, ðylæs hiera lufu
wið hiene aslacige, & he him ðe wirs licige. Ac ðone gedwolan his
hieremonna ðe he stieran sceolde he oft to swiðe geðafað, ðonne he ne
dear hie ðreagean for ðære oliccunge. Be ðæm wæs swiðe wel gecweden
ðurh ðone witgan : Wa ðæm þe willað under ælcne elnbogan lecgean
pyle & bolster under ælcne hneccan men mid to gefonne. Se legð pyle
under ælces monnes elnbogan, se þe mid liðum oliccungum wile læcnian
ða men þe sigað on ðisses middangeardes lufan, oððæt hie afeallað of
hiera ryhtwisnesse. Ðonne bið se elnboga underled mid pyle & se
hnecca mid bolstre, ðonne ðæm synfullan menn bið oftogen ðæt hiene
mon stiðlice arasige. Ðonne hiene mon ne cnysð mid nanre reðnesse
ne nanre wiðerewednesse, ðonne geðafað him mon on ðære hnescean
oliccunge ðæt he hiene swiðe softe restð on his agnum gedwolan.
Ac ða recceras þe hiera agnes gilpes giernað, ðæm hie geðafiað ðyllic
ðe hie ondrædað ðæt him derian mæge æt ðæm gilpe, & him ofteon
mæge ðisses eorðlican weorðscipes. Ac ða þe he wenað ðæt him
nanwuht laðes ne wiðerweardes don ne mæge, ða hie swiðe stiðlice

works which God ought to have from the people. We know well that
the servant who obtains a wife for his worldly master is guilty of
adultery towards God, and altogether guilty towards his master if he
wish her to love him, and himself to please her better than he who
sent him and the money thither. When vanity seizes on the mind of
the ruler, and he desires to please excessively, he often rushes into ex-
cessive flattery, and is sometimes too excessively smooth, sometimes
too severe. The mind of the ruler is weakened when he sees that
his subjects sin and yet he is unwilling to correct them, lest their
love decrease and he be the less popular. But he is often too indul-
gent with the errors of his subjects which he ought to correct, since
he dare not reprove them on account of the flattery. Of which was

æt ðæm folce. Hwæt we genoh georne witon ðæt se esne ðe ærendað
his woroldhlaforde wifes, ðæt he bið diernes gelires scyldig wið God,
& wið his hlaford eallenga forworht, gif he wilnað ðæt hio hine lufige,
& he hire licige bet ðonne se ðe hine & ðæt feoh ðider sende. Ac
5 ðonne ðæt selflice gegriepð ðæt mod ðæs recceres, & he wilnað un-
gemetlice licigean, ðonne beræst he oft on ungemetlice cúeminge, &
bið hwilum to ungemetlice smeðe, hwilum to ungemetlice reðe.
Ðonne bið ðæt mod awácod ðæs recceres, ðonne he gesihð ðæt his
hieremen agyltað, & he nyle hie arasian, ðylæs hira lufu aslacige, &
10 he him ðe wirs licige. Ac ðone gedwolan his hieremonna ðe he
stiera[n] sceolde he oft to suiðe geðafað, ðonne he ne dear hie
ðreagean for ðære olicunge. Be ðæm wæs suiðe wel gecueden ðurh
ðone witgan : Wa ðæm ðe willað under ælcne elnbogan lecggean pyle
& bolster under ælcne hneccan menn mid to gefonne. Se legeð pyle
15 under ælces monnes elnbogan, se ðe mid liðum oliccungum wile
læcnian ða men ðe sigað on ðisses middangeardes lufan, oððæt hie
afeallað of hiera ryhtwisnessum. Ðonne bið se elnboga underled mid
pyle & se hnecca mid bolstre, ðonne ðæm synfullan menn bið oftogen
ðæt hine [mon] stiðlice arasige. Ðonne hine mon ne cnysð mid nanre
20 reðnesse ne nanre wiðercueðnisse, ðonne geðafað him mon on ðære
hnesceau olecunge ðæt he hine suiðe forteres on his agnum gedwolan.
Ac ða recceras ðe hira agnes gilpes giernað, ðæm hie geðafigað ðyllic
ðe hie ondrædað ðæt him derian mæge æt ðæm gielpe, & him oftion
mæge ðisses eorðlican weorðscipes. Ac ða ðe hi wenað ðæt [him]
25 nan wuht laðes ne wiðerweardes don [ne] mæge, ða hie suiðe stiðlice

very well spoken through the prophet : "Woe to those who wish to
lay a pillow under each elbow and a bolster under each neck to catch
men with." He lays a pillow under every man's elbow who with soft
flatteries wishes to doctor those who sink into the love of this world,
until they fall from their righteousness. The elbow is supported with
a pillow and the neck with a bolster when the sinful man is not sternly
rebuked. When he is not humbled with any severity or contradiction,
he is suffered through the gentle flattery to rest very softly in his own
folly. But the rulers who desire their own glory grant such indul-
gences to those who they fear may stand in the way of their glory and
diminish their worldly honour. But those who they think cannot do
them harm or oppose them, they severely rebuke and entirely crush ; and

arasiað, & mid ealle ofðrysceað; ond hie næfre bilwitlice willað
monian, ac hie ofergietað ðære hierdelican lufan, & eges;að hie &
ðreatiað mid onwalde swæ swæ hlafordas. Ðas ðonne wæron ðurh
ðone witgan swiðe ryhtlice geðreade mid ðære godcundan stefne, þa
he cwæð: Ge budon swiðe riclice & swiðe agendlice. Ðæt is be ðæm
þe ma lufiað hie selfe & hiera agenne weorðscipe ðonne hiera Hla-
fordes. Hie ðonne ahebbað hie ofer hiera hieremenn, & ðenceað á
hwæt hie dón mægen, & ne geðenceað no hwæt he dón scoldon, & ne
ondrædað ðone dom þe ðæræfter fylgeð; ac swiðe scamleaslice gilpað
ðisses hwilendlican onwaldes, & licað him ðæt hie ðæt unaliefede doð
aliefedlice, & hiera hieremanna him nan ne wiðcwið. Se ðonne se
wilnað woh to donne, & wilnað [ðeah] ðæt ðæs oðre men swugien, he
ðonne bið him selfum gewiota ðæt he wilnað ma ðæt hiene man lufige
ðonne ryhtwisnesse. Forðæm nan mon nis þe eallinga swæ libban
mæge ðæt he hwilum ne agylte. Se ðonne wilnað swiður ðæt mon
lufige soðfæstnesse ðonne hiene selfne, se þe wilnað ðæt mon nanre
ryhtwisnesse fore him ne wandige. For ðissum ðingum sanctus
Petrus onfeng swiðe lustlice sancte Paules tælinge. Ond eft Dauid
se kyning onfeng swiðe eaðmodlice his agnes ðegnes cease, ðæt wæs
Naðan se witga. Forðæm eac ða godan recceras ðonne hie ne recceað
hwæðer mon hie selfe synderlice & ungemetlice lufige, hie wenað, ðeah
hiera hieremen hie mid ryhte herigen for hiera agnum gewyrhtum,
ðæt hie ðæt dón for lufan & for eaðmodnesse, nalles for his geear-
nungum. Ðonne is swiðe micel ðearf ðæt we mid micle cræfte
betweox ðissum gemetgigen ða gemetgunge ðæs reccedomes, ðætte

---

never care to admonish them mildly, but forget the pastoral love, and
terrify and threaten them with authority like lords.   These were very
rightly reproved through the prophet by the divine voice when he
said: "Ye commanded very severely and very imperiously." This is said
of those who love themselves and their own dignity more than that of
their Lord. They exalt themselves above their subjects, and always think
of what they can, not of what they ought to do, and do not fear the
judgment which follows ; but most shamelessly boast of their temporary
authority, and take delight in doing what is unlawful as it were
lawfully, and none of their subjects opposes them. But he who wishes
to do wrong, and yet hopes that other men will keep silent about it,
is his own witness that he desires men to love himself more than

arasigeað, & mid ealle ofðrysceað ; ond hie næfre bilwitlice willað
monigean, ac hie ofergietað ðære hirdelican lufan, & egesiað hie &
ðreatigeað mid onwalde sua sua hlafordas.   Ðas ðonne wæron ðurh
ðone witgan suiðe ryhtlice geðreade mid ðære godcundan stefne, ða
5 he cuæð : Ge budon suiðe riclice & suiðe agendlice.   Ðæt is be ðæm
ðe ma lufigeað hie selfe & hiera agenne weor[ð]scipe ðonne hiera
Hlafurdes.   Hie ðonne ahebbað hie ofer hiera hieremenn, & ðenceað
á hwæt hie don mægen, & ne ðenceað no hwæt hie don scol[d]on, & ne
ondrædað ðone dóm ðe ðæræfter fylgð ; ac suiðe scamleaslice gielpað
10 ðisses hwilendlican onwaldes, & licað him ðæt hie ðæt unaliefede dóð
aliefedlice, & hiera hieremonna him nan ne [wið]cuið.   Se ðonne ðe
wilnað woh to dónne, & wilnað ðeah ðæt ðæs oðre menn sugigen,
he ðonne bið him selfum gewuta ðæt he wilnað ma ðæt hine mon
lufige ðonne ryhtwisnesse.   Forðæm nan man his ðe eallunga sua
15 libban mæge ðæt [he] hwilum ne agylte.   Se ðonne wilnað suiður
ðæt mon lufge soðfæsðnesse ðonne hine selfne, se ðe wilnað ðæt
mon nanre ryhtwisnesse fore him ne wandige.   For ðiosum ðingum
sanctus Petrus anfeng suiðe lustlice *sancte* Paules tælinge.   Ond eft
Dauið se kyning anfeng suiðe eaðmodlice his agnes ðegnes cease,
20 ðæt wæs Nathan se witga.   Forðæm eac ða godan recceras, ðonne hie
ne recceað hwæðer mon hie selfe synderlice & ungemetlice lufige, hie
wenað, ðea[h] hira hieremenn hie mid ryhte heregen for hiera agnum
gewyrhtum, ðæt hie ðæt don for lufan & for eaðmodnesse, nals for
his geearnungum.   Ðonne is suiðe micel ðearf ðæt we mid micle
25 cræfte betueox ðissum gemetgien ða gemetgunge ðæs reccedomes,

---

righteousness.   For there is no man who can altogether live so as
never to sin.   He desires men to love truth more than himself who
desires no man to hesitate doing well on his account.   Therefore
St. Peter very cheerfully accepted the reproof of St. Paul ; and, again,
king David very humbly accepted the reproof of his own servant,
the prophet Nathan.   Therefore also good rulers, while they do not
care whether men love themselves specially and excessively, think,
although their subjects rightly praise them for their own merits,
that they do so out of affection and humility, not because of their
deserts.   It is very necessary for us to regulate our authority
with such art that, when the mind of our subjects is able to grasp
any righteous idea, it may be encouraged with the freedom it has,

Ðonne ðæt mod ðara underðieddra hwæthwugu ryhtlices ongietan
mæge, ðæt hit ðonne swæ bald sie for his freodome ðæt hit ne ge-
wende on selflice & on ofermetto, ðonne his hlaford him to ungemet-
licne onwald forgifð on his spræce, ðæt he ðonne forðæm ne forgiete,
ne [ne] forlæte his eaðmodnesse. Ond ðeah wel gedafenað ðætte ða
godan recceras wilnigen ðæt hie monnum licien, forðæm ðætte ðurh
ða licunga hie mægen gedón ðætte hiera Dryhten licige ðæm folce,
& hie mægen geteon ðurh ða eahtunge þe hie mon eahtige hiera
nihstan to ðære soðfæstnesse lufan; nalles forðæm anum þe hie
wilnien ðæt hie mon synderlice lufige, ac swelce [sio] hiera lufu sie
sum weg ðurh ðone hie mægen lædan þa heortan þe hie gehieran
willað to ðære lufan ures Scippendes. Ac hit is ðeah swiðe earfoð-
dæde ðæt mon lustlice ðone lareow gehieran wille þe mon ne lufað.
Forðon se þe fore oðre bion sceal, he sceal tilian ðæt he licige, forðæm
ðæt he mæge beon gehered. & ðeah þa his lufe ne sece he no þa
for him selfum, ðylæs he sie ongieten ðæt he sie wiðerwinna on ðære
diegelnesse his geðohtes, ðæs þe he bið gesewen ðeow on his ðeg-
nunge. Ðæt swiðe wel *sanctus* Paulus geopenode, ða he us kyðde
þa digolnesse his geornfulnesse, & cwæð: Swæ swæ ic wilnige on
eallum ðingum ðæt ic monnum cweme & licige. And swæðeah eft
sona he cwæð: Gif ic monnum cweme & licige, ðonne ne bio ic no
Godes ðeow. Hwæt ðonne Paulus ægðer ge licode ge ne licode;
forðæmþe on ðæm þe he wilnode licigean, nalles no he, ðeahþe he
cwæde, ac ðurh hiene he wilnode ðæt sio soðfæstnes monnum licode.

---

without inclining to egotism and pride, when his master gives him
too great licence of speech, that he may not on that account forget
or lose his humility. And yet it is right for good rulers to desire to
please, in order that through their popularity they may make their
Lord please the people, and through the estimation in which they
themselves are held, they may draw their neighbours to the love of
truth; not merely because they desire to be specially loved, but as
if the love of themselves were a road by which they may lead the
hearts which are willing to hear them to the love of our Creator.
For it is very difficult for a man willingly to listen to the teacher

ꝺætte ꝺonne ꝺæt mod ꝺara underꝺiedra hwæthwugu ryhtlices ongitan
mæg, ꝺæt hit ꝺonne sua bald sie for his freodome ꝺæt hit ne gewende
on selflice & on ofermetto, ꝺonne his hlaford him to ungemetlicne
anwald forgief(ꝺ) his spræcce, ꝺæt he ꝺonne forꝺæm ne forgiete ne
5 ne forlæte his eaꝺmodnesse. Ond ꝺeah wel gedafonaꝺ ꝺætte ꝺa godan
recceras wilnigen ꝺæt hie monnum licigen, forꝺæm ꝺætte ꝺurh ꝺa
licunga hi mægen gedon ꝺætte hiera Dryhten licige ꝺæm folce, & hie
mægen geteon ꝺurh ꝺa eahtunge ꝺe hie mon eahtige hira niehstan to
ꝺære soꝺfæsꝺnesse lufan ; nalles forꝺæm anum ꝺe hie wilnigen ꝺæt
10 hi mon synderlice lufige, ac swelce sio hira lufu si sum weg ꝺurh ꝺone
hie mægen lædan ꝺa heortan ꝺe hie gehiran willaꝺ to ꝺære lufan ures
Scippendes. Ac hit is ꝺeah suiꝺe earfeꝺdæde ꝺæt mon lustlice ꝺone
lareow gehieran wille ꝺe mon ne lufaꝺ. Forꝺon se ꝺe for oꝺre beon
sceal, he sceal tilian ꝺæt he licige, forꝺæm ꝺæt he mæge beon ge-
15 hiered. & ꝺeah ꝺa his lufe ne sece he no for him selfum, ꝺylæs he sie
ongieten ꝺæt he sie wiꝺerwinna on ꝺære diegelnesse his geꝺohtes, ꝺæs
ꝺe he biꝺ gesewen ꝺeow ón his ꝺenunge. Ðæt suiꝺe wel *sanctus*
Paulus geopenude, ꝺa he us cyꝺde ꝺa degolnesse his geornfulnesse, &
cuæꝺ : Sua sua ic wilnige on eallum ꝺingum ꝺæt ic monnum cueme
20 & licige. & suaꝺeah eft sona he cuæꝺ : Gif ic monnum cueme &
licige, ꝺonne ne beo ic no Godes ꝺeow. Hwæt ꝺonne Paulus ægꝺer
ge licode ge ne licode ; forꝺæmꝺe on ꝺæm ꝺe he wilnode licigean, nals
no he, ꝺeahꝺe he cuæde, ac ꝺurh hine he wilnode ꝺæt sio soꝺfæstnes
monnum licode.

---

whom he does not love. Therefore he who is to be above others
must try to please in order that he may be heard and yet he must
not seek popularity for himself, lest he be convicted of being in his
heart the enemy of him whose servant he is seen to be in his minis-
tration. This was very well expounded by St. Paul when he showed
to us his secret zeal, saying : "As I wish in all things to please men."
Yet, on the other hand, he soon said : "If I please men, I am not
God's servant." So Paul both pleased and did not please, for in what
he wished to please it was not himself, although he said so, but
through himself he wished truth to please men.

XX. Ðætte se reccere sceal gearlice [geornlice] wietan ðætte oft ða unðeawas liogað, & licettað ðæt hie sien gode ðeawas.

Eac sceal se reccere wiotan ðæt ða unðeawas beoð oft gelicette to godum ðeawum & to mægenum ðurh leasunga. Monig mon deð micel fæsten, & hæfð ðone hlisan ðæt he hit dó for forhæfdnesse, & deð hit ðeah for hneawnesse & for feohgidsunge. Monig bið agita his goda & wilnað mid ðy geearnian ðone hlisan ðæt he sie rumgiful, & wenað men ðæt he hit dó for kystum, & bið ðeah for gilpe ma ðonne for lufan. Ond oft eac ungemetlice forgifnes bið gelicet, ðæt mon weneð ðæt hit sie mildheortnes. Ond oft eac ungemetlicu irsung bið gelicet, ðæt men wenað ðæt hit sie ryhtwislic anda. Oft mon bið swiðe rempende, & ræsð swiðe dollice on ælc weorc & hrædlice, & [ðeah] wenað men ðæt hit sie for arudscipe & for hwætscipe. Oft mon bið swiðe wandigende æt ælcum weorce & swiðe lætræde, & wenað men ðæt hit sie for swarmodnesse & for unarodscipe, & bið ðeah for wisdome & for wærscipe. Forðæm is micel niedðearf ðæt se reccere ða ðeawas & ða unðeawas cunne wel toscadan, ðylæs se hneawa & se gidsigenda fægnige ðæs ðætte men wenen ðæt he sie gehealdsum on ðæm þe he healdan scyle oððe dælan. Oððe eft se gilpna & se agita for his goda mirringe gilpe, & wene ðæt he sie cystig & mildheort. Oððe eft se ðafetere, se þe wile forgiefan ðæt he wrecan sceolde, to ecium witum geteo his hieremen. Oððe eft se þe ungemetlice wricð þa scylda, ðæt he self swiður on ðæm ne gesyngige. Oððe eft ðæt he ryhtlice & stiðlice wrecan sceolde, ðæt he ðæt ne forielde, ðylæs se

---

XX. That the ruler must know well that vices often deceive, and pretend to be virtues.

The ruler must also know well that vices often seem to be virtues and good qualities through deceit. Many a man fasts much, and has the reputation of doing it for abstinence, but does it, however, for niggardliness and avarice. Many a one is lavish of his property, wishing to gain the reputation of generosity, and men think he does it for virtue ; and it is, however, done rather for vanity than for charity. Often also excessive forgiveness seems to men to be humanity. And often, also, immoderate anger seems to men to be righteous indignation. A man is often very hasty, and rushes very senselessly and

XX. Ðætte se reccere sceal geornlice wietan ðætte oft ða unðeawas
leogað, & licettað ðæt hi sien gode ðeawas.

Eac sceal se reccere witan ðæt ða unðeawas beoð oft geliccette to
godum ðeawum & to mægenum ðurh leasunga. Monig mon deð
5 micel fæsten, & hæfð ðone hlisan ðæt he hit dô for forhæfdnesse,
& deð hit ðeah for hneawnesse & for feohgitsunge. Monig bið agieta
his goda & wilnað mid ðy geearnigan ðone hlisan ðæt he sie rûm-
giful, & wenað menn ðæt he hit do for kystum, & bið ðeah for gielpe
ma ðonne for lufan. & oft eac ungemetlico forgifnes bið gelicet,
10 ðæt mon weneð ðæt hit sie mildheortnes. Ond oft eac ungemetlicu
irsung bið gelicet, ðæt menn wenað ðæt hit sie ryhtwislic anda.
Oft mon bið suiðe rempende, & ræsð suið[e] dollice on ælc weorc &
hrædlice, & ðeah wenað men ðæt hit sie for arodscipe & for hwætscipe.
Oft mon bið suiðe wandigende æt ælcum weorce & suiðe lætræde,
15 & wenað menn ðæt hit sie for suarmodnesse & for unarodscipe, & bið
ðeah for wisdome & for wærscipe. Forðæm is micel niedðearf ðæt se
reccere ða ðeawas & ða unðeawas cunne wel toscadan, ðylæs se hneawa
& se gitsigenda fægnige ðæs ðætte menn wenen ðæt he sie gehealdsum
on ðæm ðe he healdan scyle oððe dælan. Oððe eft se gielpna & se
20 agita for his goda mierringe gielpe, & wene ðæt he sie kystig &
mildheort. Oððe eft se ðafetere, se ðe wile forgiefan ðæt he wrecan
sceolde, to ecum witum geteo his hieremenn. Oððe eft se ðe unge-
metlice wricð ða scylda, ðæt he self suiður on ðæm ne gesyngige.
Oððe eft ðæt he ryhtlice & stiðlice wrecan sceolde, ðæt he ðæt ne

---

rashly into all his actions, and yet men think that it is from readiness
and alacrity. A man is often very hesitating in every action, and very
slow, and men think it is from stupidity and cowardice, and yet it
is from wisdom and caution. Therefore it is indispensable for the ruler
to be able well to distinguish between virtues and vices; lest the miser
and the covetous rejoice in the reputation of being provident in what
he ought to keep or give away; or, again, lest the ostentatious and the
squanderer, because of the waste of his property boast, and think him-
self virtuous and benevolent; or, again, lest the assentator, who is ready
to pass over what he ought to punish, bring his subjects to eternal
punishments; or, again, lest he who punishes sins excessively himself
sin worse thereby; or, again, when he has anything to punish rightly

ryhtwislica anda akolige, ðæt he hit eft swæ eaðe wrecan ne mæge, ðætte forðy to ungemetlice ne sie geliðod ðæm scyldgan, ðylæs him ðæs godan weorces lean losige þe he mid ðære steore geearnian sceolde.

XXI. Hu gesceadwis se reccere sceal bion on his ðreaunga & on his oleccunga, & eac on his hatheortnesse & on his man- ðwærnesse.

Eac is to wietanne ðæt hwilum bið god wærlice to miðanne his hieremonna scylda & to licettanne swelce he hit nyte ; hwilum eft to secgeanne ; hwilum, ðeah hit mon cuðlice wiete, hit is to forberanne ; hwilum eft smealice & geornlice to seceanne ; hwilum liðelice to ðreatigeanne ; hwilum swiðlice & stræclice to ðrafianne. Monige sint, swæ swæ we ær cwædon, þe mon sceal wærlice licettan, & ðeah- hwæðre eft kyðan, forðon ðæt hie ongieten ðæt hie mon tæle, & ðæt eaðmodlice gaðafien, & ðonne ða scylda þe hie diegollice on him selfum forberað hie geornlice on hiera agnum ingeðonce sceawigen, & on him selfum demen & wrecen, & hie forscamige ðæt hie eft swæ dón ; ðonne bið he self geladod wið hiene selfne mid his agenre scame & mid his geðylde & eac mid his recceres. Be ðære ieldinge swiðe wel Dryhten ðreade Iudeas, ða he cwæð ðurh ðone witgan : Ge sindon leogende : næron ge no min gemunende, ne ge no ne geðohton on eowerre heortan ðæt ic swugode, swelce ic hit ne gesawe. He ielde, & ðafode ða scylda, & ðeah he him gekyðde ; ðeah þe he wið ða scyldgigendan swugude, he hit him ðeah swigende gesæde. Ac monige

---

and severely, lest he delay, so that his righteous indignation become cold, and he cannot afterwards so easily punish it, that the sinful man be not let off too easily, lest he lose the reward of the good work which he ought to have merited with correction.

XXI. How discreet the ruler must be in reproving and flattering, and also in his zeal and gentleness.

It is also good to know that he ought sometimes cautiously to con- ceal the sins of his subjects, and pretend not to know it ; sometimes, again, to tell it ; sometimes, although it is well known, it is to be tole- rated ; sometimes, again, to be investigated minutely and accurately ; sometimes to be blamed gently ; sometimes to be corrected vigorously

forielde, ðylæs se ryhtwislica anda acolige, ðæt he hit ef[t] sua eaðe
wrecan [ne] mæge, ðætte forðy to ungemetlice ne sie geliðod ðæm
scyldgan, ðylæs him ðæs godan weorces lean losige ðe he mid ðære
steore geearnian sceolde.

5　XXI. Hu gesceadwis se reccere sceal bion ón his ðreaunga & ón
his oleccunga, & eac ón his hatheortnesse & ón his monð-
wærnesse.

Eac is to wietanne ðætte hwilum bið gód wærlice to miðanne his
hieremonna scylda & to licettanne suelce he hit nyte ; hwilum eft to
10 se[c]ganne ; hwilum, ðeah hit mon cuðlice wite, hit is to forberanne ;
hwilum eft smealice & geornlice to seccanne ; hwilum liðelice to ðrea-
tianne ; hwilum suiðlice & stræclice to ðrafianne. Monige sint, swa
swa we ǽr cuædon, ðe mon sceal wærlice licettan, & ðeahhwæðre
eft cyðan, forðæm ðæt hie ongieten ðæt hie mon tæle, & ðæt eaðmod-
15 lice geðafigen, & ðonne ða scylda ðe hie diogollice on him selfum
forberað hie geornlice on hiera agnum ingeðonce sceawigen, & on him
selfum demen & wrecæn, & hie forscamige ðæt hie eft sua dón ;
ðonne bið he self geladod wið hine selfne mid his agenre scame &
mid his geðylde & eac mid his recceres. Be ðære ildinge suiðe wel
20 Dryhten ðreade Iud[e]as, ða he ðurh ðone witgan cuæð : Ge sindon
leogende : næron ge no min gemunende, ne ge no ne geðohton ón eow-
erre heortan ðæt ic suugode, suelce ic hit ne gesawe. He ilde, & ðafode
ða scylda, & ðeah he him gecyðde ; ðeah ðe he wið ða scyldgiendan
swugode, he hit him ðeah suigende gesæde. Ac monige scylda open-

---

and severely. There are many, as we have remarked above, whom we
must cautiously allow to dissimulate, and yet let it afterwards be
known, that they may understand that men blame them, and endure it
with humility, and so narrowly contemplate in their own mind the sins
which they secretly suffer in themselves, and in themselves judge and
punish and feel ashamed of them, that they may not do so again. Then
he is himself acquitted towards himself with his own shame and patience,
and also with his ruler's. God reproved the Jews very well about this
delay, when he spoke through the prophet : " Ye are liars : ye remem-
bered me not, nor did ye think in your heart that I kept silence, as if
I saw it not." He delayed, therefore, and tolerated the sins, but yet
exposed it to them ; although he kept silence with the sinners, he yet

scylda openlice wietena beoð to forberanne, ðonne ðæs ðinges tima
ne við ðæt hit mon sidelice gebetan mæge.   Swæ se læce, ðonne he
on untiman lacnað wunde, hio wyrmseð & rotað.   Forðæm buton
he ðone timan aredige ðæs læcedomes ðonne við hit swutol ðæt se
lacnigenda forlist ðone kræft his læcedomes.   Ac ðonne se lareow
ieldende secð ðone timan þe he his hieremen sidelice on ðreagean
mæge, ðonne við hit swutol ðæt he birð on his geðylde ða byrðenne
hiera scylda.   Be ðæm is [wæs] swiðe wel gecweden ðurh ðone
salmscop, þa he cwæð : Ða synnfullan bytledon uppe on minum hrycge.
He sarette ðætte ða synfullan sceoldon bytlan onuppan his hrycge,
swelce he openlice cwæde : Ðonne ic mann geryhtan ne mæg & hiene
gelæran, ðonne við me swelce ic hiene bere uppe on minum hrycge.
Ac monegu diglu ðing sindon nearolice to smegeanne, ðæt se reccere
mæge ongietan be sumum tacnum on his hieremonna mode eall ðæt
ðær gehyddes lutige, & on ðæm anbide þe he hiera fandige, ðæt he
mæge hwilum ongietan micel of lytlum.   Be ðæm wæs swiðe ryhte to
Ezechiele ðæm witgan gecweden : Ðu monnes sunu ðurhðyrela ðone
wah.   Ða ic ða ðone wah ðurhðyrclodne hæfde, cwæð se witga, ða
eowde he me áne duru beinnan ðæm wealle, & cwæð to me : Gang
inn, geseoh ða scande & ða wirrestan ðing ðe ðas men her doð.   Ic
ða eode inn, & geseah ðær ða anlicnessa ealra creopendra wuhta &
ealra anscunigendra [anscunigendlicra] nietena, & ealle ða heargas
[hearga] Israhela folces wæron atifred on ðæm wage.   Hwæt elles
meahte beon getacnod ðurh Ezechiel buton ða scirmenn, & ðurh ðone
wah sio heardheortnes ðara hieremonna ?   Hwæt is ðonne sio ðyre-

___

silently told them of it.   But many sins, although openly known, are
to be tolerated, when it is not the right time to reform them properly.
As when a physician doctors a wound at the wrong time, it corrupts
and putrefies.   Therefore unless he arrange the time of treatment it
is evident that the physician loses his medical skill.   But when the
teacher delays, and watches for a suitable opportunity of reproving
his subjects, it is evident that he bears in his patience the burden of
their sins.   Therefore it was very well spoken through the Psalmist;
he said : "The sinful built on my back."   He was annoyed at the
sinful building on his back, as if he had openly said : "When I cannot
reform and teach a man, it is as if I carried him on my back."   But
there are many hidden things to be considered narrowly, that the

lice witene beoð to forberanne, ðonne ðæs ðinges tima ne bið ðæt
hit mon sidelice gebetan mæge. Swa se læce, ðonne he on úntiman
lácnað wunde, hio wyrmseð & rotað. Forðæm buton he ðon[e] timan
aredige ðæs læcedomes ðonne bið hit swutol ðæt se lacnigenda
5 forliesð ðone cræft his læcedomes. Ac ðonne se lareow ieldende
secð ðone timan ðe he his hieremenn sidelice on ðreatigean mæge,
ðonne bið hit swutol ðæt he bierð on his geðylde ða byrðenne hira
scylda. Be ðæm ís swiðe wel gecueden ðurh ðone salmsceop, [he
cwæð :] Ða synfullan bytledon uppe on minum hrygge. He sarette
10 ðætte ða synfullan sceoldon bytlan onuppan his hrycge, swelce he
openlice cuæde : Ðonne ic mán geryhtan ne mæg & hine gelæran,
ðonne bið me suelce ic hine bære uppe on minum hrycge. Ac manegu
diglu ðing sindon nearolice to smeageanne, ðætte se reccere mæge
ongietan be sumum tacnum on his hieremonna mode éal ðæt ðær
15 gehyddes lutige, & on ðæm ánbide ðe he hira fandige, ðæt he mæge
hwilum ongietan micel of lytlum. Be ðæm wæs suiðe ryhte to Eze-
chicle ðæm witgan gecueden : Ðu monnes sunu, ðurhðyrela ðone
wág. Ða ic ða ðone wáh ðurhðyreludne (h)æfde, cuæð se witga,
ða iewde he me ane duru beinnan ðæm wealle, & cuæð to me: Gong
20 inn, geseoh ða scande & ða wierrestan ðing ðe ðas menn her dóð.
Ic ða eode inn, & geseah ðær ða anlicnessa eallra creopendra wuhta
& ealra anscunigendli[cra] nietena, & ealle ða hearga Israhela folces
wæron atiefrede on ðæm wage. Hwæt elles meahte beon getacnod
ðurh Ezechiel buton ða scirmenn, & ðurh ðone wáh seo heardheortnes
25 ðara hieremonna? Hwæt is ðonne sio ðyrelung ðæs wáges buton

---

ruler may be able to infer from symptoms in the mind of his subjects
all that lurks there hidden, and watch his opportunity of testing them
thereby, that he may sometimes be able to infer much from little.
Therefore it was very rightly said to the prophet Ezekiel : " Thou
son of man, pierce the wall. When I had pierced the wall," continued
the prophet, " he showed me a door inside the wall, and said to me,
Go in, and see the shame and most wicked things which the men here
do. So I went in, and saw there the images of all the reptiles and
loathsome beasts ; and all the idols of the people of Israel were painted
on the wall." What could be signified by Ezekiel but the rulers, and
by the wall but the hardheartedness of the subjects ? What is the
piercing of the wall but sharp and searching temptation of the mind,

lung ðæs wages buton scearplicu & smealicu fandung ðæs modes, ðæt
mon mid ðære ðurhðyrelige ðone weall, & onluce ða heardan heortan,
& gehnescige? He cwæð : Ða ic hæfde ðone weall ðurhðyrelod, ða
geseah ic duru. Swelce he cwæde : Ða ic ðære heortan heardnesse mid
geornfullicre fandunge & ascunge & ðreatunge [ðreaunge] toslat, ða
geseah ic swelce ic gesawe sume duru onlocene, ðurh ða ic geseah
on ðæm þe ic læran sceolde ealle ða innemestan geðohtas. Be ðæm
wæs swiðe wel gecweden : Gong inn, & geseoh þa heardsælða & ða
sconde þe ðas her doð. Ðæt is ðonne swelce he inga & geseo ða
scande, ðonne he ongit be sumum ðingum oððe ðeawum utone
ætiewdum eall ðæt hie innan ðenceað, & swæ ðurhfærð his andgiet
ðæt mod his hieremonna ðætte him við eall cuð ðæt hie unalifdes
ðenceað. Forðæm wæs eac gecweden : Ic ða eode inn, & geseah ða
anlicnessa ealra creopendra wuhta & eac onscunigendlicra nietena.
Ða creopendan wuhta getacniað ða eorðlican geðohtas. Ða nietenu
ðonne beoð hwæthwugununges from eorðan ahafen, & swæðeah onlutað
to ðære eorðan, forðon hie sculon be ðære libban. Ða creopendan
& ða snicendan licgeað mid ealle lichoman on eorðan. Ða nietenu
ðonne, ðeah hie maran sien, hie beoð swiður ahafen from eorðan, &
swæðeah for ðære gewilnunge hiera gifernesse hie simle locigeað to
ðære eorðan. Ða creopendan wuhta beinnan ðæm wage getacnað
ða ingeðoncas þe wealcað in ðæs monnes mode, þe æfre willað licgean
on ðæm eorðlicum gewilnungum. Ða nietenu ðonne þe he geseah
binnan ðæm wage getacnað ðonne mon hwæt ryhtlices & gerisenlices
geðenceð, ðonne ne lið he eallinga on ðære eorðan swæ ða creopen-

---

that with it he may pierce and open the wall, and soften the hard
hearts? He said : "When I had pierced the wall, I saw a door."
As if he had said : "When I had pierced the hardness of the heart
with careful probing and questioning and reproof, I seemed to see an
open door, through which I saw in him whom I was to teach all the
innermost thoughts." Therefore it was very well said : "Go in,
and see the wickedness and abominations which they do here." He
goes in, as it were, and sees the abominations, when he infers from
certain outward indications of facts or behaviour all that they inter-
nally think ; and thus his understanding penetrates the heart of his
subjects, so that all their unlawful thoughts are known to him.

scearplicu & smealicu fandung ðæs modes, ðæt mon mid ðære ðurh-
ðyrelige ðone weall, & onluce ða heard[an] heortan, & ge[h]nescige?
He cuæð : Ða ic hæfde ðone weall ðurhðyrelod, ða geseah ic duru.
Suelce he cuæde : Ða ic ðære heortan heardnesse mid geornfullicre
5 fandunge & ascunge & ðreaunge toslát, ða geseah ic suelce ic gesawe
sume duru onlocene, ðurh ða ic geseah on ðæm ðe ic læran scolde
ealle ða innemestan geðohtas. Be ðæm wæs suiðe wel gecueden :
Gong inn, & geseoh ða heardsælða & ða sconde ðe ðas her dóð. Ðæt
is ðonne suelce he ingaa & geseo ða scande, ðonne he ongiet be
10 sumum ðingum oððe ðeawum utanne ætiewdum eall ðæt hie innan
ðenceað, & sua ðurhfærð his &git ðæt mod his hieremonna ðætte
him bið eall cuð ðæt hie unaliefedes ðenceað. Forðæm wæs eac
gecueden : Ic ða eode inn, & geseah ða anlicnessa ealra creopendra
wuhta & eac onscuniendlicra nietena. Ða creopendan wuhta getacni-
15 geað ða eorðlican geðohtas. Ða nietenu ðonne beoð hwæthuguningas
from eorðan áhæfen, & suaðeah onlutað to ðære eorðan forðæm hie
sculon bi ðære libban. Ða creopendan & [ða] scnicendan licgeað
mid ealle lichoman on eorðan. Ða nietenu ðonne, ðeah hie maran
sien, hie beoð suiður áhæfen from eorðan, & suaðeah for ðære gewil-
20 nunge hiera giefernesse hie simle locigeað to ðære eorðan. Ða
creopendan wuhta beinnan ðam wage getacniað ða ingeðoncas ðe
wealcað in ðæs monnes mode, ðe æfre willað licgean on ðæm eorð-
licum gewilnungum. Ða nietenu ðonne ðe he geseah binnan ðæm
wáge getacnigeað ðonne mon hwæt ryhtlices & gerisenlices ge-
25 ðencð, ðonne ne li[g]eð he eallinga on ðære eorðan sua ða creopen-

---

Therefore it was also said : " So I went in, and saw the images of all
reptiles and loathsome beasts." The reptiles signify earthly thoughts.
For beasts are to a certain extent raised from the earth, and yet
incline to the earth because they have to live by it. Creeping and
crawling animals lie on the earth with their whole body. And beasts,
although larger, are more raised from the earth, and yet, because of
their greedy desires, they all look towards the earth. The reptiles
inside the wall signify the thoughts which fluctuate in the human
heart, which continually desire to wallow in earthly desires. The
beasts which he saw inside the wall signify that when a man enter-
tains any righteous and proper thought, he does not lie altogether on

dan wuhta, ac bi hwæthwugu upahafen swæ æt neat from
eoran ; ac for ære gewilnunge [gewilnunga] worldgilpes & gidsunge
he onlyt ungeriscnlice to issum eorlicum, swæ æt neat for gifer-
nisse onlyt to ære eoran.   Eac wæs gesewen on æm wage atifred
ealle a heargas Israhela folces, & eac sio gidsung þe *sanctus* Paulus
cwæ æt wære hearga & idelnesse gefera.   Swie ryhtlice hit wæs
awriten æfter æm nietenum æt a heargas wæron atifrede, foræm
eah e ful monige mid gerisenlicum weorcum arisen from eoran,
mid ungerisenlicum gewilnungum issa worlinga hie hie selfe
alecgea on eoran.   Fory wæs swie wel gecweden æt hit wære
atiefred, foron onne mon smea on his mode ymb hwelc eorlic
ing, onne de he swelce he hit amete & atifre on his heortan, &
swæ tweolice & unfæstlice he atifre æs inges onlicnesse on his
mode þe he onne ymb smea.   Eac is to wietonne æt ærest bi
se wah urhyrelod, & sion mon wyrc duru to.   Gif sio onne
ontyned bi, onne mæg mon gesion gif ær hwelc diglu scond inne
bi, swæ se witga dyde.   Feorrone u meaht gesion, gif se wag bi
yrel, ac u ne meaht gesion hwæt ærinne bi gehyddes, buton u
a duru antyne.   Swæ u meaht ælcne uneaw on æm men ærest
be sumum tacnum ongietan, hwæs u wenan scealt, ær he hit mid
wordum oe mid weorcum cye.   Sian he hit onne mid ara
arum cy, onne bi sio duru ære unryhtwisnesse ontyned æt u
meaht gesion call æt yfel openlice æt ærinne luta.   Monige hiera
onne sindon swie lielice to reageanne, onne hie of yflum willan
ne gesynga, ac of unwisdome & ungewisses oe ungewaldes oe of

---

the earth like the reptiles but is somewhat raised from the earth like
the beasts ; but, from the desire of worldly fame and cupidity, he is im-
properly inclined to earthly things, as the beast from greediness bends
to the earth.   There were also seen painted on the wall all the idols
of the people of Israel, and also the cupidity which St. Paul said was
the companion of idols and vanity.   It is very rightly written that
after the beasts the idols were painted, because, although very many
are elevated from the earth with proper works, they lay themselves on
the earth with improper desires of earthly things.   Therefore it was
very well said that it was painted, because, when a man meditates in
his heart about any earthly thing, he, as it were, draws and paints
it in his heart, and thus he dubiously and unfirmly paints the likeness

dan wuhta, ac [bi𝄞] hwæthwugu úpahæfen sua 𝄞æt neat from eor𝄞an ;
ac for 𝄞ære gewilnunga woroldgielpes & gietsunga he onlytt unge-
risenlice to 𝄞issum eor𝄞licum, sua 𝄞æt neat for gifernesse onlýt to
𝄞ære eor𝄞an.　Eac wæs gesewen on 𝄞æm wage atifred ealle 𝄞a
5 heargas Israhela folces, & eac sio gitsung 𝄞e *sanctus* Paulus cuæ𝄞
𝄞æt wære hearga & idelnesse gefera.　Sui𝄞e ryhtlice hit wæs awriten
æfter 𝄞æm nitenum 𝄞æt 𝄞a heargas wæron atiefrede, for𝄞am 𝄞eah 𝄞e
ful monige mid gerisenlicum weorcum arisen from eor𝄞an, mid unge-
risenlicum gewilnungum 𝄞issa worold𝄞inga hie hie selfe alecgea𝄞 on
10 eor𝄞an.　For𝄞y wæs sui𝄞e wel gecueden 𝄞æt hit wære atiefred,
for𝄞æm 𝄞onne mon smea𝄞 on his mode ymb hwelc eor𝄞lic 𝄞ing,
𝄞onne de𝄞 he suelce he hit amete & atiefre on his heortan, & sua
tweolice & unfæs𝄞lice he atiefre𝄞 𝄞æs 𝄞inges onlicnesse on his mode
𝄞e he 𝄞onne ymb smea𝄞.　Eac is to wietanne 𝄞æt æres𝄞 bi𝄞 se wáh
15 𝄞urh𝄞yrelod, & si𝄞𝄞an mon wyrc𝄞 duru to.　Gif sio 𝄞onne ontyned
bi𝄞, 𝄞onne mæg mon geseon gif 𝄞ær hwelc dieglu scond inne bi𝄞, sua
se witga dyde.　Feorrane 𝄞u meaht geseon, gif se wáh bi𝄞 𝄞yrel,
ac 𝄞u ne meaht geseon hwæt 𝄞ærinne bi𝄞 gehyddes, buton 𝄞u 𝄞a duru
ontyne.　Sua 𝄞u meaht ælcne un𝄞eaw on 𝄞æm menn æres𝄞 be sumum
20 tacnum ongietan, hwæs 𝄞u wenan scealt, ær he hit mid wordum o𝄞𝄞e
mid weorcum cy𝄞e.　Sie𝄞𝄞an he hit 𝄞onne mid 𝄞ara aw𝄞rum cy𝄞,
𝄞onne bi𝄞 sio duru 𝄞ære unryhtwisnesse ontyned 𝄞æt 𝄞u meaht
geseon eall 𝄞æt yfel openlice 𝄞æt 𝄞ærinne luta𝄞.　Monige hira 𝄞onne
sindon sui𝄞e li𝄞elice to 𝄞reageanne, 𝄞onne he of yfelum willan ne
25 gesynga𝄞, ac óf unwisdome & ungewisses o𝄞𝄞e ungewealdes o𝄞𝄞e of

---

of the thing he meditates on in his mind.　It is also to be known
that the wall is first pierced, and then a door is added.　If then the
door is thrown open, we can see if there is any shameful secret inside,
as the prophet did. .　Thou canst see from afar, if the wall is pierced,
but thou canst not see what is hidden inside unless thou open the
door.　So thou canst first infer some vice in a man from certain signs,
what thou shalt expect, before he reveals it with words or deeds.
When he reveals it with either of them, the door of unrighteousness
is thrown open, so that thou canst openly see all the evil that therein
lurks.　And many of them are to be chided very gently, when they
do not sin from evil will, but from imprudence, and unwittingly or
involuntarily, or from instincts of the flesh, or from want of firmness,

flæsclicum gecynde oððe of wacmodnesse & of unbieldo oððe of un-
trymnesse modes oððe lichoman. Forðæm is swiðe micel niedðearf
ðæt mon mid micelre gemetgunge swelcra scylda ðreaunga geliðigie &
gemetgige, forðonþe we ealle, þa hwile þe we libbað on ðissum dead-
lican flæsce, ðære tidernesse & ðære hnescnesse ures flæsces we bioð
underðidde. Be him selfum sceal ælc mon geðencean hu he oðrum
deman wille, ðylæs he sie ongieten ðæt he sie onstyred & onæled mid
ðæm andan his hieremonna unðeawa, & hæbbe hiene selfne for-
gietenne. Be ðæm swiðe wel Paulus us manode, þa he cwæð: Gif
hwa sie abisgod mid hwelcum scyldum, ge ðonne þe gastlice sindon
gelærað ða swelcan mid manðwærnesse gaste ; gesceawiað eow selfe,
ðylæs eow becyme costnung. Swelce he openlice cwæde : Ðonne eow
misliciað þa medtrymnessa þe ge on oðrum monnum gesioð, ðonne
geðence ge hwæt ge sien & hwelce ge sien ; forðæm ðæt ge eower
mod gemetgien on ðæm niðe, ðonne ge eow selfum ondrædað ðæt ðæt
ge on oðrum monnum tælað. Ond ðeah sindon monige swiðe swiðe
to ðreageanne, ðonne hie selfe nyllað ongietan hiera scylda, ðæt hie
ðonne gehieren ðreagende of ðæs lare(o)wes muðe hu micle byrðenne
hie habbað on hiera scyldrum [scyldum]; ðonne hie willað him selfum
ðæt yfel ðæt hie ðurhtugon to swiðe gelihtan, ðæt hie ðonne ondræden
for ðæs lareowes ðreaunge ðæt hie hit him gehefgien. Ðæt ðonne bið
ðæs recceres ryht ðæt he ðurh ða stemne his lareowdomes ætiewe ðæt
wuldor ðæs uplican eðles, & hu monega digla costunga ðæs ealdan
feondes lutigeað on ðys andweardun life he eac geopenige, ond ðæt
he his hieremonna yflu to hnesclice forberan ne sceal, ac mid miclum

---

or timidity, or weakness of mind or body. Therefore it is very neces-
sary that the chiding of such sins be tempered and regulated with
great moderation, because we all, while we live in this mortal flesh,
are subject to the weakness and frailty of our flesh. Let every man
consider from his own circumstances how he will judge others, lest it
be known that he is excited and inflamed with indignation at the
vices of his subjects, and has forgotten himself. Therefore Paul
admonished us very well, saying : "If any one be afflicted with any
sins, ye who are spiritual instruct such ones with the spirit of
humanity ; contemplate yourselves, lest temptation assail you." As if
he had openly said : "When ye are offended at the weaknesses which

flæsclicum gecynde oððe of wácmodnesse & of únbieldo oððe of un-
trymnesse modes oððe lichoman.   Forðæm is suiðe micel niedðearf
ðæt mon mid micelre gemetgunge suelcra scylda ðreaunga geliðige &
gemetgie, forðæmðe we ealle, ðe hwile ðe we libbað on ðissum
5 deadlican flæsce, ðære tidernesse & ðære hnescnesse ures flæsces we
beoð underðiedde. Bi him selfum ælc mon sceal geðencean hu he
oðrum deman wille, ðylæs he sie ongieten ðæt he sie onstyred &
onæled mid ðæm andan his hieremonna unðeawa, & hæbbe hine selfne
forgietenne. Be ðæm suiðe wel Paulus ús manode, ða he cuæð : Gif
10 hwa sie abisegod mid hwelcum scyldum, ge ðonne ðe gæsðlice
sindon gelærað ða suelcan mid monnðwærnesse gæste ; gesceawiað
eow selfe, ðylæs eow becume costung. Suelce he openlice cuæde :
Ðonne eow misliciað ða mettrumnessa ðe ge on oðrum monnum
geseoð, ðonne geðence ge hwæt ge sien & hwelce ge sien ; forðæm
15 ðæt ge eower mod gemetgien on ðæm niðe, ðonne ge eow selfum ón-
drædað ðæt ðæt ge on oðrum [monnum] tælað. Ond ðeah sindon
monige suiðe suiðe to ðreageanne, ðonne hie selfe nyllað ongietan
hiera scylda, ðæt hi ðonne gehieran ðreagende of ðæs lariowes muðe
hu micle byrðenne hie habbað on hiera scyldum ; ðonne hie willað him
20 selfum ðæt yfel ðæt hie ðurhtugon to suiðe gelihtan, ðæt hie ðonne ón-
dræden for ðæs lareowes ðreaunga ðæt hie hit him gehefegigen. Ðæt
ðonne bið ðæs reccéres ryht ðæt he ðurh ða stemne his lariowdomes
ætiewe ðæt wuldor ðæs úplican éðles, & hu moniga digla costunga ðæs
ealdan feondes lutigeað on ðys andweardan life he eac geopenige, ond ðæt
25 he his hieremonna yfelu to hnesclice forberan ne sceal, ac mid miclum

---

ye see in others, consider what and who ye are, that ye may moderate
your angry zeal, when ye fear in yourselves that which ye blame in
others."   And yet many are to be very severely blamed, when they
are unwilling to perceive their sins, that they may be blamed by
the teacher's mouth, and hear how great a burden of sins they have ;
that when they wish to make too light of the evil they have done, they
may fear the weight of the teacher's blame. It is the duty of the
ruler with the voice of his instruction to display the glory of the lofty
regions, and to show how many secret temptations of the old foe lurk
in this present life, and not to suffer too gently the sins of his subjects,
but correct them with great zeal and severity, lest he be responsible

andan & reðnesse him stiere, ðylæs he sie scyldig ealra hiera scylda, ðonne him hiera na ne ofðyncð. Be ðæm wæs swiðe wel gecweden to Ezechiele : Nim sume tiglan, & lege beforan ðe, & writ on hiere ða burg Hierusalem. And sona æfter ðon he cwæð : Besittað hie utan, & wyrceað oðer fæsten wið hie, & berað hiere hlæd to, & send ðærto gefylceo, & ðerscað ðone weall mid rammum. And eft he him tæhte to fultome ðæt he him gename ane irene hierstepannan, & sette betweoh hiene & ða burg for iserne weall. Hwæt tacnað ðonne Ezechiel se witga buton ða lareowas, to ðæm is gecweden : Genim ðe ane tiglan, & lege beforan ðe, & writ on hiere ða burg Hierusalem ? Ða halgan lareowas ðonne him nimað tiglan, ðonne he ðara corðlicra monna heortan underfoð to læronne. Ðonne hie lecgeað ða tiglan beforan hie, þe him beboden wæs ðæt hie sceoldon ða ceastre Hierusalem on awritan, ðonne hie behealdað ealle ða inngeðoncas hiera modes, & swiðe geornlice giemað ðæt hie ða corðlican heortan ge- læren, & him ætiewen hwelc sie ðære uplican sibbe gesihð, & hu on idelnesse mon ongit Godes ðæt hefonlice wuldor, gif he ne ongit hu maniga costunga ðæs lytegan feondes him onfeallað. Swiðe wel he hit geiecte mid ðissum, þa he cwæð : Ymbsittað ða burg swiðe ge- byrdelice, & getrymiað eow wið hie. Ða halgan lareowas ymbsittað þa tiglan, þe sio burh Hierusalem on atifred bið, ðonne hie ðæm men- niscan mode, þe ðeah ðæt uplice lif secð, ætiwað hu manega him on ðys andweardum life frecenlice wiðerwearde unðeawas him wiðfeohtað, & hu æghwelc syn bið sætigende ðæs ðeondan monnes. & swæ swæ se here sceolde beon getrymed onbutan Hierusalem, swæ sculon beon

for all their sins, when he is not at all incensed at them. There- fore it was very well said to Ezekiel : "Take a tile, and lay it before thee, and draw on it the city of Jerusalem." And soon after he said : "Besiege it, and build another fortress against it, and bring up a mound against it, and send armies against it, and batter the wall with rams." And, again, he directed him to protect himself by taking an iron frying-pan, and placing it between himself and the city for an iron wall. What does Ezekiel the prophet signify but teachers, to whom is said : "Take a tile, and lay it before thee, and draw on it the city of Jerusalem ?" Holy teachers take a tile, when they undertake the charge of teaching earthly men's hearts. They lay the tile, on which they were

andan & reðnesse him stiere, ðylæs he sie scyldig ealra hira scylda,
ðonne him hiera na ne ofðyncð. Be ðæm wæs suiðe wel gecueden to
Ezechiele : Nim sume tigelan, & lege beforan ðe, & writ on hiere ða
burg Hierusalem. & sona æfter ðæm he cuæð : Besittað hie utan, &
5 wyrceað oðer fæsten wið hie, & berað hiere hlæd tó, & send ðærto
gefylcio, & ðerscað ðone weall mid rammum. & eft he him tæhte to
fultome ðæt he him gename ane iserne hearstepannan, & sette betweoh
hine & ða burg for iserne weall. Hwæt tacnað ðonne Ezechhiel se
witga buton ða lareowas, to ðæm ís gecueden : Genim ðe ane tigelan,
10 & lege beforan ðe, & writ on hiere ða burg Hierusalem ? Da halgan
lareowas ðonne him nimað tigelan, ðonne hie ðara eorðlicra monna
heortan underfóð to læronne. Ðonne hie lecgeað ða tieglan beforan hie,
ðe him beboden wæs ðæt hi scolden ða ceastre Hierusalem ón áwritan,
ðonne hie behealdað ealle ða inngeðoncas hiora modes, & suiðe geornlice
15 giemað ðæt hie ða eorðlican heortan gelæren, & him ætiewen hwelc
sie ðære uplican sibbe gesiehð, & hu on idelnesse mán óngiett Godes
ðæt hefonlice wundor, gif he ne ongiett hu monega costunga ðæs
lytegan feondes him ón feallað. Suiðe wel he hit geicte mid ðysum,
ða he cuæð : Ymbsittað ða burg suiðe gebyrdelice, & getrymiað eow
20 wið hie. Da halgan lareowas ymbsittað ða tieglan, ðe sio burg
Hierusalem ón atiefred bið, ðonne hi ðam menniscan mode, ðe ðeah
ðæt uplice [lif] secð, ætiewað hu manega him ón ðys andweardum life
frecenlice wiðerwearde unðeawas him wiðfeohtað, & hu æghwelc sýn
bið sætigende ðæs ðiondan monnes. & suæ suæ se here sceolde bion
25 getrymed onbutan Hierusalem, suæ sculon beon getrymed ða word ðæs

commanded to draw the city of Jerusalem, before them, when they
behold all the thoughts of their minds, and with zealous care instruct
worldly hearts, and show them what the sight of exalted peace is, and
how a man understands in vain the heavenly wonders of God, if he
does not understand how many temptations of the crafty foe assail
him. Very well he added these words : "Zealously beset the city,
and arm yourselves against it." Holy teachers beset the tile, whereon
is drawn the city of Jerusalem, when they show the human mind,
which yet seeks exalted life, how many dangerous vices oppose and
fight against it in this present life, and how every sin lies in wait
for the flourishing man. And as the army was to be arrayed round

11

getrymed ða word ðæs sacerdes ymbutan ðæt mod his hieremonna. &
ne sceal he no ðæt an bodigean his hieremonnum hu ða synna him
wiðwinnað, ac he him sceal eac cyðan mid hwelcum cræftum he him
wiðstondan mæg. Swiðe ryhtlice wæs se eaca ðærto gedon, ða mon
to ðæm witgan cwæð: Wyrceað fæsten ymb ða burg. Wiotodlice
fæsten wyrcð se halga lareow ymb ða burg ðæs modes þe he gelærð
ðone cræft hu hit mæg costungum wiðstondan, & him eac gesægð hu
ðæm monnum þe him mægen & cræft wixst, hu him eac hwilum æfter
ðæm mægenum eakiað ða costunga. Be ðæm wæs swiðe ryhte ge-
cweden: Berað hiere to hlæd, & ymbsittað hie, & gað to mid ram-
mum. Ðonne bireð ælc lareow hlæd to ðæs monnes mode, ðonne he
him gecyðð hu sio byrðen wixst & hefegað. Eac he arærð ceastre
wið Hierusalem, ðonne he ðæm ryhtlicum ingeðonce his hieremonna
foresægð ða dieglan sætinga ðæs lytegan feondes, þe he him wenan
mæg. And eac he birð rammas ymbutan ðæt mod his hieremonna,
ðonne he him gecyð mid hu scearplicum costungum we sint ægh-
wonan utan behringde, & se weall ures mægenes ðurhðyrelod mid
ðæm scearpan rammum ðara costunga. And swæðeah nu, ðeah se
lareow ðis eall smealice & openlice gecyðe, ne forstent hit him noht,
ne him nohte ðon ma ne beoð forlætna his agna synna, buton he sie
onæled mid ryhtwislicum andan wið his hieremonna scylda. Be
ðiosum git is swiðe ryhtlice gecweden to ðæm witgan: Genim ðe ane
irene hierstepannan, & sete betweoxn ðe & Hierusalem for iserne
weall. Ðurh ða pannan is getacnod se wielm ðæs modes, & ðurh ðæt

---

Jerusalem, so are the words of the priest to be arrayed round the
mind of his subjects. And he is not only to proclaim to his subjects
how sins fight against them, but he is also to show them with what
arts they can withstand them. It was besides very rightly said to the
prophet : "Construct a fortress round the city." The holy teacher con-
structs a fortress round the city of the mind, which he teaches the art of
withstanding temptations, and tells him how, when a man's virtue and
wisdom increase, his temptations also often increase in proportion to
his excellence. About which was very rightly said: "Bring a mound
against it, and beset it, and attack it with battering-rams." Every
teacher brings a mound against the man's mind, when he shows him
how the burden grows and oppresses. He also raises a camp against

sacerdes ymbutan ꝺæt mod his hieremonna. & ne sceal he no ꝺæt
án bodigan his hieremonnum hu ꝺa synna him wiꝺwinnaꝺ, ac he him
sceal eac cyꝺan mid hwelcum cræftum he him wiꝺstondan mæg.
Swiꝺe ryhtlice wæs se eaca [ꝺær]to gedón, ꝺa mon to ꝺæm witgan
5 cuæꝺ : Wyrceaꝺ fæsten ymb ꝺa burg. Wiotodlice fæsten wyrcꝺ se
halga lariow ymb ꝺa burg ꝺæs modes ꝺe he gelærꝺ ꝺone cræft hu hit
mæg costingum wi(ꝺ)stondan, & him eac gesægꝺ hu ꝺæm monnum
ꝺe him mægen & cræft wiexꝺ, hu him eac hwilum eakiaꝺ æfter ꝺæm
mægenum ꝺa costunga. Be ꝺæm wæs suiꝺe ryhte gecueden : Beraꝺ
10 hire to hlæd, & ymbsittaꝺ hie, & gaꝺ tó mid rammum. Ðonne bireꝺ
ælc lareow hlæd to ꝺæs monnes mode, ꝺonne he him gecyꝺꝺ hu sio
byrꝺen wiexꝺ & hefegaꝺ. Eac he aræꝺ ceastre wiꝺ Hierusalem, ꝺonne
he ꝺæm ryhtlicum inngeꝺonce his hieremonna foresægꝺ ꝺa dieglan
sætenga ꝺæs lytegan feondes, ꝺe he him wenan mæg. & eac he bierꝺ
15 rammas ymbutan ꝺæt mód his hieremonna, ꝺonne he him gecyꝺ mid
hu scearplicum costungum we sint æghwonon utan behrincgde, & se
weall ures mægenes ꝺurhꝺyrelaꝺ mid ꝺan scearpan ramman ꝺara
costunga. Ond suaꝺeah nu, ꝺeah se lareow ꝺis eall smealice & open-
lice gecyꝺe, ne forstent hit him noht, ne him nohte ꝺon ma ne beoꝺ
20 forlætna his agna synna, buton he sie onæled mid ryhtwislicum andan
wiꝺ his hieremonna scylda. Be ꝺæm is [git] suiꝺe ryhtlice gecueden
to ꝺæm witgan : Genim ꝺe ane iserne hierstepannan, & sete betweoxn
ꝺe & Hierusalem for iserne weall. Ðurh ꝺa pannan is getacnod se
wielm ꝺæs modes, & ꝺurh ꝺæt isern ꝺæt mægen ꝺara ꝺreatunga.

Jerusalem, when he warns the righteous understanding of his subjects
of the secret machinations of the cunning foe, which they are to expect.
And also he brings battering-rams round the mind of his subjects,
when he shows them with how sharp temptations we are outwardly
surrounded on all sides, while the wall of our virtue is pierced with
the sharp battering-rams of temptations. And yet, although the
teacher preach all this carefully and openly, it avails him nought, nor
are his own sins pardoned any the more, unless he be inflamed with
righteous zeal against the sins of his subjects. About which is
further very rightly said to the prophet: "Take an iron frying-
pan, and place it between thee and Jerusalem for an iron wall." By
the pan is signified the fervour of the spirit, and by the iron the

11—2

isern ðæt mægen ðara ðreatunga. Hwæt is ðinga þe biterre sie on
ðæs lareowes mode, oððe hit swiður gehierste & gegremige ðonne se
anda ðe for ryhtwisnesse bið upahafen? Mid ðisse pannan hierstinge
wæs Paulus onbærned, þa he cwæð: Hwa bið medtrum, ðæt ic ne sie
eac for his ðingum sioc? Oððe hwa bið gescended, ðæt me forðæm
ne scamige? Ond swæ hwelc swæ mid ðæm Godes andan bið onæled,
ne bið he for giemeliste gehiened, ac he bið stranglice wið ða getrymed
on ecnesse. Be ðæm wæs swiðe ryhte gecweden to ðæm witgan:
Sete iserne weall betweox ðe & ða burh. Ða isernan hierstepannan
he tæhte for iserne weall to settonne betweoh ðæm witgan & ðære
byrh, forðon nu ða recceras ætiewað swæ strangne andan ðy hie willað
ðæt hie hiene eft hæbben on ðæm ecean life betweox him & hiera
hieremonnum to isernum wealle, ðæt is to gewitnesse ðæt hit him ne
licode, ðeah he hit gebetan ne meahte. Forðæm ðonne ðæs recceres
mod wirð to reðe on ðære ðreaunga, ðonne abirst ðær hwilum hwæth-
wugu ut ðæs þe he swugian sceolde. Ond oft eac gelimpeð, ðonne he
to swiðe & to ðearl(l)ice ðreawian [ðreatian] wile his hieremenn, ðæt
his word bioð gehwirfdo to unnyttre oferspræce. Ðonne sio ðreaung
bið ungemetgad, ðonne bið ðæt mod ðæs agyltendan mid ormodnesse
geðrysced. Forðæm is micel ðearf, ðonne se reða reccere ongit ðæt
he his hieremonna mod swiður gedrefed hæfð ðonne he sceolde, ðæt
he sona forðæm hreowsige, ðæt he ðurh þa hreowsunga gemete for-
gifnesse beforan ðære Soðfæstnesse ðæs þe he ðurh ða geornfulnesse
his andan gesyngade. Ðæt ilce Dryhten God us bisnade ðurh Moysen,
þa he cwæð: Gif hwa gonge bilwitlice mid his friend to wuda treow

efficiency of reproof. What thing is there that is bitterer in the
teacher's mind, or more fries and excites it, than the zeal which is
roused in the cause of righteousness? With the frying of this pan
Paul was inflamed, when he said: "Who is infirm, and I am not sick
on his account? or who is shamed, and I am not ashamed?" And
whoever is inflamed with divine zeal is not condemned through neg-
ligence, but is strongly fortified against it for ever. About which
was very rightly said to the prophet: "Place an iron wall between
thee and the city." He directed the prophet to place the iron frying-
pan for an iron wall between himself and the city, because the rulers
show such severe zeal now, since they wish to have it afterwards in
eternal life as an iron wall between themselves and their subjects, to

Hwæt is ðienga ðe bieter[r]e sie on ðæs lareowes mode, oððe hit
suiður [ge]hierste & gegremige ðonne se anda ðe for ryhtwisnesse bið
úpáhæfen? Mid ðisse pannan hierstinge wæs Paulus onbærned, ða he
cuæð: Hwa bið medtrum, ðæt ic ne sie eac for his ðingum seoc?
5 Oððe hwa bið gescended, ðæt me forðæm ne scamige? Ond sua hwelc
sua mid ðam Godes andan bið onæled, ne bið he for giemeleste
gehiened, ac he bið stranglice wið ða getrymed on ecnesse. Bi ðæm
wæs suiðe ryhte gecueden to ðæm witgan: Sete iserne weall betuh ðe
& ða burh. Ða isernan hierstepannan he tæhte for iserne weall to
10 settanne betuh ðæm witgan & ðære byrig, forðam nu ða recceras
ætiewað sua strang[ne] andan ðy hie wiellað ðæt hie hiene eft hæbben
on ðæm ecan life betux him & hiera hieremonnum to isernum wealle,
ðæt is tó gewitnesse ðæt hit him ne licode, ðeah he hit gebetan ne
meahte. Forðæm ðonne ðæs recceres mod wyrð to reðe on ðære
15 ðreaunga, ðonne abiersð ðær hwilum hwæthwugu út ðæs ðe he sugian
sceolde. Ond oft eac gelimpeð, ðonne he to suiðe & to ðearllice
ðreapian wile his hieremenn, ðæt his word beoð gehwyrfedo to unnyttre
oferspræce. Ðonne sio ðreaung bið ungemetgad, ðonne bið ðæt mod
ðæs agyltendan mid ormódnesse geðrysced. Forðæm is micel ðearf,
20 ðonne se reða reccere ongiett, ðæt he his hieremonna mód suiður
gedrefed hæfð ðonne he scólde, ðæt he sona forðæm hreowsige, ðæt he
ðurh ða hreowsunga gemete forgiefnesse beforan ðære Soðfæsðnesse
ðæs ðe he ðurh ða geornfulnesse his andan gesyngade. Ðæt ilce
Dryhten God us bisnade ðurh Moysen, ða he cuæð: Gif hwa gonge
25 bilwitlice mid his friend to wuda treow to ceorfanne, & sio æcs ðonne

show that they did not approve of it, although they could not reform
it. But when the ruler's spirit is too severe in reproof, something
sometimes breaks forth which he ought to keep silent. And it also
often happens that, when he reproves his subjects too severely, his
words become perverted to useless loquacity. When the reproof is
excessive, the mind of the sinner is driven to despair. Therefore it
is very necessary, when the severe ruler perceives that he has afflicted
the minds of his subjects more than he ought, for him to repent at
once, that through his repentance he may obtain from the Truth for-
giveness of the sin he committed through his angry zeal. The same
the Lord God illustrated for us through Moses, when he said: "If any
one go innocently with his friend to the forest to cut wood, and the

to ceorfanne, & sio æcs ðonne awint of ðæm hielfe, & swæ unge-
wealdes ofslihð his geferan, he ðonne sceal fleon to anra ðara ðreora
burga þe to friðstowe gesette sint & libbe, ðylæs hwelc ðara nihstena
ðæs ofslægenan for ðæm sare his ehte, & hiene ðonne gefó & ofslea.
To wuda we gað mid urum freondum swæ oft swæ we sceawiað ur(r)a
hieremonna unðeawas ; & bilwitlice we heawað ðone wudu, ðonne we
ðara gyltendra scylda mid arfæstes ingeðonces lare anweg aceorfað.
Ac sio æcs wint of ðæm hielfe, & eac us of ðære honda, ðonne ðonne
sio lar wint on reðnesse swiður ðonne mon niede sciele. Sio æcs
wint of ðæm hielfe, ðonne of ðære ðreatunga gað to stiðlice word, &
mid ðæm his freond gewundað, oððe ofslihð, ðonne he hiene on
unrotnesse oððe on ormodnesse gebringð mid his edwite, ðeah he hit
for lufum dó, ðæt he geopenige his unðeawas. Swæðeah ðæt geðrea-
tude mod bið swiðe hræðe gehwierfed to feounga, gif him mon to
ungemetlice mid ðære ðreawunga oferfylgð swiður ðonne mon ðyrfe.
Ac se se þe unwærlice ðone wudu hiewð, & swæ his freond ofslihð,
him bið niedðearf ðæt he fleo to ðara ðreora burga anre, ðæt he on
sumre ðara weorðe genered, ðæt he mote libban ; ðæt is ðæt he
gehweorfe to hreowsunga, & swæ fleo to ðara ðreora burga sumre,
ðæt is tohopa & lufu & geleafa. Se to anra ðara burga geflihð, ðonne
mæg he beon orsorg ðæs monslihtes ; ðeah hiene ðær meten ða nihstan
ðæs ofslægenan, ne sleað hie hiene no ; forðæm ðonne se ðearla &
se ryhtwisa Dema cymð, se þe hiene on urne geferscipe ðurh flæ(s)ces
gecynd gemengde, ne wricð he mid nanum ðingum ða scylde on him,
forðæm under his forgifnesse hiene gefriðode sio lufu & se geleafa &
se tohopa.

---

axe slip from the handle, and he thus involuntarily kill his companion,
he shall flee to one of the three cities which are appointed sanctuaries,
and live, lest one of the neighbours of the slain man in his anger
pursue him, and catch and kill him." We go to the forest with our
friends, whenever we observe the faults of our subjects ; and we inno-
cently hew wood, when we cut away the sins of the guilty with the
instruction of pious thoughts. But the axe slips from the handle,
and also out of our hands, when the instruction becomes severer than
is necessary. The axe slips from the handle, when too severe words
proceed from the reproof, with which one's friend is wounded or slain,
when he is brought to sadness or despair by reproaches, although it is
done out of love, to show his faults. The rebuked mind is very

awient of ðæm hielfe, & sua ungewealðes ofslieð his geferan, he ðonne
sceal fleon to anra ðara ðreora burga ðe to friðstowe gesette sint &
libbe, ðylæs hwelc ðara niehstena ðæs ofslægenan for ðæm sare his
ehte, & hine ðonne gefoo & ofslea.   To wuda we gað mid urum
5 freondum sua oft sua we sceawiað ura hieremonna unðeawas; &
bilwitlice we heawað ðone wudu, ðonne we ðara gyltendra scylda mid
árfæsð̓es ingeðonces la[re] anweg áceorfað. Ac sio æcs wint of ðam
hielfe, & eac us óf ðære honda, ðonne ðonne sio lar wint on reðnesse
suiður ðonne mon niede scyle.   Sio æcs wient of ðæm hielfe, ðonne of
10 ðære ðreatunga gáð to stiðlico word, & mid ðam his freond gewundað,
oððe ofsliehð, ðonne he hine [on] unrotnesse oðð[e] on ormodnesse
gebringð mid his edwite, ðeah he hit for lufum dó, ðæt he geopenige
his únðeawas.   Suaðeah ðæt geðreatade mod bið suiðe raðe gehwier-
fed to fio[u]nga, gif him mon to ungemetlice mid ðære ðreapunga
15 oferfylgð suiður ðonne mon ðyrfe. Ac se se ðe unwærlice ðone wuda
hiewð, & sua his freond ofsliehð, him bið nidðearf ðæt he fleo to
ðara ðreora burga anre, ðæt on sumere ðara weorðe genered, ðæt he
mote libban; ðæt is ðæt he gehweorfe to hreowsunga, & sua fleo to
ðara ðreora burga sumere, ðæt is tohopa & lufu & geleafa. Se to
20 anra ðara burga gefliehð, ðonne mæg he bion orsorg ðæs monnsliehtes;
ðeah hine ðær meten ða niehstan ðæs ofslægenan, ne sleað hi hiene
na; forðæm ðonne se ðearla & se ryhtwisa Dema cymð, se ðe hine on
urne geferscipe ðurh flæsces gecynd gemengde, ne wriecð he mid
nanum ðingum ða scylde on him, forðæm under his forgiefnesse hine
25 gefrieðode sio lufu & se geleafa & se tohopa.

---

soon turned to hatred, if pursued too much with more reproof than is
necessary. But he who carelessly hews the wood, and so slays his
friend, must flee to one of the three cities, that he may save himself in
one of them, that he may live; that is, he is to turn to repentance,
and so flee to one of the three cities, that is, hope, love, and faith.
He who flees to one of the three cities need not be apprehensive about
the homicide, even if the neighbours of the slain man meet him there,
they will not kill him; because, when the severe and righteous Judge
comes, who associated with us in the flesh, he will not exact punish-
ment from him for the sin, because under his forgiveness he is pro-
tected by love, faith, and hope.

XXII. Hu swiðe se reccere sceal bion on his smeaunga abisgod on [ymb] ðære [ða] halgan æ.

Ac eall ðis aredað se reccere swiðe ryhte, ðonne he for Godes lufum & for Godes ege deð ðæt ðæt he deð, & ælce dæge geornfullice smeað ða bebodu haligra gewrita, ðætte on him sie uparæred se cræft ðære giemenne ymbe ða foresceawunga ðæs hefonlican lifes, ðone singallice ðisse eorðlican drohtunge gewuna wile toweorpan, buton hiene sio myndgung ðara haligra gewrita onbryrde ; forðæm se eorðlica gefer-scipe hiene tihð on ða lufe his ealdan ungewunan, he sceal simle higian ðæt he weorðe onbryrd & geedniwad to ðæm hefonlican eðle. Ac his mod bið swiðe yðegende & swiðe abisgod mid eorðlicra monna wordum, forðæm hit is openlice cuð ðæt sio uterre abisgung ðissa worldðinga ðæs monnes mod gedrefð, & hiene scofeð hidres ðidres, oððæt he afilð of his agnum willan ; ac him bið ðearf ðæt he hiene genime simle be ðære leornunge haligra gewrita, & be ðæm arise. For ðissum ðingum manoda Paulus Timotheum his cniht, & cwæð : Ðonne ic cume, ðonne beo ðu abisgod ymbe rædinge. And eft Dauid be ðæm ilcan spræc, ða he cwæð : Loca, Dryhten, hu swiðe ic lufige ðine æ ; ealne dæg ðæt bið min smeaung. Eft be ðys ilcan bebead Dryhten Moyse hu he sceolde beran ða earce, þa he cwæð : Wyrc feower hringas ælgyldene, & ahoh hie swiðe fæste on ða feower hyrnan ðære earce ; & hat wyrcean twegen stengeas of ðæm treowe, þe is haten sethim, ðæt ne wierð næfre forrotod ; & befoh utan mid golde ; & sting ut ðurh ða hringas bi ðære earce sidan, ðæt hie mon mæge

---

XXII. How greatly the ruler is to be engaged in meditating on the holy law.

But the ruler arranges all this very rightly, when he does every-thing for the fear and love of God, and daily meditates zealously on the commands of the holy Scriptures, that in him the power of the provident care of the heavenly life be exalted, which the habit of this earthly life is ever about to destroy, unless the admonition of the holy Scriptures inspire him ; since earthly companionship draws him to the love of his former bad habits, he must ever strive to be inspired and regenerated for the heavenly regions. But his mind fluctuates greatly and is disturbed by the words of earthly men, because it is openly

XXII. Hu swiðe se reccere sceal beon on his smeaunga abisgod ymb
ða halgan ǽ.

Ac eall ðiss aredað se reccere suiðe ryhte, ðonne he for Godes lufum
& for Godes ege deð ðæt ðæt he deð, & ælce dæge geornfullice smeað
5 ða bebodu halegra gewrita, ðætte on him sie uppáræred se cræft ðære
giemenne ymbe ða foresceawunga ðæs hefonlican lifes, ðonne singallice
ðisse eorðlican drohtunge gewuna wile toweorpan, buton hine sio
myndgung ðara haligra gewrita onbryrde ; forðæm se eorðlica gefer-
scipe hine tiehð on ða lufe his ealdan ungewunan, h[e] sceal simle
10 higian ðæt he weorðe onbryrd & geedniwad to ðæm hefonlican eðle.
Ac his mod bið suiðe ieðegende & suiðe abisgad mid eorðlicra monna
wordum, forðam hit is openlice cuð ðætte sio uterre abisgung ðissa
woroldðinga ðæs monnes mód gedrefð, & hine scofett hidres ðædres,
oððæt he áfiełð of his agnum willan ; ac [him] bið ðearf ðæt he hine
15 genime simle be ðære leornunge haligra gewrita, & be ðam arise.
For ðiosum ðingum manade Paulus Timotheum his cniht, & cuæð :
Ðonne ic cume, ðonne beo ðu abisgad ymbe rædinge. & eft Dauit
be ðam ilcan spræc, ða he cuæð : Loca, Dryhten, hu suiðe ic lufige
ðine ǽ ; ealne dæg ðæt bið min smeaung. Eft bi ðys ilcan Dryhten
20 bebead Moyse hu he scolde beran ða earce, ða he cuæð : Wyrc feower
hringas ælgyldene, & áhoh hie suiðe fæste on ða feower hyrnan ðære
earce ; & hat wyrcean twegen stengas of ðæm treowe, ðe is haten
sethim, ðæt ne wyrð næfre forrotad ; & befoh utan mid golde ; &
sting út ðurh ða hringas bi ðære earce sidan, ðæt hie man mæge

known that the outer occupation with worldly matters disturbs the
mind of man, and drives it hither and thither, until he falls of his own
will ; but he must always collect himself and rise again by the study of
the holy Scriptures. Therefore Paul admonished his servant Timothy,
saying : "When I come, be thou occupied with reading." And again,
David spoke about the same, saying : "Behold, Lord, how greatly I
love thy law ; the whole day it is my contemplation." Again, on the
same subject, the Lord directed Moses how the ark was to be carried,
saying : "Make four rings of pure gold, and fasten them very securely
to the four corners of the ark ; and order two poles to be made of the
tree which is called sethim, and never rots, and surround them outside
with gold ; and push them through the rings at the side of the ark, to

beran on ðæm, & læt hie stician ðæron; ne tio hie mon næfre of.
Hwæt mæg ðonne elles sio earc tacnian buton ða halgan cyricean,
on ðære sculon hangian ða fiower hringas on ðæm feower hyrnum,
ðæt sint ða feower hyrnan ðisses middangeardes, binnan ðæm is
tobrædd Godes folc, ðæt is utan begyrd mid ðæm feower godspellum?
Da sahlas ðonne, þe mon ða earce bi beran sceal, sticiað ealne weg
in on ðæm hringum ða earce mid to beronne, ða bioð geworht of ðæm
treowe sethim, ðæt næfre ne rotað. Swæ sindon to secenne stronge
& unaðrotene lareowas & ðurhwunigende on þære lare haligra boca,
ða simle sceolon bion bodigende ymbe ða anmodnesse ðære halgan
gesomnunge, swæ swæ ða anbestungnan sahlas ða earce berað. Ðæt
is ðonne ðæt mon ða earce bere on ðæm sahlum, ðæt· ða godan
lareowas ða halgan· gesomnunge beoð lærende þa niewan & þa un-
geleaffullan mod mid hiera lare gelæde to ryhtum geleafan. Da sahlas
is beboden ðæt sceoldon bion mid golde befangne. Ðæt is, ðonne þa
lareowas mid wordum oðre men lærað, ðæt hie eac selfe on hiera
agnum weorcum beorhte scienen. Be ðæm sahlum is swiðe gescead-
lice gecweden ðæt hie sculon simle stician on ðæm hringum, & næfre
ne moton him beon ofatogene, forðæm is micel niedðearf ðætte ða þe
beoð gesette to ðære ðegnunga ðæs lareowdomes ðæt hie næfre ne
gewieten from ðære geornfulnesse ðære rædinge & leornunge haligra
gewrita. Forðæm is eac gecweden ðætte simle ða ofergyldan sahlas
sceoldon stician on ðæm gyldnum hringum, ðylæs hiene ænig wuht
gælde ungearewes, ðonne mon ða earce beran sceolde. Ðæt is ðonne
ðonne ðara lareowa hieremen hwæthwugu gastlices to him seccað, &

---

carry it by, and let them remain there ; let no man ever draw them out."
What signifies the ark but the holy Church, on which are to hang the
four rings at the four corners, that is, the four corners of this world,
within which is spread God's people, which is surrounded outside by
the four Gospels? The poles, with which the ark was to be carried,
remained always inside the rings, to carry the ark with, and were
made of the tree sethim, which never rots. So strong and vigorous
teachers are to be sought, steadfast in the instruction of the holy books,
who are always to proclaim the unanimity of the holy assembly, as
the inserted poles bear the ark. The ark is carried by the poles when
good teachers instruct the congregation, and lead the young and

bera[n] on ꝺam, & læt hi stician ꝺærón ; ne tio hie mon næfre of.
Hwæt mæg ꝺonne elles seo earc tacnian buton ꝺa halgan ciricean,
on ꝺære sculon hangian ꝺa feower hringas on ꝺam feower hyrnum, ꝺæt
sint ꝺa feower hyrnan ꝺises middangeardes, binnan ꝺæm is tobrædd
5 Godes folc, ꝺæt is utan begyrdd mid ꝺam feower godspellum ? Ða
saglas ꝺonne, ꝺe mon ꝺa earce big beran sceal, sticiaꝺ eallne weg inn on
ꝺam hringum ꝺa earce mid to beranne, ꝺa beoꝺ geworht of ꝺæm treowe
sethim, ꝺæt næfre ne rotaꝺ. Sua sindon to seceanne stronge &
unaꝺrotene lareowas & ꝺurhwuniende on ꝺære lare haligra boca, ꝺa
10 simle sculon bion bodiende ymbe ꝺa anmodnesse ꝺære halgan gesom-
nunga, sua sua ꝺa anbestungne saglas ꝺa earce beraꝺ. Ðæt is ꝺonne
ꝺæt mon ꝺa earce bere on ꝺæm saglum, ꝺætte ꝺa godan lareowas ꝺa
halgan gesomnunge lærende ꝺa niwan & ꝺa ungeleaffullan mod mid hira
lare gelæde to ryhtum geleafan. Ða saglas is beboden ꝺæt scoldon
15 beon mid golde befongne. Ðæt is, ꝺonne ꝺa lareowas mid wordum
oꝺre menn lærat, ꝺæt hi eac selfe on hira agnum weorcum biorhte
scinen. Be ꝺam saglum is suiꝺe gesceadlice gecueden ꝺæt hie sculon
simle stician on ꝺam hringum, & næfre ne moton him beon ófatogene,
forꝺæm is micel niedꝺearf ꝺætte ꝺa ꝺe beoꝺ gesette to ꝺære ꝺenunga
20 ꝺæs lareowdomes ꝺæt hi næfre ne gewiten from ꝺære geornfulnesse
ꝺære rædinge & leornunge haligra gewrita. Forꝺæm is eac gecᵹ[e]den
ꝺætte simle ꝺa ofergyldan saglas sceolden stician on ꝺæm gyldnum
hringum, ꝺylæs hine ænig wuht gælde ungearowes, ꝺonne mon ꝺa
earce beran scolde. Ðæt is ꝺonne ꝺonne ꝺara lareowa hieremenn
25 hwæthwugu gæsꝺlices to him secaꝺ, & hi frinaꝺ, ꝺonne is suiꝺ[e] micel

---

unbelieving spirits with their doctrine to righteous belief. The poles
were to be cased in gold. That means that when the teachers in-
struct other men with their discourse, they are also themselves to shine
brightly with their own works. It was very wisely directed that the
poles were always to remain in the rings, and never be pulled out,
because it is absolutely necessary that those who are appointed to the
ministration of instruction never swerve from the desire of reading
and learning the holy Scriptures. Therefore it was also directed that
the gold-cased poles were always to remain in the golden rings, lest
anything unexpected hindered the ark when it was to be carried. That
is, when the subjects of the teachers seek anything spiritual from them,

hie frienað, ðonne is swiðe micel scand gif he ðonne færð secende hwæt
he sellan scyle, ðonne he iewan sceolde ðæt him mon to ascað.   Ac
ðonne sticiað ða sahlas swiðe singallice on ðæm hringum, ðonne ða
lareowas simle on hiera heortum smeageað ða halgan gewritu.   Ond
ðonne hie hæbbað swiðe arudlice ða earce up, ðonne hie swiðe hræd-
lice bioð gearwe to læronne ðætte ðonne ðearf bið.   Be ðæm swiðe
wel se forma hierde ðære halgan ciricean, ðæt is *sanctus* Petrus,
manode oðre hierdas, þa he cwæð : Beoð simle gearwe to læronne &
to forgifonne ælcum ðara þe eow ryhtlice bidde ymbe ðone tohopan þe
ge habbað on eow.   Swelce he openlice cwæde : Ne brede ge no ða
stengeas of ðæm hringum, ðylæs sio earc sie ungearo to beranne.

XXIII. Hu micel scyle bion ðæt toscead, & hu mislice mon scyle
men læran mid ðæm cræfte ðæs lareowdomes.

Nu ðonne oð ðis we reahton hwelc se hierde bion sceal ; nu we him
willað cyðan hu he læran sceal, swæ swæ hit lange ær us ðære eadgan
gemynde wer Gregorius lærde, se wæs oðre noman gecweden Nanzan-
zenus, he cwæð : Ne gedafenað hit no ðæt we ealle men on ane wisan
læren, forðæm hie ne sint ealle anes modes & anra ðeawa.   Forðæm oft
sio ilce lar þe oðre [oðrum] hilpeð, hio dereð ðæm oðrum ; swæ swæ
monegra cynna wyrta & grasu bioð gerad, sumu neat batiað fore, sumu
cwelað ; swæ swæ mid liðre wistlunge mon hors gestilleð, swæ eac
mid ðære ilcan wistlunge mon mæg hund astyrian ; swæ bioð eac
monige læcedomas þe sume adle gelytligeað, & sume gestrongiað ; swæ

---

and question them, it is a great shame if he goes to seek what he is to
give them, when he ought to expound what is asked of him.   The
poles remain constantly in the rings, when the teachers ever meditate
in their hearts on the holy Scriptures.   And they raise up the ark
very vigorously, when they are quickly ready to teach what is necessary.
About which the first shepherd of the holy Church, that is St. Peter,
admonished other shepherds very well, saying : " Be ever ready to
teach, and grant his request to every one who asks you rightly about
the hope ye have in you."   As if he had openly said : " Draw not the
poles out of the rings, lest the ark be not ready to be carried."

scand gif he ðonne færð secende hwæt he sellan scyle, ðonne he iówan
scolde ðæt him mon to ascað. Ac ðonne sticiað ða saglas suiðe
singallice on ðæm hringum, ðonne ða lareowas simle on hira heortum
smeagað ða halgan gewritu. Ond ðonne hi hebbað suiðe arodlice ða
5 earce úp, ðonne hi suiðe hrædlice bioð gearwe to læranne ðætte ðonne
ðearf bið. Bi ðæm suiðe wel se forma hierde ðære halgan ciricean,
ðæt is *sanctus* Petrus, manode oðre hierdas, ða he cuæð : Bioð simle
gearwe to læranne & to forgiefanne ælcum ðara ðe iow ryhtlice bidde
ymbe ðone tohopan ðe ge habbað on eow. Suelce he openlice cuæde :
10 Ne bregden [ge] no ða stengas of ðæm hringum, ðylæs sio earc si
úngearo to beranne.

XXIII. Hu micel scyle bion ðæt toscead, & hu mislice mon scyle
menn læran mid ðæm cræfte ðæs lareowdomes.

Nu ðonne oð ðiss we rehton hwelc se hierde bion sceal ; nu we him
15 willað cyðan hu he læran sceal, sua sua hit lange ær us ðære eadegan
gemynde wer Gregorius lærde, se wæs oðrum noman genemned Nan-
zanzenus, h[e] cuæð : Ne gedafenað hit no ðæt we ealle menn on ane
wisan læren, forðam hie ne sint ealle anes modes & anra ðeawa. For-
ðæm oft sio ilce lár ðe oðrum hielpeð, hio dereð ðæm oðrum ; sua
20 sua manegra cynna wyrta & grasu beoð gerad, sumu neat batigað fore,
sumu cuelað ; sua sua mid liðre wisðlunga mon hors gestilleð, sua
eac mid ðære illcan wistlunga mon mæg hund astyrigean ; sua beoð
eac monige læcedomas ðe sume adle gelytliað, & sume gestrongiað ;

XXIII. How great is to be the difference, and how variously men
are to be taught with the art of instruction.

Hitherto we have said what the pastor is to be ; now we will show
him how he is to teach, as the man of blessed memory, Gregory, who
was by another name called Nazianzenus, taught it us long before ; he
said : " It is not proper to teach all men in the same way, because they
are not all of the same mind and morals." Because often the same
instruction which benefits one injures the other ; as is the nature of
many kinds of herbs and plants, on which some animals fatten, others
die ; as with the same gentle whistling with which a horse is soothed a
dog can be roused ; so also there are many remedies which diminish some
diseases and increase others ; and bread, which increases the vigour of

eac hlaf þe strongra monna mægen gemiclað, he gelytlað cilda.   For
ðære ungelicnesse ðara hieremonna sculon bion ungelic ða word ðæs
lareowes, ðæt he hiene selfne geðiode to eallum his hieremonnum, to
æghwelcum be his andefene, & ðeah hwæðre swæ swiðe swæ he of
ðære æwe & of ðære ryhtan lare ne cirre.   Hwæt cweðe we ðonne
hwelce sien þa ingeðoncas monna buton swelce sumre hearpan strengeas
aðenede, þa se hearpere swiðe ungelice tihð and styreð, & mid ðy
gedeð ðæt hie noht ungelice ðæm sone ne singað þe he wilnað?   Ealle
he gret mid anre honda, ðy þe he wile ðæt hie anne són singen, ðeah
he hie ungelice styrige.   Swæ sceal æghwelc lareow to anre lufan &
to anum geleafan mid anre lare & mid mislicum manungum his hiere-
monna mod styrigean.   On oðre wisan mon sceal manigean weras, on
oðre wif; & on oðre wisan ealde, on oðre geonge; & on oðre wisan
earme, on oðre eadige; & on oðre wisan ða bliðan, on oðre ða
unrotan; & on oðre wisan ða underðieddan, on oðre ða ofer oðre
gesettan; & on oðre wisan ða ðeowas, on oðre ða hlafordas; & on
oðre wisan ða worldwisan, on oðre ða dysegan; & on oðre wisan ða
scamleasan, on oðre ða scamfæstan; & on oðre wisan ða ofermodan, on
oðre ða wacmodan; ond on oðre wisan ða ungeðyldegan, on oðre wisan
ða geðyldegan; & on oðre wisan ða welwillendan, on oðre ða æfstegan;
& on oðre wisan ða bilwitan, on oðre ða felaspræccean; & on oðre
wisan ða halan, on oðre ða unhalan; & on oðre wisan ða þe for ege
forberað ðæt hie yfel ne doð, on oðre wisan ða þe swæ aheardiað ðæt
hie hit for nanum ege ne forlætað; & on oðre wisan ða swiðe swigean,
on oðre wisan ða felaidelspræcean; & on oðre wisan ða slawan, on

strong men, diminishes that of children.   Because of the difference of
the subjects, the words of the teacher must be different, that he may
suit himself to all his subjects, to each according to his capacity, and
yet so as not to swerve from lawful and right instruction.   What
therefore shall we call the thoughts of men but, as it were, the
stretched strings of a harp, which the harper very variously draws
and touches, and so prevents them from sounding differently from the
tune he wishes?   He touches them all with the same hand, to make
them sound harmoniously, although he touches them differently.   So
every teacher must arouse the minds of his subjects to the same love
and faith, with the same doctrine and various admonitions.   In one way
men are to be admonished, in another women; in one way the old, in

sua eac hlaf ðe strongra monna mægen gemiclað, he gelytlað cilda.　For
ðære ungelicnesse ðara hieremonna sculun beon ungelic ða word ðæs
lareowes, ðæt he hiene selfne geðeode to eallum his hieremon(n)um, to
æghwelcum be his andefne, & ðeah (h)wæðre sua suiðe sua he of ðære
5 æwe & of ðære ryhtan lare ne cerre.　Hwæt cueðe we ðonne hwelce
sin ða inngeðoncas mon[n]a buton suelce sumere hearpan strengas
aðenede, ða se hearpere suiðe ungelice tiehð & styreð, & mid ðy
gedeð ðæt hi nawuht ungelice ðæm sone ne singað ðe he wilnað?
Ealle he gret mid anre honda, ðy ðe he wile ðæt hi anne song singen,
10 ðeah he hie ungelice styrige.　S[u]a sceal æghwelc lareow to anre lufan
& [to] anum geleafan mid anre lare & mid mislicum manungum his hiere-
monna mód styrigean.　On oðre wisan mon sceal manian weras, on oðre
wif; & on oðre wisan ealde, on oðre gionge; & on oðre wisan earme,
on oðre eadige; & on oðre wisan ða bliðan, on oðre ða unrotan; & on
15 oðre wisan ða underðieddan, on oðre ða ofer oðre gesettan; on oðre
wisan ða ðeowas, on oðre ða hlafurdas; & on [o]ðre wisan ða worold-
wisan, on oðre ða dysegan; & on oðre wisan ða scamleasan, on oðre
ða scamfæstan; & on oðre wisan ða ofermodan, on oðre ða wác-
modan; ond on oðre wisan ða ungeðyldegan, on oðre wisan ða
20 geðyldegan; & on oðre wisan ða welwillendan, on oðre ða æfstegan;
& on oðre wisan ða bilwitan, on oðre ða felaspræcan; on oðre wisan
ða halan, on oðre ða unhalan; ond on oðre wisan ða ðe for ege
forberað ðæt hi yfel ne doð, on oðre wisan ða ðe sua áheardigað ðæt
hi hit for nanum ege ne forlætað; & on oðre wisan ða suiðe[e] suigean,
25 on oðre ða felaidelspræcæn; & on oðre wisan ða slawan, on oðre ða

---

another the young; in one way the poor, in another the rich; in one
way the cheerful, in another the sad; in one way the subjects, in
another those set above others; in one way servants, in another mas-
ters; in one way the worldly-wise, in another the foolish; in one way
the shameless, in another the modest; in one way the presumptuous,
in another the fainthearted; in one way the impatient, in another the
patient; in one way the benevolent, in another the envious; in one
way the simple, in another the loquacious; in one way the healthy,
in another the unhealthy; in one way those who from fear abstain
from doing evil, in another those who are so hardened as not to abstain
from it for any fear; in one way the very silent, in another those who
speak much to no purpose; in one way the slow, in another those who

oðre ða þe bioð to hræde; & on oðre wisan ða manðwæran, on oðre
ða grambæran; & on oðre wisan ða eaðmodan, on oðre ða upahæ-
fenan; & on oðre wisan ða anwillan, on oðre ða ungestæððegan & ða
unfæstrædan; & on oðre wisan ða ofergifran, on oðre ða fæstendan;
& on oðre wisan ða þe mildheortlice hiera agen sellað, on oðre ða þe
æfter oðerra monna ierfe flietað, & hie reafiað; & on oðre wisan ða þe
nohwæðer ne oðerra monna ne reafiað, ne hiera agen rumedlice ne
dælað, on oðre wisan ða þe hiera agen rumedlice sellað, & ne forlætað
ðeah ðæt hie oðerra monna ne reafien; & on oðre wisan ða unge-
modan, on oðre ða gemodan; & on oðre wisan ða wrohtgeornan þe
cease wyrceað, on oðre ða gesibsuman; & on oðre wisan sint to
manianne ða þe ða word ðære halgan æ ryhte ne ongietað, on oðre ða
þe hie ryhtlice ongietað, & ðeah for eaðmodnesse wandiað ðæt hie
hit ne sprecað; & on oðre wisan ða þe fulfremede ne bioð nohwæðer
ne on ielde ne on wisdome, & ðeah for rædwilnesse to fóð, on oðre
wisan ða þe medomlice & wel mægon læran, & him ðeah ondrædað
for eaðmodnesse ðæt hie hit forðy forlætað; & on oðre wisan ða þe
ðisse hwilendlican áre wilniað, & him nan geswinc ne ðyncð ðæt hie
hie hæbben, on oðre ða þe him ðyncð micel earfoðu & micel geswinc
to habbanne, & hiera swæðeah wilniað; & on oðre wisan ða þe beoð
mid sinscipe gebundene, on oðre ða þe bioð frio ðara benda; & on
oðre wisan ða þe ða ðurhtogenan synna wepað, on oðre ða þe ða
geðohtan wepað; & on oðre wisan ða þe ða ærgedonan wepað, & ðeah
ne forlætað, on oðre ða þe hie forlætað & swæðeah ne wepað; & on
oðre wisan ða þe ða unalifendan ðing doð, & hie eac herigeað, on oðre

---

are too hasty; in one way the humane, in another the cruel; in one
way the humble, in another the proud; in one way the steadfast, in
another the fickle and inconstant; in one way the over-greedy, in
another the abstinent; in one way those who generously give away
their own, in another those who strive for the property of others, and
rob them; in one way those who neither rob other men nor gene-
rously distribute their own, and in another those who generously dis-
tribute their own and yet do not refrain from robbing other men; in
one way the quarrelsome, in another the peaceful; in one way the
lovers of strife who breed dissensions, in another the peace-makers; in
one way are to be admonished those who do not rightly understand
the words of the holy law, in another those who rightly understand

ðe beoð to hrade; & on oðre wisan ða manðuæra(n), on oðre ða
grambæran; & on oðre wisan ða eaðmodan, on oðre ða úpá-
hæfenan; & on oðre wisan ða anwillan, on oðre ða ungestæððegan
& unfæsðrædan; & on oðre wisan ða ofergifran, on oðre ða fæstendan;
5 & on oðre wisan ða ðe mildheortlice hira agen sellað, on oðre ða ðe
æfter oðerra monna ierfe flitað, & hie reafigeað; & on oðre [wi]san ða
ð[e] nohwæðer ne oðerra monna ne reafiað, ne hiera agen rumedlice
ne dælað, & on oðre wisan ða ðe hira agen rumedlice sellað, & ne for-
lætað ðeah ðæt hie oðerra monna ne reafien; & on oðre wisan ða un-
10 gemodan, on oðre ða gemodan; & on oðre wisan ða wrohtgeornan ðe
cease wyrceað, & on oðre ða gesibsuman; ond on oðre wisan sint to
manianne ða ðe ða word ðære halgan æ ryhte ne ongietað, on oðre ða
ðe hi ryhtlice ongietað, & ðeah for eaðmodnesse wandiað ðæt hi hit
ne sprecað; ond on oðre wisan ða ðe fullfremede ne beoð nohwæðer
15 ne on ieldo ne on wisdome, & ðeah for hrædwilnesse to foð, & on oðre
wisan ða ð[e] medomlice & wel magon læran, & him ðeah ondrædað for
eaðmodnesse, ðæt hie hit forðy forlætað; & on oðre wisan ða ðe ðisse
hwilendlican are wilniað, & him nan gesuinc ne ðyncð ðæt hi hie
hæbben, on oðre ða ðe him ðyncð micel earfoðu & micel gesuinc to
20 habbanne, & hiera suaðeah wilniað; ond on oðre wisan ða ðe beoð
mid synscipe gebundene, on oðre ða ðe beoð frio ðara benda; & on
oðre wisan ða ðe [ða] ðurhtogenan [synna] wepað, on oðre ða ðe ða
geðohtan wepað; & on oðre wisan ða ðe ða ærgedonan wepað, &
ðeah ne forlætað, on oðre ða ðe hi forlætað, & suaðeah ne wepað; &
25 on oðre wisan ða ðe ða unaliefedan ðing doð, & hie eac herigað, & on

them, and yet from humility hesitate to preach them; in one way
those who are not perfect either in age or wisdom, and yet from hasty
zeal undertake the office, in another those who are capable of teaching
properly and well, and yet from humility are afraid, so that they decline it;
in one way those who desire this transitory authority, and think it no
trouble to hold it, in another those who think it a great hardship and
trouble to hold it, and yet desire it; in one way those who are married,
in another those who are free from those bonds; in one way those who
bewail the sins they have committed, in another those who bewail
those they have meditated; in one way those who bewail those that
they formerly committed, and yet do not give them up, in another way
those who give them up, and yet do not bewail them; in one way those

wisan ða þe hie tælað, and hie swæðeah ne forlætað ; & on oðre wisan
ða þe mid sumre unryhtwilnunga bioð færinga hrædlice oferswiðede,
on oðre ða þe on ðære synne ealnu weg licgeað, mid geðeahte to
gebundene ; & on oðre wisan ða þe ða lytlan scylda oftrædlice wyr-
ceað, on oðre ða þe ða lytlan forgað, & ðeah hwilum ða maran
wyrceað ; & on oðre wisan ða þe nan god nyllað onginnan, on oðre
ða þe hit onginnan willað, & næfre ne geendiað ; & on oðre wisan
ða þe dearnunga yfel doð, & god eawunga, on oðre wisan ða þe
hiera god helað þe hie doð, & ne receað ðeah men wenen ðæt hie yfel
dón, & eac mid sumum ðingum gedoð ðæt men wenað ðæt hie yfel
dón.   Hu nyt reahton we nu ond rimdon ða cægea, buton we eac
feawum wordum ætiewen hwæt hie healden, & swæ we sweotulost
mægen æfter gereccean ?

XXIV. Ðætte on oðre wisan sint to manianne weras, on oðre wif.

On oðre wisan sint to manianne weras, on oðre wif.   Ða weras
mon sceal hefiglicor & stiðlicor læran, & ða wif liohtlicor ; forðæm
ðæt ða weras higien to maran byrðene, & ða wif mid oleccunga
weorðen on gebrohte.

XXV. Ðætte on oðre wisan sint to manianne ða iungan, on oðre
        ða ealdan.

On oðre wisan sint to læronne ða giungan, on oðre ða ealdan ;
forðæm oftor mid reðre manunge bioð ða giongan nytwyrðe gedone,

who do unlawful things, and also praise them, in another those who
blame them and yet do not relinquish them ; in one way those who are
soon overcome by any sudden unrighteous desire, and in another those
who are engaged in the sin the whole time, bound to it by design ; in
one way those who often commit small sins, in another those who
forego the small sins and yet sometimes commit the greater ; in one
way those who will not begin any good, in another those who desire
to begin and never accomplish it ; in one way those who do evil
secretly and good openly, in another those who hide the good they do,
and do not care if men think they do evil, and also in some things
make men think they do evil.   Of what use were it to describe and
enumerate the keys without explaining in a few words what they are
to lock up, and treating of them hereafter as clearly as we can ?

oðre wisan ða ðe hie tælað, & [hi] suaðeah ne forlætað; & on oðre
wisan ða ðe mid sumere unryhtwilnunga beoð færinga hrædlice ofer-
suiðede, on oðre ða ðe on ðære synne ealnu weg licgað, mid geðeahte
to gebundene; & on oðre wisan ða ðe ða lytlan scylda oftrædlice
5 wyrceað, on oðre wisan ða ðe ða lytlan forgáð, & ðeah hwilum ða
maran wyrceað; & on oðre wisan ða ðe nan gód nyllað onginnan, on
oðre ða ðe hit onginnan willað, & næfre ne geendigað; & on oðre wisan
ða ðe dearninga yfel doð, & god eawunga, & on oðre wisan ða ðe hira
gód helað ðe hie dóð, & ne reccað ðeah menn wenen ðæt hie yfel don,
10 & eac mid sumum ðingum gedoð ðæt menn wenað ðæt hi yfel don.
Hu nytt rehton we nu & rimdon ða cæga, buton we eac feawum
wordum ætiewen hwæt hie healden, & sua we swiotolusð mægen
æfter gereccan?

XXIV. Ðætte on oðre wisan sint to monianne weras, on oðre wíf.

15   On oðre wisan sint to manianne weras, on oðre wíf. Ða weras
mon sceal hefiglecor & stiðlecor læran, & ða wíf leohtlecor; forðæm
ðæt ða weras higigen to mara[n] byrðenne, & ða wíf mid oleccunga
weorðen on gebrohte.

XXV. Ðætte on oðre wisan sint to monianne ða iungan, on oðre
20   ða ealdan.

On oðre wisan sint to læranne ða iungan, on oðre ða ealdan;
forðæm oftor mid reðre manunga beoð ða iungan nytwyrðe gedone,

---

XXIV. That men are to be admonished in one way, in another
    women.

Men are to be admonished in one way, in another women. Men are
to be taught more seriously and severely, women more lightly; that
the men may aspire to a greater burden, and the women be brought
on with flattery.

XXV. That the young are to be admonished in one way, in another
    the old.

The young are to be taught in one way, in another the old; because
the young are more often made useful with zealous admonition, and

& ᵹa ealdan mid liᵹelicre bene, swæ hit awriten is on ᵹære æwe : Ne
ᵹreata ᵹu na ᵹone ealdan, ac healsa hiene swæ ᵹinne fæder.

XXVI. Đætte on oᵹre wisan sint to manianne ᵹa welegan, on oᵹre
    ᵹa wædlan.

On oᵹre wisan sint to manianne ᵹa wædlan, on oᵹre ᵹa welegan.
Đa wædlan sint to frebranne & to retanne, ᵹylæs hie sin to ormode
for hiera earfeᵹum. Đa oᵹre sint to bregeanne, ᵹylæs hie sien for
hiora wlencium to upahafene. To ᵹæm wædlan wæs gecweden ᵹurh
Dryhten to ᵹæm witgan : Ne ondræd ᵹu ᵹe, forᵹæm ᵹu ne wyrᵹest
gescended. And swiᵹe hræᵹe eac æfter ᵹæm he him olecte, þa he
cwæᵹ : Đu earma, ᵹu þe art mid ᵹy storme & mid ᵹære yste onwend
& oferworpen, ᵹe ic geceas on ᵹæm ofne þe ᵹu on wære asoden, ᵹæt
wæs on ᵹinum iermᵹum. Ac *sanctus* Paulus ᵹreade ᵹa welegan, þa
he cwæᵹ to his gingran : Sæcgeaᵹ ᵹæm welegum gind ᵹisne middan-
geard ᵹæt hie to ofermodlice ne ᵹencen, ne to wel ne truwigen ᵹissum
ungewissum welum. Be ᵹæm we magon swiᵹe sweotule oncnawan
ᵹæt se eaᵹmodnesse lareow, ᵹa ᵹa he ymb ᵹa welegan spræc, na ne
cwæᵹ : Biddaᵹ, ac : Sæcgeaᵹ, & bebeodaᵹ. And eac we magon
oncnawan ᵹæt, ᵹæt ᵹa earman & ᵹa untruman sint to retanne, & ᵹa
ofermodan & ᵹa upahafenan ne sint to weorᵹianne, ac ᵹa monn sceal
swæ micle ma hatan ᵹonne biddan swæ mon ongit ᵹæt hie for ᵹissum
worldwlencium bioᵹ swiᵹur upahafene & on ofermettum aᵹundene.
Be ᵹæm Crist cwæᵹ on his godspelle : Wa eow welegum, þe eower
lufu eall and eower tohopa is on eowrum worldwelum, & ne giemaᵹ

---

the old with mild intreaties, as is written in the law : " Rebuke not the
old man, but intreat him as thy father."

XXVI. That the rich are to be admonished in one way, in another
    the poor.

The poor are to be admonished in one way, in another the rich.
The poor are to be consoled and cheered, lest they despair too much
because of their hardships. The others are to be terrified, lest they
be too proud of their magnificence. To the poor man was said through
the Lord to the prophet: " Fear not, for thou shalt not be confounded."
And soon after he soothed him, saying : " Thou poor man, who art
prostrated and thrown over with the storm and whirlwind, I have

& ᵭa ealdan mid liᵭelicre bene, sua hit awriten is on ᵭære æwe : Ne
ᵭre[a]ta ᵭu [no] ᵭone ealdan, ac healsa hine sua sua ᵭinne fæder.

XXVI. Ðætte on oᵭre wisan sint to manianne ᵭa welegan, ón oᵭre
ᵭa wædlan.

5   On oᵭre wisan sint to manianne ᵭa wædla[n], on oᵭre ᵭa welegan.
Ða wædlan sint to frefranne & to retanne, ᵭylæs hi sien to ormode
for hira earfeᵭum.   Ða oᵭre sint to breganne, ᵭylæs hi sien for
hiera wlencum to úpáhæfene.   To ᵭæm wædlan wæs gecueden ᵭurh
Dryhten to ᵭæm witgan : Ne ondræd ᵭu ᵭe, forᵭæm ᵭu ne weorᵭesᵭ
10 gescended.   & suiᵭe hræᵭe eac æfter ᵭæm he him olecte, ᵭa he cuæᵭ :
Ðu earma, ᵭu ᵭe eart mid ᵭy storme & mid ᵭære yste onwend & ofer-
worpen, ᵭe ic geceas on ᵭam ofne ᵭe ᵭu on wære asoden, ᵭæt wæs
on ᵭinum iermᵭum.   Ac sanctus Paulus ᵭreade ᵭa welegan, ᵭa he
cuæᵭ to his gingrum : Secgaᵭ ᵭæm welegum gind ᵭisne middangeard
15 ᵭæt hi to ofermodlice ne ᵭencen, ne to wel ne truwigen ᵭissum unge-
wissum welum.   Be ᵭæm we magon suiᵭe swutule oncnawan ᵭæt
se eaᵭmodnesse lareow, ᵭa ᵭa he ymb ᵭa welegan spræc, na ne cuæᵭ :
Biddaᵭ, ac : Secgaᵭ, & bebeodaᵭ.   & eac we magon oncnawan ᵭæt, ᵭæt
ᵭa earman & ᵭa untruman sient to retanne, & ᵭa ofermodan & ᵭa
20 úpahafenan ne sient no to weorᵭianne, ac ᵭa mon sceal [swa] micle
ma hatan ᵭonne biddan sua man ongiet ᵭæt hie for ᵭissum woruld-
wlencum bioᵭ suiᵭur úpáhafene & on ofermettum aᵭundene.   Be
ᵭæm Crist cuæᵭ on his godspelle : Waa ieow welegum, ᵭe iower lufu
eall & eower tohopa is on eowrum woruldwelum, & ne giemaᵭ ᵭæs

chosen thee in the furnace wherein thou wert melted, that is in thine
afflictions."   But St. Paul rebuked the rich, when he said to his dis-
ciples : "Tell the rich throughout this world that they are not to be
too proud in their thoughts, nor trust too much to these uncertain
riches."   By which we can clearly understand that the teacher of
humility, when he spoke of the rich, did not say "Pray," but "Tell,
and command."   And we can also understand that the poor and weak
are to be cheered, and the proud and puffed up are not to be rever-
enced, but are to be so much the more commanded rather than in-
treated the more they are seen to be puffed up because of their worldly
magnificence and inflated with pride.   Of whom Christ spoke in his
Gospel : "Woe to you rich men, whose whole love and hope is in your

ðæs ecean gefean, ac gefioð ealle mode ðisses ondweardan lifes ge-
nyhte. Ac ðæs is ðearf ðæt mon ðone frefre þe on ðæm ofne asoden
bið his iermða, and se is to ðreatianne & to bregeanne, se þe bið
upahafen mid ðy gefean & mid ðy gilpe ðisse worlde ; ðætte ða
sorgfullan ongieten ðæt him becumað ða welan þe him gehatene sint,
ðeah hie hie ðonne giet ne gesion ; & eac ða welegan ongieten ðæt[te]
ða welan þe hie onlociað & habbað, ðæt hie þa habban ne magon. Ac
ðæm lareowe is micel ðearf ðæt he ongiete hwa earm sie, hwa eadig,
& hwone he læran scile swæ earmne, & hwone swæ eadigne. Forðæm
oft se welega & se wædla habbað swæ gehwierfed hiera ðeawum ðæt
se welega bið eaðmod & sorgfull, & se wædla bið upahafen & selflice.
Forðæm sceal se lareow swiðe hrædlice wendan his tungan ongean
ðæt þe he ongiet ðæt ðæs monnes ingeðonc bið, forðæm ðæt se earma
upahafena sie mid his wordum geðreatod & gescended, ðonne he ongiet
ðæt hiene ne magon his iermða geðreatian & gecaðmedan. Ac swæ
micle liðelicor he sceal oleccean ðæm welegan eaðmodan swæ he ongiet
ðæt he eaðmodra bið, ðonne hiene ne magon ða welan forwlencean, þe
ælcne ofermodne oðhebbað. & oft eac mon sceal ðone welegan ofer-
modan to him loccian mid liðelicre olecciunga, forðæm ðæt he hiene
to ryhte geweme ; forðæm oft hearde wunda bioð mid liðum beðun-
gum gehnescode & gehælede, and eac ða wodðraga ðæs ungewitfullan
monnes se læce gestilð & gehælð mid ðæm ðæt he him oleeð æfter
his agnum willan. Ne sculon we eac forgitan hu hit wæs be Saule
ðæm kyninge : ðonne him se wieðerwearda gast on becom, ðonne
gefeng Dauid his hearpan, & gestilde his wodðraga mid ðam gligge.

---

worldly riches ; ye care not for the eternal joys, but ye delight with
all your heart in the enjoyments of this present life." It is necessary
to console him who is melted in the furnace of his miseries, and he is
to be rebuked and terrified who is puffed up with the joys and glories
of this world ; that the sorrowful may understand that the riches
which are promised to them will come to them, though they do not
see them yet, and also that the rich may understand that they cannot
retain the riches they look at and possess. It is very necessary for the
teacher to know who is poor, who rich, and whom he is to admonish
as a poor, whom as a rich man. Because the rich and the poor man
often so change their natures that the rich man is humble and sad, and
the poor man is puffed up and conceited. Therefore the teacher must

ecan gefean, ac gefeoð ealle mode ðisses andweardan lifes genyhte.
Ac ðæs is ðearf ðæt mon ðone frefre ðe on ðæm ofne asoden bið his
iermða, & se is to ðreatiganne & to breganne, se ðe bið úpáhafen
mid ðy gefean & mid ðy gielpe ðisse worulde ; ðætte ða sorgfullan
5 ongieten ðæt him becumað ða welan ðe him gehatene sint, ðeah hi hi
ðonne gít ne geseon ; & eac ða welegan ongietén ðætte ða welan ðe
hie onlociað & habbað, ðæt hie ða habban ne magon. Ac ðæm lareowe
is micel ðearf ðæt he ongiete hwa earm sie, hwa eadig, & hwone he
læran scyle sua earmne, & hwane sua eadigne. Forðæm oft se welega
10 & se wædla habbað sua gehweorfed hira ðeawum ðæt se welega bið
eaðmod & sorgfull, & se wædla bið úpáhæfen & selflice. Forðæm
sceal se lareow suiðe hrædlice wendan his tungan ongean ðæt ðe
he ongiet ðæt ðæs monnes inngeðonc bið, forðæm ðæt se earma
úpahafena s[i]e mid his wordum geðreatod & gescended, ðonne he ongiet
15 ðæt hine ne magon his iermða geðreatigan & gee[a]ðmedan. Ac sua
micle liðelecor he sceal olecan ðæm welegan eaðmodan sua he ongiet
ðæt he eaðmodra bið, ðonne hine ne magon ða welan forwlencean, ðe
ælcne ofermodne oðhebbað. & oft eac mon sceal ðone welegan ofer-
modan to him loccian mid liðelicre olicunga, forðæm ðæt he hine
20 to ryhte geweeme ; forðæm oft hearda wunda beoð mid liðum beðen-
gum gehnescode & gehælede, & eac ða wodðraga ðæs ungewitfullan
monnes se læce gestilð & gehælð mid ðæm ðæt he him olecð æfter
his agnum willan. Ne sculon we eac forgietan hu hit wæs be Saúle
ðam kyninge : ðonne him se wiðerwearda gæsð on becom, ðonne
25 géfeng Dauid his hearpan, & gestillde his wodðraga mid ðæm glige.

---

quickly direct his tongue against what he perceives to be the man's
thoughts, that the poor and proud man may be rebuked and humi-
liated with his words, when he sees that his miseries are not enough
to afflict and humble him. But the more gently he must soothe the rich
and humble man the more humble he sees that he is, when the riches
which puff up all proud men are not able to make him proud. And often
also he must attract the rich and proud man with gentle flattery, to
entice him to goodness ; because severe wounds are often alleviated
and healed with gentle fomentations, and the physician stills and cures
the paroxysms of the madman by soothing him according to his own
desire. We must not forget how it happened to king Saul : when the
evil spirit came upon him, David took his harp, and stilled his par-

Hwæt mæg ðonne elles tacnian Saules ungewitfulnes buton ða upaha-
fenesse ðara welegena ? Oððe hwæt is elles getacnod ðurh Dauid
buton eaðmodlic lif haligra monna ? Forðæm ðonne se unclæna gast
becom on Saul, Dauid ðonne mid his sange gemetgode ða wodðrage
Saules. Swæ ðonne, ðonne ðæt mod ðara ricena for upahafenesse bið
to ierre gehwierfed, ðonne is cynn ðætte we for hiera modes hælo
olecende hie on smyltnesse gebrengen mid ure spræce, swæ swæ Dauid
dyde Saul mid ðære hearpan. Hwilum eac ðonne mon ðæm ricum
cidan sceal, ærest mon sceal sprecan asciende, swelce he be oðrum men
sprece & ascige, & gehiere hu he be ðæm deman wille. Ðonne mon
ðonne ongiete ðæt he ryhte gedemed hæbbe, & he wene ðæt he ryht
be oðrum gedemed hæbbe, ðonne sæcge him mon swiðe gedæftelice
for his agnum scyldum, ðylæs ðæt aðundene mod for ðisum hwilendli-
cum anwalde hit gebelge wið ðone þe him cit, ac ðæt he mid his
agnum wisdome & mid his agnum wordum ðone swyran gebigge his
agenra ofermetta, ðætte he nane lade ne mæge findan, ac sie swæ mid
his agnum wordum gebunden. Forðæm com Naðan to cidanne ðæm
kyninge Dauide, & licette, swelce he ymb sumes ðearfan & sumes
earmes monnes ryht spræce, & sohte ðæs kyninges dom, & wolde ðæt
he ærest hiene be oðrum men gedemde, & siððan gehierde his agne
scylde, forðæm ðæt he eft ne meahte ðæm ilcan dome wiðcweðan.
& eac se haliga mon ongeat ægðer ge ðæs kyninges scylde ge eac his
hatheortnesse & gedyrstignesse, wolde hiene ða ærest gebindan mid
his agenre ondetnesse, & forhæl him ðæt he hiene eft ðreatian wolde.
Swæ se læce hyt his isern wið ðone mon þe he sniðan wile ; wenð, gif
he hit him iewe, ðæt he him nylle geðafian ðæt he hiene sniðe. Ac

---

oxysms with the music. What else can Saul's madness signify but
the pride of the rich? Or what else is signified by David but the
humble life of holy men? Therefore, when the unclean spirit came
on Saul, David with his song alleviated Saul's fit of madness. So,
when the mind of the rich through pride is turned to anger, it is proper
for us to heal their mind by soothing them and restoring them to tran-
quillity by our talk, as David did Saul with the harp. Sometimes
also, when we have to rebuke a rich man, we must first speak en-
quiringly, as if we spoke and asked about another man, and hear
how he will judge in his case. And when we see that he has judged
rightly, and he himself thinks he has judged rightly in the other's case,
we can tell him very adroitly, because of his own sins, lest the mind,

Hwæt mæg ðonne elles tacnian Paules ungewitfullnes buton ða úpaha-
fenesse ðara welegena? Oððe hwæt is elles getacnod ðurh Dauid
buton eaðmodlic líf haligra monna? Forðæm ðonne se unclæna gæsð
becom on Saul, Dauid ðonne mid his sange gemetgode ða wodðrage
5 Saules. Sua ðonne, ðonne ðæt mod ðara ricena for úpahæfenesse bið
to ierre gehwierfed, ðonne is cynn ðætte we for hira modes hælo
olicende hi on smyltnesse gebringen mid ure spræce, sua sua Dauid
dyde Saul mid ðære hearpan. Hwilum eac ðonne mon ðæm ricum cidan
sceal, æresð mon sceal sprecan asciende, suelce he be oðrum menn sprece
10 & ascie, & gehiere hu be ðæm deman wille. Ðonne mon ðonne ongiete
ðæt he ryhte gedemed hæbbe, & he wene ðæt he ryht be oðrum gedemed
hæbbe, ðonne secge him mon suiðe gedæftelice for his agnum scyldum,
ðylæs ðæt aðundne mód for ðissum hwilendlicum anwalde hit gebelge
wið ðone ðe him cít, ac ðæt he mid his agnum wisdome & mid his
15 agnum wordum ðone suiran gebiege his agenra ofermetta, ðætte
he nane lade ne mæge findan, ac sie sua mid his agnum wordum
gebunden. Forðæm com Nathan to cidanne ðæm cyninge Dauide,
& licette, suelce he ymb sumes ðearfan & sumes earmes monnes
ryht spræce, & sohte ðæs cyninges dom, & wolde ðæt he æresð
20 hine be oðrum menn gedemde, & siððan gehierde his agne scylde,
forðæm ðæt he eft ne meahte ðæm ilcan dome wiðcueðan. & eac se
haliga monn [óngeat] ægðer ge ðæs cyninges scylde ge eac his hath-
eor(t)nesse & gedyrstignesse, wolde hine ða æresð gebindan mid his
agenre ondetnesse, & forhæl him ðæt he hine eft ðreatian wolde. Sua
25 se læce hyd his isern wið ðone monn ðe he sniðan wile; wenð, gif
he hit him iewe, ðæt he him nylle geðafigean ðæt he hine sniðe. Ac

---

puffed up with this transitory authority, be angry with him who re-
bukes it, and that with his own wisdom and words he may bend the
neck of his own pride, that he may not find any excuse, but be thus bound
with his own words. Therefore Nathan came to rebuke king David,
and pretended to speak of the cause of a poor man, and asked the
king's opinion, wishing him first to judge himself by another man, and
then hear his own sin, that he might not be able afterwards to dispute
the same sentence. And also the holy man perceived both the sin
and the hasty temper of the king, and his rashness, and therefore
wished first to bind him with his own confession, and concealed from
him that he would afterwards rebuke him. So the physician hides
his knife from the man he is about to cut, thinking that if he show

grapað swiðe rægre ymbutan ðæt ðæt he sniðan wile, & snið swiðe
hrædlice. Swæ se witga dyde ðone kyning mid his wordum : ic wene
ðæt he hiene snide slawlicor, gif he him ær sæde ðæt he hiene sniðan
wolde ; ðy hit wæs betre ðæt he grapude mid ðæm bispelle ær,
ærðonþe he cidde, swæ se læce grapað, & stracað, & hyt his seax &
hwett, ærðonþe he stingan wille. Se læce, ðonne he cymð ðone
untruman to sniðanne, ærest he sceawað ðæt cumbl, & siððan hiene
tweonað ymb ðæs untruman geðyld, hwæðer he geðafian mæge ðæt
hiene mon sniðe. Hyt ðonne his læceseax under his claðum oððæt
he hiene wundað : wile ðæt he hit gefrede, ær he hit gesio ; forðæm
he wenð, gif he hit ær gesio, ðæt he hit wille forsacan.

XXVII. Ðætte on oðre wisan sint to manianne ða gladan, on oðre
ða unrotan.

On oðre wisan sint to manianne ða bliðan, on oðre ða unrotan.
Ðæm oferbliðum is to cyðonne ða unrotnessa ða ðæræfter cumað, &
ðæm unbliðum sint to cyðonne ða gefean þe him gehatene sint.
Geliornigen ða bliðan on ðære ðreaunga ðæt hie him ondræden, &
gehieren ða unbliðan ða lean ðæs gefean þe hie tohopiað. To ðæm
bliðan is gecweden : Wa eow þe nu hlehhað, forðæm ge sculon eft
wepan. Gehieren eac ða unrotan ðone cwide þe him is to gecweden
ðurh ðone ilcan lareow, ðæt is Crist, he cwæð : Eft ic eow gesio, &
ðonne blissiað eowre heortan, & eowerne gefean eow nan mon æt ne
genimð. Monige beoð ðeah & eac unbliðe ðara þe for nanum worl(d)-
ðingum nahwæðer doð, buton for ðæs blodes styringe & for lichoman

---

it him he will not allow him to cut him. But he feels very gently
about the part he is going to cut, and cuts very quickly. So the
prophet did the king with his words : I think he would not have cut
him so soon, if he had told him beforehand that he was going to cut
him ; therefore it was better for him to feel with the parable before he
rebuked, as the physician feels, and strokes, and hides and whets his
knife, before he pierces. When the physician comes to cut the patient,
he first examines the swelling, and doubts his patience, whether he
will submit to be cut. He hides his lancet under his clothes until he
wounds him, wishing him to feel it before he sees it ; for he thinks
that if he see it beforehand he will refuse.

grapað suiðe fægre ymbutan ðæt ðæt he sniðan wile, & snið swiðe
hrædlíce. Sua se witga dyde ðone cyning mid his wordum : ic wene
ðæt he hine snide slaulecor, gif he him ær sæde ðæt he hine sniðan
wolde; ðy hit wæs betre ðæt he grapude mid ðæm bispelle, ærðonðe
5 he cidde, sua se læce grapað, & stracað, & hyt his seax & hwæt,
ærðonðe he stingan wille. Se læce, ðonne he cymð ðone untruman
to sniðanne, æresð he sceawað ðæt cumbl, & siððan hine tweonað
ymb ðæs untruman geðyld, hwæðer he geðafian mæge ðæt hine mon
sniðe. Hyt ðonne his læceseax under his claðum oððæt he hine
10 wundað : wile ðæt he hit gefrede, ær he hit geseo ; forðæm he wenð,
gif he hit ær geseo, ðæt he hit wille forsacan.

    XXVII. Ðætte on oðre wisan sint to manianne ða gladan, on oðre
        ða u[n]rotan.

    O[n] oðre wisan sint to man(i)anne ða bliðan, on (o)ðre ða u[n]rotan.
15 Ðæm oferbliðum is to cyðanne ða unrotnessa ðe ðæræfter cumað, &
ðam unbliðum sint to cyðanne ða gefean ðe him gehatene sindon.
Geliorngen ða bliðan on ðære ðreaunga ðæt hie him ondræden, &
gehieren ða unbliðan ða lean ðæs gefean ðe hie tohopiað. To ðæm
bliðan is gecueden : Wa eow ðe nu hliehað, forðam ge sculon eft
20 wepan. Gehieren eac ða unrotan ðone cuide ðe him is to gecueden
ðurh ðo[ne] illcan lareow, ðæt is Crist, he cuæð : Eft ic eow geseo,
& ðonne blissiað eowre heortan, & eowerne gefean eow nan mon æt
ne genimð. Monige beoð ðeah bliðe & eac unbliðe ðara ðe for nanum
woruldðingum nahwæðer doð, buton for ðæs blodes styringe & for

---

XXVII. That the glad are to be admonished in one way, in another
     the sad.

The cheerful are to be admonished in one way, in another the sad.
To the overcheerful is to be shown the sadness which follows, and
to the sad the joys which are promised them. Let the cheerful learn
from the rebuking to fear, and let the sad hear of the rewards of the
joy they hope for. To the cheerful is said : "Woe to you who now
laugh, for ye shall afterwards weep." Let the sad also hear the saying
which is addressed to them by the same teacher, which is Christ; he
said : "I shall see you again, and your hearts will rejoice, and no man
shall deprive you of your joy." Many however are cheerful and sad,
not from any worldly cause, but because of the motion of the blood and

medtrymnesse. Swæ∂eah is ∂æm to cy∂anne ∂æt hie hie warenigen æg∂er ge wi∂ ∂a ungemetlican blisse ge wi∂ ∂a ungemetlican unrotnesse, for∂æm hiera æg∂er astyre∂ sumne un∂eaw, ∂eah hie ungewealdes cumen of ∂æs lichoman mettrymnesse. Ðæm oferbli∂an oft folga∂ firenlust, & ∂æm unrotan irre. For∂æm is micel nied∂earf ∂æt mon hiene wi∂ ∂æt irre an & wi∂ ∂a ungemetlican sæl∂a warnige, ac eac wi∂ ∂æt þe forcu∂re bi∂, þe ∂æræfter cym∂, ∂æt is firenlust & unryhtlicu irsung, ∂æt is ∂æt mon irsige on o∂erne for his gode. Ðonne is micel ∂earf, ∂onne him mon ∂issa twegea hwæ∂er ondræt swi∂ur ∂onne o∂er, & wi∂ ∂æt win∂, ∂æt he swæ swi∂e wi∂ ∂æt winne swæ he on ∂æt o∂er ne befealle, þe he him ær læs ondred.

XXVIII. Ðætte on o∂re wisan sint to manianne ∂a ealdormen, on
o∂re ∂a hieremen.

On o∂re wisan sint ∂onne to manianne ∂a under∂ioddan, on o∂re ∂a ofergesettan. Ða under∂ioddan mon sceal swæ læran ∂æt hie ealles ne sien genæt ne geiermed, & ∂a ofergesettan mon sceall swæ manian ∂æt se hiera folgo∂ hiene ne o∂hebbe. And ∂a under∂ioddan ∂æt hie wiers ne don ∂onne him mon bebeode, & ∂a ofergesettan ∂æt hie him to unaberendlice ne beoden. And ∂a under∂ioddan ∂æt hie him ea∂modlice underlicggen, & ∂a ofergesettan ∂æt hie gemetlice him ofer sien, ∂æt hie magon eac be ∂isse bisene ongietan þe him is to gecweden : Bearn, beo ge under∂iodde eowrum ieldrum magum on Dryhtne. Ðæm ofergesettan is to gecweden : Ne gremige ge eowru

---

bodily weakness. Yet they are to be directed to guard both against immoderate joy and immoderate sadness, because they both stir up some vice, although they arise involuntarily from bodily· weakness. The overcheerful are often liable to wantonness, and the sad to anger. Therefore it is very necessary to guard both against anger and excessive prosperity, and also against what is worse, and follows after, which is wantonness and unrighteous anger, that is, being angry with another because of his prosperity. And it is very necessary, when a man dreads either of these two more than the other, and strives against it, that he strive not so earnestly against it as to fall into the other, which he formerly dreaded less.

lichoman medtrymnesse. Suaðeah is ðæm to cyðanne, ðæt hi hie war-
enigen ægðer ge wið ða ungemetlican blisse ge wið ða ungemetlican
unrotnesse, forðæm hira ægðer astyreð sumne unðeaw, ðeah hie unge-
wealdes cumen of ðæs lichoman medtrymnesse. Ðæm oferbliðan oft
5 folgað firenlusð, & ðæm unrotan ierre. Forðæm is micel niedðearf
ðæt mon hiene wið ðæt irre án & wið ða ungemetlican sælða warenige,
ac eac wið ðæt [ðe] forcuðre bið, ðe ðæræfter cymð, ðæt is fierenlusð
& unryhtlicu iersung, ðæt is ðæt mon iersige ón oðerne for his gode.
Ðonne is micel ðearf, ðonne him mon ðissa tuega hwæðer ondrætt
10 suiður ðonne oðer, & wið ðæt wienð, ðæt he sua suiðe wið ðæt winne
sua he on ðæt oðer ne befealle, ðe [he] him ær læs ondréd.

XXVIII. Ðætte on oðre wisan sint to monianne ða ealdormen, on
[o]ðre wisan ða hieremenn.

On oðre wisan sint ðonne to manianne ða underðioddan, on oðre
15 ða ofergesettan. Ða underðieddan mon sceal [sua] læran ðæt hie elles
ne sien genæt ne geirmed, & ða ofersettan mon sceal sua manian
ðæt se hiera folgoð hine ne oðhebbe. & ða underðioddan ðæt hie
wiers ne dón ðonne him man bebeode, ond ða ofergeset[t]an ðæt hi
him to unáberendlice ne beoden. & ða underðieddan ðæt hi him
20 eaðmodlice underlicgen, & ða ofergesettan ðæt hie gemetlice him ofer
sien, ðæt hi magon eac be ðisse bisene ongietan ðæt him is to
gecueden : Bearn, beo ge underðiodde eowrum ieldrum magum on
Dryhtne. Ðæm ofergeset[t]an is to gecueden : Ne gremigen ge eowru

---

XXVIII. That the rulers are to be admonished in one way, in
another the subjects.

The subjects are to be admonished in one way, in another those set
above others. The subjects are to be so taught as not to be altogether
troubled or afflicted, and those set above others are to be warned not
to be puffed up by their authority. The subjects not to behave worse
than they are commanded to do, and those set above others not to
command them too intolerably. The subjects to submit to them
humbly, and those set above others to rule them with moderation, which
they can also understand from this example, which is addressed to
them : " Children, be ye subject to your elder kinsmen in the Lord." To
those set above others is said : " Provoke not your children." Let the

bearn. Geleornigen eac ða bearn ðæt hie swæ hieren hiera ieldrum swæ swæ hie selfe wieten on hiera ingeðonce beforan ðæs diglan Deman eagum ðæt hie hit for Gode doon, & æt Gode ða lean habban willen. Geleornigen eac ða fædras & ða hlafordas ðæt hie wel lib-bende gode bisene astellen ðæm þe him underðiedde sien. Eac sculon wiotan ða ofer oðre gesettan ðæt ðæt hie unaliefedes ðurhteoð, & oðre menn be ðæm biseniað, swæ manigra wita hie beoð wyrðe beforan ðæm oðrum swæ swæ hie manna on wón gebrohten, buton he eft self geswice, & swæ manige gecierre swæ he mæst mæge. Forðæm him is swiðe micel ðearf ðæt he swæ micle wærlicor hiene healde wið scylda swæ he geare wietan mæg ðæt he no ana ne forwierð, ðonne he oðrum yfle bysene steleð. Eac sint to manianne ða underðieddan & ða anlepan menn þe æmtige beoð ðæs ðæt hie for oðre menn swincen, ðæt hie huru hie selfe gehealden swæ micle ma swa hie æmettegran beoð ðonne oðre men, ðylæs hie eft weorðen ðearlwislicor gedemde ðonne oðre men. Ða ofer oðre gesettan sint to manianne ðæt hie for hiera hieremonnum [hieremonna] gedwolan ne weorðen gedemde, ðonne hie wenað ðæt hie self (om.) hiera selfra gewyrhtum sien clæne. Se æmettega & se anlepa is to manianne ðæt he swæ micle sorgfulra sie ymb hiene selfne, & swæ micle swiður swince swæ hiene læs oðerra monna giemen bisgað. Ða ofergesettan sint to monianne ðæt hie swæ oðerra manna giemenne gefyllen, ðæt hie hie selfe ne forlæten, & eft ymb (om.) hie selfe swæ geornfulle sien ðæt hie to slawlice ðara ne giemen þe him befæste sien. Ac ðæm þe ðonne æmettig bið his agenne willan to wyrceanne, to ðæm is gecweden : Ðu slawa, ga ðe to æmethylle, &

---

children also learn so to obey their elders, as they themselves know in their hearts before the eyes of the unseen Judge, that they do it for the sake of God, and desire the reward from God. Let the fathers and lords also learn by their good lives to set a good example to their subjects. Those who are set above others must also know that whatever unlawful actions they perform, and thereby set an example to other men, they are worthy of as many punishments more than the others as they have led men astray, unless they afterwards cease, and convert as many as they can. Therefore it is very necessary for him to abstain from sins so much the more carefully as he clearly is able to understand that he does not perish alone when he sets others a bad example. Also the subjects and single men who are not obliged to labour for others are

bearn. Geleornigen eac ða bearn ðæt hi sua hieren hira ieldrum
sua sua hie selfe wieten on hira inngeðonce beforan ðæs dieglan
Deman eagum ðæt hi hit for Gode dón, & æt Gode ða lean habban
willen. Geleornigen eac ða fæderas & ða hlafurdas ðæt hie wel lib-
5 ben[de] gode bisene astellen ðæm ðe him underðiedde sien. Eac sculun
wietan ða ófer óðre gesettan ðæt ðæt hie unaliefedes ðurhteoð, & oðre
men bi ðam bieseniað, sua manegra wieta hie beoð wyrðe beforan
ðæm oðrum sua sua he monna on wón gebrohte, buton he eft self
gesuice, & sua monige gecierre sua he mæsð mæge. Forðæm [him]
10 is suiðe micel ðearf ðæt he sua micle wærlicor hine healde wið
scylda swa he gere witan mæg ðæt he no ana ne forwierð, ðonne he
oðrum yfele bisene steleð. Eac sint to manianne ða underðioddan &
ða anlepan menn ðe æmtige beoð ðæs ðæt hie for oðre menn suincen,
ðæt hie huru hie selfe gehealden sua micle ma sua hie æmetegran
15 beoð ðonne oðre menn, ðylæs hie eft wyrðen ðearlwislecor gedemede
ðonne oðre menn. Ða ofer oðre gesettan sint to manianne ðæt hie
for hira monna gedwolan ne weorðen gedemde, ðonne hie wenað
ðæt hie hira selfra gewyrhtu sien clæne. Se æmetiga & se a[n]lipa
is to manianne ðæt he sua micle sorgfulra sie ymb hine selfne,
20 & sua micle suiður suince sua hine læs oðerra monna giemen
bisegað. Ða ofergesettan sint to monianne ðæt hie sua oðerra
monna giemenne gefyllen, ðæt hie hie selfe ne forlæten, ond eft hie
selfe sua geornfulle sien ðæt hie to slawlice ðara ne giemen ðe him
befæste sien. Ac ðam ðe ðonne æmetig bið his agenne willan to
25 wyrcean(n)e, to ðæm [is] gecueden : Ðu slawa, ga ðe to æmetthylle,

---

to be admonished to restrain themselves so much the more as they are
freer than other men, lest they be afterwards more severely judged
than other men. Those who are set above others are to be warned,
lest they be judged after the errors of their subjects, thinking that
they are pure by their own merits. The unoccupied and the single
man is to be warned to be so much the more careful of himself, and
so much the more laborious, as the care of other men engages him less.
Those in authority are to be warned so to take charge of other men as
not to neglect themselves ; on the other hand, not to be so careful of
themselves as to care too sluggishly for those who are entrusted to them.
But to him who is at liberty to carry out his own will is said : "Thou
sluggard, go to an anthill, and observe their proceedings, and learn

giem hu hie doð, & leorna ðær wisdom. Ða ðonne þe ofer oðre bion
sculon sint swiðe egeslice gemanode mid ðy worde þe man cwæð:
Sunu min, gif ðu hwæt gehætest for ðinne freond, ðonne hafast ðu
oðrum (om.) men (om.) ðin wed geseald, & ðu bist ðonne gebunden mid
ðæm wordum ðines agnes muðes, & gehæft mid ðinre agenre spræce.
Hwelc magon bion maran gehat ðonne mon gehate for his freond ðæt
he underfó his saule on his pleoh? Ðæt is swelce he hæbbe befæst
his hond oðrum menn, ðonne he gebint hiene selfne to him mid his
wordum ðæt he sceal niede ða giemenne & ða geornfulnesse ymb ðone
habban ðe he ær ne ðorfte, forðæm he hiene hæfð ðonne gehæftne
mid his agnum wordum, swelce he sie mid grine gefangen, ðæt he
hiene sceal niede tela læran. Ðy him is micel ðearf, ðonne he tela
lærð, ðæt he eac tela dó, & his lif on nan oðer ne wende, on oðer he
lærð. Forðæm he eft sceal beforan ðæm ðearlwisan Deman mid
gereclicre race gereccean ðæt he ðæt ilce self dyde þe he oðre men
lærde. Ond eft swiðe hræðe æfter ðæm se ilca Salomon cwæð: Dó,
min sunu, swæ ic ðe lære: alies ðe selfne; forðon ðu eart on borg
gegan ðinum friend. Ac iern nu & onette, awece hiene. Ne geðafa
ðu ðinum eagum ðæt hie slapige, ne ne hnappigen ðine bræwas. Swæ
hwa ðonne swæ his lif to bisene bið oðrum monnum geset, ne sceal he
no ðæt an don ðæt he ana wacige, ac he sceal eac his friend wreccean.
Ne ðynce him no genoh ðæt he ana wél libbe, butan eac ða þe he fore
beon sceal from ðære slæwðe his synna atio. Ðæt is swiðe wel ðær
gecweden: Ne slapige no ðin eagan, ne ne hnappigen ðine bræwas.
Ðæt is ðonne ðæt mon his eagan læte slapan [slapigen] ðæt mon for his

---

there wisdom." Those who are to be above others are very terribly
warned with the words which were said: " My son, if thou promisest
aught for thy friend, thou hast given thy pledge, and thou art bound
with the words of thine own mouth, and held by thine own speech."
What greater promise can a man make for his friend than that of
accepting his soul at his own risk? It is like committing his hand to
another, when he binds himself to him with his words that he will
necessarily be careful and zealous about him for whom it was not
necessary before, because he holds him with his own words, as if he
were caught in a trap, and he is obliged to teach him well. Therefore
it is very necessary for him, when he teaches well, also to act well,

& giem hu hie doð, & leorna ðær wisdóm. Ða ðonne ðe ofer oðre
bion sculon sint suiðe egeslice gemanode mid ðy worde ðe mon cuæð :
Sunu min, gif ðu hwæt gehætst for ðinne freond, ðonne hafas ðu ðin
we[d] geseald, & ðu bist ðonne gebunden mid ðæm wordum ðines
5 agnes muðes, & gehæft mid ði[n]re agenre spræce. Hwelc magon
beon maran gehat ðonne mon gehate for his freond ðæt he underfoo
his saule on his pleoh ? Ðæt is suelce he hæbbe befæsð his hond
oðrum menn, ðonne he gebint hine selfne to him mid his wordum
ðæt he sceal niede ða giemenne & [ða] geornfulnesse ymb ðone
10 habban ðe he ær ne ðorfte, forðæm he hine hæfð ðonne gehæftne mid
his agnum wordum, suelce he sie mid grine gefangen, ðæt he hine
sceal nide tela læran. Ðy him is micel ðearf, ðonne he tela lærð,
ðæt he eac tela doo, & his lif ón nan oðer ne wende, on oðer he
lærð. Forðæm he eft sceal beforan ðæm ðearlwisan Deman mid
15 gereccelicre rake gereccan ðæt he ðæt ilce self dyde ðe he oðre menn
lærde. Ond eft suið(e) hraðe [æfter ðæm] se ilca Salomon cuæð : Dó,
min sunu, sua ic ðe lære : alies ðe selfne ; forðæm ðu eart on borg
began ðinum friend. Ac iern nu & onette, awece hine. Ne geðafa
ðu ðinum e[a]gum ðæt hie slapige, ne ne hnappigen ðine bræwas. Sua
20 hwa ðonne sua his 'lif to bie[sene bið] oðrum monnum geset, ne sceal
he no ðæt an' dón ðæt he ana wacie, ac he sceal eac his friend wreccan.
Ne ðynce him no genog ðæt he ana wel libbe, buton eac ða ðe he
fore beon sceal from ðære slæwðe his synna atio. Ðæt is sui(ðe) wel
ðær gecueden : Ne slapige no ðin eage, ne ne hnappigen ðine bræwas.
25 Ðæt is ðonne ðæt mon his eage læte slapian ðæt mon for his un-

---

without perverting his life contrary to his teaching. Therefore he
will afterwards have to prove at length before the severe Judge
that he himself performed what he taught others. And again,
very soon after the same Solomon said : " Do, my son, as I advise
thee : free thyself ; because thou hast pledged thyself to thy friend.
But run now, and hasten, arouse him. Suffer not thine eyes to sleep,
nor let thine eyelids doze." Whoever, then, makes his life an example
to others must not only himself keep awake, but must also arouse his
friend. Let him not think it enough that he only live well, but he
must also draw away those he is set over from the sloth of their sins.
It is very well said : " Let not thine eye sleep, nor thine eyelids

unwisdome & for his swongornesse ne mæge ongietan ða unðeawas
ðara ðe him underðiodde bioð.   Ac ðonne hnæppiað ure bræwas,
ðonne we hwæthwugu stiorwierðes ongietað on ða þe us underðiedde
bioð, & we gebærað for ure recceliste swelce we hit nyten ; ðonne
hnappige we.   Ac ðonne we slapað fæste, ðonne we nohwæðer ne hit
wietan nyllað ne hit betan nyllað, ne furðum ne recceað hwæðer we
hit ó wieten [óngitan], ðeah we hit gecnawan cunnen.   Ne slæpð se no
fæste, ac hnappað, se þe gecnawan mæg hwæt tælwierðe bið, & swæðeah
for his modes swongornesse oððe recceliste forwandað ðæt he bete
& ðreage his hieremen be ðæs gyltes andefene.   Ærest mon hnappað ;
gif he ðonne ðære hnappunge ne geswicð [suicð], ðonne hnappað he oð
he wierð on fæstum slæpe.   Swæ eac oft gebyreð ðæm þe fore oðre
men bion sceal, ðonne he hwelc yfel ongiet, & ðæt nyle onweg aceorfan,
ðæt ðonne æt nihstan hit wierð to gewunan ðæt he hit ne mæg gebe-
tan, ne furðum ongietan ðæt hit ænig yfel sie.   Ac ða sint to manianne
þe for oðre bion sculon, ðæt hie geornfullice [geornlice] ða ymb sion
þe hie ofer beon sculon, ðæt hie mid ðære geornfulnesse geearnigen
ðæt hie sien ðæm hefonlican neatum gelice : þa wæron geeawde, swæ
hit awriten is ðæt hie wæron ymb eall utan mid eagum besett, & eac
innane eagna full.   Swæ hit is cynn ðætte þa sien þe for[e] oðre beon
sculon, ðæt hie ægðer hæbben eagan innan ge utan, ðæt hie mægen
ðæm incundan Deman on hiera agnum ingeðonce lician, & eac utane
mid godum bisnum hiera agnes lifes hiera hieremonnum bisenigen, &
ðætte tælwierðes on him sie, ðæt hie ðæt tælen, & hie forðæm ðreatigen
[ðreagen].   Ða underðioddan sint to manianne ðæt hie ðara unðeawas

---

doze."   A man lets his eye sleep, when from folly and sloth he cannot
perceive the vices of his subjects.   Our eyelids doze, when we perceive
something worthy of correction in our subjects, and from indifference
we feign not to know it ; then we doze.   We are fast asleep, when we
will neither acknowledge nor attempt to improve it, nor indeed care
to notice it, though we are able to know it.   He is not fast asleep, but
dozes, who is able to know what is worthy of reproof, and yet from
sloth of mind or indifference hesitates reforming and reproving his sub-
jects in proportion to their guilt.   At first he dozes ; if he does not
stop dozing, he dozes until he falls fast asleep.   Thus also it often
happens to him who has to rule others, that, when he perceives any

wisdome & for his suongornesse ne mæge ongietan ða unðeawas
ðara ðe him underðiedde beoð.   Ac ðonne hnæppiað ure bræwas,
ðonne we hwæthwugu steor[weor]ðes ongietað on ða ðe us under-
ðiedde beoð, & we gebærað for ure receliesðe swelce we hit nyten;
5 ðonne hnappige we.   Ac ðonne we slapað fæste, ðonne we nohwæðer
ne hit witan nyllað ne hit betan nyllað, ne furðum ne re[c]cað hwæðer
we hit ongieten, ðeah we hit gecnawan cunnen.   Ne slæpð se no fæsðe,
ac hnappað, se ðe gecnawan mæg hwæt tælwierðe bið, & suaðeah
for his modes swongornesse oððe recelieste forwandað ðæt he bete &
10 ðreage his hieremenn be ðæs gyltes andefne.   Æresð mon hnappað;
gif he ðonne ðære hnappunge ne swicð, ðonne hnappað he oð he
wierð on fæstum slæpe.   Sua eac oft gebyreð ðæm ðe for oðre menn
beon sceal, ðonne he hwelc yfel ongiett, & ðæt nyle aweg aceorfan,
ðæt ðonne æt niehstan hit wyrð to gewunan ðæt he hit ne mæg
15 gebetan, ne furðum ongietan ðæt hit ænig yfel sie.   Ac ða sint to
manianne ðe fore oðre beon sculan, ðæt hie geornlice ða ymb sion ðe
hie ofer beon sculon, ðæt hie ðære geornfulnesse geearnigen ðæt hie
sien ðæm hefonlicum neatum gelice : ða wæron gciewde, sua hit
awriten is ðæt hie wæron ymb eal utan mid eagum besett, & eac
20 innan eagena full.   Sua hit is cynn ðætte ða sien ðe fore oðre beon
sculon, ðæt hie ægðer hæbben eagan innan ge utan, ðæt hi mægen
ðæm inncundan Deman on hira agnum inngeðonce lician, & eac utane
mid godum bisenum hiera agnes lifes hiera hieremonnum bisenigen,
& ðætte tælwyrðes [on him] sie, ðæt hie ðæt tælen, & hie forðæm
25 ðreagen.   Ða underðioddan sint to manianne ðæt hie ðara unðeawas

---

evil, and will not cut it away, he soon gets into the habit of not being
able to reform it, or indeed perceiving that it is an evil at all.   But
those who have to rule others are to be admonished to tend those
carefully whom they are to be above, that by their zeal they may
merit comparison with the heavenly beasts : it is written that they
appeared to be covered outside with eyes, and also full of eyes inside.
So also ought they to be who are to rule others, having eyes both
inside and outside, that they may please the inner Judge in their own
thoughts, and also externally with the good examples of their own
life set an example for their subjects, and blame what is blameworthy
in them, and rebuke them for it.   The subjects are to be warned

þe him ofergesette bioð to swiðe & to ðristelicc ne eahtigen, ðeah hie
ryhte spræce hæbben hiera yfel on him to tælonne; ðylæs hie for
þære ryhtlæcinge weorðen upahafene, & on ofermetto gewieten. Ac
hie sint swiðe georne to manianne ðæt hie for hiera unðeawum hie
ne forsion, ne no ðy swiður wið hie ne ðristlæcen. Ac gif hie hwæt
swæ healicra yfla on him ongieten ðæt hie hit niede sprecan scielen,
ðonne don hie ðæt swiðe diegelice betweohx him, & ðeah for Godes
ege under ðæm gioke his hlaforddomes ðurhwunigen & hiene for
Godes ege weorðigen, swæ mon hlaford sceal. Ac gif we nu onginnað
reccean ongemong ðisum ymbe Dauides dæda sume, ðonne magon we
ðis spell ðy openlicor gereccean. Hit gelomp æt sumum cirre ðæt
he wæs gehyd on anum eorðscræfe mid his monnum. Þa Saul hiene
wolde secean uppe on ðæm munte, ða for he forð bie ðæm scræfe
ðe he oninnan wæs, & he his ðær no ne wende. Ða gewearð hiene
ðæt he gecierde inn to ðæm scræfe, & wolde him ðær gan to feltune.
Ða wæs ðærinne se ilca Dauid mid his monnum, þe lange ær his
ehtnesse earfoðlice ðolode. Ða clipodon his ðegnas him to, & hiene
bædon, & geornlice lærdon ðæt he hiene ofsloge. Ac he him sona
ondwyrde, & him swiðe stiernlice stierde, & cwæð ðæt hit no gedafenlic
nære ðæt hie slogen Gode gehalgodne kyning, & aras ðeah up, &
bestæl hiene to him, & forcearf his mentles ænne læppan to tacne ðæt
he his geweald ahte. Hwæt tacnað us ðonne Saul buton yfle hla-
fordas? Oððe hwæt Dauid buton gode ðeawas? Swæ swæ Saul
elles ne meahte his wambe geclæsnian buton he to feltune eode, swæ
eac ne magon ða yfelan hlafordas, ðonne hie underfoð yfle geðohtas

---

not to discuss the faults of their superiors too much or too boldly,
even though they have good cause to blame their faults, lest for their
criticisms they be elated and fall into pride. But they are to be
warned very earnestly not to despise them for their faults, nor become
more presumptuous towards them on that account. But if they see
any fault in them so serious that they are obliged to mention it,
let them do it very secretly among themselves, and yet for the fear of
God continue under the yoke of their rule, and reverence them for the
fear of God, as one is bound to reverence one's lord. But if, in the
meanwhile, we begin to narrate some of David's deeds, we shall make
the argument clearer. It happened once that he was hid in a cave
with his men. Saul, wishing to seek him up in the hills, passed by

ðe him ofergesette bioð to suiðe & to ðrisðlice ne eahtigen, ðeah hie
ryhte spræce hæbben hiera yfel on him to tælanne ; ðylæs hie for ðære
ryhtlæcinge weorðen úpahæfene, & on ofermetto gewiten.   Ac hie
sient suiðe georne to maniganne ðæt hi for hira unðeawum hie ne
5 forsion, ne ɲo ðy suiður wið hi ne ðrisðlæcen.   Ac gif h[i]e hwæt
sua healicra yfela on him ongieten ðæt hie hit niede sprecan scylen,
ðonne don hie ðæt suiðe diegellice betweoxn him, & ðeah for Godes
ege under ðæm geoke his hlaforddomes ðurhwunigen & hine for Godes
ege weorðigen, sua mon hlaford sceal.   Ac gif we nu onginnað
10 ræcan ongemong ðissum ymbe Dauides dæda sume, ðonne magon we
ðis spel ðe openlicor gereccean.   Hit gelamp æt sumum cierre ðæt
he wæs gehyd on anum eorðscræfe mid his monnum.   Ða Saul hine
wolde secean uppe on ðæm munte, ða for he forð bi ðæm scræfe ðæt
he oninnan wæs, & he his ðær no ne wende.   Ða gewearð hine
15 ðæt he gecierde inn to ðæm scræfe, & wolde him ðær gán to feltune.
Ða wæs ðærinne se ilca Dauid mid his monnum, ðe longe ær his
ehtnesse earfoðlice ðolade.   Ða cleopedon his ðegnas him to, & hine
bædon, & geornlice lærdon ðæt he hine ofsloge.   Ac he him sona
ondwyrde, & him suiðe stiernlice stierde, & cuæð ðæt hit no gedæfenlic
20 nære ðæt hie slogon Gode gehalgodne kyning, & aras ðeah úp, &
bestæl hine to him, & forcearf his mentles ænne læppan to tacne ðæt
he his gewald ahte.   Hwæt tacnað us ðonne Saul buton yfle hla-
furdas?   Oððe hwæt Dauid buton gode ðeowas?   Swa sua Saul elles
ne meahte his wambe geclænsigan buton he to feltune eode, sua eac
25 ne magon ða yflan hlafurdas, ðonne hie underfóð ða yflan geðohtas

---

the cave he was in, not thinking he was there.   Then it happened
that he went into the cave, wishing to go to stool there.   And inside
was the same David with his men who had long suffered the hardships
of his persecutions.   Then his followers called to him, and entreated,
and eagerly advised him to kill him.   But he soon answered, and
very sternly forbade them, saying that it was not befitting to slay
a king consecrated to God, yet arose, and stole to him, and cut off
a corner of his coat, as a sign of having had him in his power.   What
is signified to us by Saul but bad masters?   Or by David but good
servants?   As Saul could not purge his stomach without going to
stool, so also bad masters, when they receive evil thoughts in their
heart, cannot dismiss them without their bursting forth in foul

æt hiera heortan, ða ær alætan ær hie utaberstað on fullicum weorcum.
Swæ swæ Dauid forbær ðæt he Saul ne dorste ofslean for Godes ege
& for ðæm ealdum treowum, swæ doð þa æltæwan mod ðara godra esna.
Hie forberað æghwelce unryhte tælinge : swæ swæ Dauid forbær ðæt
he ne slog Saul (*om.*) mid his sweorde [Saul], swæ hie forberað ðæt hie
mid ðæm sweorde hiera tungna tælinge ne sleað hiera hlafordes ðeawas,
ðeah hie wieten ðæt hie ealles æltæwe ne sien. Ac gif hie ðonne
eallunga forberan ne mægen for hiera agnum unðeawum & for hiera
ungestæððignesse ðæt hie hit ne sciren, ðonne sprecen hie ymbe his
þa læstan unðeawas & ðæt ðeah swiðe diegollice. Swæ swæ Dauid
cearf swiðe diegellice swiðe lytelne læppan of Saules mentelle his eald-
hlafordes, swæ doð ða þe hiera hlafordas diegellice tælað, & ðeah swæ
swæ hit him no ne derige, ne ne egle. Ac gif hwæm gebyrige ðæt
he for his agnum unðeawum on ða tælinge his hlafordes befó, ðonne
sceal he hiene selfne swiðe swiðlice forðæm tælan & ðara læstena
worda hreowsian. Forðon hit is awriten ðætte Dauid, ða he ðone
læppan forcorfedne hæfde, ðæt he sloge on his heortan, & swiðe swiðlice
hreowsode ðæt he him æfre swæ ungerisenlice geðenian sceolde, ðeah
his ðegnas hicne lærdon ðæt he hiene mid his sweorde sloge. Swæ
scule gehwelc mon forberan ðæt he mid ðæm sweorde his tungan his
hlaford ne slea ; ðæt is, ðeah he hiene mid ryhte tælan mæge, ðæt he hit
ne do. Gif him ðonne weas [wealdes] gebyrige oððe ungewealdes ðæt he
on ðæs hwæt befoo ðe wið his willan sie, ðeah hit on ðæm ealra læstan
ðingum sie, ðeah him is ðearf ðæt he his heortan & his mod mid
hreowsunga swiðe pinige, & his agena scylda ongiete, & him selfum

---

works. As David forbore slaying Saul for the fear of God and his
old allegiance, so do the pious minds of good servants. They abstain
from all unrighteous blame : as David forbore slaying Saul with his
sword, so do they forbear slaying with the sword of their tongue's
blame the reputation of their lord, although they know that it is not
altogether perfect. But if they cannot altogether abstain from proclaim-
ing it, because of their own faults and their frivolity, let them speak of his
most trifling faults, and that very secretly. As David very secretly cut off
a very small corner of Saul's coat, his liege lord, so do those who secretly
blame their lords, and yet so that it does not injure or annoy them. But
if any one happen to engage in blaming his lord, because of his own

æt hiera heortan, ða ær alætan ær hie utaberstað on fullicum weorcum.
Sua sua Dauid forbær ðæt he Saul ne dorste ofslean for Godes ege
& for ðæm ealdum treowum, sua doð ða æltæwan mód ðara godra esna.
Hie forberað æghwelce unryhte tælinge : sua sua Dauit forbær ðæt
5 he ne slog mid his sueorde Saul, sua hie forberað ðæt hie mid
ðæm sueorde hiera tungna tælinge ne sleað hira hlafurdes ðeawas,
ðeah hie wieten ðæt hie elles æltæwe ne sín.   Ac gif he ðonne
eallunge forberan ne mæg for hira agnum unðeawum & for hiera
ungestæððignesse ðæt hie hit ne sciren, ðonne sprecen hie ymbe his
10 ða læstan unðeawas & ðæt ðeah suiðe diogollice.   Sua sua Dauid
cearf swiðe digellice suiðe lytelne læppan of Saules mentle his eald-
hlafordes, sua doð ða ðe hira hlafordas diegellice tælað, & ðeah sua
sua hit him no ne derige, ne ne egle.   Ac gif hwæm gebyrige ðæt he
for his agnum unðeawum on ða tælinge his hlafordes befoo, ðonne sceal
15 he hine selfne suiðe suiðlice forðæm tælan & ðara læstena worda
hreowsian.   Forðæm [hit] is awriten ðætte Dauid, ða he ðone
læppan forcorfenne hæfde, ðæt he sloge on his heortan, & suiðe suiðlice
hreowsade ðæt he him æfre sua ungeriesenlice geðenigan sceolde, ðeah
his ðegnas hine ær lærdon ðæt he hine mid his sweorde sloge.   Swa
20 scyle gehwelc mon forberan ðæt he mid ðæm sweorde his tungan his
hlaford ne slea ; ðæt is, ðeah he hine mid ryhte tælan mæge, ðæt he
hit ne doo.   Gif him ðonne geweardes gebyrige oððe ungeweardes ðæt
on ðæs hwæt befoo ðe wið his willan sie, ðeah hit on ðæm ealra læstan
[ðingum] sie, ðeah him is ðearf ðæt he his heortan & his mod mid
25 hreowsunga suiðe p[i]nige, & his agena scylda ongiete, & him selfum

---

faults, he must blame himself very severely for it, and regret the most
trifling words.   Therefore it is written that David, when he had cut
off the skirt, struck his heart, and very bitterly repented ever having
served him so unbecomingly, although his followers had advised
him before to slay him with his sword.   So let every one forbear
slaying his lord with the sword of his tongue ; that is, though he have
reason to blame him, that he is not to do so.   If he happen, then,
voluntarily or involuntarily to engage in anything against his will,
although it be in a most trifling affair, it is necessary that he severely
punish his heart and mind with repentance, and perceive his own sins,
and sentence himself to such a punishment as he thinks his lord would

deme swelc wite swelce he wene ꝥæt his hlaford him deman wolde,
gif he hit wieste ; forꝥæm ꝺonne we agyltaꝺ wiꝺ ꝺa hlafordas, ꝺonne
agylte we wiꝺ ꝺone God þe hlafordscipe gescop. Be ꝥæm ilcan cwæꝺ
Moyses ; ꝺa he gehierde ꝥæt ꝥæt folc mænde to him & Arone ymb
hiera earfoꝺu, ꝺa cwæꝺ he : Hwæt is eower murcung wiꝺ unc ? Hwæt
sint wit ? Wiꝺ God ge doꝺ ꝥæt ge doꝺ.

    XXIX. Ꝺætte on oꝺre wisan sint to manianne ꝺa hlafordas, on oꝺre
                ꝺa ꝺegnas & eac ꝺa ꝺeowas.

    On oꝺre wisan sint to manianne þa ꝺeowas, on oꝺre ꝺa hlafordas.
Ꝺa ꝺeowas sint to manianne ꝥæt hie simle on him hæbben ꝺa eaꝺmod-
nesse wiꝺ hiera hlafordas. Ꝺa hlafordas sint to manianne ꝥæt hie [næfre]
ne forgieten hu geliic hiera gecynd is, & hu gelice hie sint gesceapene
ꝥæm ꝺeowum. Ꝺa ꝺeowas sint to manianne ꝺætte hie hiera hlafordas
ne forsion. Hiera hlafordas hie forsioꝺ, gif hie his willan & his bebodu
forhycgeaꝺ. Ꝺæm hlafordum is eac to cyꝺanne ꝥætte hie wiꝺ Gode
ofermodgiaꝺ for his agenre gife, gif hie ne ongietaꝺ ꝥæt þa bioꝺ hiera
gelican & hiera efngemæccean on hiera gecynde, ꝺa þe him underꝺiedde
bioꝺ ꝺurh Godes gesceafte. Ꝺæm ꝺeowan is to cyꝺonne ꝥæt he wiete
ꝥæt he nis freoh wiꝺ his hlaford. Ꝺæm hlaforde is to cyꝺonne ꝥæt he
ongite ꝥæt he is efnꝺeow his ꝺeowe. Ꝺæm ꝺeowan is beboden, & ꝺus
to cweden : Bioꝺ ge underꝺiedde eowrum worldhlafordum. And eft
hit is gecweden : Ælc ꝺara þe sie under ꝥæm geoke hlafordsciepes, he
sceal his hlaford æghwelcre are & weorꝺscipes wurꝺne onmunan. And
eft hit is gecweden : Ge hlafordas, doꝺ ge eowrum monnum ꝥæt ilce

---

sentence him to, if he knew it; for when we sin against our lords,
we sin against the God who created authority. Moses spoke about
the same; when he heard how the people complained to him and
Aaron of their hardships, he said : " What is your murmuring against
us ? What are we ? Against God ye do what ye do."

    XXIX. That masters are to be admonished in one way, in an-
           other servants and also slaves.

    Servants are to be admonished in one way, in another masters. Ser-
vants are to be admonished always to preserve humility towards their
masters. Masters are to be admonished never to forget how similar their
nature is, and how similarly to the servants they are created. Servants

deme suelc wite suelce he wene ðæt his hlaford him deman wolde,
gif he hit wiste; forðæm ðonne we ágyltað wið ða hlafordas, ðonne
agylte we wi(ð) ðone God ðe hlafordscipe gescop. Be ðæm ilcan cuæð
Moyses; ða he gehierde ðæt ðæt folc mænde to him Arone ymb
5 hiera earfeðo, ða cuæð he : Hwæt is eower murcung wið unc ? Hwæt
sint wit ? Wið God ge doð ðæt ge dooð.

XXIX. Ðætte on oðre wisan sint to manianne ða hlafordas, on oðre
wisan ða ðegnas & eac ða ðeowas.

On oðre wisan sint to manianne ða ðeowas, on oðre ða hlafordas.
10 Ða ðeowas sint to manianne ðæt hie simle on him hæbben ða eaðmod-
nesse wið hira hlafordas.   Ða hlafordas sint to manianne ðæt hie
næfre ne forgieten hu gelic hira [ge]cynd is, & hu gelice hi sint gescea-
pene ðæm ðiowum.   Ða ðiowas sint to monianne ðætte hie hiera hla-
fordas ne forsion.   Hiera hlafordas hi forsioð, gif hie his willan & his
15 bebodu forhyggeað.   Ðam hlafordum is eac to cyðanne ðætte hie wið
Gode ofermodgiað for his agenre giefe, gif hie ne ongietað ðæt ða beoð
hira gelican & hira efngemæccan on hira gecynde, ða ðe him underðiedde
beoð ðurh Godes gesceafte. (Ðæm ðeowan is to cyðonne ðæt he wiete
ðæt he nis freoh wið his hlaford.) Ðæm hlaforde is to cyðanne ðæt he
20 ongiete ðæt he is efnðeow his ðeowe.   Ðæm ðeowan is beboden,
& ðus to cueden : Beoð ge underðeodde eowrum woroldhlafordum. &
eft hit i[s] gecueden : Ælc ðara ðe sie under [ðæm] gioke hlafordscipes,
he sceal his hlaford æghwelcre are & weorðscipes wierðne onmunan. &
eft hit is gecueden : Ge hlafordas, doð ge eowrum monnum ðæt ilce

---

are to be admonished not to despise their masters. They despise their
masters, if they neglect their will and commands. It is also to be made
known also to the masters that they are presumptuous towards God
for his own gift, if they do not understand that those who are subject
to them by the dispensation of God are equals and associates in their
nature. The servant is to be told to know that he is not independent
of his master. It is to be made known to the master that he is to
understand that he is the fellow-servant of his servant. The servant is
commanded, and thus addressed : " Be subject to your worldly masters."
And again, it is said : " All who are under the yoke of authority must
hold their masters worthy of all honour and respect." And again, it
is said : " Ye masters, do the same to your men after their measure,

be hiora andefene & gemetgiað ðone ðrean ; geðenceað ðæt ægðer ge
hiera hlaford ge eower is on hefonum.

XXX. Ðætte on oðre wisan sint to manianne ða dolan, on oðre ða
wisan.

On oðre wisan sint to manianne ða þe ðisse worlde lotwrenceas
cunnon, & ða lufiað, on oðre ða medwisan. Ða lytgan sint to manianne
ðæt hie oferhycgen ðæt hie ðær wieton, ða samwisan sint to manianne
ðæt hie wilnien to wiotonne ðæt ðæt hie nyton. Ðæm lytegan is ærest
to beleanne hiera selflice, ðæt hie ne wenen ðæt hie sin wise. On ðæm
medwisan is to trymmianne swæ hwæt swæ hie ongietan mægen ðæs
godcundan wisdomes, forðon, ðonne hie nane wuht ne ofermodgiað,
ðonne bioð ða heortan swiðe gearwe wisdomes to onfonne. Ac ymb
ða lytegan we sculon swiðe swiðe swincan ðæt hie ðone wisdom for-
læten þe him selfum ðyncð ðætte wisdom sie, & fon to ðæm Godes
wisdome þe him dysig ðyncð. Ne ðearf mon no ðone medwisan læran
ðæt hie ða lotwrenceas forlæte, forðonþe he hie næfð. Forðæm him
is micle ieðre to gestiganne on ðone ryhtan wisdom ðonne ðæm lytegan
sie to onbugonne, forðæmþe he bið ær upahafen on selflice for his lot-
wrencium. Be ðissum ilcan cwæð *sanctus* Paulus : Swelc eower
swelce him selfum ðynce ðæt he wisust sie on ðæm lotwrencium, weorðe
ðæs ærest dysig, ðæt he mæge ðonon weorðan wis. Be ðæm medwisan
is cweden : Ne sculon ge bion to wise æfter ðæs lichoman luste. And eft
cwæð Paulus : Ða þe worldmonnum ðynceað dysige, ða gecist Dryhten,
forðæmþe [forðæm ðæt] he ða lytegan, ðe mid ðisum worldwrencium bioð

---

moderating your threats ; consider that both their master and yours is
in heaven."

XXX. That the foolish are to be admonished in one way, in another
the wise.

Those who know and love the wiles of this world are to be ad-
monished in one way, in another the simple. The cunning are to
be admonished to despise what they know, the dull-witted to desire
to know what they are ignorant of. The conceit of the cunning is
first to be blamed, that they may not deem themselves wise. In the
simple is to be strengthened whatever they can understand of divine
wisdom, because, while they are not at all presumptuous, their hearts are

be hira andefne & gemetgiað ðone ðrean ; geðencað ðæt ægðer ge hira
hlaford ge eower is on hefenum.

XXX. Ðætte on oðre wisan sint to manianne ða dolan, on oðre ða
wisan.

5   On oðre wisan sint to man(ian)ne ða ðe ðisse worulde lotwrenceas
cunnon, & ða lufigeað, on oðre ða medwisan.   Ða lytegan sint to
mannianne ðæt hi oferhycggen ðæt hie ðær wieton, ða sarwisan sint
to manianne ðæt hie wielnien to wietanne ðæt ðæt hie nyton.   Ðæm
lytegan is æresð to beleanne hiera selflice, ðæt hie ne wenen ðæt hie
10 sien wiese. On ðæm medwisan is t[o] trymmanne swa [hwæt] sua hie
ongietan mægen ðæs godcundan wisdomes, forðon, ðonne hie nane wuht
ne ofermodgiað, ðonne beoð ða heortan suiðe gearwe wisdomes to an-
fonne. Ac ymb ða lytegan we sculon suiðe suiðe suincan ðæt hie ðone
wisdom forlæten ðe him selfum ðync(ð) ðætte wisdóm sie, & fon to ðæm
15 Godes wisdome ðe him dysig ðyncð.   Ne ðarf mon na ðone medwisan
læran ðæt he ða lótwrencas forlæte, forðonðe he hie næfð.   Forðæm
him is micle ieðre to gestieganne on ðone ryhtan wisdom ðonne ðæm
lytegan sie to anbuganne, forðæmðe he bið ær úpahæfen on selflice for
his lotwrencium.   Be ðysum illcan cuæð sanctus Paulus : Suelc eower
20 suelce him selfum ðynce ðætte wisusð sie on ðæm lotwrencum, weorðe
ðæs æresð dysig, ðæt he mæge ðonan weorðan wis. Be ðam medwisan
is cueden : Ne sculon ge beon to wise æfter ðæs lichoman luste.   &
eft cuæð Paulus : Ða ðe woruldmonnum ðynceȧð dysige, ða geciesð
Dryhten, forðæm ðæt he ða lytegan, ðe mid ðissum woroldwrencium

---

in a very fit state to receive wisdom.   But with the cunning, we must
labour hard to get them to forsake the wisdom which they think is
wisdom, and take to the wisdom of God, which they think folly.   It
is not necessary to advise the simple to forsake their wiles, for they
have them not.   Therefore it is much easier for them to rise to
righteous wisdom than it is for the cunning to turn thither, because
he was formerly puffed up with conceit because of his wiles.   About
the same thing St. Paul spoke : " Whoever among you thinks himself
the wisest in guiles, let him first become foolish, that he may thence
become wise."   Of the simple is said : " Ye must not be too wise after
the lusts of the body."   And again, Paul said : " Those who seem to
worldly men foolish, the Lord chooses, to confound the cunning, who

upahafene, gescende. And ðeah oft gebyreð ðæt ða bioð mid liðelicre race gehwirfde, & eft ða medwisan oft mid bisenum gehwirfde. Ðæm lytegan ðonne is betre ðæt hie mid ryhtre race weorðen oferreahte & mid ðære race gebundene & oferswiðde. Ðæm medwisan bið genoh god ðæt he gecnawe oðerra monna weorc untælwyrðe. Be ðæm se æðela lareow *sanctus* Paulus, se sceolde læran ægðer ge wise ge unwise, ða he ongeat ða Ebreas sume wisran, sume medwisran, ða manode he, & cwæð to ðæm gelæredum ðara ealdena boca mid liðelicum wordum : Ðætte nu forealdod is, ðæt is forneah losod. And eft he cwæð to ðæm medwisan ða he ongeat ðæt hie mon mid swerum [sumum] bisenum monian sceolde : Ða halgan men geðafedon on ðisse worlde monig bismer & monige swyngean & monige bendas & karcernu, hie wæron stænde, & snidene mid snide, hie wæron costode, & mid sweordum hie wæron ofslægene. And eft cwæð Paulus : Gemunað eowerra fore-gengena ðara þe eow bodedon Godes word, & behealdað hiera liif & hiera forðsiið, & gongað on ðone geleafan. Forðon he ðus cwæð ðæt he ða lotwrenceás oferwunne & oferreahte ; & eac ða medwisan to maran onginne mid ðære liðelican bisnunga gespone.

XXXI. Ðætte on oðre wisan sint to manianne ða scamfæstan, on oðre ða scamleasan.

On oðre wisan sint to læronne ða scamleasan, on oðre ða scam-fæstan. Ðæm scamleasan ne wyrð no gestiered butan micelre tælinge & miclum ðrean ; þa scamfæstan bioð oft mid gemetlicre lare gebetrode.

---

are puffed up with the guiles of this world." And yet it often happens that they are converted with mild arguments, and the simple, again, with examples. It is better for the cunning to be convinced by a righteous argument, and to be bound and overcome by the argument. It is good enough for the simple to know that other men's works are blameless. Therefore the noble teacher, St. Paul, who had to teach both wise and foolish, perceiving some of the Jews to be wiser, others simpler, said, admonishing those learned in the old books with gentle words : " That which is now antiquated, is almost dissolved." And, again, he said to the foolish, perceiving that they ought to be ad-monished with some examples : " Holy men suffered in this world many indignities and stripes, and many bonds and prisons, they were stoned,

bioð úpahæfene, gescende. & ðeah oft gebyreð ðæt ða bioð mid liðlicre
race gehwyrfde, & eft ða medwisan oft mid bisenum gehwyrfde. Ðæm
lytegan ðonne is betere ðæt hie mid ryhtre race weorðen oferreahte &
mid ðære race gebundene & ofersuiðde. Ðæm medwisan, bið genog
5 god ðæt he gecnawe oðerra monna weorc untælwierðe. Be ðæm se
æðela lareow sanctus Paulus, se sceolde læra[n] ægðer ge wise ge un-
wise, ða he ongeat ða Ebreas sume wisran, sume medwisran, ða manode
he, & cuæð to ðæm gelæredum ðara aldena boca mid liðelicum wordum :
Ðætte nu foraldod is, ðæt is forneah losad. & eft he cuæð to ðæm
10 medwisan ða he ongeat ðæt hie mon mid sumum bisnum manian
sceolde : Ða halgan menn geðafedon on ðisse worlde monig bismer
& monige swyngean & monige bendas & carcernu, hie wæron stænde,
& snidene mid snide, hie wæron costade, & mid sweordum hi wæron
ofslægene. Ond eft cuæð Paulus : Gemunað eowerra foregengena
15 ðara ðe eow bodedon Godes word, & behealdað hiera lif & hira
forðsiið, & gongað on ðone geleafan. Forðon he ðus cuæð ðæt he
ða lotwrenceas oferwunne & oferreahte ; & eac ða medwiisan to maran
angienne mid ðære liðelican bisnunga gespone.

XXXI. Ðætte on oðre wisan sint to manianne ða scamfæstan, & on
20   oðre ða scamleasan.

On oðre wisan sint to læranne ða scamleasan, on oðre ða scam-
fæstan. Ðæm scamleasan ne wyrð no gestiered butan micelre tælinge
& miclum ðrean ; ða scamfæstan beoð oft mid gemetlicre lare gebetrode.

---

they were sawn with the saw, were tempted, were slain with swords.
And again, Paul said : " Remember those who went before you, who
preached to you God's word, behold their life and departure, and walk
in faith." He spoke thus to overcome and confute their guiles ; and
also to encourage the simple to greater enterprises, with the gentle
example.

XXXI. That the modest are to be admonished in one way, the
shameless in another.

The shameless are to be admonished in one way, the modest in
another. The shameless cannot be managed without great blaming
and threatening, the modest are often improved with moderate in-

Ða scamleasan nyton ðæt hie untela doð, buton hit mon him sæcge, & ðeah hit mon him secgge, hie his ne geliefað, buton hie monige menn forðy tælen. Se scamfæsta hæfð genoh on ðæm to his betrunge ðæt his lareow hiene swiðe lythwon gemyndgige his unðeawa. Ðone scamleasan mon mæg ðy bet gebetan þe hiene mon swiður ðreað & scent, ac be ðæm scamfæstan hit is nytre ðæt ðæt him mon on tælan wille, ðæt hit mon healfunga sprece, swelce hit mon hwon gehrine. Be ðæm Dryhten swiðe openlice tælde ða scamleasan Iudeas, & cwæð: Eower nebb sint swæ scamlease swæ ðara wifa ðe bioð forelegissa. And eft he olehte ðæm scamfæstan, ða he cwæð: Ðære scame & ðære scande þe ðu on iuguðe worhtes ic gedo ðæt ðu forgitst & ðæs bismeres ðines wuduwanhades ðu ne gemanst, forðæm ðæt is ðin Waldend þe ðe geworhte. And eft ða scamleasan Galatas swiðe openlice *sanctus* Paulus tælde, ða he cwæð: Eala ge ungewitfullan Galatæ, hwa gehefgade eow? And eft he cwæð: Swæ dysige ge sint ðætte ðæt ðæt ge gastlice underfengon, ge willað geendian flæsclice. Ða scylda ðara scamleasena he tælde, swelce he efnswiðe him bære, & cwæð: Ic eom swiðe gefionde on Dryhtne ðætte ge æfre woldon ænige wuht eow selfum witan ær ic hit eow wite. Hit is god ðæt ge hit nu wietun. Næron ge noht æmettige, ðeah ge wel ne dyden. Forðæm he spræc ðas word þe he wolde ðara scamleasena scylda tælende geopenian, & ðara scamfæstena giemelieste he wolde mid liðelicum wordum gedieglan.

---

struction. The shameless do not know that they do ill, without being told, and when told, they do not believe it, unless many men blame them for it. It is enough to reform the modest man, if his teacher remind him very gently of his faults. The more the shameless man is rebuked and humiliated, the better the chance of improving him, but with the modest man it is better to speak out what one has to blame in him only partially, as if touching it lightly. Therefore the Lord very openly blamed the shameless Jews, saying: "Your faces are as shameless as those of harlots." And again, he soothed the modest, saying: "I will make thee forget the shame and disgrace of thy youth, and thou shalt not remember the reproach of thy widow-

Ða scamleasa nyton ðæt hie untela doð, buton hit mon him secge,
& ðeah hit mon him secge, hie his ne geliefað, buton hie monige
menn forðy tælen. Se scamfæsta hæfð genoh on ðæm to his bettrunge
ðæt his lareow hine suiðe lythwon gemyndgige his unðeawa. Ðone
5 scamleasan mon mæg ðy bet gebetan ðe hine mon suiður ðreað &
sciend, ac be ðæm scamfæstan hit is nyttre ðæt ðæt him mon on
tæla[n] wille, ðæt hit mon healfunga sprece, swelce hit mon hwón
gehrine. Be ðæm Dryhten suiðe openlice tælde ða scamleasan Iudeas,
& cuæð : Eower nebb sint sua scamleas sua ðara wifa [ðe beoð] fore-
10 legnissa. Ond eft he olehte ðam scamfæstan, ða he cuæð : Ðære scame
& ðære scande ðe ðu on iguðe worhtes ic gedoo ðæt ðu forgietsð &
ðæs bismeres ðines wuduwanhades ðu ne gemansð, forðæm ðæt is ðin
Waldend ðe ðe geworhte. & eft ða scamleasan Galatas suiðe open-
lice sanctus Paulus tælde, ða he cuæð : Eala ge ungewitfullan Galatæ,
15 hwa gehefegode eow ? & eft he cuæð : Sua dysige ge sint ðætte
ðæt ðæt [ge] gæsðlice underfengon, ge willað geendigan flæsclice. Ða
scylda ðara scamleasena he tælde, suelce he efnsuiðe him bære, &
cuæð : Ic eom suiðe gefeonde on Dryhten ðætte ge æfre woldon
ænig wuht eow selfum wietan, ær ic hit eow wite. Hit is god ðæt
20 ge hit nu witon. Næron naht æmetige, ðeah ge wel ne dyden.
Forðæm he spræc ðas word ðe he wolde ðara scamleasna scylda
tælende geopenian, & ðara scamfæstena giemelieste he wolde mid liðe-
licum wordum gedieglan.

---

hood, for it is thy Lord who made thee." And again, St. Paul very
openly blamed the shameless Galatians, saying : "Oh, foolish Galatians,
who hath afflicted you?" And again, he said : "So foolish ye are,
that what ye received spiritually ye wish to end carnally." He blamed
the sins of the shameless, as if he suffered equally with them, saying :
"I rejoice greatly in the Lord, that ye were ever willing to impute
anything to yourselves, before I imputed it to you. It is good that ye
do so now. Ye were not unoccupied, though ye did not do well."
He spoke these words because he wished to reveal the sins of the
shameless by blaming them, and conceal the negligence of the modest
with gentle words.

XXXII. Ðætte on oðre wisan sint to manianne ða ofermodan & ða
     upahafenan on hiora mode, on oðre ða earmheortan &
     ða wacmodan.

On oðre wisan sint to manianne ða modgan & ða fortruwedan, on
oðre wisan ða unmodgan & ða unðristan. Ða fortruwudan, ðonne hie
him selfum to swiðe truwiað, hie forsioð oðre men, & eac forcweðað.
Ða lytelmodan ðonne & ða unðristan, ðonne hie ongietað hiera un-
bældo & hiera unmihte, hie weorðað oft ormode. Ða modgan ðonne
& ða fortruwodan, eall hiera agen ðæt hie synderlice ðenceað oððe doð
hie wenað ðæt ðæt sie ðæt betste; ac ða unmodegan & ða ungedyr-
stegan wenað ðæt ðæt swiðe forsewenlic sie ðætte hie doð, & forðon
weorðað oft ormode. Ac ðæm lareowe is swiðe smealice to under-
seceanne be ðæm weorcum ðara ofertruwudena, ðæt hie him gecyðen
ðætte on ðæm ðingum þe hie him selfum swæ swiðe liciað, ðæt hie
Gode mislīciað. Swæ we mægon betst ða gedyrstegan gelæran ðætte,
ðonne hie wenen ðæt hie hæbben betst gedon, ðæt we him ðonne
secgen ðæt hie hæbben wyrst gedon, ðætte, ðonne hie wenen ðæt hie
ðone gilp & ðæt lof begiten hæbben ðæt hie ær wilnodon, ðæt hie
ðonne hæbben mid ðy scame geholude. Hwilum eac, ðonne ða for-
truwodan & ða anwillan wenað ðæt hie nane scylde ðurhtogen næbben,
ðonne magon we hie swæ raðust to ryhte gecyrran ðæt we him sume
opene scylde, þe ær ðurhtogen wære, healfunga oðwiten, ðæt hie for-
ðæm scamige, forðæm of ðære scylde ðe he hiene ðonne bereccean [ne]
mæg[e], he ongiete ða þe he ðonne deð, ðeah him ðonne ðynce ðæt he

---

XXXII. That the proud and puffed up in spirit are to be admo-
     nished in one way, in another the humble and faint-
     hearted.

The proud and presumptuous are to be admonished in one way, in
another the humble and diffident. The presumptuous, when too con-
fident in themselves, despise and revile others. The fainthearted and
diffident, perceiving their want of courage and strength, often despair.
The proud and presumptuous think that all their own special thoughts
or deeds are the best; but the humble and timid think that what they
do is very contemptible, and therefore often despair. But the teacher

XXXII. Ðætte on oðre wisan sint to monianne ða ofermodan & ða
úpahæfenan ón hira mode, ón oðre wisan ða earmheortan
& ða wácmodan.

On oðre wisan sint to manianne ða modgan & ða fortruwodan, on
5 oðre ða unmodgan & ða unðristan. Ða fortruwodan, ðonne hie him
selfum to suiðe truwiað, hie forsioð oðre menn, & eac forcueðað. Ða
lytelmodan ðonne & ða unðristan, ðonne hie óngietað hiera unbældo
& hiera unmiehte, hie weorðað oft ormode. Ða modgan ðonne &
ða fortruwudan, eall hiera agen ðæt hie synderlice ðenceað oððe doð
10 hie wenað ðæt ðæt sie ðæt betste; ac ða unmodigan & ða ungedyr-
stigan wenað ðæt ðæt suiðe forsewenlic sie ðæt(t)e hie dóð, & forðon
weorðað oft ormode. Ac ðæm lareowe is swiðe smealice to under-
seceanne be ðæm weorcum ðara ofertruwedena, ðæt hie him gecyðen
ðætte ón ðam ðingum ðe hie him selfum sua suiðe licigað, ðæt hie
15 Gode mislíciað. Swa we magon betst ða gedyrstigan gelæran ðætte,
ðonne hie wenen ðæt hie hæbben betst gedón, ðæt we him ðonne
secgen ðæt hie hæbben wierst gedon, ðætte, ðonne hie wenen ðæt hie
ðone gilp & ðæt lóf begieten hæbben ðæt hie ær wilnodon, ðæt hie
ðonne hæbben mid ðy scame geholode. Hwilum eac, ðonne ða for-
20 truwudan & ða anwillan wenað ðæt hie nane scylde ðurhtogen næbben,
ðonne magon we hi sua raðost to ryhte gecierran ðæt we him sume
opene scylde, ðe ær ðurhtogen wære, healfunga oðwieten, ðæt hie
forðæm scamige, forðæm of ðære scylde ðe he hine ðonne bereccan
ne mæge, he ongiete ða he ðonne deð, ðeah him ðonne ðynce ðæt he

must very narrowly investigate the works of the presumptuous, that
they may show them that in the things wherein they please themselves
so much they displease God. We can best teach the confident by
telling them, when they think they have done best, that they have
done worst; that, when they think they have attained the glory and
praise they desired before, they may find that they have only got
disgrace thereby. Sometimes also, when the presumptuous and bold
think that they have not committed any sin, we can most readily
direct them right by half charging them with some manifest sin, which
was formerly committed, that they may be ashamed because of it ; that
from the sin of which he cannot clear himself he may understand that
which he is committing, although it seems to him that he is not doing

14

nan yfel ne do.   Ða fortruwodnesse & ða anwilnesse an Corintheum
Paulus ongeat swiðe wiðerweardne wið hiene, & betweoh him selfum
swiðe aðundene & upahafene ; swæ ðætte sume cwædon ðæt hie
wæron Apollan, sume cwædon ðæt hie wæron Paules, sume Petres,
sum cwæð ðæt he wære Cristes.   Ac Paulus ða sona ða unclænan
scylde beforan him eallum sæde, þe an hiera ealra gewitnesse gedon
wæs, & ðagiet ungebett ; he cwæð : We gehierdon betweohxn eow
unryhthæmed, ge swæ unryht swæ we furðum betweohxn hæðnum
monnum ne hierdun, ðæt is ðæt ge sume hæfdon eowre steopmodor,
& ge ðæs næfdon nane sorge, & noldon from eow adón ða þe ðæt
dydon, ac wæron swæ upahafene swæ ge ær wæron.   Swelce he open-
lice cwæde : Hwæt wille ge for eowerre fortruwodnesse & for eowerre
anwilnesse cweðan, hwæs oððe hwæs ge sien ?   Forðæmþe on eowre
towesnesse ge habbað gecyðed ðæt ge ures nanes ne sindon.   Ac ða
lytelmodan & ða unðristan we magon ðy ieð on ðæm wege gebringan
godra weorca, gif we healfunga & ðeah be sumum dæle hiera godan
weorc sæcgeað, forðæm, ðonne we hiera yfel tælað, ðæt we eac hiera
god herigen, forðæm ðæt we hiera modes meruwenesse gestið gen mid
ðæm ðæt hie gehieren ðæt we hie herigen, & ðætte eft sien hiera
scylda geðreade mid ðæm ðæt we hie tælen.   Oft we magon bion swæ
nyttran æt him, gif we hie myndgiað hiera godna weorca, & ða
secgeað, & gif we hwæt ongietað on him ungesceadwislices gedon, ne
sculon we no hie swæ ðreagean swelce hie hit gedon hæbben, ðeah hit
gedon sie, ac we sculon him forbeodan ðæt hie huru swæ ne don,
swelce hit ðonne giet gedon ne sie, forðæm ðæt sio hering ðe we ær

---

any evil. The presumption and obstinacy of the Corinthians Paul
saw to be greatly opposed to himself, and he saw that they were very
inflated and puffed up among themselves ; so that some said they were
Apollos's, some Saul's, some Peter's, and one said that he was Christ's.
But Paul soon spoke out before them all the unclean sin, which had
been done with the knowledge of all of them, and was still unatoned ;
he said : " We have heard of fornication among you, and worse than
any we have heard of even among heathens, that is, that some of you had
your step-mothers, and ye were not troubled at it, and would not put
away from you those who did so, but were as elated as ye were before."
As if he had openly said : " What will ye say for your presumption

nan yfel ne doo. Ða fortruwodnesse & ꝺa anwilnesse an Corinctheuꞃ
Paulus ongeat suiꝺe wiꝺerweardne wiꝺ hine, & betweoh him selfuꞃ
suiꝺe aꝺundene & úpahæfene; sua ꝺætte sume cuædon ꝺæt hie
wæron Apollan, sume cuædon ꝺæt hi wæron Saules, sume Petres,
5 sum cuæꝺ ꝺæt he wære Cristes. Ac Pa[u]lus ꝺa sona ꝺa unclænan
scylde beforan him alluꞃ sæde, ꝺe an hiera e[a]lra gewitnesse gedón
wæs, & ꝺagiet ungebet; he cuæꝺ : We gehierdon betueoxn eow
unryhthæmed, ge sua unryht sua we furꝺuꞃ betwuxn hæꝺnuꞃ
monnuꞃ ne hierdon, ꝺæt [is ꝺæt] ge sume hæfdon eowre steopmodur,
10 & [ge] ꝺæs næfdon nane sorge, & noldon from eow adón ꝺa ꝺe ꝺæt
dydon, ac wæron sua úpahæfene sua ge ær wæron. Suelce he open-
lice cuæde : Hwæt wille ge for eowerre fortruwodnesse & for eowerre
anwilnesse cueꝺan, hwæs oꝺꝺe hwæs ge sien ? Forꝺæmꝺe [on eo]werre
towesnesse ge habbaꝺ gecyꝺed ꝺæt ge ures nanes ne siendon. Ac ꝺa
15 lytelmodan & ꝺa unꝺriestan we magon ꝺy ieꝺ on ꝺæm wege gebringan
godra weorca, gif we healfunga & ꝺeah be sumuꞃ dæle heora godan
weorc se[c]geaꝺ, forꝺæm, ꝺonne we hira yfel tælaꝺ, ꝺæt we eac hira
gód herigen, forꝺæm ꝺæt we hira modes me[a]ruwnesse gestiꝺigen mid
ꝺæm ꝺæt hie gehiren [ꝺæt we hi herigen,] & ꝺætte eft sien hira
20 scylꝺa geꝺreade mid ꝺam ꝺæt we hie tælen. Oft we magon beon sua
nyttran æt him, gif we hie myndgiaꝺ hira godna weorca, & ꝺa
secgeaꝺ, & gif we hwæt ongietaꝺ on him ungesceadwislices gedoon, ne
sculon we no hi ꝺreagean suelce hie hit gedoon hæbben, ꝺeah hit
gedon sie, ac we sculon him forbeodan ꝺæt hie huru sua ne dón,
25 suelce hit ꝺonne giet gedón ne sie, forꝺæm ꝺæt sio hering ꝺe we ær

---

and obstinacy, whose ye are ? For by your laxity ye have shown that
ye belong not to any of us." But we can the more easily bring the
fainthearted and diffident on the path of good works by partially
mentioning their good works, so that when we blame their faults we
may also praise their virtues, that we may strengthen the weakness of
their minds by allowing them to hear how we praise them, and again,
that their sins may be chastised by our blame. Often we can be more
useful to them by reminding them of their good works, and mentioning
them, and if we perceive that they have committed an imprudence, we
must not blame them as if they had done it, although it be done, but
we must forbid them to do so, as if it were not yet done, that our

heredon us gefultume ꝥæt we hie wiðermode ne gedon us mid ꝥære
tælinge, ac ꝥæt sio hering getrymme & gemetgige ꝥæs wacmodan &
ꝥæs unðristan monnes mod wið ða tælinge.   Be ꝥæm se ilca Paulus
cwæð, ða he ongeat ꝥæt folc þe Ðessolonicensa hatte, ꝥæt hie on his
lare fæste wæron, & ðeah he ongeat ꝥæt hie gedrefede wæron mid
wacmodnesse, forðæmþe hie wendon ꝥæt hit near worlde endunge
wære ðonne hit wære ; ða ongan he ærest herigean on him ꝥæt ꝥæt
he fæstrædes wiste, & sona æfter ðon swiðe liðelice he hirde ða þe he
unfæstrædes wiste, & ðus cwæð : We sculon simle sæcgean Gode
ðancas for eow broður, swæ swæ hit wel wyrðe is, forðæmþe cower
geleafa hæfð oferðungen swiðe monegra oðerra monna, & eower lufu
is betweohxn eow swiðe genyhtsumu, swæ ꝥæt we apostolas sint swiðe
gefeonde ealle for eowrum geleafan & for eo(w)rum geðylde. Ac sona
æfter ꝥære liðelican spræce he cwæð : Ic eow healsige broður for ꝥæm
tocyme Dryhtnes Hælendan Cristes & for ure gesomnunge ꝥæt ge no
to hrædlice ne sien astyrede from eowrum gewitte, ne eow to swiðe ne
[on]drædað for nanes monnes wordum ne for nanes witgan gaste, ne ðeah
eow hwelc ærendgewrit cume, swelce hit from us asend sie, & ꝥæron
cyðe ꝥæt se domes dæg neah sie.   Swæ gedyde se soðfæsta lareow
ꝥæt he ærest gehierdun ða heringe þe him licode forðæm ꝥæt hie
æfter ꝥæm ðy lustlicor gehierden ða lare, ꝥætte ꝥæt lof hie to ðæm
getrymede ꝥætte sio monung hie eft ne geðrycte.   Ða he ongeat ꝥæt
hie wæron onstyrede mid ꝥæm wenan ꝥæt hie ðæs endes swæ neah
wendon, ða spræc he swelce he hit ðagit nyste ꝥæt hie hit him ða iu
ondredon, ac forbead him ꝥæt hit ne sceolde swa weorðan, & wolde

---

former praise may prevent their being impatient of our blame, and that
the praise may strengthen and regulate the minds of the weak and
diffident for the blame.   Of which the same Paul spoke when he per-
ceived that the people called Thessalonians were firm in his teaching,
and yet troubled with faintheartedness, because they thought the end
of the world nearer than it really was ; he began first to praise what
he knew was their steadfastness, and immediately after, very gently
admonished those whom he knew to be weakminded, and spoke thus :
" We shall always have to say thanks to God on your account,
brothers, as it is well meet, because your faith has surpassed that of
many other men, and your love among yourselves is very abundant,

heredon us gefultume ðæt we hie wiðermode ne gedón mid ðære
tælinge, ac ðæt sio hering getrymme & gemetgige ðæs wacmodan &
ðæs unðristan monnes mód wið ða tælinge. Be ðam se ilca Paulus
cuæð, ða he ongeat ðæt folc ðe Salonicensa hatte, ðæt hie on his
5 lare fæste wæron, & ðeah he ongeat ðæt hi gedrefde wæron mid
wacmodnesse, forðæmðe hie wendon ðæt hit near worulde endunge
wære ðonne hit wære ; ða ongon he æresð herigean on him ðæt ðæt
he fæsðrædes wiste, & sona æfter ðon suiðe liðelice hierd[d]e ða ðe he
unfæsðrade wisse, & ðus cuæð : We sculon simle secgan Gode
10 ðoncas for eow broður, sua sua hit wel wierðe is, forðæmðe eower
geleafa hæfð oferðungen suiðe monigra oðerra monna, & eower lufu
is betweoxn eow suiðe genyhtsumu, sua ðæt we apostolas sint suiðe
gefeonde ealle for eowrum geleafan & for eowrum geðylde. Ac sona
æfter ðære liðelican spræce he cuæð : Ic eow healsige broður for ðæm
15 tocyme Dryhtnes Hælendan Kristes & for ure gesomnunge ðæt ge no
to hrædlice ne sien astyrede from gewitte, ne eow to suiðe ne on-
drædað for nanes monnes wordum ne for nanes witgan gæste, ne ðeah
eow hwelc ærendgewrit cume, suelce hit from us send sie, & ðæron
cyðe ðæt se domes dæg neah sie. Sua gedyde se soðfæsta lareow
20 ðæt hie æresð gehierdon ða heringe ðe him licode forðæm ðæt hie
æfter ðæm ðe lusðlicor gehierden ða lare, ðætte ðæt lof hie to ðæm
getrymede ðæt sio manung hie eft ne ðrycte. Ða he ongeat ðæt
hie wæron onstyrede mid ðæm wenan ðæt hi ðæs endes sua neah
wendon, ða spræc he suelce he hit ðagiet nyste ðæt hie hit him ða io
25 ondredon, ac forbead him ðæt hit ne scolde sua weorðan, & wolde

---

so that we apostles all rejoice greatly in your belief and patience."
But soon after the gentle speech, he said : "I beseech you, brothers,
by the coming of the Lord, our Saviour Christ, and by our congrega-
tion, that ye be not too quickly stirred from your senses ; nor fear too
much for any man's words or any prophet's spirit, or if any letter
come to you, as if sent from us, to announce that the day of judgment
is near." Thus the trusty teacher made them first hear the praise they
liked, that they might afterwards hear the advice more cheerfully, that
the praise might strengthen them so as not afterwards to be crushed by
the admonition. When he saw that they were stirred by the expectation
of their impending end, he spoke as if he did not yet know that they

ðæt hie wenden ðæt hie ðæs þe untælwyrðran wæron þe hie wendon
ðæt he nyste hiera leohtmodnesse & hiera unfæstrædnesse.

XXXIII. Ðætte on oðre wisan sint to manianne ða ungeðyldegan,
& on oðre ða geðyldegan.

On oðre wisan sint to manianne þa ungeðyldegan, on oðre ða ge-
ðyldegan. Ðæm ungeðyldegum is to sæcganne ðætte hie ne agime-
leasien ðæt hie hiera mod gebridligen, ðæt hie ne hliepen unwillende
on ðæt scorene clif unðeawa; swæ hit oft gebyreð ðæt sio hatheortnes
& seo hrædwilnes ðæt mod gebrengð on ðæm weorce þe hiene ær nan
willa to ne spon, & deð ðeah swæ astyred, swelce he hit ungewisses
oððe ungewealdes do, ðæt him eft gehreoweð, siððan he hit wat.
Forðæm him is to sæcgeanne ðæt hie weorðað oft ascrencte on ðæm
scyfe ðære styringe hiera modes, ðæt hie hiera selfra ne agon ðy mare
geweald þe oðerra monna, & swiðe seldon magon ongietan hiera agen
yfel, ærðon hie hit ðurhtogen habbað. Ac gif he ðonne ðære styringe
ne wiðstent, ðonne gescent he ða godan weorc þe he oft ær on stillum
mode ðurhteah, & swæ ungleawlice for ðæm scyfe ðære styringe swiðe
hrædlice towyrpð þa godan weorc þe he longe ær foreðonclice timbrede,
& ða geðylde þe is modur & hierde ealra mægena for ðæm unwrence
ðære ungeðylde forlett, & eac ðæt mægen ðære soðan lufan he for-
læt. Hit is awriten on Paules bocum ðæt sio Godes lufu sie geðyld,
& se þe geðyldig ne sie, ðæt he næbbe ða Godes lufe on him. For
ðæm unðeawe ðære ungeðylde wierð utadrifen sio fostermodur ælcre

---

had been dreading it long, but forbade them to let it be so, wishing
them to deem themselves the less culpable by thinking that he did not
know their frivolity and inconstancy.

XXXIII. That the impatient are to be admonished in one way, in
another the patient.

The impatient are to be admonished in one way, in another the
patient. The impatient are to be told not to neglect bridling their
mind, lest involuntarily they leap down the abrupt cliff of vices; as it
often happens that impetuosity and hastiness bring the mind to the
deed to which no desire allured it before, and so make it agitated, as if
he did it unconsciously or involuntarily, so that he afterwards repented

ðæt hie wenden ðæt hie ðæs ðe untælwyrðran wæren ðe hie wendon
ðæt he nyste hira leohtmodnesse & hira unfæsðradnesse.

XXXIII. Ðætte on oðre wisan siut to monianne ða ungeðyldgan,
& on oðre ða geðyldgan.

5   On oðre wisan sint to manianne ða ungeðyl[d]gan, on oðre wisan ða
geðyldegan. Ðæm ungeðyldegum is to secganne ðæt hie ne agime-
leasigen ðæt hi h[i]ra mod [ge]bridligen, ðæt hi ne hlipen unwillende
on ðæt scorene clif unðeawa ; sua hit oft gebyreð ðæt sio hatheortness
& sio hrædwilnes ðæt mod gebrin[g]ð on ðæm weorce ðe hine ær nan
10 willa to ne spón, & deð ðeah sua astyred, suelce he hit ungewisses
oððe ungewealdes doo, ðæt him eft gehreoweð, siððan he hit wat. For-
ðæm him is to secganne ðæt hie weorðað oft ascrencte on ðæm scyfe
ðære styringe hira modes, ðæt hi hira selfra ne agon ðy mare geweald
ðe oðerra monna, & suiðe seldon magon ongietan hira ægen yfel,
15 ærðon hi hit ðurhtogen habbað. Ac gif he ðonne ðære styringe ne
wiðstent, ðonne gescient he ða godan weorc ðe he oft ær on stillum
mode ðurhteah, & sua ungleaulice for ðæm scyfe ðære styringe suiðe
hrædlice towierpð ða godan weorc ðe he longe ær foreðonclice timbrede,
& ða geðyld ðe his modur & hierde ealra mægena for ðæm unwrence
20 ðær[e] ungeðylde forlét, & eac ðæ[t] mægen ðære soðan lufan he
forlét. Hit [is] awriten on Paules bocum ðæt sio Godes lufu sie
geðyld, & se ðe geðyldig ne sie, ðæt he næbbe ða Godes lufe on him.
Forðæm for ðæm unðeawe ðære ungeðylde wirð utadrifen sio foster-

---

of it, when he knew it. Therefore they are to be told that they are
often deceived by the impulse of the agitation of their mind, so that
they cannot command themselves any more than others, and are very
seldom able to perceive their own wickedness, until they have accom-
plished it. But if he does not oppose the agitation, he disgraces the
good works which he often before accomplished with a calm mind, and
so imprudently, from the impulse of his agitation, very quickly pulls
down the good works which he long before carefully built up, and
forsakes patience, which is mother and guardian of all virtues, through
the vice of impatience, and also the virtue of true love. It is written
in Paul's books that the love of God is patience, and that he who is
not patient has not the love of God in him. Therefore, through the

leornunga & ælces cræftes, & æghwelces lareowes lar wihst ðurh his
geðylde, & æghwelc monn bið onfunden swæ micle læs gelæred ðonne
oðer swæ he bið ungeðyldegra.   Ne mæg he no ryhtlice geðyld læran,
buton he self geðyldelice oðerra monna teonan geðolige.   Hwilum eac
gebyreð for ðæm unðeawe ðære ungeðylde ðæt ðæt mod wierð ge-
sticced mid ðære scylde gilpes, & he ne mæg geðyldgian ðæt he for
ðisse worlde sie forsewen, ac gif he hwæt digollice for Gode to gode
gedyde, ðonne ne mæg he geðyldgian ðæt he ðæt forhele, ac wierð
ðonon gilpen, & onginneð ðonne ðæt cyðan ðonne he ne mæg geðolian
ðæt hiene men forsion, ac geopenað hit mid gilpe.   Be ðæm is
awriten ðæt betra bio se geðyldega wer ðonne se gilpna, forðæmþe
him bið liofre scande to ðolianne ðonne ðæt god to cyðanne ðæt he
digollice deð, ðylæs he for ðæm unðeawe ðæs gilpes hit forleose.   Ac
ðæm gilpnan bið liofre ðæt he secge on hiene selfne, gif he hwæt godes
wat, ge ðeah he nyte hwæt he soðes secge, him is ðeah leofre ðæt he
leoge ðonne him mon ænigra ungerisna to wene.   Ac he forlæt ðonne
& towierpð eall þa godan weorc þe he ær worhte, ðonne he forlæt ða
geðylde.   Forðæm wæs swiðe ryhtlice beboden Ezechiele ðæm witgan
ðæt he sceolde ðone Godes alter habban uppan aholodne ðæt he
meahte on healdan ða ofrunga & ða lac þe man brohte to ðæm
weobude ; forðæm, gif se weobud ufan hol nære, & ðær wind to come,
ðonne tostencte he ða lac.   Hwæt elles getacnað ðæt weobud buton
rihtwisra monna saula ?   Forðæmþe nu eal ðæt se ryhtwisa to gode
deð eal hit bið broht to lacum beforan Godes eagum, swæ iu wæs
eall sio ofrung uppe on ðæt wiobud broht.   Hwæt tacnað ðonne ðæt

vice of impatience, the foster-mother of all learning and virtue is driven
out ; and the learning of every teacher grows through his patience,
and every man is proved to be so much the less learned than another
as he is more impatient. He cannot rightly teach patience, unless he
himself patiently suffer the contumely of others. Sometimes also it
happens, through the vice of impatience, that the mind is pierced by
the sin of boasting, and he cannot bear worldly scorn ; and if he has
done any good action in the sight of God, he cannot bear to conceal
it, but becomes boastful, and begins to proclaim it, not being able to
endure men's contempt, but reveals it boastfully. Therefore it is
written that the patient is better than the boastful man, for he would
rather suffer contumely than proclaim the good he does secretly, lest

modur ælcre leornunga & ælces cræftes, & æghwelces lareowes lar
wihxð ðurh his geðylde, æghwelc monn bið onfunden sua micle læs
gelæred ðonne oðer sua he bið ungeðyldegra. Ne mæg he no ryhtlice
geðyld læra(n), buton he self geðyldelice oðerra monna tionan geðolige.
5 Hwilum eac gebyreð for ðæm unðeawe ðære ungeðylde ðæt ðæt mod
wierð gesticced mid ðære scylde gielpes, & he ne mæg geðyl(d)gian ðæt
he for ðisse worulde sie foresewen, ac gif he hwæt diogollice for Gode to
goode gedyde, ðonne ne mæg he geðyl[d]gian ðæt he ðæt forhele, ac
wierð ðonon gielpen, & ongienneð ðonne ðæt cyðan ðonne he ne mæg
10 geðolian ðæt hine menn forsion, ac geopenað hit mid gielpe. Be ðam
is awriten ðæt betera beo se geðyldega wer ðonne se gielpna, forðæmðe
him bið leofre scande to ðolianne ðonne ðæt god to cyðanne ðæt
he deogollice deð, ðylæs he for ðæm unðeawe ðæs gielpes hit forleose.
Ac ðæm gielpnan bið leofre ðæt he secge on hine selfne gif he hwæt
15 godes wat, ge ðeah he nyte hwæt he soðes secge, him is ðeah leofre
ðæt he leoge ðonne him mon ænigra ungerisna to wene. Ac he forlæt
ðonne & towierpð eal ða godan weorc ðe he ær worhte, ðonne he
forlæt ða geðylde. Forðæm wæs suiðe ryhtlice beboden Ezechiele
ðæm witgan ðæt he scolde ðone Godes alter habban uppan aholodne
20 ðæt he meahte on healdan ða offrunga & ða lac ðe mon brohte to ðæm
weobude ; forðæm, gif se weobud ufan hol nære, & ðær wind to come,
ðonne tostencte he ða lac. Hwæt elles getacnað ðæt weobud buton
ryhtwisra monna saula ? Forðæmðe nu eal ðæt se ryhtwisa to gode
deð eal hit bið beorht to lacum beforan Godes eagum, sua io wæs
25 eall sio offrung uppe on ðæt wiebed broht. Hwæt tacnað ðonne ðæt

he lose it through the vice of boasting. But the boaster would rather
attribute to himself any good action he is conscious of ; and even if
he is not sure of speaking the truth, he would rather lie than have
a bad reputation. But he forsakes and destroys all the good deed he
performed before, when he forsakes patience. Therefore the prophet
Ezekiel was very rightly commanded to have God's altar hollow above,
that it might hold the offerings and gifts which were brought to it ;
for if the altar were not hollow, and the wind rose, it would scatter
the offerings. What signifies the altar but the souls of righteous
men ? Because all the good that the righteous man does is brought
before God's eyes as an offering, as all the offering was formerly
brought up to the altar. What signifies the hollow on the altar but the

holh on ðæm weobude buton godra monna geðyld? Forðæm, ðonne mon his mod geeaðmodegað ðæt he wiðerweardnesse & scande forbere, ðonne geeacnað he sum holh on his mode swæ swæ ðæt weobud hæfð on him uppan. Holh wæs beboden ðæt sceolde beon on ðæm weobude uppan, forðæm ðæt wind ne meahte ða lac tostencean, þe mon on ðæt weobud legde. Ðæt tacnað ðæt ðæt geðyld sceal gehealdan ðara gecorenra monna mod, ðætte hit ne [a]styrige se wind ðære ungeðylde, ðylæs hit forleose ða godan weorc þe he ær geworht hæfde. Wel hit wæs gecweden ðæt ðæt holh sceolde beon on ðæm weobude anre elne brad & anre elne long, forðæm butan tweon se þe ða geðylde ne forlæt, he gehielt micle anmodnesse. Be ðæm cwæð *sanctus* Paulus: Bere eower ælc oðres byrðenne betweohxn eow, ðonne gefylle ge Godes æ. Ðæt is ðonne Godes æ ðæt mon hæbbe lufe & geðyld, ðæt ðonne fullfremmað ða ane þe hie ne forlætað, ðonne hie mon gremeð. Gehieren ða ungeðyldegan ðysne cwyde þe awriten is: Betra bið se geðyldega wer ðonne se stronga & se kena, & strongra bið se & ðristra þe his agen mod ofercymð & gewilt ðonne se þe fæste burg abrycð. Læssan sige hæfð se se ða burhware ofercymð, forðon him bioð fremde ða þe he ðær hinð & ðreatað. Forðæm bið se sige micle mara ðe man mid geðylde gewinð, forðæm sio gesceadwisnes ðonne hæfð ofercumen ðæt mod & gewielð, swelce he self hæbbe hiene selfne gewildne, & sio geðyld hæbbe ðæt mod geðreatod & gecafstrod. Gehieren ða ungeðyldegan hwæt sio Soðfæstnes cwæð to his gecorenum, he cwæð: On eo(w)rum geðylde ge gehealdað eowra saula. Swæ we sint wunderlice gesceapene ðæt ure mod & ure gewitt hæfð ðone anwald ures

---

patience of good men? For when a man humbles his mind so as to bear enmity and contumely, he produces a hollow in his mind such as the altar has on it. A hollow was commanded to be on the top of the altar, that wind might not scatter the offerings which were laid on the altar. That means that patience is to restrain the minds of the elect, that the wind of impatience may not agitate them, lest they lose the good works which were formerly accomplished. It was well said that the hollow on the altar was to be one ell broad and one ell long, because, doubtlessly, he who forsakes not patience preserves great unanimity. Therefore St. Paul said: "Let each among you bear the other's burden, then ye will fulfil God's law." God's law consists in having love and patience, which those alone fulfil who do not forsake them when

holh on ðæm weobude buton godra monna geðyld? Forðam, ðonne
mon his mód geeaðmodgað ðæt he wiðerweardnesse & scande forbere,
ðonne geeacnað he sum holh on his mode sua sua ðæt weobud hæfð
on him uppan. ʟHolh wæs beboden ðæt sceolde beon on ðæm weobude
5 uppan, forðæm ðæt wind ne meahte ða lac tostencean, ðe mon on ðæt
weobud legde. Ðæt tacnað ðæt ðæt geðyld sceal gehealdan ðara
gecorenra monna mod, ðætte hit ne astyrige se wind ðære ungeðylde,
ðylæs hit forleose ða godan weorc ðe he ær geworht hæfde. Wel hit
wæs gecueden ðæt ðæt holh sceolde beon on ðæm weobude anre elne
10 brad & anre elne long, forðæm butan tweon se ðe ða geðylde ne
forlæt, he gehilt micle anmodnesse. Be ðæm cuæð *sanctus* Paulus :
Bere eower ælc oðres byrðenne betweoxn eow, ðonne gefylle ge Godes
æ. Ðæt is ðonne Godes æ ðæt mon hæbbe lufe & geðyld, ðæt   .   .

15

20

25

annoyed. Let the impatient hear this speech which is written:
"Better is the patient than the strong and bold man ; and stronger
and bolder is he who overcomes and subdues his own mind than he
who takes a strong city." He who overcomes the citizens gains a less
victory, because those he humbles and intimidates are strangers to him.
Therefore the victory which is won with patience is much greater,
because in this case wisdom has overcome and subdued the mind as if
he himself had conquered himself, and patience had intimidated and
put a halter on the mind. Let the impatient hear what Truth said to
his elect ; he said : "In your patience ye shall hold your souls." We are
so wonderfully made, that our mind and intellect control the body,
and wisdom the mind. Therefore, if wisdom has no control over the

lichoman, & sio gesceadwisnes hæfð anwald ðæs modes. Forðæm,
gif sio gesceadwisnes næfð nanne anwald ðære saule & ðæs modes,
ðonne næfð sio saul & ðæt gewit nanne anwald ðæs lichoman.
Ac sio geðyld is gesett to hierde urre gesceafte. Ðæt us ætiewde
Dryhten, þa he us lærde ðæt we sceoldon urra selfra waldan mid ðære
geðylde. We magon eac ongietan hu micel sio scyld bið ðære unge-
ðylde, ðurh þa we forlætað ðone anwald ure selfra, ðone we sceoldon
ðurh ða geðylde gehealdan. Gehieren ða ungeðyldegan ðone cwide þe
eft be him gecweden is on Salomones bocum : Se dysega ungeðyldega
all his ingeðonc he geypt, ac se wisa hit ieldcað, & bitt timan. Sio
ungeðyld geniet ðone monnan ðæt he geopenað all his ingeðonc, &
ealne ðone gast utadrifð. Forðæm hiene swæ hrædlice sio gedre-
fednes utadrifð ðy hiene ðærinne ne belycð nan ege ðære lare wis-
domes. Ac se wisa hilt his spræce & bitt timan, & ne wilnað na to
hrædlice ðære wræce, ðeah he gegremed sie, ac wyscð ðæt hit him
gehreowe, ðæt he hit mæge sððan forgifan ; & ðeah wite he ðætte
ealle scylda þe wið God beoð ungebetta beoð unforgifne on domes
dæge & ryhtlice gewrecene. Ac eft sint to manigenne ða geðyldegan
ðætte ðæt hie mid hiera wordum & mid hiera dædum forgiefað ðæt hie
ðæt eac on hiera ingeðonce forgifen, ðylæs he mid ðy niðe yfles inge-
ðonces toweorpe ða mægenu ðæs godan weorces þe he Gode utan
anwealglice forgeaf, forðæm, ðonne hit nan man wietan ne mæg
hwæðer hit eallinga forgiefen sie, ðætte hit ðonne se ne wrece þe hit
wat þe swiður þe he licet mildheortnesse & forgifnesse ðær ðær nan ne
bið. Ac ðæm geðyldegan & ðæm forgiefendan is to secganne ðæt he
georne wilnige ðæt he ðone mon eft lufian mæge þe him ær abealg,

soul and mind, the soul and intellect have no control over the body.
But patience has been appointed guardian of our nature. This the
Lord showed us, when he taught us how to control ourselves with
patience. We can also understand how great is the sin of impatience,
through which we forsake the control of ourselves, which we ought to
preserve through patience. Let the impatient hear another passage
about them spoken in the books of Solomon : " The impatient fool
reveals all his thoughts, but the wise man delays it, and waits his
time." Impatience compels a man to reveal all his thoughts, and
drives out all the spirit. The agitation drives it out so quickly,
because no reverence for the advice of wisdom confines it in there.
But the wise man restrains his speech, and waits his time, and does

---

not desire revenge too soon, if he has been injured, but wishes to repent, that he may afterwards be able to forgive it ; and yet let him know that all sins against God which are unatoned will not be forgiven at the day of judgment, but rightly punished. But the patient are to be admonished again, that what they forgive with their words and deeds they are also to forgive in their hearts, lest with the anger of a bad heart they destroy the virtues of the good works which outwardly they offered to God completely that, when no man knows whether it is entirely forgiven, he who knows may not punish it the more severely the more they stimulate humanity and forgiveness where none is. But the patient and forgiving are to be told to desire eagerly to be able afterwards to love the man who irritated them before, when

ᚦonne he hit ðeah forgifan sceal, forðæm, gif sio lufu ne gæð æfter
ðære forgifnesse, ðonne wierð ðær feoung, & se goda cræft ðe he ðær
licette ðære forgifnesse wierð behwirfed on wiersan scylde.   Be ðæm
cwæð *sanctus* Paulus : Lufu bið geðyldig.   And sona æfter ðæm he
cwæð : Hio bið mildu.   Swiðe sweotule he ætiewde mid ðæm wordum
ðætte ðæm monnum ðe we for geðylde hwæt forberan sculon, ðæt we
hie sculon eac milde mode lufian.   Be ðæm se æðela lareow cwæð, ða
he spon his hieremen to ðære geðylde, he cwæð : Ælc ðweora & ælc
ierre & unweorðscipe & geclibs & tæl sie anumen fram eow.   Ða he
spræc, swelce he þa uterran yflu hæfde eall gesett, & wende hiene þa
to ðæm inneran, & ðus cwæð : And ælc yfel forlæte ge on eowrum
ingeðonce.   Forðæm hit bið unnyt ðæt mon unweorðunga & tæl &
geclibs utane forlæte, gif se yfela willa ðone onwald hæfð ðæs inge-
ðonces, se is modur ælces yfeles, forðæm hit bið unnyt ðæt mon
hwelces yfles bogas snæde, buton mon wille ða wyrtruman forceorfan
ðæs staðoles.   Be ðæm sio Soðfæstnes ðurh hie selfe cwæð : Lufiað
eowre fiend, & doð ðæm wel þe eow ær hatedon, & gebiddað for þa
þe eower ehtað & eow lað doð.   Ðæt is swiðe micel cræft beforan
mannum ðæt mon ðæm men auht forberan mæge þe him wiðerweard
sie, & ðæt is micle mare beforan Gode ðæt hiene mon siððan mæge
lufian ; forðæm ða lac beoð Gode ealra andfengeost þe beforan his
eagum se lieg ðære lufe forbærnð on ðæm altere godra weorca, swæ
swæ iu mid ðæm heofoncundan fire on ðære ealdan æ wæron ða
lac forbærndu uppe on ðæm altere.   Be ðæm eft Dryhte(n) cwæð to
sumum monnum þe hæfdon ða geðyld, & næfdon ða lufe, he cwæð :

---

it is necessary to forgive it, because, if love does not follow forgiveness,
hatred arises, and the simulated virtue of forgiveness is turned into
a worse sin.   Therefore St. Paul said : " Love is patient."   And soon
after he said : "It is mild."   Very clearly he showed with these words
that, if we bear with men out of patience, we must also love them
with mild heart.   Therefore the noble teacher spoke, encouraging
his subjects to patience ; he said : "Let all perversity, and wrath, and
indignation, and clamour, and blame be taken away from you."   Then
he spoke as if he had settled all external evils, and turned then to the
internal evils, and spoke thus : "And dismiss all evil from your
hearts."   For it is useless for a man to dismiss indignation, and
blame, and clamour externally, if evil will, which is the mother of all

5

10

15

20

25

evil, controls the heart; for it is useless for a man to lop off the
boughs of any evil, without cutting off the root of the trunk.   There-
fore Truth spoke through itself: "Love your enemies, and do well
to those who formerly hated you, and pray for those who persecute
you and do you harm."   With men it is a great merit to be able to
bear with an enemy, but it is a much greater one with God to be
able to love him afterwards; because those offerings are most accept-
able to God which the fire of love consumes before his eyes on the
altar of good works, as formerly under the old law the offerings were
consumed with heavenly fire on the top of the altar.   Therefore the
Lord spoke again to certain men who had patience, but not love; he
said: "Lo, thou canst see a little mote in thy brother's eye, but canst

Hwæt, ðu meaht gesion lytelne cið on ðines broður eagan, & ne meaht
gefredan micelne beam on ðinum agnan. Sio gedrefednes ðære unge-
ðylde on ðæm mode ðæt is se smala ciið, ac se yfela willa on ðære
heortan ðæt is se greata beam. Ðone ungeðyldegan ðonne swiðe
lytel scúr ðære costunga mæg onhreran, swæ swæ lytel wind mæg
ðone c ið awecggean, ac ðone yfelan fæstrædan willan folneah nan
wind ne mæg awecggean. Be ðæm cwæð eft Dryhten: Ðu licettere,
aweorp ærest of ðinum agnum eagan ðone greatan beam, & cunna
siððan hwæðer ðu mæge adón ðone cið of ðines broður eagan. Swelce
he cwæde to ðæm unryhtwisan mode, þe innan bið gnorniende, & utan
licet geðyld: Adó ærest from ðe ða byrðenne ðæs yflan willan, & tæl
siððan oðerne for his ungeðylde & for his leohtmodnesse; forðæm,
ðonne ðu ne wilnast ðæt ðu oferswiðe ðone yfelan willan, & forlæte
ða licettunge on ðe selfum, ðonne meaht ðu ðy wyrs geðyldgian oðres
monnes yfel. And oft ðeah gebyreð ðæm geðyldegan, ðeah him mon
hwæt wiðerweardes dó, oððe he hwelce scande gehiere be him selfum,
ðæt he ðonne nanwuht æt ðæm cirre ne bið astired, ac gebærð swæ
geðyldelice swelce he hit hæbbe mid ealre heortan forlæten. Ac
ðonne he hit eft ofman æfter lytlum fæce, ðonne ofðyncð him ðæs
ilcan þe he ær forbær, & bið eft onæled mid ðy fyre ðæs sares. Secð
ðonne & smeað hu he hit gewrecan mæge, & ða manðwærnesse þe he
ær ðurhtogen hæfde eft ðeahtigende on yfel gewent. Ac ðæm mæg
bion swiðe hræde geholpen from his lareowe, gif he him sægð hwonon
ðæt cymð, & hu se lytega dioful styreð gewinn & gefeoht betweox him
twam: oðerne he lærð ðæt he onginne sume sconde be ðæm oðrum

---

not perceive a great beam in thine own." The agitation of impatience
in the mind is the little mote, but the evil will in the heart is the
great beam. A very small breeze of tempation can stir the impatient,
as a little wind can move the mote; but the evil, obstinate will almost
no wind can move. Therefore the Lord said again: "Thou hypocrite,
cast first out of thine own eye the great beam, and then try if thou
canst remove the mote from thy brother's eye." As if he had said to
the unrighteous heart, which is afflicted internally, while externally it
simulates patience: "Remove first from thee the burden of the evil will,
and then blame another for his impatience and frivolity; because, whilst
thou dost not desire to overcome the evil will, and relinquish thine own
impatience, thou wilt be the worse able to suffer another man's faults."

. . . .

. . micelne beam on ðinum agnan. Sio gedrefednes ðære unge-
ðylde on ðæm mode ðæt i[s] se sm[a]la cið, ac se yfela willa on ðære
heortan ðæt is se greata beam. Ðone ungeðyldegan ðonne suiðe
5 lytel scur ðære costunga mæg onhræran, sua sua lyte[l] wind mæg
ðone cið awecgan, ac ðone yfelan fæsðrædan willan fulneah nan wind
ne mæg awecgan. Be ðæm cuæð Dryhten : Ðu licettere, aweorp
æresð of ðinum agnum eagan ðone greatan beam, & cunna siððan
hwæðer ðu mæge adón ðone cið of ðines broður eagan. Suelce he
10 cuæde to ðæm unryhtwisan mode, ðe innan við gnornigende, & utan
licet geðyld : Adoo æresð from ðe ða byrðenne ðæs yfelan willan, [&
tæl siððan oðerne for his ungeðylde & for his leohtmodnesse ; forðæm
ðonne ðu ne wilnasð ðæt ðu oferswið(e)] & forlæte ða licettunge on
ðe selfum, ðonne mealht ðu ðy wyrs geðyldgian oðres monnes yfel.
15 & oft ðeah gebyreð ðæm geðyldgan, ðeah him mon hwæt wiðerweardes
doo, oððe he hwelce scande gehiere bi him selfum, ðæt he ðonne
nawuht æt ðæm cierre ne við onstyred, ac gebærð sua geðyldelice
suelce he hit hæbbe mid ealre heortan forlæten. Ac ðonne he hit eft
ofman æfter lytlum fæce, ðonne ofðyncð him ðæs ilcan ðe he ær forbær,
20 & við eft onæled mid ðy fyre ðæs sares. Secð ðonne & smeað hu he
hit gewrecan mæge, & ða monnðwærnesse ðe he ær ðurhtogen hæfde
eft ðeahtigende on yfel gewend. Ac ðæm mæg beon suiðe hraðe ge-
holpen from his lareowe, gif he him sægð hwonon ðæt cymð, & hu se
lytega dioful styreð gewinn & gefeoht betweoxn him twam : oðerne
25 he lærð ðæt he onginne sume scande bi ðæm oðrum oððe sprecan

---

And yet it often happens to the patient man that, although he suffers
some wrong or hears some shameful report of himself, he is not agitated
at the time, but comports himself patiently, as if he had dismissed it
altogether from his heart. But when he remembers it again after a
little time, he is indignant at what he formerly passed over, and is again
kindled with the fire of the injury. So he seeks and considers how he
can avenge it, and by brooding over it turns to evil the humanity he
formerly exercised. But it can be very soon remedied by his teacher,
if he tell him whence it comes, and how the cunning devil stirs war
and fighting between them two : the one he advises to begin to speak
or do something disgraceful against the other, the other he advises
to requite the disgrace. But it oftenest happens that he is over-

15

oððe sprecan oððe dón, oðerne he lærð ðæt he ða scande forgielde. Ac hit gebyreð oftost ðæt se við oferswiðed, se þe ðurh diofles lare ærest bið onæled mid ðy unryhtum niðe, ðeah he swæ ne wene, ðonne he hit ærest onginð; and se hæfð oftost ðone weorðscipe se þe ær geðyldelice þa scande forbær. Ac ðonne se dioful hæfð ðone ærran gewunnenne, & he við under his geoc gegan, ðonne went he mid ealle cræfte ongean ðæs oðres geðyld, þe him ðonne git wiðwinð, & bið swiðe sarig, forðæmþe he on ðæm forman gefeohte hiene ne meahte ofsceotan mid ðæm bismere, ðe he ðurh ðone oðerne him to sende. Læt ðonne an ðæt gefeoht swæ openlice sume hwile, & onginð hiene diegellice læran, & slitan his ingeðoht, & bitt ðære tide, hwonne he ðæs wyrðe sie ðæt he hiene beswican mote. Forðæm he hiene ne meahte mid openlicum gefeohte oferswiðan, sætað ðonne digelice, & secð hu he hiene mæge gefón. Se geðyldega ðonne eft, ðonne ðæt gestilled bið, ðonne went he eft ongean mid his mode, & gemon ðone demm oððe ðæt bismer, ðæt him ær gedon wæs, & ðonne swiðe hrædlice & swiðe ungemetlice eahtað call ðæt him ær gedon wæs, & hit ðonne swiðe unaberendlic talað, & mid swæ micelre murcunga his agen mod gedrefð, ðætte oft ðone geðyldegestan scamað ðæs siges þe he ofer ðone dioful hæfde mid his geðylde, & he ðonne swæ gebunden from ðæm diofle sargað ðæs, & him ofðyncð ðæt he hit swæ emne & swæ geðyldelice forbær ðæt he ðæt bismer ne forgeald, & ðencð ðæs timan hwonne he hit wyrs geleanian mæge. Ac hwæm beoð ðonne ðas ðyllecan gelicran ðonne ðæm folce þe on clænum felda weorðlicne sige gefeohtað, & eft innan hiera burgum fæste belocene ðurh hiera giemeliste hie lætað

come, who through the devil's advice is first inflamed with the unrighteous anger, although he thinks it not, when he first begins it; and he has oftenest the honour who before endured the disgrace patiently. But when the devil has won the first, and he has passed under his yoke, he turns with all his might against the patience of the other, who still resists him, and is greatly grieved because in the former fight he could not wound him with the disgrace which he inflicted on him through the other. So he ostensibly gives up the contest for a time, and begins to advise him secretly, and to wound his mind, waiting for the time when he is fit to be deceived. Not being able to conquer him in open fight, he besets him secretly, and seeks

oð(ðe) dón, oðerne he lærð ðæt he [ða] scande forgielde. Ac hit
gebyreð oftosð ðæt se bið ofersuiðed, se ðe ðurh diofles lare æresð
bið onæled mid ðy unryhtan niðe, ðeah he sua ne wene, ðonne he
hit æresð onginð ; & se hæfð oftosð ðone weorðscipe, se ðe ær ge-
5 ðyldelice ða scande forbær. Ac ðonne se diobul hæfð ðone ærran
gewunnen[ne], & he bið under his geoc gegan, ðonne went he mid
ealle cræfte ongen ðæs oðres geðyld, ðe him ðonne giet wiðwinð, &
bið suiðe sorig, forðæm he on ðæm forman gefeohte hie[ne] ne
meahte ofsceotan mid ðæm bismere, ðe he ðurh ðone oðerne him to
10 sende. Lætt ðonne án ðæt gefeoht sua openlice sume hwile, &
ongienð hine diogollice læran, & slitan his inngeðonc, & bit ðære tide,
hwonne he ðæs wierðe sie ðæt he hine besuican mote. Forðæm he
hine ne meahte mid openlicum gefeohte ofersuiðan, sætað ðonne
diogollice, & secð hu he hine mæge gefón. Se geðyldiga ðonne eft,
15 ðonne ðæt gestilled bið, ðonne went he eft ongean mid his mode, &
geman ðone demm oð[ðe] ðæt bismer, ðæt him ær gedón wæs, &
ðonne suiðe hrædlice & suiðe ungemetlice eahtað eall ðæt him ær
gedón wæs, & hit ðonne suiðe un[a]berendlic talað, & mid sua micelre
murcunga his agen mod gedrefð, ðætte oft ðone geðyldegestan scamað
20 ðæs siges ðe he ofer ðone dioful hæfde mid his geðylde, & he ðonne
sua gebunden fram ðam diofle sargað ðæs, & him ofðyncð ðæt he hit
sua emne & sua geðyldelice forbær ðæt he ðæt bismer ne forgeald, &
ðencð ðæs timan hwonne he hit wyrs geleanian mæge. Ac hwam
beoð ðonne ðas ðyllecan geliccran ðonne ðæm folce ðe on clænum
25 felda weorðlicne sige gefeohtað, & eft innan hira burgum fæste belo-

---

how to take him. And the patient man afterwards, when it has sub-
sided, directs his mind back again, and remembers the loss or igno-
miny formerly inflicted on him, and then very hastily and immoderately
estimates all that was formerly done to him, and considers it very
intolerable, and disturbs his own mind with such excessive murmuring,
that often the most patient man is ashamed of the victory he won over the
devil with his patience ; and when he is thus bound by the devil he grieves
at it, and repents having so equably and patiently forborne requiting
the ignominy, and thinks when he will be able to requite it worse.
But what do such men resemble more than the nation which wins an
honourable victory in the open field, and afterwards, when strongly

gebindan, oððe swelce hie ær lægen on longre mettrymnesse, & hie
ðeah gewierpten, & eft cume an lytel fefres, & hie ofslea? Ða ge-
ðyldegan sint to manianne ðætte hie hiera heortan getrymmen æfter
ðæm miclan sige, & þa burg hiera modes wið stælherigeas behealden,
& mid wighusum gefæstnige, swelce hie him ðære adle edcir swiður
ondrede ðonne ðone fruman, ðylæs se lytega feond æfter fyrste swiðor
fægenige ðæt he hiene mid his lotwrencium beswice, ðeah he hiene
ær on openum gefeohte ofercome, & him ðone stiðan swioran for-
træde.

XXXIV. Ðætte on oðre wisan sint to manianne ða welwillendan, &
on oðre ða æfstegan.

On oðre wisan sint to manianne þa welwillendan, on oðre ða æfste-
gan. Ða welwillendan sint to manianne ðæt hie swæ fægenien oðerra
monna godra weorca ðæt hie eac selfe ðæs ilcan lyste, & swæ gilpen
hiera nihstena dæda ðæt hie him eac onhyrigen. Nimen him bisene
on hiera godan weorcum, & iecen hie simle mid hiera agnum, ðylæs hie
sien to oðerra monna gefeohte holde haweras, & don him selfe nawuht,
& ðonne eft æfter ðæm gefeohte sie butan æghwelcum edleane on ðys
andweardan life. Se þe nu on ðæm gefeohte ðisses andweardan lifes nyle
swincan, ne his selfes plion, he ongitt eft hine selfne ofercumenne &
gescendne, ðonne he gesihð & gehierð ða weorðian þe ær wel ongun-
non, ða ða he idel wæs. Swiðe swiðe we gesyngiað, gif we oðerra

---

enclosed in their cities, through carelessness allow themselves to be
captured ; or as if they had lain with a long illness, and yet had
recovered, and a trifling fever had come, and killed them ? The
patient are to be warned to fortify their hearts after so great a victory,
and hold the city of their hearts against predatory bands, and fortify
it with battlements, as if they dreaded the return of the disease more
than its beginning ; lest the wily foe after a time rejoice more in
entrapping them with his artifices after they had overcome him in an
open fight, and breaking their stubborn necks.

cene ður(h) hiera giemelieste hie lætað gebindan, oððe suelce hie ær
lægen on longre medtrymnesse, & hie ðeah gewierp[ten], & eft cume
an lytel febbres, & hie ofslea? Ða geðyldegan sint to manianne ðætte
hie hira heortan getrymigen æfter ðæs miclan sige, & ða burg hira
5 modes wið stælherigas behealden, & mid wighusum gefæsðnige, suelce
he him ðære adle edcier suiður ondræde ðonne ðone fruman, ðylæs
se lytega fiond æfter fierste suiður fægnige ðæt he hine mid his lót-
wrencium besuice, ðeah he hine ær openum gefeohte ofercome, & [him]
ðone stiðan suiran forbræce.

10 XXXIV. Ðætte ón oðre wisan sint to manianne ða welwillendan, &
        on oðre ða æfestgan.

On oðre wisan sint to manianne ða welwillendan, on oðre ða æfste-
gan. Ða welwillendan sint to manianne ðæt hie sua fægenigen oðra
monna godra weorca ðæt hie eac selfe ðæs ilcan lyste, & sua gielpen
15 hiera niehstena dæda ðæt hie him eac o(n)hyrigen. Nimen him bisene
on hira godan weorcum, & icen hie simle mid hira agenum, ðylæs hie
sien to oðerra monna gefeohte holde haweras, & don him selfe nawuht,
& ðonne eft æfter ðam gefeohte sie butan æghwelcum edleane on ðys
andweardan life. Se ðe nu on ðæm gefeohte ðisses andweardan lifes
20 nile suincan, ne his selfes plion, he ongiet eft hine selfne ofercymenne
& gesciendne, ðonne he gesiehð & gehierð ða weorðigan ðe ær wel
ongunnon, ða ða he idel wæs. Suiðe suiðe we gesyngiað, gif we

---

XXXIV. That the benevolent are to be admonished in one way, in
another the envious.

The benevolent are to be admonished in one way, in another the
envious. The benevolent are to be admonished so to rejoice in the
good works of others as themselves to desire the same, and so to
boast of their neighbour's deeds as to imitate them. Let them take
an example from their good works, and always increase them with
their own, lest they be sympathizing spectators of other men's efforts
without themselves helping them, and then, when the struggle is over,
be without any reward in this present life. He who will not exert
himself in the struggle of this present life, or run risks, afterwards
has to acknowledge himself vanquished and humiliated, when he sees
and hears those honoured who formerly began well, while he was idle.

monna welgedona dæda ne lufiað & ne herigeað, ac we nabbað ðeah
naɲe mede ðære heringe, gif we be sumum dæle nyllað onginnan ðæt
we onhyrigen ðæm ðeawum þe us on oðrum monnum liciað be ðæm
dæle ðe we mægen. Forðæm is to secganne ðæm welwillendan mon-
num ðæt hie habbað swæ micle mede oðerra monna godra weorca, gif
hie him nan wuht ne onhyriað, swæ we habbað ðæs hleahtres, ðonne
we hlihhað gligmonna unnyttes cræftes. We heriað hiera cræftas, &
ðeah nyllað hie habban, forðæm we hiera nabbað nan lof. We wun-
driað hu wel hie liciað for hiera cræfte, & ðeah ne wilniað na ðæt we
swæ licigen. Ðæm welwillendum is to sæcganne, ðonne hie gesioð
hiera geferena god weorc, ðæt hie eac ðencen to him selfum, & ne
fortruwigen hie for oðerra monna weorcum, ðylæs hie herigen hiera
godan weorc, & onscunien ðæt hie selfe swæ don. Ðæs ðy wierse wite
hie sculon habban on ende þe him licað ðæt mon wel do, & nyllað ðæm
onhyrigean be sumum dæle. Ac ða æfstegan sint to manianne ðæt
hie ongieten hu blinde hie beoð, ðonne hie beoð unrote for oðerra
monna godan weorcum, & for hiera ryhtum ge(fean) bioð unbliðe,
forðæm hie bioð swiðe ungesælige, ðonne hie yfliað forðæmþe oðre
men godiað, & ðonne hie gesioð ðara oðerra gesælðo eaciende, ðonne
ðyncð him ðæt hie willen acwelan for ðære mettrymnesse ðæs oðres
gesælignesse, swæ he bið genierwed on his mode. Hwa mæg beon
ungesæligra ðonne se æfstega? Ðonne ðu gesihst ðæt he bið utan
gedrefed, hu micle ma wenst ðu ðæt he sie innan for ðæs oðres gode!
Ðæt god ðæt se oðer ðonne deð, ðæt meahte bion eac his god,

We sin greatly if we do not love and praise the good deeds of others,
but we shall get no reward for our praise if we will not to some
extent begin to imitate the virtues which please us in others, as far as
lies in our power. Therefore the benevolent must be told that they
will have as much reward of other men's good works, if they do not
imitate them, as we have of our laughter at the useless tricks of
conjurers. We praise their tricks, and yet care not to possess them,
because they are not creditable. We admire the approbation they get
for their art, but yet we do not desire the same approbation. The
benevolent are to be told that, when they see the good works of their
companions, they must think for themselves, and not presume on the
strength of the works of others; lest, while they praise their good

oðerra monna welgedona dæda ne lufigað & ne herigað, ac we nabbað
ðeah nane mede ðære h[e]ringe, gif we be sumum dæle nellað onginnan
ðæt we onhyrigen ðæm ðeawum ðe us on oðrum monnum liciað be
dæle ðe we mægen.   Forðæm is to secganne ðæm welwillendan
5 monnum ðæt habbað sua micle mede oðerra monna godra weorca,
gif hie him nanwuht ne onhyrigeað, sua we habbað ðæs hleahtres,
ðonne we hliehað gligmonna unnyttes cræftes.   We herigað hira
cræftas, & ðeah nyllað hi habban, forðæm we hiera nabbað nan lóf.
We wundriað hu wel hie liciað for hira cræfte, & ðeah ne wilnigað
10 no ðæt we sua licigen.   Ðæm welwillendum is to secganne, ðonne hie
gesioð hiera geferena gód weorc, ðæt hie eac ðencen to him selfum, &
ne fortruwigen hie for oðerra monna weorcum, ðylæs hie herigen hiera
godan weorc, & onscunigen ðæt hie selfe sua dón.   Ðæs ðy wyrse wite
hie sculon habban on ende ðe him licað ðæt mon wel doo, & nyllað
15 ðæm onhyrigean be sumum dæle.   Ac ða æfstegan sint to manianne
ðæt hie ongieten hu blinde hi beoð, ðonne hie beoð unrote for oðerra
monna godan weorcum, & for hira ryhtum gefean beoð unbliðe,
forðæm hie beoð suiðe ungesælige, ðonne hie yfeliað, forðæmðe oðre
menn godigað, & ðonne hie geseoð ðara oðer[r]a gesælða eaciende,
20 ðonne ðyncð him ðæt hie wiellen acuelan for ðære medtrymnesse ðæs
oðres gesælignesse, sua he bið genierwed on his mode.   Hwa mæg
beon ungesæligra ðonne se æfstiga ?   Ðonne ðu gesiehsð ðæt he bið
utan gedrefed, hu micle ma wenstu ðæt he sie innan for ðæs oðres
góde !   Ðæt god ðæt se oðer ðonne deð, ðæt meahte beon eac his god,

---

works, they avoid doing so themselves.   The worse punishment they
shall have at last, the more they are pleased at the good deeds of men
without imitating them to some extent.   But the envious are to be
admonished to perceive how blind they are, when they are grieved at
the good works of others, and are sad because of their righteous joy,
because they are very unhappy, when they suffer because others are
prosperous ; and when they see the happiness of others increasing,
they think they will die from the discomfort of the other's happiness,
so oppressed is their heart.   Who can be unhappier than the envious
man ?   When thou seest that he is externally afflicted, how much
more thinkest thou that he is internally, because of the other's good-
ness !   The other's good might also be his, although he could not yet

ðeah he hit ðonne giet dón ne meahte, gif he hit wolde lufigean
on ðæm oðrum. Ealle ða þe wuniað on anum geleafan & on anum
willan hie bioð swæ swæ manegu limo on anum men, & ælc hæfð ðeah
sundornytte, & ðeah ða limo mislice todælede sien, ælc hiera bið on
oðres nytte swæ sama swæ on his selfes. Ðonon hit gewierð ðæt se
fot gesihð ðurh ðæt eage, & þæt eage stæpð on ðæm fotum, ða earan
gehierað for ðone muð, & ðæs muðes tunge sceal faran on ðara earana
ðearfe, & sio womb sceal fultcman ðæm hondum, & sio hond sceal
wyrcean for ða wombe. On ðæs lichoman gesceafte we underfengon
ealle ða ðenunga þe we nu ðeowiað & wyrceað. Forðæm hit is micel
scand, gif we nyllað licettan ðæt we sien ðæt we sindon, forðæm
butan tweon ðæt bið ure ðæt ðæt we lufiað on oðrum monnum, ðeah
we hit selfe don ne mægen, & ðæt oðre men on us lufiað, ðæt bið
hiera. Geðencen be ðysum ða æfstegan hu micel mægen bið on ðære
lufe ðæt hio gedeð ðæt oðerra monna geswinc & hiera weorc bið ure
butan ælcum geswince ures lichoman. Ac ðæm æfstegum is to sec-
ganne, gif hie hie nyllað healdan wið ðæm æfste, ðæt hie weorðað
besencte on ða ealdan unryhtwisnesse ðæs lytegan feondes, þe be him
awriten is ðætte for his æfste deað become ofer ealle eorðan. Forðæm
þe he hefonrice mid his agenre scylde forworhte, þa ofðuhte him ðætte
men wæron to ðæm gesceapene, & iecte ða his agene scylde mid ðæm
æfste, ðæt he tiolode men forlæran ðæt hie wurden eac forlorene swæ
he wæs. Eac sint to læronne ða æfstegan ðætte hie ongieten under
hu micelre frecennesse hie licggeað, & hu hie ieceað hiera forwyrd,
ðonne hie of hiera heortan nyllað aweorpan ðone æfst, ac hiene

---

do it, if he would love it in the other.   All who continue in one belief
and one will, are like many limbs of one man, and each has a special
use ; and yet, although the limbs are variously apportioned, each is as
useful to the other as itself.   Thence it happens that the foot sees
through the eye, and the eye walks with the feet, the ears hear for the
mouth, and the mouth's tongue moves for the benefit of the ears, and
the belly has to support the hands, and the hand works for the belly.
In the structure of our body we received all the services we now
render.   Therefore it is a great shame not to imitate what we
are.   For doubtlessly that is ours which we love in others, though
we cannot do it ourselves, and what others love in us is theirs.

ðeah he hit ðonne git dón ne meahte, gif he hit wolde lufigean on
ðæm oðrum. Ealle ða ðe wunigeað on anum geleafan & on anum
willan hie beoð sua sua manegu limu on anum menn, & ælc hæfð ðeah
sundernytte, [& ðeah ða limu mislice todælde sin, ælc hira bið on
5 oðres nytte swa some] swa on his selfes. Ðonon hit gewyrð ðæt se
fot gesiehð ðurh ðæt eage, & ðæt eage stæpð on ðæm fotum, ða earan
gehierað for ðone muð, & ðæs muðes tunge sceal faran on ðara earena
ðearfe, & sio womb sceal fulteman ðæm hondum, & sio hond sceal
wyrcean for ða wambe. On ðæs lichoman gesceafte we underfengon
10 ealle ða ðenunga ðe we nu ðiowiað & wyrceað. Forðæm hit is micel
sceand, gif we nyllað licittan ðæt we sien ðæt we sindon, forðæm
butan tweon ðæt bið ure ðæt ðæt we lufigeað on oðrum monnum,
ðeah we hit selfe dón ne mægen, & ðæt oðre menn on us lufigeað, ðæt
bið hira. Geðencen be ðysum ða æfstigan hu micel mægen bið on
15 ðære lufe ðæt hio gedeð ðæt oðerra monna gesuinc & hira weorc bið
ure butan ælcum gesuince ures lichoman. Ac ðæm æfstegum is to
secganne, gif hie hie nyllað healdan wið ðæm æfste, ðæt hie weorðað
besencte on ða ealdan unryhtwisnesse ðæs lytegan fiondes, ðe bi him
awriten is ðætte for his æfeste deað become ofer ealle eorðan. For-
20 ðæmðe he hefonrice mid his agenre scylde forworhte, ða ofðuhte him
ðætte menn wæron to ðæm gesceapene, & icte ða his agne scylde mid
ðæm æfste, ðæt he tiolode menn forlæran ðæt hie wurden eac forlorene
sua he wæs. Eac sint to læranne ða æfstigan ðætte hie ongieten
under hu micelre frecenesse hie liecgað, & hu hie iceað hira forwyrd,
25 ðonne hie [of] hira heortan nyllað aweorpan ðone æfst, ac hine

---

From this let the envious consider how great power there is in love,
since it makes the toil and works of others ours without any personal
toil. But the envious are to be told that, unless they guard against
envy, they will be plunged into the old unrighteousness of the cunning
fiend, through whose envy it is written that death came on the whole
earth. Having lost heaven of his own fault, he was grieved at men
being created for it, and increased his own sin with his envy, so that
he strove to seduce men, that they might be lost, as he was. The
envious are also to be taught to perceive to what great danger they are
exposed, and how they increase their perdition, when they will not
reject envy from their heart, but preserve it, until they fall into open

healdað, oððæt hie afeallað on opene scylde, swæ swæ Cain dyde.
Ne gefeolle he næfre on swæ opene scylde ðæt he his broðor ofsloge,
gif he ær ne æfstgade ðætte his broðor lac wæron ðoncweorðlecor
onfongne ðonne his.   Be ðæm is awriten ðæt Dryhten besawe to
Abele & to his lacum, & nolde to Caine ne to his lacum.   Ða wearð
Cain swiðc [swið(e) hrædlice] ierre, & hnipode ofdune, & se anda ða
þe he hæfde to his breðer, forðæmþe his lac wæron onfongnu & his
næron, se anda wearð to sæde ðæs broðorsleges, forðæm him eglde
ðæt he wæs betra ðonne he, & ðohte, swæ he eft dyde [gedyde], ðæt
he hiene ofsloge, wurde siððan to ðæm þe hit meahte.   Forðæm is to
sæcgeanne ðæm æfstegum ðætte, ðonne ðonne hie bioð innan fretene
mid ðære adle, ðæt hie forleosað swæ hwæt oðres godes swæ on him
ongieten bið.   Be ðæm is awriten ðætte ðis flæsclice lif sie æfst, & he
sie ðære flæslican heortan hælo, & ðeah ða ban for him forrotigen.
Hwæt getacnað ðonne ðæt flæsc buton unfæst weorc & hnesce, &
hwæt ða ban buton stronglice geworht weorc?   Oft ðeah gebyreð
ðætte sume, ða þe welwillende bioð on monegum weorcum, unfæste
bioð ongietene, & sume bioð beforan monna eagum gesewen swelce hie
fæstlicu & stronglicu weorc wyrce, & ðeah, ðeah hie swæ dó beforan
monnum, for ðæm andan oðerra monna godra weorca, hie bið aswunden
oninnan him selfum.   Forðy is wel gecweden ðætte ðæt flæsclice lif
sie ðære heortan hælo, forðæm se þe gehielt his unsceaðfulnesse & his
godan willan, ðeah he hwæt tiederlices oððe yfelra weorca utan do,
he mæg ðæt æt sumum cierre betan.   Ac ðæt is swiðe ryhte gecweden
be ðæm banum ðæt hie forrotigen for ðæm æfste, forðæm for ðæs æfstes

sin, as Cain did. He would not have fallen into so manifest a sin
as to slay his brother, had he not been envious before, because his
brother's offerings were more thankfully received than his own. There-
fore it is written that the Lord regarded Abel and his gifts, but not
Cain and his gifts. Then Cain very quickly became angry, and drooped,
and his anger against his brother, because his offerings were accepted
and his own were not, became the cause of the fratricide, because he
was annoyed at his being better than himself, and he determined, as
he afterwards did, to slay him, come of it what might. Therefore the
envious are to be told that, when they are internally consumed by
the disease, they lose whatever other virtues they are acknowledged
to possess. Therefore it is written that this carnal life is envy,

healdað, oððæt hie afeallað on opene scylde, [swæ swæ Cain dyde.
Ne gefiolle he nó ón swæ opene scylde] ðæt he his broður ofsloge, gif
he ær ne geæfstgode ðætte his broður lac wæron ðancweorðlicor
onfongne ðonne his. Be ðam is awriten ðæt Dr[y]hten besawe to
5 Abele & to his lacum, & nolde to Caine ne to his lacum. Ða wearð
Cain suið(e) hrædlice irre, & hnipode ofdune, & se anda ða ðe he hæfde
to his breðer, forðæmðe his lac wæron onfangne & his næron, se
anda wearð to sæde ðæs broðurslæges, forðæm him eglde ðæt he
wæs betra ðonne he, & ðohte, sua he eft gedyde, ðæt he hine ofsloge,
10 wurde siððan to ðæm ðe hit mealite. Forðæm is to secganne ðæm
æfstegum (ðætte, ðonne ðonne hie bioð innan fretene mid ðære adle,
ðæt hie forleosað) sua hwæt oðres godes sua on him ongieten bið. Be
ðæm is awriten ðætté ðis flæsclice lif sie æfesð, & he sie ðærę flæsc-
lican heortan hælo, & ðeah ða bán for him forrotigen. Hwæt ge-
15 tacnað ðonne ðæt flæsc buton unfæsð weorc & hnesce, & hwæt ða
bán buton stronglice geworht weorc? Oft ðeah gebyreð ðætte sume,
ða ðe welwillende beoð on monegum weorcum, unfæste beoð ongietene,
& sume beoð beforan monna eagum gesewen suelce he fæsðlicu [&
stranglecu] weorc wyrce, & ðeah, ðeah he swa do beforan monnum,
20 for ðam andan oðerra monna godena weorca, he bið aswunden oninnan
him selfum. Forðy is wel gecueden ðætte ðæt flæsclice lif sie ðære
heortan hælo, forðæm se ðe gehielt his unsceadfulnesse & his godan
willan, ðeah (h)e hwæt tiederlices oððe yfelra weorca utan doo, he
mæg ðæt æt sumum cierre betan. Ac ðæt ís suiðe ryhte gecueden
25 be ðæm banum ðæt hie forrotigen for ðæm æfste, forðæm for ðæs

---

which is the salvation of the carnal heart, although it makes the bones
decay.   What signifies the flesh but infirm and weak works, and what
the bones but strongly wrought works?   It often however happens
that some, who are benevolent in many works, are considered infirm,
and some in the eyes of men have the reputation of working firm and
strong works ; and yet, though they do so before men, for rivalry of
other men's good works, they waste away internally.   Therefore it is
well said that carnal life is the heart's salvation, because he who pre-
serves his innocence and good will, although he do weak or evil actions
externally, he can amend it at some other time.   But it is very rightly
said that the bones decay through envy, because good works perish
through the sin of envy, although in the eyes of men they seem

scylde forweorðað ða godan weorc, ðeah þe hie beforan monna
eagum ðyncen trumlice gedon. Ðæt is ðæt ða ban forrotigen for ðæm
æfste ðæt he forleose sum swiðe god weorc for ðæm æfste.

XXXV. Ðætte on oðre wisan sint to manianne ða bilwitan, on oðre
ða ðweoran [& þa lytegan].

On oðre wisan sint to manianne ða bilwitan, on oðre ða lytegan.
Ða bilwitan sint to herigeanne, forðæmþe hie simle swincað on ðæm
ðæt hie tiliað ðæt hie ne scielen leasunga sæcgean. Hie mon sceal
eac læran ðæt hie hwilum swugien ðæs soðes, forðæm, swæ swæ sio
leasung simle dereð ðæm secgendum, swæ dereð eac hwilum sumum
monnum ðæt soð to gehieronne. Forðæm ure Dryhten gemetgode
mid swiggean his spræce beforan his ðegnum, ða he cwæð : Fela ic
hæbbe eow to sæcganne, ac ge hit ne magon nu git aberan. Ðy sint
to manianne ða bilwitan anfealdan ðætte, swæ swæ hie ða leasunga
nytwyrðlice fleoð, ðæt hie eac ðæt soð nytwyrðlice secgen, & geiecen
ðæt god hiera anfealdnesse mid wærscipe, & swæ tilige ðære orsorg-
nesse mid ðære anfealdnesse ðætte hie ðone ymbeðonc ðæs wærscipes
ne forlæte. Be ðæm cwæð se æðela lareow *sanctus* Paulus : Ic wille
ðæt ge sien wise to gode & bilewite to yfele. Ond eft be ðæm cwæð
Dryhten ðurh hiene selfne to his gecorenum : Bio ge swæ ware swæ
nædran, & swæ bilwite swæ culfran. Forðæm on ðara acorenra monna
heortan sceal ðære nædran lytignes & hiere nið ðære culfran bilwit-
nesse gescierpan, & eft ðære culfran bilwitnes sceal gemetgian ðære
nædran wærscipe & hiere nið, ðylæs hiene se wærscipe & se anda

---

strongly wrought. The bones decaying through envy is his losing any
very good work through envy.

XXXV. That the simple are to be admonished in one way, in
another the perverse and cunning.

The simple are to be admonished in one way, in another the cun-
ning. The simple are to be praised, because they always laboriously
endeavour not to tell falsehoods. They are also to be taught some-
times to keep back the truth, because, as falsehood always injures the
speaker, so also it sometimes injures some men to hear the truth.
Therefore our Lord restrained his speech with silence before his dis-

æfstes scylde forweorðað ða godan weorc, ðeah ðe hie beforan monna eagum ðyncen trumlice gedón.   Ðæt is ðæt ða bán fo[r]rotigen for ðæm æfste ðæt he forleose sum suiðe god weorc for ðæm æfste.

XXXV. Ðætte ón oðre wisan sint to manienne ða bilwitan, ón oðre
5   ða ðweoran & ða lytegan.

On oðre wisan sint to manianne ða biliwitan, on oðre ða lytegan. Ða bilewitan sint to herigenne, forðæmðe hie simle suincað on ðæm ðæt hi tieligeað ðæt hie ne sculen leasunga secgan.   Hie mon sceal eac læran ðæt hi hwilum suigien ðæs soðes, forðæm, sua sua sio
10 leasung simle deret ðæm secggendum, sua dereð eac hwilum sumum monnum ðæt soð to gehierenne.   Forðæm ure Dryhten gemetgode mid suigean his spræce beforan his ðegnum, ða he cuæð : Fela ic hæbbe eow to secganne, ac ge hit ne magon nu giet aberan.   Ðy sint to manianne ða bilwitan ánfealdan ðætte, sua sua hie ða leasunga
15 nyttwyrðlice fleoð, ðæt hie eac ðæt soð nytwyrðlice secgen, & geicen ða god hira anfealdnesse mid wærscipe, & sua tilige ðære orsorgnesse mid ðære anfealdnesse ðætte he ðone ymbeðonc ðæs wærscipes ne forlæte.   Be ðam cwæð se æðela lareow sanctus Paulus : Ic wille ðæt ge sien wise to góde & bilwite to yfele.   Ond eft be ðæm [cwæð]
20 Dryhten ðurh hine selfne to his gecorenum : Beo ge swa ware sua sua nædran & sua bilwite sua culfran.   Forðæm on ðara acorenra monna heortan sceal ðære nædran lytignes & hire nið ðære culfran biliwitnesse gescirpan, & eft ðære culfran biliwitnesse sceal gemetgian ðære nædran wærscipe & hire nið, ðylæs hine se wærscipe & se anda

ciples, when he said : "I have many things to tell you, but ye cannot yet bear it." Therefore the simple and straightforward are to be warned, as they usefully avoid falsehood, so also to speak the truth usefully, and increase the goodness of their simplicity with caution, and so strive for security with simplicity as not to dismiss cautious consideration.   Therefore the noble teacher St. Paul said : "I wish ye to be wise for good and simple for evil." And again, the Lord spoke about the same through himself to his elect : "Be cunning as adders and simple as pigeons." Therefore in the mind of the elect the cunning and fierceness of the adder is to enliven the simplicity of the pigeon ; and, again, the simplicity of the pigeon is to moderate the cunning and fierceness of the adder, lest cunning and zeal lead

gelæde on ealles to micle hatheortnesse, oððe eft sio bilwitnes & sio
anfealdnes hiene to ungeornfulne gedó to ongietonne, ðylæs he weorðe
besolcen.   Ongean ðæt mon sceal monian ða lytegan, & him sæcgean
ðæt hie ongieten hu hefig ðæt twyfealde geswinc bið ðæt hie him
selfe ðurh hiera agene scylde hiera agnes gewealdes him on getioð.
Ðæt is ðonne ðæt hie ealneg ræswað & ondrædað ðæt hie mon tælan
wille, & bioð ealneg mid ðæm ymbeðonce abisgode & ofdrædde.   Oðer
is ðara geswinca ðæt hie symle seceað endelease ladunga, hu hie hie
ðonne bereccean mægen.   Ac nis nan scild trumra wið ðæt twyfealde
geswinc ðonne mon sie untwyfeald, forðæmþe nan wuht nis ieðre to
gesecgeanne, ne eac to gelyfeanne ðonne soð.   Ac ðonne hwa on ða
leasunga befehð, ðonne ne mæg he of, ac sceal ðonne niede ðencean
hu he hie gelicettan mæge, & gewergað ðonne his heortan swiðe
hearde mid ðy geswince.   Be ðæm geswince spræc se psalmscop, þa
he cwæð : Ðæt geswinc hiera agenra welora hie geðryscð.   For-
ðæm se ilca feond se þe nu ðæt mod ðurh ða biswicolan olicunga
forlæreð, he hit eft mid swiðe grimmum edleane geðryscð.   Be ðæm
wæs gecweden ðurh Ieremias ðone witgan : Hie lærdon hiera tungan,
& wenedon to leasunge, & swuncon on unnyttum weorce.   Swelce he
openlice cwæde : Ða þe meahton Godes friend bion butan geswince,
hie swuncon ymb ðæt hu hie meahten gesyngian.   Witodlice, ðonne
hwa nyle bilwitlice libban butan geswince, he wile geearnian mid his
geswince his agenne deað.   Ac monige men, ðonne him bioð unðeawas
on onfundne, ðonne onscuniað hie ðæt mon wite hwelce hie sien, &
wilniað ðæt hie hie gehyden & beheligen under ðæm ryfte ðære

---

them into excessive fervour ; or, again, lest simplicity and straightfor-
wardness make them too indifferent to understanding, lest they become
stupefied.   The cunning, on the other hand, are to be admonished, and
told to understand how heavy the twofold toil is that they voluntarily
impose on themselves through their sins.   That is, that they are
always considering, and fearing to be blamed, and are always troubled
and alarmed at the thought.   The other toil is that they are always
seeking endless excuses how to clear themselves.   But there is no
stronger shield against the twofold toil than being sincere, for nothing
is easier to speak and believe than truth.   But when any one takes to
excuses, he cannot extricate himself, but is obliged to think how he
can make them plausible and wearies his mind very severely with the

gelæde ón ealles to micle hatheortnesse, oðða eft sio bilewitnes & sio
anfealdnes hine tó ungeornfulne gedoo to ongietanne, ðylæs he weorðe
besolcen. Ongean ðæt mon sceal monian ða lytegan, & him secgan
ðæt hie ongieten hu hefig ðæt twiefalde gesuinc bið ðæt hie him
5 selfe ðurh (h)ira agena scylda hira agnes gewealdes him on [ge]teoð.
Ðæt is ðonne ðæt hie eallneg ræswað & ondrædað ðæt hi mon tælan
wille, & beoð eallneg mid ðæm ymbeðoncan abisgode & ofdrædde.
Oðer is ðara gesuinca ðæt hi simle seceað endelease ladunga, hu hie
ðonne bereccan mægen. Ac nis nan scild trum[ra] wið ðæt tuiefalde
10 gesuinc ðonne mon sie untwiefeald, forðæmðe nawuht nis ieðre to
[ge]secganne, ne eac to [ge]liefanne ðonne sóð. Ac ðonne hwa on ða
leasunga befehð, ðonne ne mæg he óf, ac sceal ðonne niede ðencean
hu he hie gelicettan mæge, & gewergað ðonne his heortan suiðe
hearde mid ðy gesuince. Be ðæm gesuince spræc se salmscop, ða
15 he cuæð: Ðæt gesuinc hira agen[r]a welena hie geðrycð. Forðæm
se ilca feond se ðe nu ðæt mód ðurh ða bisuiculan olicunga forlæreð,
he hit eft mid suiðe grimmum edleane geðryscð. Be ðæm wæs
gecueden ðurh Ieremias ðone witgan: Hie lærdon hira tungan, &
wenedon to leasunge, & swuncon on unryhtum weorce. Suelce he
20 openlice cuæde: Ða ðe meahton Godes friend beon butan gesu[i]nce,
hie suuncon ymb ðæt hu hie meahton gesyngian. Wietodlice, ðonne
hwa nyle bielwitlice libban butan gesuince, he wile geearnian mid his
gesuince his agenne deað. Ac monige menn, ðonne him beoð un-
ðeawas on anfundene, ðonne anscunigað hie ðæt mon wite hwelce hie
25 sien, & wilniað ðæt hie hie gehyden & beheligen under ðæm ryfte ðære

toil. Of which toil the Psalmist spoke, saying: "The toil of their
own lips oppresses them." Because the same foe who now seduces the
mind with his deceitful flatteries, oppresses it afterwards with a very
cruel requital. Of which was spoken through Jeremiah the prophet:
"They taught their tongues, and trained them to falsehood, and toiled
at an unrighteous work." As if he had openly said: "Those who
could have been God's friends without toil, toiled that they might be
able to sin." In truth, when any one is unwilling to live simply
without toil, he will earn with his toil his own death. But many
men, when vices are discovered in them, shrink from men's know-
ing what they are, and try to hide and cover themselves with the
cloak of hypocrisy; and even of the sins which are openly seen they

leasunga, ge furðum ðara scylda þe openlice bioð gesewena, hie wilniað
ðæt hie scylen hie beladian swæ georne ðætte oft se se þe wilnað
hiera unðeawas arasian, bið openlice beswicen & ablend mid ðæm miste
ðaraleasunga, swæ ðæt him fulneah ðyncð ðætte his nan wuht swæ
ne sie swæ swæ he ær witodlice be him wende. Be ðæm ryhtlice be
Iudeum wæs gecweden ðurh ðone witgan ymb ðæt synnfulle mod þe
hit symle wile ladian, he cwæð ðæt ðær se îil hæfde se holh. Se îil
getacnað ða twyfealdnesse ðæs unclænan modes ðæt hit simle lytiglice
ladað, swæ swæ se îil, ærðæm he gefangen weorðe, mon mæg gesion
ægðer ge his fet ge his heafud ge eac eal ðæt bodig, ac sona swæ hiene
mon gefehð, swæ gewint he to anum cliwene, & tihð his fet swæ he
inmest mæg, & gehyt his heafod, swæ ðætte betweoh hondum ðu nast
hwær him aðer cymð, oððe fet oððe heafod, & ær, ær ðu his ô on-
hrine, ðu meahtes gesion ægðer ge fet ge heafod. Swæ doð ða lyte-
gan & ða unclænan mod : ðonne him bið sum unðeaw an onfunden,
ðonne bið ðæs iiles heafod gesewen ; ðonne mon mæg ongietan
of hwæm hit ærest com, & for hwæm. And ðonne bioð ða fet
gesewene, ðonne mon ongiet mid hwelcum stæpum ðæt nauht wæs
ðurhtogen, ac ðeah ðæt unclæne mod swiðe hrædlice fehð on ða la-
dunga, & mid ðære beheleð his fet & ða stæpas his unnyttan weorces.
Ðonne he tihð his heafod in to him, ðonne he mid wunderlicre
ladunge ætiewð ðæt he furðum næfre ðæt yfel ne ongunne, swæ he
hit hæfð mid his lotwrencium bewunden oninnan him selfum, swelce
se lareow hæbbe an cliwen on his honda swiðe nearwe & swiðe smea-
lice gefealden, & nyte hwær se ende sie, swæ feor & swæ fæste hit bið

---

desire to clear themselves so eagerly, that often he who desires to
rebuke their faults is openly deceived and blinded with the mist of
falsehood, so that it almost seems to him that they are not at all like
what he formerly supposed them really to be. Therefore it was very
rightly said about the Jews through the prophet, concerning the sinful
heart which always tries to excuse itself ; he said that the hedgehog
had his hole there. The hedgehog signifies the duplicity of the impure
mind, which is always making cunning excuses, like the hedgehog,
whose feet and head and whole body can be seen before he is caught ;
but as soon as he is caught, he curls up into a clew, drawing in his
feet as far as he can, and hiding his head, so that when you have him

leasunga, ge furðum ðara scylda ðe openlice beoð gesewena, h[i]e wil-
niað ðæt hie scylen hie beladian sua georne ðætte oft se ðe wilnað
hiera unðeawas arasian, bið openlice besuicen & [a]blend mid ðæm
miste ðære leasunga, sua ðæt him fulneah ðyncð ðætte his nawuht sua
5 ne sie sua sua he ær witodlice be him wende.　Be ðæm ryhtlice bi
Iudeum wæs gecueden ðurh ðone witgan ymb ðæt synfulle mod ðe
hit simle wile ladian, he cuæð : Ðær ðær se iil hæfde his holh.　Se iil
getacnað ða twiefealdnesse ðæs unclænan modes ðe hit symle lytiglice
ladað, sua sua se iil, ærðæm he gefangen weorðe, mon mæg gesion
10 ægðer ge his fet ge his heafod ge eac eall ðæt bodig, ac sona sua hiene
mon gefehð, sua gewint he to anum cliewene, & tihð his fét sua he
inmest mæg, & gehyt his heafod, sua ðætte betwuh hondum ðu nast
hwær him awðer cymð, oððe fet oððe heafod, & ær, ær ðu his ó ón-
hriene, ðu meahtes geseon ægðer ge fét ge heafod.　Swa doð ða lytegan
15 & ða unclænan mód : ðonne him bið sum unðeaw on onfunden, ðonne
bið ðæs íles heafud gesewen ; ðonne mon mæg ongietan of hwam
hit æresð com, & for hwæm.　& ðonne beoð ða fét gesewene, ðonne
mon ongiet mid hwelcum stæpum ðæt nawht wæs ðurhtogen, ac
ðeah ðæt [un]clæne mód suiðe hrædlice fehð on ða ladunga, & mid
20 ðære beheleð his fét & ða stæpas his unnyttan weorces.　Ðonne he
tiehð his heafod in to him, ðonne he mid wunderlicre ladunga
ætiewð ðæt he furðum næfre ðæt yfel ne ongunne, sua he hit hæfð
mid his lótwrencium bewunden oninnan him selfum, suelce se lareow
hæbbe án cliwen on his honda suiðe nearwe & suiðe smealice ge-
25 fealden, & nyte hwær se ende sie, sua feor & sua fæste hit bið

in your hands you do not know which comes first, feet or head, and
before you touched him you could see both feet and head.　So do the
cunning and impure minds : when some fault is discovered in them,
then the head of the hedgehog is seen; then we can understand whence
it arose, and wherefore.　And then the feet are seen, when we perceive
with what gradations the wickedness was perpetrated ; and yet the
impure mind very soon has recourse to excuses, wherewith it hides its
feet and the gradations of its useless work.　He draws his head in to
him, when he with strange excuses professes never even to have begun
the evil deed, and has wound it up within him with his artifices, as if
the teacher held a clew in his hand very closely and carefully wound,

16

befealden oninnan ðæs synnfullan monnes ingeðonce, & mid his lote
bewunden, ðætte se lareow ðæs yfles þe he stieran sceolde, ðeah þe he
hit ær wiste, ðæt he hit ðonne nat, & eall ðæt he ær tælwyrðlices
geseah mid ðæm forhwierfdan gewunan ðære unryhtan ladunge he bi ð
amierred ðæt he hit eall endemes forlæt, & his nanwuht nat. Witodlice
se iil hæfð his holh on ðæs unnyttan monnes heortan, forðæm ðæt yfel-
willende mod gefielt hit self twyfeald oninnan him selfum, & sio
twyfealdnes ðæs yflan willan hiene selfne twyfealdne gefielt oninnan
him selfum, & gehyt hiene on ðæm ðiestran mid ðære ladunge, swæ
se iil hiene selfne gehyt on him selfum. Gehieren ða unclænan & ða
lytegan hu hit awriten is on Salomones bocum ðætte se libbe getreow-
lice se þe bilwitlice libbe. Ðæt is se trua micelre orsorgnesse, bil-
witnes & anfealdnes his weorca. Gehieraðhwæt of ðæs wisan
Salomonnes muðe wæs gecweden ; he cwæð ðæt ðæs Halgan Gastes
lar wille fleon leasunge. Gehieraðeac ðætte ðæræfter awriten is
ðætte he hæbbe his geðeaht & his sundorspræce mid ðæm bilwitum
& mid ðæm anfealdum. Ðonne spricð God to ðæm menn, ðonne he
onliht ðæt mennisce mod mid his agenre andweardnesse, & him his
dieglan ðing geopenað. Ðonne is eac gecweden ðætte God sprece to
ðæm bilwitum, ðonne he mid ðæm uplicum & mid ðæm dieglum
ðingum hiera mod onliht mid ðæm sciman his giefe & his fandunga &
eac his tihtinge. Ðæt beoð ðonne ealles swiðost ða mod ða þe nan
scadu ne geðiestrað ðære twyfealdnesse. Ac ðæt is ðeah syndrig yfel
twyfealdra monna ðætte, ðonne ðonne hie oðre men mid hiera lote
bismriað, ðonne gilpað hie & fagniað ðæs, swelce hie sien micle wærran

---

and knew not where the end was, so far and firmly it is wound within
the sinful man's mind, and encompassed with his deceit, that the
teacher knows nothing of the evil he was to correct, although he knew
it before, and he is so confused with the perverse trick of unrighteous
excuses, that at last he lets go all the faults that he saw, and knows
nothing of them. Truly the hedgehog has his hole in the heart of the
idle man, because the vicious mind winds itself double inside itself,
and hides itself in darkness with excuses, as the hedgehog hides itself
in itself. Let the impure and cunning hear how it is written in the
books of Solomon, that he lives surely who lives simply. The con-
fidence of great security is simplicity and straightforwardness of

gefealden oninnan ðæs synnfullan monnes ingeðonce, & mid his lote
bewunden, ðætte se lareow ðæs yfeles ðe he stieran scolde, ðeah ðe he
hit ær wisðe, ðæt he hit ðonne nát, & eall ðæt he ær tælwyrðlices
geseah mid ðam forhwirfdan gewunan ðære unryhtan ladunge he hið
5 amierred ðæt he hit eal endemes forlæt, & his nanwuht nat. Wietod-
lice se il hæfð his holh on ðæs unnyttan monnes heortan, forðæm ðæt
yfelwillende mod gefielt hit self twiefald oninnan him selfum, .   .

.   .   .   .

& gehyt hine on ðæm ðiestra[n] mid ðære ladunge, sua se il hine
10 selfne gehyt on him selfum. Gehieren ða unclænan & ða lytegan hu
hit awriten is on Salomonnes bocum ðætte se libbe getreowlice se ðe
bilwitlice libbe. Ðæt is se truwa micelre orsorgnesse, biliwitnes &
anfealdnes his weorca. Gehirað hwæt of ðæs wisan Salomonnes
muðe wæs gecueden ; he cuæð ðæt ðæs Halgan Gæstes lár wille fleon
15 leasunga. Gehirað eac ðætte ðæræfter awriten is ðætte he hæbbe
his geðeaht & his sundorspræce mid ðæm bilwitum & mid ðæm
anfealdum. Ðonne spricð God to ðæm menn, ðonne he onlieht ðæt
mennisce mod mid his agenre andweardnesse, & him his dieglan
ðing geopenað. Ðonne is eac gecueden ðætte God spræce to ðæm
20 bilwitum, ðonne he mid ðæm uplicum & mid ðæm dieglum ðingum
hira mod onlieht mid ðæm sciman his giefe & his fandunga & eac
his tiehtinge. Ðæt beoð ðonne ealles suiðusð ða mod ða ðe nan
sceadu ne geðiestrað ðære twiefaldnesse. Ac ðæt is ðeah syndrig yfel
twiefaldra monna ðæt(t)e, ðonne ðonne hie oðre menn mid hira lote
25 bismriað, ðonne gielpað hie & fægeniað ðæs, suelce hi sien micle wærran

---

works. Hear what was said by the mouth of the wise Solomon; he
said that the doctrine of the Holy Spirit will flee falsehood. Hear
also what is written after that, that he has deliberation and confi-
dential discourse with the simple and straightforward. God speaks to
man, when he enlightens the human heart with his own presence, and
reveals it his secrets. And it is also said that God spoke to the
simple, when with sublime and secret things he enlightens their mind
with rays of his grace, and trial, and also suggestion. That is, espe-
cially, the minds which are not obscured by any shadow of duplicity.
But it is, however, a special fault of the insincere that, when they
humiliate others with their cunning, they boast and rejoice at it, as if

& wisran ðonne hie, forðæmþe hie ne geðenceað ða ðearlan edlean, ac
fægniað iermingas hiera agnes dyseges & hearmes. Gehieren eac þa
ilcan mid hwelcum ymbeðonce godcundes anwaldes hie ðreade Soffonias
se witga, ða he cwæð : Git cymð se micla & se mæra & se egeslica
Godes dæg, se dæg bið ierres dæg & ðiestra dæg & mistes & gebreces
& biemena dæg & gedynes ofer ealla truma ceastra & ofer ealle hea
hwammas. Hwæt getacniað ðonne ða truman ceastra buton hwur-
fulu mod, getrymedu & ymbtrymedu mid lytelicre ladunge, ðæt him
ne magon to cuman ða speru ðære soðfæstnesse, ðæt sindon haligra
gewrita manunga ? Wið ða speru ðære soðfæstnesse hie hie scieldað,
ðonne hie mon tælan wile & arasian for hiera unðeawum. Hwæt
tacniað [get.] ðonne ða hean hwammas buton unclænu & twyfeald
mod ? Forðæm ælc wag bið gebigged twyfeald on ðæm heale. Swæ
bið ðæs monnes heorte : ðonne he ða bilwitnesse & ða anfealdnesse
fliho, he gefielt his mod mid wore & mid unnyttre twyfealdnesse, &
eac ðætte wierse bið, he hiene ahefð on his geðohte on gielp & on
ofermetto for ðæm wærscipe his agenre scylde, & deð his agenne
unðeaw him to weorðscipe. Ðonne cymð se Dryhtnes domes dæg &
wrace dæg ofer ða truman ceastra & ofer ða hean hwammas, ðonne
ðæt ierre ðæs ytemestan domes ða menniscan heortan towierpð, ða þe
nu sindon betynede & getrymede mid lytelicum ladungum wið ða
soðfæstnesse, & arafað ðæt cliwen ðære twyfealdan heortan. Ðonne
fealla ða truman ceastra, ðonne þa mod þe Dryhtne ungeferu sint
weorðað gescended. Ðonne fealla ða hean hwammas, ðonne ða

---

they were much more cunning and wise than they ; for they do not
consider the severe requital, but the wretches rejoice at their own folly
and sorrow.   Let the same also hear with what consideration of divine
authority the prophet Zephaniah threatened them, saying : " Yet will
come the great and famous and terrible day of God, which will be
a day of wrath, and darkness, and mist, and clamour, and trumpets, and
din over all strong cities, and over all high corners."   What signify
the strong cities but fickle minds, strengthened and fortified with
cunning excuses, so that the spears of truth cannot approach them,
which are the admonitions of holy writ ?   They shelter themselves
against the spears of truth, when men wish to blame and chide them

& wisran ðonne hie, forðæmðe hie ne geðenceað ða ðearlan edlean, ac
fægniað irmingas hiera agnes dysiges & hearmes.   Gehiren eac ða
ilcan mid hwelcum ymbeðonce godcundes onwaldes hie ðreade Soffonias
se witga, ða he cuæð : Giet cymð se micla & se mæra & se egeslica
5 Godes dæg, se dæg bið irres dæg & ðiestra dæg & mistes & gebreces
& biemena dæg & gedynes ofer ealla truma ceastra & ofer ealle hea
hwammas. Hwæt getacniað ðonne ða truman ceastra butan hwur-
fulu mod, getrymedu & ymbtrymedu mid lytelicre ladunge, ðæt him
ne magon to cuman ða speru ðære soðfæsðnesse, [ðæt sindon haligra
10 gewrita manunga ? Wið ða speru ðære soðfæstnesse] hie hie scildað,
ðonne hi mon tælan wile & arasian for hira unðeawum.   Hwæt
getacniað ðonne ða hean hwammas buton unclænu & twiefeald mod ?
Forðæm ælc wag bið gebieged twiefeald on ðæm heale. Sua bið
ðæs monnes heorte : ðonne he ða bilewitnesse & ða anfealdnesse flihð,
15 he gefielt his mód mid wóre & mid unnytre twiefealdnesse, & eac
ðætte wierse bið, he hine ahefð on his geðohte on gielp & on ofer-
metto for ðæm wærscipe his agenre scylde, & deð his agenne unðeaw
him to weorðscipe.   Ðonne cymð se Dryhtnes domes dæg & wrace
dæg ofer ða truman ceastra & ofer ða hean hwammas, ðonne ðæt
20 ierre ðæs ytemestan domes ða menniscan heortan towyrpð, ða ðe nu
sindon betynede & getrymede mid lytelicum ladungum wið ða soð-
fæsðnesse, & arafað ðæt cliwen ðære twifaldan heortan.   Ðonne
feallað ða truman ceastra, ðonne ða mód ðe Dryhtne ungeferu sint
weorðað gesciende.   Ðonne feallað ða hean hwammas, ðonne ða

for their vices. What signify the high corners but impure and in-
sincere hearts? Because every wall is bent double in a hall. So is the
heart of man : when he shuns simplicity and straightforwardness, he
folds his mind with perverse and useless duplicity, and also, what is
worse, he exalts himself in his mind with boasting and pride, because
of the cunning of his own sin, and glories in his own vice. The day of the
Lord's doom and the day of vengeance comes on the strong cities and
high corners, when the wrath of the last doom destroys the human
hearts, which are now closed in and fortified with cunning excuses
against truth, and unravels the clew of the insincere heart. The strong
cities fall, when the minds which are impenetrable to God are brought to

heortan þe hie ahebbað for ðære twyfealdnesse ðæs unryhtan wærscipes
ðurh ryhtlicne cwide & dom weorðað ofdune aworpne.

XXXVI. Ðætte on oðre wisan sint to manianne ða halan, on oðre
        ða unhalan.

On oðre wisan sint to manian ða truman, on oðre ða untruman.
Ða truman sint to manianne ðæt hie gewilnigen mid ðæs lichoman
trumnesse ðæt him ne losige sio hælo ðæs modes, ðylæs him ðy wiers
sie, gif hie ða trumnesse ðære Godes giefe him to unnytte gehweorfað,
& ðylæs hie siððan geearnigen swæ micle hefigre wite swæ hie nu
egeleaslicor & unnytlicor brucað ðære mildheortlican Godes giefe.
Forðon sint to manianne ða halan ðæt hie ne forhycgen ðæt hie her
on worlde on ðære hwilendlican hælo him geearnigen ða ecean hælo.
Ymb ða hwilendlican tida *sanctus* Paulus spræc, ða he cwæð: Nu
is hiersumnesse tima & nu sint hælnesse dagas.   Eac sint to manianne
ða halan ðæt hie Gode wilnigen to licianne ða hwile þe hie mægen,
ðylæs hie eft ne mægen, ðonne hie willen.   Forðæm wæs gesprecen
ðurh ðone wisan Salomon bi ðæm Wisdome ðæt se Wisdom wille sona
fleon ðone þe hiene fliið, ðonne he hiene ful oft ær to him clipað, & he
forsæcð ðæt he him to cume.   Ac eft, ðonne he ðone Wisdom habban
wolde, & his wilnað, ðonne cwið se Wisdom to him : Ic eow clipode
ær to me, ac ge me noldon æt cuman ; ic ræhte mine hond to eow,
nolde eower nan to locian ; ac ge forsawon eall min geðeaht, & leton
eow to giemeliste, ðonne ic eow cidde.   Hwæt sceal ic ðonne buton

---

shame.   The high corners fall, when the hearts which exalt themselves
because of the insincerity of unrighteous cunning, are thrown down
through a righteous sentence and judgment.

XXXVI. That the healthy are to be admonished in one way, in
        another the unhealthy.

The healthy are to be admonished in one way, in another the
unhealthy.   The healthy are to be admonished to desire that through
the health of their bodies they may not lose the health of their minds,
lest it be the worse for them if they make the soundness of God's
grace useless to themselves, and lest they hereafter merit so much the
heavier punishment the more fearlessly and uselessly they now enjoy

heortan ðe hie ahebbað for ðære tuiefealdnesse ðæs unryhtan wær-
scipes ðurh ryhtlicne cuide & dóm weorðað ofdune aworpne.

XXXVI. Ðætte ón oþre wisan sint to manienne ða halan, ón oðre ða unhalan.

5　On oðre wisan sint to manianne ða truman, on oðre ða untruman.
Ða truman sint to manianne ðæt hie gewilnigen mid ðæs licuman
trumnesse ðæt him ne losige sio hælo ðæs modes, ðylæs him ðy wirs
sie, gif hie ða trumnesse ðære Godes giefe him to unnyte gehweorfað,
& ðylæs hie siððan geearnigen sua micle hefigre wite sua hie nu
10 egeleaslicor & unnytlicor brucað ðære mildheortlican Godes giefe.
Forðon sint to manianne ða halan ðæt hie ne forhycgen ðæt hie her
on worulde on ðære hwilendlican hælo him geearnigen ða ecan hælo.
Ymb ða hwilendlican tida sanctus Paulus spræc, ða he cuæð : Nu is
hiersumnesse tima & nu sint hælnesse dagas. Eac sint to manianne
15 ða halan ðæt hie Gode wilnigen to licianne ðe hwile ðe hie mægen,
ðylæs hie eft ne mægen, ðonne hie willen. Forðon wæs gesprecen
ðurh ðone wisan Salomonn bi ðæm Wisdome ðæt se Wisdóm wille sona
fleon ðone ðe hine fliehð, ðonne he hine ful oft ær to him cleopað, &
he forsæcð ðæt he him to cume. Ac eft, ðonne he ðone Wisdom habban
20 wolde, & his wilnað, ðonne cuið se Wisdóm to him : Ic eow cleopode
ær to me, ac ge me noldon æt cuman ; ic ræhte mine hond to eow,
nolde iower nan to locian ; ac ge forsawon eall min geðeaht, & leton
eow to giemeleste, ðonne ic eow cidde. Hwæt sceal ic ðonne buton

---

the merciful gifts of God. Therefore the healthy are to be admonished
not to neglect here in the world in their transitory health meriting
eternal health. Of transitory times St. Paul spoke, saying : " Now is
the time for obedience, now are the days of salvation." The healthy
are also to be admonished to desire to please God while they can, lest
afterwards they cannot when they will. Therefore it was said of
Wisdom through the wise Solomon, that Wisdom will soon flee him
who flees her, when she has often before called him to her, and he has
refused to come to her. But afterwards, when he would like to have
Wisdom, and desires her, she says to him : " I called you to me be-
fore, but ye would not come ; I offered you my hand, but not one
of you would look ; ye despised all my counsel, and neglected my

hliehhan ðæs, ðonne ge to lore weorðað, & habban me ðæt to gamene,
ðonne eow ðæt yfel on becymð ðæt ge eow ær ondredon? Ond eac
cwið se Wisdom eft: Ðonne hie to me clipiað, ðonne nylle ic hie
gehieran. On uhton hie arisað, and me seceað, ac hie me ne findað.
Ac ðonne se mon his lichoman hælo forsihð, ðonne ðonne he wel trum
bið to wyrceanne ðæt ðæt he ðonne wile, ðonne ðonne him eft sio hæl
losað, ðonne gefret he ærest hwelc hio to habbanne wæs ða hwile þe
he hie hæfde, & wilnað hiere ðonne to late and on untiman, ðonne
he ær nolde hie gehealdan, ða ða he hie hæfde. Forðæm eft swiðe
ryhtlice Salomon cwæð: Ne læt ðu to elðiodegum ðinne weorðscipe,
ne on ðæs wælhreowan hand ðin gear, ðylæs fremde men weorðen
gefylled of ðinum geswince, & ðin mægen sie on oðres monnes ge-
wealdum, & ðu ðonne sargige forðæm on last, ðonne ðin lichoma bio
to lore gedon, & ðin flæsc gebrosnod. Hwa is ðonne from us fremde
buton ða awiergedan gastas, ða þe from ðæs heofoncundan Fæder eðle
adrifene sindon? Oððe hwæt is ure weorðscipe on ðisum eorðlicum
lichoman buton ðæt we sint gesceapene æfter ðære bisene ures Scip-
pendes? & hwæt is elles se wælreowa buton þa aworpnan englas, þe
hie selfe mid hiora ofermettum on deaðes wite gebrohton? & on
ðone ilcan deað hie wilniað eall moncynn to forspananne & to for-
lædonne. Hwæt tacnað ðonne ðæt word elles ðæt mon ne selle his
weorðscipe fremdum menn buton ðætte se þe to Godes bisene ge-
sceapen is, ðonne he ða tid his lifes on gewill ðara awiergedena gasta
gehwierfð; & his gear geseleð wælreowum, se se þe in yfelra & wiðer-
weardra anwald forlæt þa hwile his lifes? Ond eac cwæð Salomon

---

reproofs. What then can I do but laugh at your ruin, and mock, when
the evil ye formerly dreaded comes on you?" Again, Wisdom spoke:
"When they call to me I will not listen to them. They shall arise
at dawn and seek me, but they shall not find me." But when a man
despises his bodily health, when he is strong enough to do what he
wishes, when he afterwards loses his health, then he first experiences
what it was to have it while he had it and desires it too late and
unseasonably, since he would not preserve it before when he had it.
Therefore, again, Solomon spoke very rightly: "Give not thine
honour to strangers nor thy years into the hand of the cruel one, lest
strangers be filled with thy toil, and thy resources be in the power of
another, and thou mourn therefore at last, when thy body is brought

hliehchan ðæs, ðonne ge to lose weorðað, & habban me ðæt [t]o gamene,
ðonne eow ðæt yfel on becymð ðæt ge eow ær ondredon? Ond eac
cuið se Wisdom eft: Ðonne hie to me clipiað, ðonne nylle ic hie
gehieran. On uhtan hie arisað, & me seceað, ac hi me ne findað.
5 Ac ðonne se mon his lichoman hælo for(sihð), ðonne ðonne he wel trum
bið to wyrceanne ðæt he ðonne wile, ðonne ðonne him eft sio hæl
losað, ðonne gefred he æresð hwelc heo to habbanne wæs ða hwile ðe
he hi hæfde, & wilnað hire to late & on úntiman, ðonne he ær nolde
hie gehealdan, ða ða he hi hæfde. Forðæm eft suiðe ryhtlice Salo-
10 monn cuæð: Ne læt ðu to ælðiodigum ðinne weorðscipe, ne on ðæs
wælhreowan hond ðin gear, ðylæs fremde menn weorðen gefylled
of ðinum gesuince, & ðin mægen sie on oðres monnes gewealdum,
& ðu ðonne sargige forðæm on lasð, ðonne ðin lichoma beo to lore
gedon, & ðin flæsc gebrosnod. Hwa is ðonne from us fremde butan ða
15 awier(g)dan gæstas, ða ðe from (ðæs) hefencundan Fæder eðle adrifene
sindon? Oððe hwæt is ure weorðscipe on ðissum eorðlicum lichoman
buton ðæt we sint gesceapene æfter ðære biesene ures Scippendes?
& hwæt is elles se wælhreowa buton ða aworpnan englas, ðe hie
selfe mid hiera ofermettum on deaðes wite gebrohton? & on ðone
20 ilcan deað hie wilniað eal moncynn tó forspananne & to forlædanne.
Hwæt tacnað ðonne ðæt word elles ðæt mon (ne) selle his weorðscipe
fremdum menn buton ðætte se ðe to Godes bisene gesceapen is,
ðonne he ða tid his lifes on gewil ðara awierdena gæsta gehwierfð;
& his gear geseleð wælhreowum, se se ðe in yfelra & wiðerweardra
25 onwald forlæt ða hwile his lifes? Ond eac cuæð Salomonn ðæt

---

to ruin and thy flesh is consumed." Who are strangers to us but the
accursed spirits, who have been driven from the country of the
heavenly Father? Or what is our honour in this earthly body but
our being created after the image of our Creator? And what else
is the cruel one but the expelled angels, who by their pride brought
themselves to the punishment of death? And to the same death they
wish to allure and seduce all mankind. What signifies the expression,
"giving his honour to a stranger," but him who is created after God's
image, when he spends the time of his life according to the desires
of the accursed spirits; and that he gives his years to the cruel one
who gives up the period of his life into the power of his evil adver-
sary? Solomon also said that strangers were not to be filled with our

ðæt fremde ne sceoldon bion gefylde ures mægenes, & ure geswinc ne
sceolde bion on oðres monnes onwalde. Swæ hwa ðonne swæ hæfð
on ðisse worlde fulle hælo his lichoman, & nyle wisdomes & cræftes
on his mode tilian, ac swinceð on ðæm ðæt he liornige unðeawas &
fremme, ne fylð se no his agen hus godra cræfta, ac fremdra hus he
fylð, ðæt sint unclæne gastas. Wiotodlice ða þe hiora lif on firenluste
& on ofermodnesse geendiað, ne gefyllað hie godra rim, ac awiergedra
gasta. Ðonne is æfter ðæm gecweden ðæt he sargige æt nihstan,
ðonne his lichoma & his flæsc sie gebrosnod, forðæm oft sio hælo ðæs
lichoman on unðeawas wierð gecirred, ac ðonne he ðære hælo benumen
wierð mid manigfealdum sare ðæs modes & ðæs flæsces, se lichoma
ðonne wierð gedrefed, forðæm sio sawl, ðonne hio hiere unðonces
gebædd wierð ðæt yfel to forlætonne ðæt hio ær longe on woh hiere
agnes ðonces gedyde, secð ðonne ða forlorenan hælo, & wilnað ðære,
swelce he ðonne wel & nytwyrðlice libban wolde, gif he forð moste.
Murcað ðonne forðy ðæt he Gode nolde ðeowian ða hwile þe he
meahte, forðon he ðonne ðone demm his giemelieste mid nanum ge-
swince gebetan ne mæg, butan him ðurh his hreowsunga & ðurh Godes
miltse geholpen weorðe. Forðæm cwæð se salmscop: Ðonne God hie
slog, ðonne sohton hie hiene. Ongean ðæt sint to manianne ða met-
truman ðæt hie ongieten & gefreden ðæt hie swæ micle ma bioð Godes
bearn, & he hie swæ micle ma lufað swæ he hie swiður manað &
swingð, forðæm, gif he ðæm gehiersuman mannum næfde getiohhad
his eðel to sellanne, hwy wolde he hie mid ængum ungetæsum læran?
Forðæm cwæð Dryhten to Iohanne ðæm godspellere ðurh his engel,

---

resources, and our toil should not be in the power of another. Who-
ever, then, in this world has perfect bodily health, and will not cultivate
wisdom and virtue in his mind, but toils in learning vices and carrying
them out, does not fill his own house with virtues, but fills the houses
of strangers, that is, unclean spirits. Truly those who end their lives
in wantonness and pride, do not fill up the number of the good, but of
accursed spirits. It is further said, that he will then sorrow, when his
body and flesh are consumed, because often the health of the body is
directed to vices, but when he is deprived of his health with manifold
pains of mind and body, the body is afflicted, because the soul, when
unwillingly compelled to forsake her wickedness, which she formerly

fremde ne scolden beon gefyllede ures mægenes, & ure gesuinc ne
scolde beon on oðres monnes anwalde, Sua hwa ðonne sua on
ðisse worulde hæfð fulle hæle his lichoman, & nyle wisdomes & cræftes
on his mode tiligan, ac suinceð on ðæn ðæt he leornige unðeawas &
5 fremme, ne fylð se no his agen hus godra cræfta, ac fremdra hús he
fylð, ðæt sint unclæne gæstas. Wiotodlice ða ðe hira lif on firenluste
& on ofermodnesse geendigað, ne gefyllað hie godra rim, ac awiergedra
gæsta. Ðonne is æfter ðæm gecueden ðæt he sargige æt niehstan,
ðonne his lichoma & his flæsc sie gebrosnod, forðæm oft sio hælo ðæs
10 lichoman on unðeawas wierð gecierred, ac ðonne he ðære hælo benumen
wierð mid monigfaldum sare ðæs modes & ðæs flæsces, se lichoma
ðonne wierð gedrefed, forðæm sio saul, ðonne hio hire unðonces
gebædd wierð ðæt yfel to forlætanne ðæt hio ær longe on wóh hire
agnes ðonces gedyde, secð ðonne ða forlorenan hælo, & wilnað ðære,
15 suelce he ðonne wel & nytwyrðlice libban wolde, gif he forð moste.
Murc[u]að ðonne forðy ðæt he Gode nolde ðiowigan ða hwile ðe he
meahte, forðon he ðonne ðone demm his giemelieste mid nanum ge-
suince gebetan ne mæg, buton him ðurh his hreo[w]sung & ðurh Godes
miltse geholpen weorðe. Forðæm cuæð se sealmscop: Ðonne God hie
20 slog, ðonne sohton hie hine. Ongean ðæt sint to manianne ða met-
truman ðæt hie ongieten & gefreden ðæt hie sua micle ma beoð Godes
bearn, & he hie sua micle ma lufað sua he hie suiður manað &
suingð, forðæm, gif he ðæm gehiersuman mannum næfde geteohchad
his eðel to sellanne, hwie wolde he hie mid ænegum ungetæsum læran?
25 Forðæm cuæð Dryhten to Iohanne ðam godspellere ðurh his engel,

for a long time wickedly exercised of her own free will, seeks her lost
health, and desires it, as if she were going to live well and profitably,
if spared. So he desponds, because he would not serve God while he
could, because he cannot now remedy the mischief of his neglect with
any toil, unless his repentance and God's mercy help him. Therefore
the Psalmist said: "When God slew them, they sought him." On
the other hand, the unhealthy are to be admonished to understand
and perceive that they are so much the more God's children, and he
loves them the more, the more he admonishes and chastises them.
For if he had not intended to give his country to the obedient, why
would he teach them with any severity? Therefore the Lord spoke to

he cwæð: Ic ðreage & swinge ða þe ic lufige. Forðæm eac cwæð
Salomon: Sunu min, ne agimeleasa ðu Godes swingan, ne ðu ne beo
werig for his ðreaunga, forðæmþe God lufað ðone þe he ðreað, &
swingeð ælc bearn þe he underfón wile.   Be ðæm ilcan se psalmscop
cwæð: Swiðe manigfealde sint ryhtwisra monna earfeðu.   Be ðæm
eac se cadega Iob cwæð on his earfeðum, & geomriende clipode to
Dryhtne, & cwæð: Gif ic ryhtwis wæs, ne ahof ic me na forðy, & ðeah
ic eom gefylled mid broce & mid iermðum.   Eac is to cyðonne ðæm
medtrumum, gif hie willen geliefan ðætte Godes rice hiera sie, ðæt hie
ðonne her on worlde ðolien earfeðu ðæm timum þe hie ðyrfen, swæ
swæ mon sceal on elðiode.   Be ðys ilcan is gecweden on kyninga
bocum, swæ swæ hit geworden wæs, & eac us to bisene.   Hit is
gecweden ðætte þa stanas on ðæm mæran temple Salomonnes wæron
ær (om.) swæ wel gefegede & swæ emne gesnideue & gesmeðde, ær hie
mon to ðæm stede brohte þe hie on standan sceoldon, ðætte hie mon
eft siððan on ðære halgan stowe swæ tosomne gesette ðæt ðær nan
mon ne gehierde ne æhxe hlem ne bitles sweg.   Ðæt ðonne tacnað us
ðætte we scylen bion on ðisse elðidignesse utone beheawene mid swin-
gellan, to ðæm ðæt we eft sien geteald & gefeged to ðæm gefohstanum
on ðære Godes ceastre butan ðæm hiewete ælcere swingan, ðætte swæ
hwæt swæ nu on us unnyttes sie, ðætte ðæt aceorfe sio swingelle from
us, swæ ðætte siððan an sib Godes lufe butan ælcum ungerade us
swiðe fæste gebinde & gefege tosomne.   Ðonne sint eac to manianne
ða unhalan ðæt hie geðencen mid hu manigfealdum ungetæsum & mid
hu heardum brocum us swingað & ðreageð ure worldcunde fæderas

---

John the Evangelist through his angel, saying: "I rebuke and chastise
those I love." Therefore also Solomon said: "My son, neglect not
the Lord's castigation, nor be weary of his rebuking, for God loves him
he rebukes, and castigates all the children he will receive." Of the
same the Psalmist spoke: "Very manifold are the troubles of the
righteous." Of which also the blessed Job spoke in his troubles, and
mourning cried to the Lord, saying: "If I was righteous, I did not
therefore exalt myself, and yet I am filled with affliction and misery."
It must also be made known to the unhealthy that, if they will believe
that God's kingdom is theirs, they must suffer hardships here in the
world while it is necessary for them, as one must in exile. Of the
same is spoken in the books of Kings, as it happened, and also as an

he cuæð : Ic ðreage & suinge ða ðe ic lufige. Forðæm eac cuæð
Salomonn : Sunu mīn, ne agiemeleasa ðu Godes suīngan, ne ðu ne beo
werig for his ðreaunge, forðæmðe God lufað ðone ðe he ðreað, &
suingeð ælc bearn ðe he underfón wile. Be ðam ilcan se salmscop
5 cuæð : Suiðe monigfalde sint ryhtwisra monna earfoðu. Be ðæm eac
se eadega Iob cwæð on his earfeðum, & geomriende cliopode to
Dryhtne, & cuæð : Gif ic ryhtwis wæs, ne ahof ic me no forðy, & ðeah
ic eom gefylled mid broce & mid iermðum. Eac is to cyðanne ðæm
mettrumum, gif hie willen geliefan ðætte Godes rice hiera sie, ðæt hie
10 ðonne her on worulde ðoligen earfeðu ðæm timum ðe hie ðyrfen, sua
sua mon sceal on elðiode. Be ðys ilcan is gecueden on kyninga
bocum, sua sua hit geworden wæs, & eac ús to bisene. Hit is
gecueden ðætte ða stanas on ðæm mæran temple Salomonnes wæron
sua we[l] gefegede & sua emne gesnidene & gesmeðde, ær hie mon
15 to ðæm stede brohte ðe hie on standan scoldon, ðætte hie mon eft
siððan on ðære halgan stowe sua tosomne gesette ðæt ðær nan monn
ne gehierde ne æxe hlem ne bietles sueg. Ðæt ðonne tacnað us ðætte
we scylen beon on ðisse ælðeodignesse utane beheawene mid suin-
gellan, to ðæm ðæt we eft sien geteald & gefeged to ðæm gefogstanum
20 on ðære Godes ceastre butan ðæm hiewete ælcre suingean, ðætte sua
hwæt sua nu on us unnytes sie, ðætte ðæt aceorfe sio suingelle from
ús, sua ðætte siððan an sibb Godes lufe butan ælcum ungerade us
suiðe fæste gebinde & gefege tosomne. Ðonne sint eac to manianne
ða únhalan ðæt hie geðencen mid hu monigfaldum ungetæsum & mid
25 hu heardum brocum us swingað & ðreagað ure worldcunde fædras

---

example for us; it is said that the stones in the famous temple of
Solomon were so well fitted, and so evenly cut and polished before
being brought to the place where they were to stand, that they were
afterwards so joined together in the holy place, that no man heard
there the sound either of axe or hammer. That shows us that we are
to be in this exile outwardly cut with flagellation, that we may after-
wards be reckoned and joined to the keystones in the city of God
without the cutting of any flagellation, that all in us that is useless now
may be cut away from us by the flagellation, so that afterwards one
peace of God's love may bind and join us together very firmly without
any discord. The unhealthy are also to be admonished to consider
with how manifold severities and with how hard afflictions our worldly

& hlafordas, forðæm þe hie wilniað ðæt we him geðwære sien, & eac
hiora ierfes wyrðe sien, & hie us ðy bliðran bion mægen. Ac hwelc
wite sceal us ðonne to hefig ðyncean ðære godcundan ðreaunge wið
ðæm þe we mægen geearnian ðone heofonlican eðel þe næfre to lore ne
weorðeð, & forðæm ðæt we mægen forbugan ðæt wite ðæt næfre ne
wierð geendod? Forðæm cwæð *sanctus* Paulus: Ure flæsclican fædras
lærdon us, & we hie ondredon; hie ðreadon us, & we weorðodon hie.
Hu micle swiðor sculon we ðonne bion gehiersume ðæm þe ure gasta
Fæder bið wið ðæm þe we moten libban on ecnesse! Ure flæsclican
fædras us lærdon to ðæm þe hiera willa wæs, ac ðæt wæs to swiðe
scortre hwile, forðæmþe ðeos world is swiðe lænu, ac se gastlica Fæder
he us lærð nytwyrðlicu ðing to underfonne, ðæt is ðæt we geearnigen
ðæt ece lif. Eac sint to manianne ða mettruman ðæt hie geðencen hu
micel hælo ðæt bið ðære heortan ðæt se lichoma sie mettrum, forðæm
sio mettrumnes ðæt mod gehwierfeð gehwelces monnes hiene selfne to
ongietanne, & ðæt gode mod þe sio hælu ful oft aweg adrifð ðæt
gemynd ðære mettrymnesse geedniwað, ðætte ðæt mod þe ofer his
mæð bið upahafen gemyne of ðæm swingum þe ðæt flæsc ðolað to
hwæm eall mancynn gesceapen is. Ðæt wære swiðe ryhte getacnod
ðurh Balaham on ðære lettinge his færeltes, gif he mid his hiersum-
nesse Godes stemne & his gebodum fullice folgian wolde, & on his
willan fore. Balaham ðonne fulgeorne wolde feran ðær hiene mon
bæd, ac his estfulnesse wiðteah se esol þe he onuppan sæt. Ðæt wæs
forðæmþe se assa geseah ðone engel ongean hiene standan, & him ðæs
færeltes forwiernan, ðone þe ðæt mennisce mod gesion ne meahte.

---

fathers and masters chastise and correct us, because they wish to make
us docile and worthy of their inheritance, and that they may be the
more happy with us. But what punishment of divine correction shall
seem to us too heavy in comparison with our meriting the heavenly
country which is never lost, and avoiding endless punishment? There-
fore St. Paul said: "Our fleshly fathers taught us, and we dreaded
them; they rebuked us, and we reverenced them. How much more,
then, must we obey our spiritual Father, that we may live eternally!
Our fathers in the flesh taught us to do their will, but it was for
a very short time, because this world is very transitory, but our
spiritual Father teaches us to partake of useful things, that is, merit-
ing eternal life." The unhealthy are also to be admonished to consider

& hlafordas, forðæm ðe hie wilniað ðæt we him geðwære sien, & eac
hira irfes wierðe sien, & hie us ðe bliðran beon mægen. Ac hwelc
wite sceal us ðonne to hefig ðyncan ðære godcundan ðreaunga wið
ðæm ðe we mægen geearnian ðone hefonlican eðel ðe næfre to lore
5 ne weorðeð, & forðæm ðæt we mægen forbugan ðæt wite ðæt næfre ne
wierð geendod? Forðæm cuæð *sanctus* Paulus : Ure flæsclican fædras
lærdon ús, & we hie ondredon ; hie ðreadon ús, & we weorðodon hie.
Hu micle suiðor sculon we ðon*ne* beon gehiersume ðæm ðe ure gæsta
Fæder bið wið ðæm ðæt we moten libban on ecnesse ! Ure flæsclican
10 fædras us lærdon to ðæm ðe hira willa wæs, ac ðæt wæs to suiðe
scortre hwile, forðæmðe ðios woruld is suiðe lænu, ac se gæsðlica Fæder
he us lærð nytwyrðlicu ðing to underfonne, ðæt is ðæt we ge(e)arnigen
ðæt ece lif. Eac sint to manianne ða mettruman ðæt hie geðencen hu
micel hælo ðæt bið ðære heortan ðæt se lichoma sie medtru*m*, forðæm
15 sio medtrymnes ðæt mod gehwierfð gehwelces monnes hine selfne to
ongietanne, & ðæt góde mód ðe sio hælo ful oft aweg adriefð ðæt
gemynd ðære medtrymnesse geedniewað, ðætte ðæt mód ðe ofer his
mæð bið úpahæfen gemyne of ðæm suingu*m* ðe ðæt flæsc ðolað to
hwæm eal monncynn gesceaoen is. Dæt wære suiðe ryhte getacnod
20 ðurh Balaham on ðære let[t]inge his færeltes, gif he mid his hiersum-
nesse Godes stemne & his gebodum fullice folgian wolde, & on his
willan fore. Baloham ðon*ne* fulgeorne feran wolde ðær hine mon
bæd, ac his [est]fulnesse witteah se esol ðe he onuppan sæt. Dæt wæs
forðæmðe se assa geseah ðone engel ongean hine standan, & him ðæs
25 færeltes forwiernan, ðone ðe ðæt men(n)isce mód geseon ne meahte.

how very healthy it is for the heart that the body is unhealthy, because
the want of health compels the heart of every man to consider him-
self, and the good disposition which is very often driven away by health
is restored by the memory of sickness, so that the heart which is unduly
exalted remembers by the afflictions endured by the flesh what all man-
kind is created for. That would have been very rightly illustrated by
the obstruction of Balaam's journey, had he obediently wished fully to
follow God's voice and commands, and had gone after his will. Balaam
would very willingly have proceeded whither he was told, but his zeal
was opposed by the ass on which he sat. That was because the ass saw
the angel standing opposite to him, and preventing his progress, which
the human mind could not see. So also, when the flesh is hindered by

Swæ eac, ðonne ðæt flæsc bið gelet mid sumum broce, hit getacnað
ðæm mode for ðære swingan hwæt Godes willa oið, ðone ilcan willan
þe ðæt mod hwilum ongietan ne mæg þe ofer ðæm flæsce sitt, & his
waldan sceolde, forðæm ðæt flæsc oft lett ða geornfulnesse & ðone
willan ðæs ðeondan modes her on worlde. Swæ swæ mon oft lett
fundiendne monnan, & his færelt gælð, swæ gælð se lichoma ðæt mod,
oððæt he gebrocod wierð mid sumre mettrymnesse, & ðonne ðurh ða
mettrymnesse getacnað se lichoma ðæm mode ðone ungesewenan engel
þe him togeanes stent, & him wiernð his unnyttan færelta ðurh ðæs
lichoman mettrymnesse. Be ðæm cwæð *sanctus* Petrus swiðe ryhtlice :
Ðæt dumbe & ðæt gehæfte neat ðreade ðone witgan for his yflan
willan, ða hit clipode swæ swæ mann, & mid ðy gestierde ðæm witgan
his unryhtre & dysigre [dysiglicre] wilnunge. Ðonne ðreað ðæt
dumbe neat ðone unwisan monn, ðonne ðæt gebrocode flæsc gelærð
ðæt upahafene mod to ryhtre & to nytwierðre eaðmodnesse. Forðæm
ne meahte Balaham geearnian ða Godes gife þe he biddende wæs, ða
he Israhela folc wiergean wolde & for hiene selfne gebiddan ; forðæm
he wearð untygða þe he hwierfde his stemne nalles his mod : ðæt wæs
ðæt he spræc oðer, oðer he sprecan wolde. Eac sint ða siocan to
manianne ðæt hie ongieten hu micel Godes giefu him bið [ðæs *added*]
flæsces geswinc, forðæmþe hit ægðer ge ða gedonan synna onweg
aðwiehð, ge hiene eac ðara gelett þe he dón wolde, gif he meahte,
forðæm ðonne he bið gesargod on ðæs lichoman wundum, ðonne ge-
wyrceað ða wunda on ðæm gebrocedan mode hreowsunge wunda. Be
ðæm is eac gecweden [awriten] on Salomonnes cwidbocum ðætte sio

---

any affliction, it shows the mind with the castigation what God's will
is, the same will which the mind, which presides over the flesh, and
should control it, cannot sometimes perceive, because the flesh often
balks the zeal and will of the flourishing mind here in the world. As
a man in a hurry is often balked, and his journey delayed, so the
body delays the mind until it is afflicted with some disease, and then
with the disease the body shows the mind the unseen angel standing in
front of it, and preventing its useless journey with the bodily disease.
Therefore St. Peter said very rightly : "The dumb and captive beast
rebuked the prophet for his evil desire, when it spoke like a man,
and so restrained the wicked and foolish desire of the prophet." The
dumb beast rebukes the foolish man, when the afflicted flesh trains the

Sua eac, ðonne ðæt flæsc bi'ð gelett mid sumum broce, hit getacna'ð
ðæm mode for ðære suingan hwæt Godes willa bi'ð, ðone illcan willan
ðe ðæt mod hwilum ongietan mæg ðe ofer ðæm flæsce sitt, & his
wealdan sceolde, for'ðæm ðæt flæsc oft lætt ða geornfulnesse & ðone
5 willan ðæs ðiondan modes her on worulde. Sua mon oft let[t]
fundigendne monnan, & his færelt gæl'ð, sua gæl'ð se lichoma ðæt mod,
o'ð'ðæt he gebrocad wier'ð mid sumre mettrymnesse, & ðonne ðurh ða
mettrymnesse getacna'ð se lichoma ðæm mode ðone ungesewenan engel·
ðe him togenes stent, & him wiern'ð his unnyttan færelta ðurh ðæs
10 lichoma mettrymnesse., Be ðæm cwæ'ð sanctus Petrus sui'ðe ryhtlice :
Ðæt dumbe & ðæt gehæfte neat ðreade ðone witgan for his yfelan
willan, ða hit cleopode sua sua monn, & mid ðy gestierde ðæm wit-
gan his unryhtre & dyslicre wilnunga. Ðonne ðrea'ð ðæt dumbe
neat ðone unwisan monn, ðonne ðæt gebrocode flæsc gelær'ð ðæt
15 úpahæfene mod to ryhttre & to nyttwyr'ðre ea'ðmodnesse. For'ðæm
ne meahte Balaham geearnian ða Godes giefe ðe he biddende wæs, ða
he Israhela folc wirgean wolde & for hine selfne gebiddan; for'ðæm he
wear'ð untyg'ða ðe he hwierfde his stemne nales his mod : ðæt wæs
ðæt he spræc o'ðer, o'ðer ðæt he sprecan wolde. Eac sint ða seocan to
20 monianne ðæt hie ongieten hu micel Godes giefu him bi'ð ðæs flæsces
gesuinc, for'ðæmðe hit æg'ðer ge ða gedonan synna aweg a'ðwieh'ð,
ge hine eac ðara gelett ðe he don wolde, gif he meahte, for'ðæm
(ðonne) he bi'ð gesargod on ðæs lichoman wundum, ðonne gewyrcea'ð
ða wunda on ðæm gebrocodan mode hreo[w]sunge wunda. Bi ðæm
25 is eac awriten on Salomonnes cuidbocum ðæt sio wund wolde

---

proud heart to righteous and profitable humility. Therefore Balaam
could not gain the favour of God which he prayed for, wishing to
curse the people of Israel, and pray for himself; he was unsuccessful,
because he directed his voice, not his heart, to his object : that was, he
spoke one thing, desiring to speak another. The sick are also to be
admonished to understand how great a gift of God the troubles of the
flesh are for them, because they both wash away the sins he has com-
mitted, and also hinder him from doing those he would do, if he
could, because, when he is tormented by the wounds of the body,
these wounds cause wounds of repentance in the afflicted mind. About
which it is also written in the Proverbs of Solomon, that the wound
will heal after sloughing. The pain of the wound passes away with

17

wund wolde haligean, æfterðæmþe hio wyrsmde. Ðonne aflewð ðæt
sar of ðære wunde mid ðy wormse, ðonne ðæt sar ðære swingellan ðissa
worldbroca aðwiehð ægðer ge ða geðohtan synna ge ða gedonan of
ðære saule. Eac cwæð Salomon ðætte ðæt ilce bio bi ðæm wundum
þe bioð oninnan ðære wombe. Ðære wambe nama getacnað ðæt mod,
forðæm swæ swæ sio wamb gemielt ðone mete, swæ gemielt ðæt mod
mid ðære gesceadwisnesse his geðeahtes his sorga. Of Salomonnes
cwidum we namon ðætte ðære wambe nama sceolde tacnian ðæt mod,
ða ða he cwæð: Ðæs monnes lif bið Godes leohtfæt; ðæt Godes
leohtfæt geondsecð & geondliht ealle ða diegelnesse ðære wambe.
Swelce he cwæde: Ærest he hiene onliht mid his leohtfæte, ðonne
he hiene geliffæst, & eft he hiene onliht, ðonne he hiene onælð mid
ðæm tapore ðæs godcundan liegges. Ðæt bið ðonne, ðonne he deð
ðæt he ongiet his agene unnytte ðeawas & geðohtas þe wen is ðæt he
ær hæfde, ðeah he hit geðencean ne meahte. Ðæt worsm ðonne ðara
wunda [ðæt added] is ðæt broc ðæs lichoman, & ðæt sar innan ðære
wombe, ðæt tacnað ða sorge ðæs modes. Sio sorg ðonne aswæpð
aweg ðæt yfel of ðæm mode. Ðonne we beoð butan ðæm mode on
ðæm lichoman geswencte, ðonne beo we swiggende gemanode mid
ðære mettrymnesse ure synna to gemunanne, forðæmþe ðonne bið
broht beforan ures modes eagum eal ðæt we ær yfles gedydon, forðæm
swæ se lichoma swiður utan ðrowað, swæ ðæt mod swiður innan
hreowsað ðæs unnyttes þe he ær dyde. Forðæm gelimpð ðætte ðurh
ða openlican wunda & ðurh ðæt gesewene sar ðæs lichoman bið swiðe
wel aðwægen sio diegle wund ðæs modes, forðæm sio diegle wund

---

the slough, when the pain of the flagellation of worldly afflictions
washes away both the committed and the meditated sins from the
soul. Solomon also said that the same is the case with the wounds
inside the belly. The word "belly" signifies the mind, because, as the
belly digests food, so does the mind digest its sorrows with wise re-
flection. It was from the Proverbs of Solomon we gathered that the
word "belly" signifies the mind, when he said: "Man's life is God's
lantern; God's lamp investigates and illuminates all the secrets of
the belly." As if he had said: "First, he illuminates him with
his lamp, when he brings him to life, and again he illuminates him,
when he inflames him with the taper of divine flame." That is,

halian, æfterðæmðe heo wyrmsde.   Ðonne aflewð ðæt sár of ðære
wunde mid ðy wormse, ðonne ðæt sár ðære suingellan ðissa woruld-
broca aðwiehð ægðer ge ða geðohtan synna ge ða gedonan of ðære
saule.   Eac cuæð Salomon ðætte ðæt illce beo bi ðæm wundum ðe
5 beoð oninnan ðære wambe.   Ðære wambe nama getacnað ðæt mód,
forðæm sua sua sio wamb gemielt ðone mete, sua gemielt ðæt mod
mid ðære gescadwisnesse his geðeahtes his sorga.   Of Salomonnes
cuidum we namon ðætte ðære wambe nama scolde tacnian ðæt mod,
ða ða he cuæð: Ðæs monnes líf bið Godes leohtfæt ; ðæt Godes
10 leohtfæt gindsecð & gindlieht ealle ða diogolnesse ðære wambe.
Suelce he cuæde : Æresð he hiene onlieht mid his leohtfæte, ðonne
he hiene gelieffæsð, & eft he hine onlieht, ðonne he hiene onælð mid
ðæm tapure ðæs go(d)cundan. lieges.   Ðæt bið ðonne, ðonne he deð
ðæt he ongiet his agne unnytte ðeawas & geðohtas ðe wen is ðæt he
15 ær hæfde, ðeah he hit geðencean ne meahte.   Ðæt worms ðonne ðara
wunda ðæt is ðæt broc ðæs lichoman, & ðæt sar innan ðære
wambe, ðæt tacnað ða sorge ðæs modes.   Sio sorg ðonne aswæpð
aweg ðæt yfel of ðæm mode.   Ðonne we beoð butan ðæm mode on
ðæm lichoman gesuencte, ðonne beo we suigende gemanode mid ðære
20 mettrymnesse ura synna to gemunanne, forðæmðe ðonne bið broht
beforan ures modes eagan eall ðæt we ær yfeles gedydon, forðæm
sua se lichoma suiður utan ðrowað, sua ðæt mod suiður innan
hreo[w]sað ðæs unnyttes ðe he ær dyde.   Forðæm gelimpð ðætte ðurh
ða openlican wunda & ðurh ðæt gesewene sar ðæs lichoman bið suiðe
25 wel aðwægen sio diegle wund ðæs modes, forðæm sio diegle wund

---

when he makes him understand his own unprofitable morals and ideas,
which he probably had before, although he could not call them to
mind.   The slough of the wounds is the affliction of the body, and the
pain inside the belly signifies the sorrow of the heart.   Sorrow sweeps
away evil from the heart.   We are afflicted in the body outside the
heart, when we are silently admonished by sickness to remember our
sins, because then all the evil we formerly did is brought before the
eyes of our mind, because the more the body suffers externally, the
more the mind internally repents its former unprofitable works.
Therefore it happens that through the open and visible wounds and
pain of the body the secret wound of the mind is very well washed,

ðære hreowsunga hælð ða scylde ðæs won weorces. Eac sint to
manianne ða medtruman to ðæm ðæt hie gehealden þa stenge [strenge]
ðære geðylde. Him is to sæcganne ðæt hie unablinnedlice geðencen
hu manig yfel ure Dryhten & ure Aliesend geðolode mid ðæm ilcan
monnum þe he self gesceop, he hu fela edwites & unnyttra worda he
forbær, & hu manige hleorslegeas he underfeng æt ðæm þe hiene
bismredon. Se ilca se þe ælce dæg saula gereafað of ðæs ealdan
feondes hondum, se ilca þe us ðwiehð mid ðy halwyndan wætre, se na
ne forbeag mid his nebbe ðara treowleasana manna spatl, ðonne hie
him on ðæt nebb spætton. Se ilca se us gefrioð mid his forespræce
from ecium witum, se ilca swigende geðafode swingellan. Se þe us
sealde ece are betweoxn his engla geferscipe, he geðafode ðæt hiene
man mid fyste slog. Se þe us gehæleð from ðæm stice urra synna, he
geðafode ðæt him mon sette ðyrnenne beag on ðæt heafod. Se þe us
oferdrencð mid ðæs ecean lifes liðe, he gefandode gellan biternesse, ða
hiene ðyrste. Se þe for us gebæd to his Fæder, ðeah he him efnmihtig
sie on his godhade, ða ða him man on bismer to gebæd, ða swugode
he. Se se þe deadum monnum lif gearwað, & he self lif is, he becom
to deaðe. Forhwy ðonne sceal ænegum men ðyncean to reðe oððe to
unieðe ðæt he Godes swingellan geðafige for his yfelan dædum, nu
God self swæ fela yfles geðafode, swæ swæ we ær cwædon, for man-
cynne? Hwa sceal ðonne, ðara þe hal & god ondgiet hæbbe, Gode
unðoncfull beon, forðæm, ðeah he hiene for his synnum swinge, nu se
ne for butan swingellan of ðys middangearde se þe butan ælcere synne
wæs & giet is?

because the secret wound of repentance heals the sin of perverse works.
The sick are also to be admonished to preserve the strength of
patience. They are to be told to consider incessantly how many evils
our Lord and Redeemer suffered among the same men whom he him-
self had created, and how much reproach and how many vain words
he endured, and how many blows he received from his revilers. The
same who daily snatches souls from the hands of the old foe, and who
washes us with salutary water, did not turn away his face from the
spittle of those faithless men, when they spat in his face. The same
who frees us with his mediation from eternal punishments, silently
endured stripes. He who gave us eternal honour in the company of
his angels, allowed himself to be struck with fists. He who heals

ðære hreowsunga hælð ða scylðe ðæs wón weorces.   Eac sint to
manianne ða mettruman to ðæm ðæt hie gehealden ða strenge ðære
geðylde.   Him is to secgeanne ðæt hie unablinnendlice geðencen hu
monig yfel ure Dryhten & ure Alisend geðolode mid ðam ilcan man-
5 num ðe he self gesceop, & hu fela edwites & unnyttra worda he forbær,
& hu manige hleorslægeas he underfeng æt ðæm ðe hine bismredon.
Se ilca se ðe ælce dæg saula gereafað of ðæs ealdan feondes honda,
se ilca se ðe us ðwiehð mid ðy halwyndan wætre, se na ne forbeag
mid his nebbe ðara triowleasena monna spatl, ðonne hie him on ðæt
10 nebb spætton.   Se ilca se us gefreoð mid his forespræce from ecum
witum, se ilca suigende geðafode swingellan.   Se ðe us sealde ece
are betwuxn his engla geferscipe, he geðafode ðæt hine mon mid
fyste slog.   Se ðe us gehæleð from ðæm stice urra synna, he geðafode
ðæt him mon set[t]e ðyrnenne beag on ðæt heafud.   Se ðe us ofer-
15 drencð mid ðæs ecan lifes liðe, he gefandode geallan biternesse, ða
hine ðyrstte.   Se ðe for us gebæd to his Fæder, ðeah he him emnmie-
htig sie on his godhade, ða ða him mon on bismer to gebæd, ða swu-
gode he.   Se se ðe deadum monnum lif gearuwað, & he self lif is, he
becóm to deaðe.   Forhwy [ðonne] sceal ænigum menn ðyncan to reðe
20 oððe to unieðe ðæt he Godes suingellan geðafige for his yfelum dædum,
nu God self sua fela yfeles geðafode, sua sua we ær cuædon, for monn-
cynne ?   Hwa sceal ðonne, ðara ðe hal & good andgiet hæbbe, Gode
unðoncfull beon, forðæm, ðeah he hine for his synnum suinge, nu se
ne for butan suingellan of ðys middangearde se ðe butan ælcre synne
25 wæs & giet is ?

us from the stabs of our sins, allowed a crown of thorns to be put
on his head.   He who intoxicates us with the drink of eternal life,
experienced the bitterness of gall when he thirsted.   He who prayed
for us to his Father, though he is equally mighty with him in his
Godhead, when he was prayed to in mockery, was silent.   He who
makes life for dead men, and himself is life, himself came to death.
Why, then, shall it seem to any man too severe or hard to endure the
castigation of God for his evil deeds, since God himself, as we said
above, suffered so much evil for mankind ?   Who, then, who has a
sound and good understanding, ought to be unthankful to God, be-
cause, although he chastise him for his sins, he did not depart without
stripes from this world, who was, and still is, without any sin ?

XXXVII. Ðætte on oðre wisan sindon to manianne ða þe him on-
drædað Godes swingellan oððe manna, & forðy for-
lætað ðæt hie yfel ne doð ; on oðre ða þe bioð swæ
aheardode on unryhtwisnesse ðæt hie mon ne mæg
mid nanre ðreaunge geðreatigean.

On oðre wisan sint to manianne ða þe him swingellan ondrædað, &
forðæm unsceðfullice libbað ; & on oðre wisan sint to manianne ða
þe on hiera unryhtwisnessum swæ aheardode bioð ðæt hie mon mid
nanre swingellan gebetan ne mæg. Ðæm is to cyðanne þe him swin-
gellan ondrædað ðæt hie ðissa eorðlicena goda to swiðe ne gitsien,
ðeah hie gesion ðæt ða yflan hie hæbben ongemang him, forðæm hie
sint ægðerum gemæne ge yflum monnum ge godum ; & ne fleon eac
ðis andwearde yfel, swelce hie hit adreogan ne mægen, forðæmþe hit
oft gode menn her on worlde dreogað. Eac hie sint to manianne, gif
hie geornlice wilnien ðæt him yfel ðing losige, ðonne bio him swiðe
egefull ðæt ece wite ; nealles ðeah swæ egefull ðæt hie ealneg ðurh-
wunigen on ðæm ege, ac mid ðæm fostre ðære Godes lufan hie sculon
uparisan & weaxan á ma & ma to lufianne ða godcundan weorc.
Forðæm Iohannes se godspellere cwæð on his ærendgewrite, he cwæð :
Sio fullfremede Godes lufu adrifeð aweg ðone ege. And eft cwæð
sanctus Paulus : Ne underfengon ge no ðone Gast æt ðæm fulluhte to
ðeowianne for ege, ac ge hiene underfengon to ðæm ðæt ge Gode
geagnudu bearn beon scylen, forðy we clipiað to Gode, & cweðað,
Fæder [, Fæder *added*]. Forðon cwið eac se ilca lareow : Ðær se

XXXVII. That those who fear God's chastisements or men's, and
therefore abstain from evil-doing, are to be admonished
in one way ; in another, those who are so hardened in
unrighteousness as not to be corrected by any reproof.

Those who dread chastisement, and therefore live innocently, are to
be admonished in one way ; in another, those who are so hardened in
their unrighteousness that it is not possible to reform them with any
chastisement. It is to be made known to those who fear chastisement
that they are not to desire too much earthly prosperity, although they
see that the wicked possess it among themselves, because it is common

XXXVII. Ðætte ón oðre wisan sint to manienne ða ðe him ón-
dræðað Godes swingellan oððe monna, & forðy for-
lætað ðæt hie yfel ne doð; ón oðre wisan ða ðe beoð
swa aheardode ón unryhtwisnesse ðæt hi mon ne mæg
5 mid nanre ðreaunge geðreatian.

On oðre wisan sint to monianne ða ðe him suingellan ondrædað, &
forðæm unsceaðfullice libbað; & on oðre wisan sint to manianne ða
ðe on hiera unryhtwisnessum sua aheardode beoð ðæt hie mon mid
nanre swingellan gebetan ne mæg. Ðæt is to cyðanne ðe him swin-
10 gellan ondrædað ðæt hie ðissa eorðlicena goda to suiðe ne gietsien,
ðeah hie geseon ðæt ða yfelan hie hæbben ongemong him, forðæm hie
sint ægðrum gemæne ge yfelum monnum ge godum; & ne fleon eac
ðis andwearde yfel, suelce hie hit adriogan ne mægen, forðonðe hit
oft góde menn her ón worlde dreogað. Eac hie sint to monianne, gif
15 hie geornlice wilnigen ðæt him yfel ðing losie, ðonne beo him suiðe
egefull ðæt ece wite; nalles ðeah sua egeful ðæt hie ealneg ðurh-
wunigen on ðæm ege, ac mid ðam fostre ðære Godes lufan hie sculon
upárisan & weaxan á ma & ma to lufigeanne ða godcundan weorc.
Forðæm Iohannis se godspellere cwæð on his ærendgewrite, ic cwæð:
20 Sio fulfremede Godes lufu adrifeð aweg ðone ege. & eft cwæð sanctus
Paulus: Ne underfengon ge no ðone Gast æt ðæm fulluhte to ðeowi-
geanne for ege, ac ge hine underfengon to ðæm ðæt ge Gode geagenudu
bearn beon scielen, forðy we cliepiað to Gode, & cweðað, Fæder,
Fæder. Forðæm cwið eft eac se ilca lariow: Ðær se Dryhtnes gast

to both bad and good; nor let them flee present evils, as if they
could not endure them, because good men often endure them here in
the world. They are also to be warned that, if they eagerly wish to
avoid evil, they are to fear greatly eternal punishment; yet not to
fear so much as always to continue fearing, but with the nourishment
of God's love to rise and grow ever more and more, to love the
divine works. Therefore John the Evangelist said in his letter: "The
perfect love of God drives away fear." And again, St. Paul said: "Ye
did not receive the Spirit at baptism to serve from fear, but ye received
it to become God's own children, wherefore we call to God, and say,
Father, Father." Therefore the same teacher says also again: "Where

Dryhtnes gast is, ðær is freodom. Gif ðonne hwelc mon forbireð his
synna for ðæm ege anum ðæs wites, ðonne nafað ðæs ondrædendan
monnes mod nanne gastes freodom, forðæm, gif he hit for ðæs wites
ege ne forlæte, butan tweon he fullfremede ða synne. Ðonne nat ðæt
mod ðæt him bið friodom forgifen, ðonne hit bið gebunden mid ðæs
ðeowutes ege. Ðeah mon nu god onginne for sumes wites ege, hit
mon sceal ðeah geendian for sumes godes lufum. Se þe for ðæm
anum god deð ðæt he sumre ðreaunge yfel him ondræt, se wilnað
ðætte nan ðing ne sie þe he him ondrædan ðyrfe, ðæt he ðy orsorhlicor
dyrre dón unnytlicu ðing & unaliefedu. Ðonne bið swiðe sweotol,
ðætte him ðonne losað beforan Gode his ryhtwisnes, ðonne he ðurh
his agene geornfulnesse gesyngað unniedenga, ðonne bið swiðe sweotol
ðæt he ðæt god na ne dyde ðær he hit for ðæm ege dorste forlætan.
Ongean ðæt ðonne sint to manianne ða men þe swingellan ne magon
forwiernan ne na gelettan hiera unryhtwisnesse. Hie bioð to ðrea-
geanne & to swinganne mid swæ micle maran wite swæ hie ungefrede-
licor bioð aheardode on hiera unðeawum. Oft eac ða swylcan mon
sceal forsion mid eallum forsewenissum, & unweorðian mid ælcre un-
weorðnesse, forðæm ðætte sio forsewenes him ege & ondrysnu on
gebrenge, & eft æfterðon ðæt hiene sio godcunde manung on wege
gebrenge, & hiene to hyhte gehwierfe. Ðonne sint eac ðæm ilcan
monnum swiðe ðearlice to recceanne ða godcundan cwidas, ðæt hie be
ðæm oncnawen, ðonne hie geðencen ðone ecean dom, to hwæm hiera
agen wise wierð. Eac hie sculon gehieran ðæt on him bið gefylled
Salomonnes cwide þe he cwæð, he cwæð: Ðeah mon [ðu] portige ðone

the Spirit of the Lord is, there is freedom." If, then, any man refrains
from his sins merely from fear of punishment, the mind of him who
fears has no spiritual freedom, because, if he had not relinquished it
from fear of punishment, he would doubtlessly have carried out the
sin. The mind knows not that freedom is granted to it, when it is
restrained by servile fear. Although a man has begun good from the
fear of some punishment, yet he ought to finish from the love of
something good. He who only does good because he fears the evil
of some correction, wishes not to have cause to fear anything, that
he may the more carelessly dare to do useless and unlawful things.
It is very evident that his righteousness before God is lost, when he
sins unnecessarily of his own desire, when it is very evident that he

is, ðær is freodoom. Gif ðonne hwelc mon forbireð his synna for ðæm
ege anum ðæs wites, ðonne nafað ðæs ondrædendan monnes mod
nanne gastes freodom, forðæm, gif he hit for ðæs wites ege ne forlete,
butan tweon he fulfremede ða synne. Ðonne nat ðæt mód ðæt him
5 bið freodóm forgiefen, ðonne hit bið gebunden mid ðæs ðeowutes
ege. Ðeah monn nu good onginne for sumes wites ege, hit mon
sceal ðeah geendigéan for sumes gódes lufum. Se ðe for ðæm anum
gód deð ðæt he sumre ðreaunge yfel him ondrætt, se wilnað ðætte
nan ðing ne sie ðe he him ondrædan ðyrfe, ðæt he ðy orsorglicor
10 dyrre dón unnyttlicu ðing & unalifedu. Ðonne bið suiðe sweotol
ðætte him ðonne losað beforan Gode his ryhtwisnes, ðonne he ðurh
his agene geornfulnesse gesyngað unniedenga, ðonne bið suiðe sueotul
ðæt he ðæt good na ne dyde ðær he hit for ðæm ege dorste forlætan.
Ongean ðæt ðonne sint to monianne ða menn ðe suingellan ne magon
15 forwiernan ne na gelettan hiera unryhtwisnesse. Hie beoð to ðrea-
geanne & to swinganne mid swa micle maran wite sua hie ungefrede-
licor beoð aheardode on hiera unðeawum. Oft eac ða sweleau monn
sceal forsion mid eallum forsewennessum, & unweorðian mid ælcre un-
weorðnesse, forðæm ðætte sio forsewennes him ege & ondrysnu on
20 gebringe, & eft æfter ðæm ðæt hiene sio godcunde manung ón wege
gebringe, & hiue to hyhte gehwierfe. Ðonne sint eac ðæm ilcan
monnum suiðe ðearllice to recceanne ða godcundan cwidas, ðæt hie bi
ðam oncnawæn, ðonne hie geðencen ðone ecean dóm, to hwæm hiera
agen wise wirð. Eac hie sculon gehieran ðæt on him bið gefylled
25 Salomonnes cwide ðe he cwæð, he cwæð : Ðeah ðu portige ðone dyse-

---

did not do good, when from fear he durst neglect it. On the other
hand, the men are to be warned whom chastisement cannot hinder or
restrain from their wickedness. They are to be rebuked and chas-
tised with so much the greater severity as they are more callously
hardened in vice. Often also such men are to be despised with all
possible contempt, and slighted with every slight, that the contempt
may instil into them fear and reverence, and that afterwards the
divine admonition may bring them on the road, and turn them to
hope. Also the divine texts are to be vigorously quoted to such men,
that they may learn from them to understand, when they consider the
eternal doom, what their own prospects are. Let them also hear how
in them is verified Solomon's saying ; he said : " Even if thou pound

dysegan on pilan, swæ mon corn deð mid pilstafe, ne meahðð&u his dysig
him from adrifan. Ðæt ilce sarette se witga, ða ða he cwæð : Ðu hie
tobræce, & ðeah hie noldon underfón ðine lare. Eft bi ðæm ilcan
cwæð Dryhten : Ic ofslog ðis folc, & to forlore gedyde, & hie hie ðeah
noldon onwendan from hiera won wegum, ðæt is, from hiera yflum
weorcum. Be ðæm ilcan eft cwæð se witga : Ðis folc nis no gewend
to ðæm þe hie swingð. Ymb ðæt ilce sargode se witga, swæ swæ god
lareow deð, ðonne he his gingran swingð, gif hit him nauht ne for-
stent. Be ðæm cwæð se witga : We lacnedon Babylon, & hio ðeah
ne wearð gehæled. Ðonne bið Babylon gelacnod, nealles ðeah fullice
gehæled, ðonne ðes monnes mod for his unryhtum willan & for his
won weorcum gehierð scamlice ðreaunga, & scondlice swingellan
underfehð, & ðeahhwædre oferhygð ðæt he gecirre to beteran. Ðæt
ilce eac Dryhten oðwat Israhela folce, ða hie wæron gehergode & of
hiera earde alædde, & swæðeah noldon geswican hiera yflena weorca,
ne hie noldon awendan of hiera wón wegum ; ða cwæð Dryhten : Ðis
Israhela folc is geworden nu me to sindrum & to are & to tine & to
iserne & to leade inne on minum ofne. Swelce he openlice cwæde :
Ic hie wolde geclænsian mid ðæm gesode ðæs broces, & wolde ðæt hie
wurden to golde & to siolofre, ac hie wurdon gehwierfde inne on
ðæm ofne to are & to tine & to iserne & to leade, forðæmþe hie noldon
on ðæm geswincum hie selfe gecirran to nyttum ðingum, ac ðurh-
wunedon on hiera unðeawum. Witodlice ðæt ar, ðonne hit mon
slihð, hit bið hludre ðonne ænig oðer andweorc. Swæ bið ðæm þe

---

the fool in a mortar, like corn with a pestle, thou wilt not be able to
expel from him his folly." The same the prophet lamented, saying:
"Thou shatteredst them, and yet they would not receive thine in-
struction." Again, the Lord spoke about the same thing : "I slew
and destroyed this people, and yet they would not turn from their bad
ways," that is, from their evil works. Of the same thing, again, the
prophet spoke : "This people has not returned to its chastiser." The
prophet was grieved about the same thing, as a good teacher is, when
he chastises his disciple, if it does not profit him. Of which the
prophet spoke : "We physicked Babylon, but without curing her."
Babylon is physicked, but not restored to complete health, when a
man's mind, because of his wicked desires and perverse works, hears

gan on pilan, swa mon corn deð mid púlstæfe, ne meaht ðu his dysi
him from adrifan.   Ðæt ilce sarette se witga, ða ða he cwæð : Ðu hie
tobræce, & ðeah hie noldon underfón ðine lare.   Eft bi ðæm ilcan
cwæð Dryhten : Ic ofslog ðis folc, & to forlore gedyde, & hie hie ðeah
5 noldon ónwendan from hiera woom wegum, ðæt is, from hiera yfelum
weorcum.   Bi ðæm ilcan eft cwæð se witga : Ðis folc nis no gewend
to ðæm ðe hie swingð.   Ymb ðæt ilce sargode se witga, sua sua gód
lareow deð, ðonne he his gingran suingð, gif hit him nauht ne for-
stent.   Be ðæm cwæð se witga : We lacnodon Babylón, & hio ðeah
10 ne wearð gehæled.   Ðonne bið Babylon gelacnad, nales ðeah fullice
gehæled, ðonne ðæs monnes mód for his unryhtum willan & for his
wón weorcum gehierð sceamlice ðreaunga, & sceandlice suingellan
underfehð, & ðeahhwæðre oferhygð ðæt he gecierre to bettran.   Ðæt
ilce eac Dryhten oðwat Israhela folce, ða hie wæron gehergeode & of
15 hiera earde alædde, & swaðeah noldon gesuican hiera yfelena weorca,
ne hie noldon awendan of hiera won wegum ; ða cwæð Dryhten : Ðiss
Israhela folc is geworden nú me to sindrum & to are & to tine & to
iserne & to leade inne on minum ofne.   Suelce he ópenlice cwæde :
Ic hie wolde geclænsian mid ðæm gesode ðæs broces, & wolde ðæt hie
20 wurden to golde & to seol[u]fre, ac hie wurdon gehwierfde inne on
ðam ofne to are & to tíne & to íserne & to leade, forðæmðe hie noldon
on ðæm gesuincium hie selfe gecirran to nyttum ðingum, ac ðurh-
wunedon on hiera únðeawum.   Witodlice ðæt ár, ðonne hit mon
slihð, hit bið hludre ðonne ænig oðer ondweorc.   Sua bið ðæm ðe

---

shameful reproaches, and receives disgraceful castigation, and yet scorns
reformation.   With the same also the Lord reproached the people of
Israel, when their lands were ravaged, and themselves led away, and
yet they would not cease their wicked deeds, nor turn from their
perverse courses ; the Lord said : "This my people of Israel has been
turned to scoriæ, and bronze, and tin, and iron, and lead in my furnace."
As if he had openly said : "I wished to refine them with the lique-
faction of affliction, and wished to transmute them to gold and silver,
but they were converted in the furnace into bronze, and tin, and iron,
and lead, because they would not in their troubles turn to profitable
pursuits, but continued in their vices."   Bronze, when struck, is
the most sonorous substance there is.   So he who mourns greatly

swiðe gnornað on ðære godcundan swingellan, he við on middum ðæm ofne gecierred to are. Ðæt tin ðonne, ðonne hit mon mid sumum cræfte gemengð, & to tine gewyrcð, ðonne við hit swiðe leaslice on siolofres hiewe. Swæ hwa ðonne swæ licet on ðære swingellan, he við ðæm tine gelic inne on ðæm ofne. Se við ðonne ðæm iserne gelic inne on ðæm ofne, se þe for ðære swingellan nyle his ðweorscipe forlætan, ac ofann his niehstan his lifes. Ðæt lead ðonne is hefigre ðonne ænig oðer andweorc. Forðy við inne on ðæm ofne geworden to leade se se þe swæ við geðryced [geðrysced] mid ðære hefignesse his synna ðæt he furðum on ðæm broce nyle alætan his geornfulnesse & ðas eorðlecan wilnunga. Be ðæm ilcan is eft awriten : Ðær wæs swiðe swiðlic geswinc, & ðær wæs micel swat agoten, & ðeah ne meahte mon him of animan ðone miclan rust, ne furðum mid fire ne meahte hine mon aweg adón. Hie us stiereð mid fyres broce, for-ðæmþe he wolde from us adon ðone rust urra unðeawa, ac we ðeah for ðæm broce ðæs fyres nyllað alætan from us ðæt rust ðara unnyttra weorca, ðonne we on ðære swingellan nyllað gebetan ure unðeawas. Be ðæm cwæð eft se witga : Idel wæs se blawere, forðæm hiera awiergdan weorc ne wurdon from him asyndrede. Eac is to wietonne ðætte oft ðæm við gestiered mid manðwærlicre manunga, ðæm þe man mid heardre swingellan gecierran ne mæg, & ða þe ne magon ðrowunga gestieran yfelra weorca, oft hie hie forlætað for liðelicre oliccunga, swæ swæ ða siocan, ða þe man oft ne mæg gelacnian mid ðæm drencium strongra wyrta gemanges, ða ful oft bioð mid wlacum wætre gelacnode, & on ðære ilcan hælo gebrohte þe he ær hæfdon. Swæ

---

under the divine castigation, is turned into bronze in the midst of the furnace. Tin, when scientifically compounded and made into tin, has a colour deceptively like that of silver. Whoever, then, behaves hypo-critically under his castigation, resembles the tin in the furnace. He is like iron in the furnace, who will not cease from perversity under affliction, but grudges his neighbour his life. Lead is the heaviest of substances ; therefore he is turned into lead in the furnace who is so oppressed with the weight of his sins that not even under affliction will he give up his lusts and earthly desires. Of the same is again written : "There was great toil and expenditure of sweat, and yet the great rust could not be cleaned off them, not even with fire." He

suiðe gnornað on ðære godcundan suingellan, he bið on middum ðæm
ófne gecirred to áre. Ðæt tin ðonne, ðonne (hit mon) mid sumum
cræfte gemengð, & to tine gewyrcð, ðonne bið hit swiðe leaslice on
siolufres hiewe. Sua hwa ðonne sua licet on ðære swingellan, he
5 bið ðæm tine gelic inne on ðæm ofne. Se bið ðonne ðæm isene
gelic inne on ðæm ofne, se ðe for ðære suingellan nyle his ðweorscipe
forlætan, ac ofán his nihstan his lifes. Ðæt lead ðonne is hefigre
ðonne ænig oðer andweorc. Forðy bið inne on ðæm ofne geworden
to leade se se ðe sua bið geðrysced mid ðære hefignesse his synna ðæt
10 he furðum on ðæm broce nyle alætan his geornfulnesse & ðas
eorðlican wilnunga. Bi ðæm ilcan is eft awriten : Ðær wæs suiðe
suiðlic gesuinc, & ðær wæs micel swat agoten, & ðeah ne meahte
monn him of animan ðone miclan rust, ne furðum mid fyre ne
meahte hiene mon aweg adón. He us stiereð mid fyres broce, for-
15 ðæmðe he wolde from ús adón ðone rust urra unðeawa, ac we ðeah
for ðæm broce ðæs fyres nyllað álætan from ús ðæt rust ðara unnyttra
weorca, ðonne we ón ðære suingellan nyllað gebetan ure unðeawas.
Be ðæm cwæð eft se witga : Idel wæs se blawere, forðon hiera
awi[e]rgdan weorc ne wurdon from him asyndred. Eac is to witanne
20 ðætte oft ðæm bið gestiered mid manðwærlicre manunga, ðæm ðe
monn mid heardre suingellan gecirran ne mæg, & ða ðe ne magon
ðrouunga gestieran yfelra weorca, eft hie hie forlætað for liðelicre
olicunga, sua sua ða seocan, ða ðe mon oft [ne mæg] gelacnian
mid ðæm drenc[i]um strangra wyrta gemanges, ða ful oft beoð mid
25 wlacum watre gelacnode, & on ðære ilcan hælo gebrohte ðe hie ær

---

corrects us with fiery affliction, because he would clean off from us the
rust of our vices ; but we will not let go the rust of unprofitable
works under the fiery affliction, when under chastisement we will not
reform our vices. Of which the prophet spoke again : " The blower
was useless, because their accursed works could not be parted from
them." It is also to be known that those are often managed with
humane admonition, who cannot be converted with severe chastisement ;
and those who cannot be kept from evil works by suffering, often give
them up for gentle flattery : as the sick, who often cannot be cured
with draughts of mixtures of strong herbs, are often cured with tepid
water, and restored to their former state of health. So also are

bioð eac ful oft ða wunda mid ele gehælda, ða þe mon mid gesnide gebetan ne meahte. And eac se hearda stan, se þe aðamans hatte, ðone mon mid nane isene ceorfan ne mæg, gif his mon hrinð [onhrinð] mid buccan blode, he hnescað ongean ðæt liðe blod to ðæm swiðe ðæt hiene se cræftega wyrcean mæg to ðæm þe he wile.

XXXVIII. Ðætte on oðre wisan sindon to manianne ða þe to swiðe
swigge bioð, on oðre wisan ða þe willað to fela idles
& unnyttes gesprecan.

On oðre wisan sint to manianne ða swiðe swiggean, on oðre wisan ða þe bioð aidlode on oferspræce. Ða swiðe swiggean mon sceal læran ðætte hie, ðonne ðonne hie sumne unðeaw unwærlice fleoð, ðæt hie ne sien to wiersan gecierde, & ðæron befealdne, swæ him oft gebyreð, ðonne hie hiera tungan ungemetlice gemidliað ðæt hie beoð micle heficlicor gedrefde on hiera heortan ðonne ða ofersprecan, forðæm for ðære swiggean hiera geðohtas bioð aweallene on hiera mode, forðæm hie hie selfe niedað to healdonne ungemetlice swiggean, & forðæm bioð swiðe geðrycte. Forðæm gebyreð oft ðæt hie bioð swæ micle unge-stæððelicor toflowene on hiera mode swæ hie wenað ðæt hie stilran & orsorgran beon mægen for hiera swiggean. Ac forðæmþe mon ne mæg utane on him ongietan for hiera swiggean hwæt mon tæle, hio bioð innane oft ahafene on ofermettum, swæ ðæt hie ða felasprecan forsioð, & hie for nauht doð, & ne ongietað na hu swiðe hie onlucað hiera mod mid ðæm unðeawe ofermetta, ðeah hie ðæs lichoman muð belucen; ðeah sio tunge eaðmodlice licge, ðæt mod bið swiðe upahafen, & swæ

─────────────────────────

wounds very often healed with oil, which are not improved by lancing ; and also the hard mineral called adamant, which no steel can cut, if sprinkled with the blood of a he-goat, softens so much with the liquid blood that the workman can make what he likes of it.

XXXVIII. That those who are too silent are to be admonished in
one way, in another those who are given to speaking
too much that is useless and unprofitable.

The very silent are to be admonished in one way, in another those who waste themselves with loquacity. The very silent are to be advised, when they avoid a vice incautiously, not to turn to a worse one and involve themselves therein, as it often happens to them that,

hæfdon. Sua beoð eac ful oft ða wunda mid ele gehælda, ða ðe mon
mid gesnide gebetan ne meahte.　& eac se hearda stán, se ðe aðamans
hatte, ðone món mid nane isene ceorfan ne mæg, gif his mon ónhrinð
mid buccan blode, he hnescað óngéan ðæt liðe blod to ðæm suiðe ðæt
5 hine se cræftega wyrcean mæg to ðæm ðe he wile.

　　XXXVIII. Ðætte ón oðre wisan sint to manienne ða ðe to swiðe
　　　　　　swige beoð, on oðre wisan ða ðe willað to fela idles
　　　　　　& unnyttes gespræcan.

　　On oðre wisan sint to monianne ða suiðe suigean, on oðre wisan
10 ða ðe beoð aidlode on ofersprǽce.　Ða suiðe suigean mon sceal læran
ðætte hie, ðonne ðonne hie sumne unðeaw unwærlice fleoð, ðæt hie
ne sien to wyrsan gecirde, & ðærón befealdne, sua him oft gebyreð,
ðonne hie hiora tungan ungemetlice gemídliað ðæt hie beoð micle
hefiglicor gedrefde on hiera heortan ðonne ða oferspræcean, forðæm for
15 ðære suigean hiora geðohtas beoð aweallene ón hiora mćde, forðæm
hie hie selfe nidað to healdonne ungemetlice swigean, & forðæm beoð
suiðe forðrycte.　Forðæm gebyreð oft ðæt hie beoð sua micle unge-
stæððelicor toflowene ón hiera móde sua hie wenað ðæt hie stilran &
orsorgtran beon mægen for hiera suigean.　Ac forðæmðe món ne mæg
20 utane on him ongietan for hiera suigean hwæt mon tæle, hie beoð
innane oft áhafene on ofermettum, swa ðæt hie ða felasprecan forseoð,
& hie for nauht dóð, & ne óngietað na hu suiðe hie onlucað hiera
mód mid ðæm unðeawe ofermetta, ðeah hie ðæs lichoman múð belucen;
ðeah sio tunge eaðmodlice licge, ðæt mód bið suiðe upáhafen, & sua

---

when they excessively restrain their tongues, they are much more
severely afflicted in their hearts than the loquacious, since their
thoughts boil in their hearts because of their silence, since they compel
themselves to preserve excessive silence, and are therefore greatly
troubled.　Therefore it often happens that they are so much the more
distracted in their minds with vacillation, the quieter and securer they
expect to be able to be with their silence.　But since we cannot find
anything in their outward demeanour to blame, because of their
silence, they are often internally elated, so as to despise the loquacious
and count them as nought, and do not understand how much they
open up their heart with the vice of pride, although they keep their
bodily mouth shut; though the tongue lies humbly still, the heart is

micle freolicor he tælð on his ingeðonce ealle oðre men swæ he læs
ongiett his agene uncysta. Eac siut to manian ða swiðe swiggean
ðæt hie geornlice tilien to witanne ðæt him nis na ðæs anes ðearf to
ðenceanne hwelce hie hie selfe utane eowigen mannum, ac him is micle
mare ðearf ðæt hie geðencen hwelce hie hie innan geeowigen Gode, &
ðæt hie swiður him ondræden for hiera geðohtum ðone diglan Deman,
ðe hie ealle wat, ðonne hie him ondræden for hiera wordum & dædum
hiera geferena tælinge. Hit is awriten on Salomonnes cwidum : Sunu
min, ongiet minne wisdom & minne wærscipe, & beheald ðin eagan
& ðinne earan to ðæm ðætte ðu mæge ðin geðoht gehealdan.
Forðæm nan wuht nis on us unstilre & ungestæððigre ðonne ðæt mod,
forðæm hit gewit swæ oft from us swæ us unnytte geðohtas to cumað,
& æfter ælcum ðara toflewð. Be ðæm cwæð se psalmscop : Min mod
& min wisdom me forlet. And eft he gehwearf to him selfum, &
wearð on his agenum gewitte, & cwæð : Ðin ðeow hæfð nu funden his
wisdom, ðæt is ðæt he hiene gebidde to ðe. Forðæm, ðonne monn
his mod gehæft, ðæt ðæt hit ær gewunode to fleonne hit gemett. Oft
eac ða swiðe swiggean, ðonne hie monige unnytte geðohtas innan
habbað, ðonne weorðað hie him to ðy maran sare innan, gif hie hie
ut ne sprecað, & hwilum gebyreð, gif he hit gedæftelice asægð, ðæt he
mid ðy his sorge gebett. Hwæt we wieton ðæt sio diegle wund bið
sarre ðonne sio opene, forðæm ðæt worsm ðæt ðærinne gehweled bið,
gif hit bið utforlæten, ðonne bið sio wund geopenod to hælo ðæs sares.
Eac sculon wietan ða þe ma swigiað ðonne hie ðyrfen, ðætte hie hiera

---

greatly elated, and the less he notices his own vices the more freely he
blames all other men in his heart. The very silent are also to be
admonished eagerly to strive to understand that it is not only neces-
sary for them to consider how they are to display themselves outwardly
to men, but it is much more necessary for them to consider how they
are to display themselves internally to God ; and that they are more
to dread the secret Judge who knows them all, on account of their
thoughts, than the blame of their companions for their words and
deeds. It is written in the Proverbs of Solomon : "My son, attend to
my wisdom and prudence, and direct thine eyes and ears to being able
to guard thy thoughts." For there is nothing in us more restless and
changeable than the mind, for it departs from us as often as vain

micle freolicor he tælð on his ingeðonce ealle oðre menn sua he læs
ongitt his agene uncysta. Eac sint to manianne ða suiðe suigean
ðæt hie geornlice tiligen to wietanne ðæt him nis na ðæs anes ðearf to
ðenceanne hwelce hie hie selfe utane eowien mannum, ac him is micle
5 mare ðearf ðæt hie geðencen hwelce hi hie innan geeowigen Gode, &
ðæt hi swiðor him ondræden for hiera geðohtum ðone diglan Deman,
ðe hie ealle wát, ðonne hie him óndræden wið hiera wordum & dædum
hiera geferena tælinge. Hit is awriten ón Salomonnes cwidum : Sunu
min, ongiet minne wisdóm & minne wærscipe, & behald ðin eagean
10 & ðin earan to ðæm ðætte ðu mæge ðin geðoht gehealdan. For-
ðæm nan wuht nis on us unstilre & ungestæððigre ðonne ðæt mód,
forðæm hit gewitt sua oft fram us sua us unnytte geðohtas to cumað,
& æfter ælcum ðara toflewð. Be ðæm cwæð se psalmsceop : Min mód
& min wisdóm me forlet. & eft he gehwearf to him selfum, & wearð
15 ón his agenum gewitte, & cwæð : Ðin ðeow hæfð nú funden his
wisdóm, ðæt is ðæt he hine gebidde to ðe. Forðæm, ðonne monn
his mód gehæft, ðæt ðæt hit ær gewunode to fleonne hit gemét. Oft
eac ða suiðe suigean, ðonne hie monige unnytte geðohtas innan
habbað, ðonne weorðað hie him to ðy maran sare innan, gif hie hi
20 ut ne sprecað, ond hwilum gebyreð, gif he hit gedæftelice asægð, ðæt
he mid ðy his sorge gebet. Hwæt we wieton ðæt sio diegle wund bið
sarre ðonne sio opene, forðam ðæt worsm ðæt ðærinne gehweled bið,
gif hit bið utforlæten, ðonne bið sio wund geopenod to hælo ðæs sares.
Eac sculon weotan ða ðe ma swúgiað ðonne hie ðyrfen, ðætte hie hiera

---

thoughts approach us, and is dissipated by each of them. Of which
spoke the Psalmist : "My mind and wisdom have forsaken me." And
afterwards he returned to himself, and regained his wits, and said :
"Now thy servant has found his wisdom, that is, praying to thee."
Therefore, when a man restrains his mind, it finds that which it
formerly used to avoid. Often also the very silent, when they have
many unprofitable thoughts internally, they cause them all the more
internal pain if they do not speak them out ; and sometimes it happens
that, if they speak them out properly, they thus relieve their grief.
We know that the hidden is more painful than the open wound, for
when the matter which collects in it is allowed to escape, the wound
is opened and the pain relieved. Those who are more silent than they

sorge ne geiecen mid ðy ðæt hie hiera tungan gehealden. Eac hie
sint to manianne, gif hie hiera nihstan lufien swæ swæ hie selfe, ðæt
hie him ne helen forhwy hie hie tælen on hiera geðohtum [geðohte],
forðæm sio spræc cymð hiera ægðrum to hælo, forðæmþe hio ægðer
ge ðæt gehwelede on ðæm oðrum geopenað & utforlætt, ðæt he wierð
ðonan gehæled, ge ðone oðerne gelærð, & his unðeawa gestierð. Se
þe ðonne hwæt yfles ongitt on his nihstan, & hit forswigað, he deð
swæ swæ se læce þe gesceawað his freondes wunde, & nyle hie ðonne
gelacnian. Hu, ne bið he ðonne swelce he sie his slaga, ðonne he
hiene mæg gehælan, & nyle? Forðæm is sio tunge gemetlice to
midlianne, nalles ungemetlice to gebindanne. Be ðæm is awriten:
Se wisa swugað, oð he ongitt ðæt him bið bettre to sprecanne. Nis
hit nan wundor, ðeah he swugige, & bide his timan, ac ðonne he
nytwyrðne timan ongit to sprecanne, he forsiehð ða swiggean, & sprycð
eall ðæt he nytwyrðes ongiet to sprecanne. Ond eft hit is awriten on
Salomonnes bocum, ðæm þe Ecclesiastis hatton, ðætte hwilum sie
spræce tiid, hwilum swiggean. Forðæm is gesceadwislice to ðenceanne
hwelcum tidum him gecopust sie to sprecanne, ðætte, ðonne ðonne he
sprecan wille, he his tungan gehealde ðæt hio ne racige on unnytte
spræce, ne eft ne aseolce ðær he nytt spræcan mæg. Be ðæm swiðe wel
cwæð se psalmscop: Gesete Dryhten hierde minum muðe & ða duru
gestæððignesse. Ne bæd he no ðæt he hiene mid ealle fortynde mid
gehale wage, ac he bæd dura to, ðæt he meahte hwilum ontynan,
hwilum betynan. Ðy we sculon geleornian ðæt we swiðe wærlice

---

ought to be must also know that they are not to increase their trouble
by holding their tongue. They are also to be admonished, if they love
their neighbours as themselves, not to conceal from them the reason of
their blaming them in their mind, since speech is beneficial to both of
them, because it both opens and lets out the inflammation in the one,
and heals him, and teaches the other and restrains him from vices. He,
then, who perceives any evil in his neighbour, and keeps silent about it,
acts like the surgeon who looks at his friend's wound and will not cure
it. How, is he not as if it were his murderer, when he can cure him and
will not? Therefore the tongue is to be moderately bridled, not to be
bound immoderately. Of which it is written: "The wise man is
silent, till he perceives that it is more profitable for him to speak."

sorge ne geiecen mid ðy ðæt hie hiora tungan gehealden. Eac hie
sint to manianne, gif hie hiera nihstan lufien swa sua hie selfe, ðæt
hie him ne helen forhwy hi hie tælen on hiera geðohte, forðæm sio
spræc cymð hiora ægðrum to hælo, forðamðe hie ægðer ge ðæt
5 gehwelede on ðæm oðrum geopenað & utforlæt, ðæt he wierð ðonon
gehæled, ge ðone oðerne gelærð, & his unðeawa gestierð. Se ðe
ðonne hwæt yfeles ongiet on his nihstan, & hit forswugað, he déð
sua sua se læce ðe gesceawað his freondes wunde, & nyle hie ðonne
gelacnigan. Hu, ne bið he ðonne swelce he sie his slaga, ðonne he
10 hine mæg gehælan, & nyle? Forðæm is sio tunge gemetlice to
midligánne, nales ungemetlice to gebindanne. Be ðæm is awriten:
Se wisa suigað, oð he ongiet ðæt him bið nyttre to sprecanne. Nis
hit nan wundur, ðeah he swúgie, & bide his timan, ac ðonne he
nytwyrðne timan ongiet to sprecenne, he forsihð ða swigean, & sprícð
15 eall ðæt he nytwyrðes óngiet to sprecanne. & eft hit is awriten on
Salomonnes bocum, ðæm ðe Ecclesiastis hatton, ðætte hwilum sie
spræce tiid, hwilum swigean. Forðæm is gesceadwislice to ðenceanne
hwelcum tidum him gecopust sie to sprecanne, ðætte, ðonne ðonne he
sprecan wille, he his tungan gehealde ðæt hio ne racige on unnytte
20 spræca, ne eft ne aseolce ðær he nytt sprecan mæg. Be ðæm suiðe
wél cwæð se psalmsceop: Gesete Dryhten hirde minum muðe & ða
duru gestæðði̇gnesse. Ne bæd he no ðæt he hine elle fortynde mid
gehalé wage, ac he bæd dura to, ðæt he meahte hwilum ontynan,
hwilum betynan. Ðy we sculon geleornian ðæt we suiðe wærlice

It is no wonder that he is silent, and waits his time; but when he
perceives that it is a profitable time for speaking, he disregards silence
and speaks all that he sees to be profitable to speak. And again, it is
written in the books of Solomon which are called Ecclesiastes, that
it is sometimes time for speech, sometimes for silence. Therefore
he must sagaciously consider when it is profitable for him to speak,
that, when he desires to speak, he may restrain his tongue, lest it be
directed to unprofitable speeches, or, on the other hand, be idle when
he can speak what is profitable. Of which the Psalmist spoke very
well: "May the Lord put a guard over my mouth, and the door of
constancy." He did not pray him to enclose him entirely with a
whole wall, but he prayed that a door might be added, that he might

gecope tiid aredigen, & ðonne sio stefn gesceadwislice ðone muð
ontyne, & eac ða tiid gesceadwislice aredigen þe sio swigge hiene
betynan scyle. Ongean ðæt sint to læronne ða oferspræcan ðæt hie
wacorlice ongieten from hu micelre ryhtwisnesse hie bioð gewietene,
ðonne hie on monigfaldum wordum slidriað. Ac ðæt mennisce mod
hæfð wætres ðeaw. Ðæt wæter, ðonne hit bið gepynd, hit miclað &
uppað & fundað wið ðæs þe hit ær from com, ðonne hit flowan ne mot
ðider hit wolde. Ac gif sio pynding wierð onpennad, oððe sio wering
wierð tobrocen, ðonne toflewð hit eall, & ne wierð to nanre nytte,
buton to fenne. Swæ deð ðæs monnes mod, ðonne hit gesceadwislice
ne can his swiggean gehealdan, ac hit abricð ut on idle oferspræce, &
wierð swæ monigfealdlice on ðæm todæled, swelce hit eall lytlum riðum
torinne, & ut of him selfum aflowe, ðæt hit [eft added] ne mæge inn
to his agnum ondgiete & to his ingeðonce gecierran. Ðæt ðonne
bið forðæmþe hit bið todæled on to monigfalda spræca, swelce he
self hiene selfne ute betyne from ðære smeaunga his agenes innge-
ðonces, & swæ nacodne hiene selfne eowige to wundianne his feondum,
forðæmþe he ne bið belocen mid nanum gehieldum nanes fæstennes.
Swæ hit awriten is on Salomonnes cwidum ðætte se mon se þe ne mæg
his tungan gehealdan sie gelicost openre byrg, ðære þe mid nane
wealle ne bið ymbworht. Forðæm sio burg ðæs modes, þe mid nanre
swiggean ne bið betyned sceal swiðe oft gefredan hiere feonda speru,
forðæm hio ætieweð hie selfe swiðe opene hiere fiondum, ðonne hio
hie selfe toweorpeð ut of hiere selfre mid unnyttum wordum, & hio
bið micle to [þe] ieðre to oferfeohtanne þe hio self fiht wið hie selfe

---

sometimes open, sometimes shut. Thereby we must learn to arrange
very cautiously a proper time, and when the voice is to open the mouth
prudently, and also to arrange sagaciously the time when silence is to
close it. On the contrary, the loquacious are to be taught to note
carefully from how great virtue they have departed, when they slip
about among many words. The human mind has the properties of
water. When water is dammed up, it increases and rises and strives
after its original place, when it cannot flow whither it would. But if
the dam is thrown open or the weir bursts, it runs off, and is wasted,
and becomes mud. So does the mind of man when it cannot preserve
a rational silence, but bursts out into idle loquacity, and so is diverted
various ways, as if it were all dispersed in little rivulets, and had

gecope tiid aredigen, & ðonne sio stemn gesceadwislice ðone muð
óntyne, & eac ða tíd gesceadwislice aredigen ðe sio suige hine be-
tynan scyle. Ongean ðæt sint to læranne ða oferspræcean ðæt hie
wacorlice óngieten fram hu micelre ryhtwisnesse hie beoð gewietene,
5 ðonne hie on monigfealdum wordum slidrigað. Ac ðæt mennisce mód
haefð wætres ðeaw. Ðæt wæter, ðonne hit bið gepynd, hit miclað &
uppað & fundað wið ðæs ðe hit ær from cóm, ðonne hit flowan ne mot
ðider hit wolde. Ac gif sio pynding wierð onpennad, oððe sio wering
wirð tobrocen, ðonne toflewð hit eall, & ne wierð to nanre nytte,
10 buton to fenne. Sua deð ðæs monnes (mod), ðonne hit gesceadwislice
ne cán his swigean gehealdan, ac hit abricð út on idle oferspræce, &
wierð swa monigfealdlice on ðæm todæled, suelce hit eall lytlum riðum
torinne, & ut of him selfum áflowe, ðæt hit eft ne mæge in to his
agnum ondgiete & to his ingeðonce gecirran. Ðætte ne bið for-
15 ðæmðe hit bið todæled & to monigfealda spræca, suelce he self hine
selfne ute betyne from ðære smeaunga his agnes ingeðonces, & sua
nacodne hine selfne eowige to wundigeanne his feondum, forðæmðe
he ne bið belocen mid nanum gehieldum nanes fæstenes. Swa hit
áwriten is on Salomonnes cwidum ðætte se mon se ðe ne mæg his
20 tungan gehealdan sie gelicost openre byrig, ðære ðe mid nane wealle
ne bið ymbworht. Forðæm sio burg ðæs modes, ðe mid nanre
suigean ne bið bityned sceal suiðe oft gefredan hiere feonda spéru,
forðæm hio ætiewed hie selfe suiðe opene hiere feondum, ðonne hio
hie selfe toweorpeð ut of hiere selfre mid unnyttum wordum, & hio
25 bið micle ðe ieðre to oferfeohtanne ðe hio self fieht wið hie selfe

flowed out of himself, so that it cannot return again into his own
understanding and mind. That is because it is diverted into too
manifold speeches, as if he had externally shut himself out from the
meditation. of his own mind, and so exposed himself naked to the
wounds of his foes, because he is not enclosed in any defences of a
fortress. As it is written in the Proverbs of Solomon, that the man
who cannot restrain his tongue is most like an open city, which is not
circumvallated. Therefore the city of the mind which is not enclosed
in any silence must very often experience the spears of its foes,
because it lays itself very open to its foes when it throws itself out of
itself with useless words, and it is much the easier to overcome,
because it fights against itself with loquacity, helping the adversary ;

mid oferspræce to fultome ðæm wiðfeohtende, forðæm hio bið oft ofer-
fohten butan ælcum geswince. Oft ðonne ðæt hefige mod glit nioðor &
nioðor stæpmælum on unnyttum wordum, oð hit mid ealle afielð, & to
nauhte wierð; forðæm hit ær hit nolde behealdan wið unnyt word,
hit sceal ðonne niedinga afeallan for ðæm slide. Æt ærestum lyst
ðone mon unnyt sprecan be oðrum monnum, & ðonne æfter firste
hiene lyst tælan & slitan ðara lif butan scylde þe he ðonne ymbspricð,
oððæt hit on last of his tungan utabirst to openum bismere ðæm
oðrum. Swæ he sæwð ðone sticel ðæs andan, oððæt ðærof awiexð
towesnes, & of ðære towesnesse bið ðæt fyr onæled ðære fiounga, &
sio fioung adwæscð ða sibbe. Be ðæm wæs swiðe wel gecweden ðurh
ðone wisan Salomon, ðætte se se þe ðæt wæter utforlete wære fruma
ðære towesnesse. Se forlætt ut ðæt wæter, se þe his tungan stefne on
unnyttum wordum læt toflowan. Ac se wisa Salomon sæde ðætte
swiðe deop pól wære gewered on ðæs wisan monnes mode, & swiðe
lytel unnyttes utafleowe [utfleowe]. Ac se se þe ðone wer bricð, &
ðæt wæter utforlæt, se bið fruma ðæs geflites. Ðæt is ðonne se þe
his tungan ne gemidlað, se towierpð anmodnesse. Eft cwæð Salomon:
Se gemetgað ierre, se þe ðone dysegan hæt geswugian. Forðæm se
næfre ne mæg ryhtwisnesse & gesceadwisnesse healdan, se þe ofer-
sprecol bið. Ðæt tacnode se psalmscop, ða he cwæð: Se oferspræca
wer ne wierð he næfre geryht ne gelæred on ðisse worlde. Eft cwæð
Salomon be ðæm ilcan: Ne bið næfre sio oferspræc buton synne. Be
ðæm cwæð eac Isaias se witga, he cwæð ðætte sio swigge wære [ðære
added] ryhtwisnesse fultom & midwyrhta. Ðæt ðonne tacnað ðætte

---

therefore it is often overcome without any trouble. Often, then, the
heavy mind slips down lower and lower by degrees in useless words,
until it falls altogether, and becomes nought; because it would not
formerly guard against useless words, it must therefore fall when it
slips. At first a man takes pleasure in talking frivolity about others,
and then after a time he likes to blame and backbite their lives
without any fault of those he talks about, until at last it bursts forth
from his tongue into open reviling of the others. Thus he sows the
thorn of envy, until therefrom grows discord, and by discord the fire
of hatred is kindled, and hatred extinguishes peace. Of which was
very well said through the wise Solomon, that he who lets out the
water is the cause of discord. He lets out the water, who allows the

mid ofersprǽce to fultome ꝥǽm wiꝺfeohtende, forꝺǽm hio biꝺ oft
oferfohten butan ǽlcum gesuince.   Oft ꝺonne ꝺǽt hefige mod glit
niꝺor & niꝺor stǽpmǽlum on unnyttum wordum, oꝺ hit mid ealle
afielꝺ, & to nauhte wirꝺ; forꝺǽm hit ǽr hit nolde behealdan wiꝺ
5 unnyt word, hit sceal ꝺonne niedinga afeallan for ꝺǽm slide.   Ǽt
ǽrestum lyst ꝺone mónn unnyt sprecan be oꝺrum monnum, & ꝺonne
ǽfter firste hine lyst tǽlan & slitan ꝺara lif butan scylde ꝺe he ꝺonne
ymbs[p]ricd, oꝺꝺǽt hit on last of his tungan utabirst to openum
bismere ꝺǽm oꝺrum.   Swa he sǽwꝺ ꝺone sticel ꝺǽs andan, oꝺꝺǽt
10 ꝺǽrof aweoxꝺ towesnes, & of ꝺǽre towesnesse biꝺ ꝺǽt fyr ónǽled ꝺǽre
feounga, & sio feoung adwǽscꝺ ꝺa sibbe.   Be ꝺǽm wǽs suiꝺe wel
gecweden ꝺurh ꝺone wisan Salomon, ꝺǽtte se se ꝺǽt wǽter utforlete
wǽre fruma ꝺǽre towesnesse.   Se forlǽt ut ꝺǽt wǽter, se ꝺe his
tungan stemne on unnyttum wordum lǽtt toflowan.   Ac se wisa Salo-
15 mon sǽde ꝺǽtte suiꝺe deop pól wǽre gewered on ꝺǽs wisan monnes
móde, & suiꝺe lytel unnyttes utfleowe.   Ac se se ꝺe ꝺone wér bricꝺ, &
ꝺǽt wǽter utforlǽt, se biꝺ fruma ꝺǽs geflites.   Ꝺǽt is ꝺonne se ꝺe
his tungan ne gemidlaꝺ, se towierpꝺ anmodnesse.   Eft cwǽꝺ Salomon:
Se gemetgaꝺ irre, se ꝺe ꝺóne disigan hǽtt geswugian.   Forꝺǽm se
20 nǽfre ne mǽg ryhtwisnesse & gesceadwisnesse healdan, se ꝺe ofer-
sprecol biꝺ.   Ꝺǽt tacnode se salmsceop, ꝺa he cwǽꝺ : Se ofersprǽcea
wér ne wierꝺ he nǽfre geryht ne gelǽred on ꝺisse worlde.   Eft cwǽꝺ
Salomon bi ꝺǽm ilcan : Ne biꝺ nǽfre sio ofersprǽc butan synne.   Bi
ꝺǽm cwǽꝺ eac Essaias se witga, he cwǽꝺ ꝺǽtte sio suyge wǽre
25 ꝺǽre ryhtwisnesse fultum & midwyrhta.   Ꝺǽt ꝺonne tacnaꝺ ꝺǽtte

voice of his tongue to be dissipated in useless words. The wise
Solomon said that a very deep pool is weired in the wise man's mind,
and very little of what is useless flows out. He who breaks the weir
and lets out the water is the cause of strife. That is, he who bridles not
his tongue is he who destroys concord. Again, Solomon said : " He
moderates anger who bids the fool be silent." Therefore he who is
loquacious can never preserve virtue and wisdom. That the Psalmist
showed when he said : " The loquacious man will never be corrected
or taught in this world." Again, Solomon spoke of the same :
" Loquacity is never without sin." Of which also Isaiah the prophet
spoke, saying that silence is the support and helper of virtue. That
signifies that the virtue of the mind which will never refrain from

ðæs modes ryhtwisnes bið toflowen, þe nyle forhabban ða ungemet-
godan spræce. Be ðæm cwæð Iacobus se apostol : Gif hwa tiohhað
ðæt he æfæst sie, & nyle gemidlian his tungan, ðæt mod liehð him
selfum, forðæm his æfestnes bið swiðe idlu.   And eft he cwæð : Sie
æghwelc mon swiðe hræd & swiðe geornfull to gehieranne, & swiðe
læt to sprecanne.   Eft be ðæm ilcan he gecyðde hwæt ðære tungan
mægen is, he cwæð ðæt hio wære swiðe unstille, yfel & deaðberendes
atres full.   And eft us manode sio Soðfæstnes ðurh he selfe, ðæt is
Crist, he cwæð : Ælces unnyttes wordes ðara þe men sprecað hie
sculon eft ryht awyrcean on domes dæge.   Ðæt bið ðonne openlice
unnyt word, ðætte gesceadwise men ne magon ongietan ðæt hit
belimpe to ryhtwislicre & to nytwyrðlicre ðearfe auðer oððe eft uferran
dogore oððe ðonne.   Gif we ðonne sculon ryht agyldan unnyttra
worda, hwelc wite wene we ðæt se felaspræca scyle habban þe simle on
oferspræce syngað ?

XXXIX. Ðætte on oðre wisan sint to manianne ða þe bioð to late,
on oðre ða þe bioð to hrade.

On oðre wisan sint to manianne ða þe bioð to late, on oðre ða þe
bioð to hrade.   Ða slawan sint to manianne ðæt hie ne forielden ðone
timan for hiera slæwðe þe hie tela on dón mægen.   Ða hradan ðonne
sint to manianne ðæt hie to unwærlice ne onetten, ðylæs hie forhradien
ðone betstan timan, & hiere mede forðæm leosen.   Ðæm slawan ðonne
is to cyðanne ðætte oft, ðonne we nyllað hwæthwugu nytwierðes don,
ðonne we magon, ðætte hwilum eft cymð sio tiid ymb lytel fæc ðæt

<hr>

loquacity is dispersed.   Of which the apostle James spoke :   If any
one thinks to be pious, and will not bridle his tongue, the mind
deceives itself, because his piety is very useless."   And again, he said :
"Let every man be very ready and zealous to hear, and very slow to
speak."   Again, about the same he showed what the power of the
tongue is, saying that it is restless, evil, and full of deadly poison.
And again, Truth, that is Christ, of itself warned us, saying : "Every
vain word that men speak they shall account for at the day of doom."
Those are evidently useless words, which wise men cannot perceive to
belong to virtuous and useful necessity, either now or afterwards.   If,
then, we are to account for useless words, what punishment do we

ðæs modes ryhtwisnes bið toflowen, ðe nele forhabban ða ungemet-
godan spræce. Be ðæm cwæð Iacobus se ápostol : Gif hwa teoch[h]að
ðæt he æfæst sie, & nyle gemidlian his tungan, ðæt mod lihð him
selfum, forðæm his æfæstnes bið suiðe idlu. & eft he cwæð: Sie
5 æghwelc mon suiðe hræd & suiðe geornful to gehieranne, & suiðe
læt to sprecenne. Eft bi ðam ilcan he gecyðde hwæt ðære tungan
mægen is, he cwæð ðæt hio wære unstille, yfel & deaðberendes
atres full. & eft us manode sio Soðfæstnes ðurh hie selfe, ðæt is
Crist, he cuæð: Ælces unnyttes wordes ðara ðe men sprecað hie
10 sculon ryht awyrcean ón domes dæge. Ðæt bið ðonne openlice
unnyt word, ðætte gescedwise menn ne magon ongietan ðæt hit
belimpe to ryhtwislicre & to nytwyrðlicre ðearfe auðer oððe eft ufer-
ran dogore oððe ðonne. Gif we ðonne sculon ryht agildan unnyttra
worda, hwelc wite wene we ðæt se felaspræcea scyle habban ðe simle
15 on oferspræce syngað?

XXXIX. Ðætte on oðre wisan sint to manianne ða ðe bioð to late,
on oðre ða ðe bioð to hrade.

On oðre wisan sint to manianne ða ðe beoð to late, on oðre ða ðe
beoð to hrade. Ða slawan sint to manianne ðæt hie ne forielden ðone
20 timan for hiera slæwðe ðe hie tiola ón dón mægen. Ða hradan ðonne
sint to manianne ðæt hie to unwærlice ne onetten, ðylæs hie forhradien
ðone betestan timan, & hiera mede forðæm forleosen. Ðam slawum
ðonne is to cyðanne ðætte oft, ðonne we nellað hwæthwugu nytwyrðes
dón, ðonne ðonne we magon, ðætte hwilum eft cymð sio tid ymb lytel

---

think that the loquacious ought to have, who is always sinning in
loquacity?

XXXIX. That those who are too slow are to be admonished in one
way, in another those who are too quick.

Those who are too slow are to be admonished in one way, in another
those who are too quick. The slow are to be admonished not to put
off out of sloth the time when they can do good. The quick are to be
admonished not to hasten on too rashly, lest they anticipate the best
time, and so lose their reward. The slow are to be told that often,
when we will not do something useful when we can, sometimes the

we ðonne willað, & ne magon.   Forðæm, ðonne we forslawiað ðone
gecopustan timan, ðætte we ðonne ne bioð onælde mid ðære lustbær-
nesse ures modes, ðonne bestilð sio slæwð on us, & ricsað ðonne ofer
us, oððæt hio us awyrtwalað from ælcre lustbærnesse godra weorca.
Be ðæm wæs swiðe wel gecweden ðurh Salomon ðone snottran : Sio
slæwð giett slæp on ðone monnan.   Se slawa ongitt hwæt him ryht
bið to donne, swelce he ealneg wacige, & swæðeah he aslawað, for-
ðonþe he nauht ne wyrcð, ac sio slæwð him giett on ðone slæp, cwæð
Salomon, forðæm, ðeah he ryhtlice ðence, lytlum & lytlum he forliest
ðæt gode andgit, ðonne he forlæt ða geornfulnesse ðæs godan weorces.
Be ðæm ilcan is eft swiðe ryhte gecweden : Ðæt ungeornfulle mod
& ðæt toslopene hyngreð, forðæm hie næfre ne bioð gereorde mid
godum weorcum, ne hie nyllað hie gehæftan & gepyndan hiera mod,
swelce mon deopne pol gewerige, ac he læt his mod toflowan on ðæt
ofdæle giemelieste & ungesceadwisnesse æfter eallum his willum, & ne
gehæft hit na mid ðæm geswincum godra weorca, ac hiu wierð ge-
wundod mid ðy hungre ðæs nyðemestan & ðæs fulestan geðohtes ;
ðonne hit flihð ðæt hit sie gebunden mid ege & mid lare, ðonne
tostrett hit on yfelre & on unnytte wilnunga, & hæfð ðæs swiðe
micelne hunger.   Be ðæm eft wrat Salomon, & cwæð : Ælc idel mon
lifað æfter his agnum dome.   Be ðæm ilcan eft sio Soðfæstnes, ðæt
is Crist, he cwæð on his godspelle : Ðonne an unclæne gast bið adrifen
of ðæm men, ðonne bið ðæt hus clæne.   Ac gif he eft cymð, & ðæt
hus idel gemett, he hit gefylleð mid swiðe monegum.   Oft se slawa,
ðonne he agælð & forielð ðæt weorc þe him niedðearf wære to wyr-

---

time comes a little afterwards when we wish, and cannot. Therefore,
when we put off the fittest time, so that we are not inspired with a
hearty desire, sloth steals on us, and rules over us, until it tears us
away from every desire of good works. Of which was very well
spoken through the wise Solomon : "Sloth infuses sleep into a man."
The slow man perceives what he ought to do, as if he were always
awake, and yet he is torpid, because he does nothing ; but sloth infuses
sleep into him, says Solomon, because, although his thoughts are vir-
tuous, by degrees he loses his good understanding, when he gives up
the desire of the good work. Of the same is again very rightly said :
" The indifferent and dissolute spirit shall hunger," because they are
never refreshed with good works ; nor will they restrain and dam up

fæc ðætte we ðonne willað, & ne magon.　Forðæm, ðonne we forsla-
wiað ðone gecopestan timan, ðætte we ðonne ne beoð onælde mid ðære
lustbærnesse ures modes, ðonne bistilð sio slæwð ón us, & ricsað ðonne
ofer ús, oððæt hio us awyrtwalað from ælcre lustbærnesse godra weorca.
5 Be ðæm wæs suiðe wel gecweden ðurh Salómon ðone snottran : Sio
slæwð giett slæp ón ðone monnan.　Se slawa ongit hwæt him ryht bið
to donne, swelce he ealneg wacige, & swaðeah he [a]slawað, forðæmðe
he nawuht ne wyrcð, ac sio slæwð him giet ón ðone slæp, cwæð
Salomonn, forðæm, ðeah he ryhtlice ðence, lytlum & lytlum he forlist
10 ðæt gode andgiet, ðonne he forlætt ða geornfulnesse ðæs goðan weorces.
Be ðæm ilcan is eft suiðe ryhte gecweden : Ðæt ungeornfulle mód
& ðæt toslopene hyngreð, forðæm hie næfre ne beoð gereorde mid
godum weorcum, ne hie nellað hie gehæftan & gepyndan hiora mód,
swelce mon deopne pool gewerige, ac he læt his mód toflowan on ðæt
15 ofdele giemelieste & ungesceadwisnesse æfter eallum his willum, & ne
gehæft hit na mid ðam gesuincium godra weorca, ac hit wirð ge-
wundod mid ðæm hungre ðæs nyðemestan & ðæs fulestan geðohtes ;
ðonne hit fliihð ðæt hit sie gebunden mid ege & mid lare, ðonne
tostret hit on yfelre & on unnytte wilnunga, & hæfð ðæs suiðe
20 micelne hunger.　Be ðæm eft wrat Salomon, & cwæð : Ælc idel mon
liofað æfter his agnum dóme.　Be ðæm ilcan eft sio Soðfæstnes, ðæt
is Crist, he cwæð on his godspelle : Ðonne án unclæne gast bið adrifen
of ðæm men, ðonne bið ðæt hus clæne.　Ac gif he eft cymð, & ðæt
hus idel gemett, he hit gefylleð mid suiðe monigum.　Oft se slawa,
25 ðonne he agælð & forielt ðæt weorc ðe him niedðearf wære to wyr-

---

their mind, as if a man weired a deep pool, but they let their
mind flow away into the abyss of recklessness and folly according
to all its desires, and do not restrain it with the labours of good
works, but it is injured with the hunger of the lowest and foulest
thoughts ; when it avoids being restrained by fear and instruction, it
is distracted with evil and useless desires, and hungers after them
ravenously.　Of which, again, Solomon wrote, saying : "Every idle
man lives after his own judgment."　Of same again, Truth, that is
Christ, spoke in his Gospel : "When an unclean spirit is driven out of
a man, the house is clean.　But if he returns, and finds the house
empty, he fills it with very many."　Often the slow man, when he
hinders and delays the work he ought to do, thinks some works very

ceanne, ðonne ðynceað him sumu weorc swiðe hefgu, sumu swiðe
unwærlicu, & ðonne he wenð ðæt he funden hæbbe hwæt he ryhtlice
ondræde, ðonne wile he gereccean ðæt he noht unryhtlice hit ne for-
slæwde, ðonne him ðyncð ðæt he ryhte lade funden hæbbe. Be ðæm
wæs swiðe ryhte gecweden ðurh Salomon ðone snottran: For cile
nyle se slawa erigan on wintra, ac he wile biddan on sumera, & him
mon nyle ðonne sellan. Ðæt is ðonne ðæt se slawa nylle erian for
ciele, ðæt hwa sie gebunden mid hefignesse ðære slæwðe, ðæt hiene
ne lyste sum nytwierðe weorc wyrcean. Forðæm is gecweden ðæt se
slawa for ðæm ege ðæs ciles nylle erian, forðæm we oft for ðæm ege
lytles yfeles forlætað micel god. Hit is swiðe wel be ðæm gecweden
ðæt he eft bedecige on sumera, & him mon ðonne noht ne selle.
Swæ bið ðæm þe nu on godum weorcum ne swæt, & swiðe swincð:
eft ðonne sio sunne, ðæt is Crist, on domes dæge on mæstum wilme
ætiewð, ðonne bið he idel, gif he on ðæm sumera bideð ingonges in
hefonrice. Be ðæm men wæs eft swiðe wel gecweden ðurh Salomon
ðone snottran, he cwæð: Se þe him ealneg wind ondræt, he sæwð to
seldon; & se þe him ælc wolcn ondræt, ne ripð se næfre. Hwæt
getacnað ðonne se wind buton ða costunga ðæs awiergdan gastes, &
hwæt þæt wolcn þe bið astyred from ðæm winde buton ða wiðer-
weardnesse unryhtwisra monna? Se wind drifeð ðæt wolcn. Swæ
deð se unclæna gast mid his winde; he onstyreð unryhtwise men.
We cwædon ær ðæt se sceolde lytel sawan, se þe him ðone wind
ondrede; & eft lytel ripan, se þe him ða wolcn ondrede. Ðæt is
ðonne ðætte swæ hwelc swæ him ondræt oððe diofules costunga oððe

---

arduous, some very imprudent, and when he thinks he has found what
he can rightly dread, he tries to prove that he did not wrongly pro-
crastinate it, when he thinks he has found a good excuse. Of whom
was very rightly spoken through the wise Solomon: "The sluggard
will not plough in winter for cold, but he will beg in summer, and no
man will give him anything." The sluggard will not plough in winter,
when any one is hindered by the weight of sloth from desiring to do
a useful work. It is said that the sluggard will not plough from fear
of cold, because we often let go a great good from the fear of a trifling
evil. Of which it is very well said that he will afterwards beg in
summer, and no man will then give him anything. So it will be with
him who does not sweat now with good works, and toil laboriously:

ceanne, ðonne ðynceað him sumu weorc suiðe hefug, sumu suiðe
unwærlico, & donne he wenð ðæt he funden hæbbe hwæt he ryhtlice
óndræde, ðonne wile he gereccean ðæt he noht unryhtlice hit ne for-
slæwðe, ðonne him ðyncð ðæt he ryhte lade funden hæbbe. Be ðæm
5 wæs suiðe ryhte gecweden ðurh Salomon ðone snottran : For ciele
nele se slawa erian on wintra, ac he wile biddan ón sumera, & him
mon nele ðonne sellan. Ðæt is ðonne ðæt se slawa nylle erian for
ciele, ðæt hwa sie gebunden mid hefignesse ðære slæwðe, ðæt hine
ne lyste sum nytwyrðe weorc wyrcean. Forðæm is gecweden ðæt se
10 slawa for ðæm ege ðæs cieles nylle erigean, forðæm we oft for ðæm
ege lytles yfeles forlætað micel gód. Hit is suiðe wél be ðæm gecweden
ðæt he eft bedecige on sumera, & him mon ðonne noht ne selle. Sua
bið ðæm ðe nu on godum weorcum ne swæt, & suiðe ne suinceð :
eft ðonne sio sunne, ðæt is Crist, on domes dæge on mæstu wiclne
15 ætiewð, ðonne bið he idel, gif he ón ðæm sumra bidt ingonges in
hefonrice. Be ðæm men wæs eft suiðe wél gecweden ðurh Salomon
ðone snottran, he cwæð : Se ðe him ealneg wind ondræt, he sæwð to
s[e]ldon ; & se ðe him ælc wolcn ondrædt, ne ripð se næfre. Hwæt
getacnað ðonne se wind buton ða costunga ðæs awirgdan gæstes, &
20 hwæt ðæt wolc ðe bið astyred from ðæm winde buton ða wiðer-
weardnesse unryhtwisra monna? Se wind drifeð ðæt wolen. Sua
deð se unclæna gæst mid his winde ; he onstyreð unryhtwise men.
We cwædon ær ðæt se sceolde lytel sawan, se de him ðone wind
ondrede ; & eft lytel ripan, se ðe him ða wolc ondrede. Hwæt is
25 ðonne ðætte sua hwelc sua him ondræt oððe deofles costunga oððe

---

hereafter, when the Sun, that is Christ, appears at the day of doom
with the greatest heat, he will be empty-handed, if in summer he prays
for entrance into the kingdom of heaven. Of this man it was, again,
very well spoken through the wise Solomon ; he said : " He who
always fears wind will sow seldom ; and he who fears every cloud will
never reap." What signifies the wind but the temptations of the
accursed spirit, and what the cloud which is stirred by the wind but
the opposition of wicked men ? The wind drives the cloud. So does
the unclean spirit with his wind ; he stirs up wicked men. We have
remarked above, that he would sow little who dreaded wind ; and
again, reap little who feared clouds. That is, that whoever fears either
the temptations of the devil or the persecution of evil men, and therefore

yfelra monna ehtnesse, & forðy forlæt ðæt he hwæthwugu godes ne dó,
ðonne nauðer ne he her ða corn godra weorca ne sæwð, ne he eft
nænne sceaf ne ripð ðæs eccan edleanes. Ongean ðæt is to cyðonne
ðæm þe bioð to hrade, ðonne hie forhradiað ðone timan godes
weorces, ðæt hie forpærað ðæm edleane, & oft befeallað on micel yfel,
ðonne hie nabbað ða gesceadwisnesse ðæt hie cunnen ðæs ðinges
timan aredian, ne farðum ne giemað hwæt hie dón, oððe hwonne hie
hwæt dón, ac hwilum hit gebyreð ðæt hie hit eft ongietað, æfter-
ðæmþe hit gedón bið, ðæt hie ær swæ dón ne sceoldon. To swelcum
monnum Salomon wæs sprecende, ða he his cniht lærde, he cwæð:
Sunu min, ne do ðu nan wuht butan geðeahte, ðonne ne hriwð hit
ðe, ðonne hit gedón bið; ac læt simle gan ðin eagan beforan ðinum
fotum. Ðonne stæppað ða eagan beforan ðæm fotum, ðonne ðæt ryhte
& ðæt gesceadwislice geðeaht gæð beforan ðæm weorcum. Ac se þe
agiemeleasað ðæt he ðence, ærðæmþe he dó, se stæpð forð mid ðæm
fotum, & wincað mid ðæm eagum. He gæð on ðone weg, ac he nat
on hwæt he gæð, ac he wierð swiðe hræðe on fielle. Swæ wierð se þe
beforan ðæm stæpum his weorca ne locað mid ðæm eagum gescead-
wisra geðeahtes.

XL. Ðætte on oðre wisan sint to manianne ða manðwæran, on oðre
     ða grambæran.

On oðre wisan sint to manianne ða monðwæran, on oðre ða gram-
bæran. Forðæm oft gebyreð ðæm manðwæran, ðonne he wierð rice
ofer oðre men, ðæt he for his manðwærnesse aslawað, & wierð to

---

abstains from doing any good, neither sows the grains of good works,
nor afterwards reaps any sheaf of eternal reward. On the other hand,
those who are too hasty are to be told, that when they anticipate the
time of a good work, they lose their reward, and often fall into great
evil, when they have not sense to be able to arrange the time for the
thing, nor even care what they shall do, or when they shall do any-
thing, though sometimes it happens that they know afterwards, after it
has been done, that they ought not to have done so before. To such
men Solomon spoke when he advised his servant, saying: "My son,
do nothing without deliberation, then thou wilt not repent when it
is done. But always make thine eyes go before thy feet." The eyes
go before the feet, when good and wise deliberation precedes action.

yfelra monna ehtnesse, & forðy forlæt ðæt he hwæthwugu godes ne do,
ðonne nauðer ne he her ða corn godra weorca ne sæwð, ne he eft
nænne sceaf ne ripð ðæs ecean edleanes.   Ongean ðæt is to cyðanne
ðæm ðe beoð to hrade, ðonne hie forhradigað ðone timan gódes
5 weorces, ðæt hie forpærað ðæm edleane, & oft befeallað on micel yfel,
ðonne hie nabbað ða gesceadwisnesse ðæt hie cunnen ðæs ðinges
timan aredian, ne furðum ne giemað hwæt hie dón, oððe hwonne hie
hwæt dón, ac hwilum hit gebyreð ðæt hie hit eft ongietað, æfter-
ðæmðe hit gedon bið, ðæt hie ær sua dón ne sceoldon.   To swelcum
10 monnum Salomon wæs sprecende, ða he his cnieht lærde, he cwæð:
Sunu min, ne doo ðu nan wuht butan geðeahte, ðonne ne hriwð hit
ðe, ðonne hit gedón bið ; ac læt simle gan ðin eagean beforan ðinum
fotum.   Ðonne stæppað ða eagan beforan ðæm fotum, ðonne ðæt ryhte
& ðæt gesceadwislice geðeaht gæð beforan weorcum.   Ac se ðe agime-
15 leasað ðæt he ðence, ærðæmðe he dó, se stæpð forð mid ðam fotum,
& wincað mid ðæm eagum.   He gæð on ðone weg, ac he nat on hwæt
he gæð, ac he wirð suiðe raðe on fielle.   Sua wirð se ðe beforan
ðæm stæpum his weorca ne locað mid ðæm eagum gesceadwisra
geðeahtes.

20   XL. Ðætte on oðre wisan sint to manienne ða monðwæran, on oðre
              ða grambæran.

       On oðre wisan sint to manianne ða monnðwæran, on oðre ða gram-
bæran.   Forðæm oft gebyreð ðæm monðwæran, ðonne he wierð riece
ofer oðre menn, ðæt he for his monnðwærnesse aslawað, & wierð to

---

But he who neglects to deliberate before action, proceeds with his feet,
and blinks with his eyes.   He advances on the road without knowing
his destination, and very soon falls.   Such is the case with him who
does not look before the steps of his works with the eyes of the counsel
of wise men.

    XL. That the gentle are to be admonished in one way, in another
         the passionate.

    The gentle are to be admonished in one way, in another the pas-
sionate.   For it often happens that, when the gentle obtain power over
others, they become sluggish from their gentleness, and become too

unbald, forðæm sio unbieldo & sio manðwærnes bioð swiðe anlice. Forðæm oft, ðonne mon læt toslupan ðone ege & ða lare swiðor ðonne hit ðearf sie for wacmodnesse, ðonne wierð gehnescad ðonone sio ðreaung ðæs anwaldes. Ongean ðæt sint to manianne ða weamodan & ða grambæran, forðæm, ðonne hie underfoð ðone folgað, ðonne tyht hie & gremeð ðæt irre ðæt hie wealwiað on ða wedenheortnesse, & ðurh ðæt wierð tosliten sio stilnes hiera hieremonna modes, & bið gedrefed sio smyltnes hiera lifes. Forðæm, ðonne ðæt ierre hæfð anwald ðæs monnes, ðonne gehrisð he on sume scylde, swæ ðæt he self nat hwæt he on ðæt ierre deð. Ða ierran nyton hwæt hie on him selfum habbað, & eac ðætte wierse is, ðæt hie ful oft wenað ðæt hiera ierre sie ryhtwislic anda & manung sumre ryhtwisnesse. Forðæm, ðonne hie wenað ðæt hiora unðeawas sien sum god cræft, ðonne gadriað hie hie & iecað butan ælcum ege. Oft eac ða manðwæran weorðað swæ besolcne & swæ wlace & swæ slawe for hiora manðwærnesse ðæt hie ne anhagað nane wuht nytwierðes don. Oft eac ða grambæran leogað him selfum, ðonne hie wenað ðæt hie ryhtne andan hæbben. Oft eac sio godnes ðære monðwærnesse bið diegelice gemenged wið sleacnesse. Oft eac ða grambæran wenað ðæt hiera unðeaw sie sumes ryhtwislices andan wielm. Ac we sculon manian ða manðwæran ðæt hie hæbben ða manðwærnesse, & flion ðæt ðær swiðe neah ligeð ðære manðwærnesse, ðæt is sleacnes. Ða grambæran we sculon manian ðæt hie ongieten hwæt hie on him selfum habbað. Ða manðwæran we sculon manian ðæt hie ongieten hwæt hie nabbað. Ne forlæten ða ierran ðone andan, ac geðencen ðæt he

---

timid, because timidity and gentleness are closely allied. Therefore, often when fear and instruction are relaxed more than is necessary, out of weakness of mind, the severity of authority is relaxed. The fierce and passionate are to be admonished differently ; because, when they accept authority, their anger incites and provokes them to wallow in passion, and so the tranquillity of their subjects' minds is destroyed, and the calmness of their life is disturbed. Therefore, when anger possesses a man, he falls into some sin, so that he himself knows not what he does in his anger. The angry know not what they have in themselves, and also, what is worse, they often think that their anger is righteous zeal and admonition of some virtue. Therefore, thinking

MERLIN AND ARTHUR.

MERLIN AND ARTHUR.

THE FOLLOWING

ESSAY

IS PRINTED FOR THE USE OF THE

EARLY ENGLISH TEXT SOCIETY,

WHOSE VALUABLE AND INTERESTING PUBLICATIONS WERE THE MEANS OF
TURNING THE AUTHOR'S ATTENTION TO THE

HISTORIES OF MERLIN AND ARTHUR.

Printed for Private Circulation.

1871.

MERLIN AND ARTHUR.

THE sagas of Norse story tell us of the Berserker's rage, when the warrior, flinging aside all prudence, and forgetful of all odds against him, striking right and left, rushes into the thick of the enemy's ranks.

There are some points of history which, shaping themselves in dream-land, have taken hold of my waking fancies, and now lead me, regardless of consequences and adverse criticism, to lay them before the public.

It is well known how our zealous archæologist in the North, Mr. Greenwell, has, in order to increase our knowledge of tribes and races of past ages, been upturning the grave-yards alike of Briton and Roman, Saxon and Dane; and how, through these researches, he has been enabled to parcel out to each tumulus its proper skull-name, overthrowing in many instances the traditions of the neighbourhood as to its pet Howe or Barrow; so also I have reason to believe that, in connexion with this North-Humberland of ours, there are other tumuli which have passed for what they are not, and other characters which, on examination, turn out not to have been properly classified and sorted. There are some mounds in history, as in grave-diggings, which, towering above the rest, arrest our attention, and which we long to delve in, assured that there is some mystery, some clue to generations past, if you could only but unravel it.

These historic mounds of other days, which stand out clear
against the sky-line, are connected for the most part with either
priest or warrior.

Now, although I disbelieve in history as it is written by moderns,
I do not disbelieve in history as it was written by ancients. I
believe that in all these great names and events which captivate
and interest us, there is some groundwork of truth and fact. There
is one era which has enthralled the attention and enlisted the re-
searches of the clever and the learned of many generations, of
which poets ever sing, and historians ever write, and yet out of the
dim obscurity of the past no light seems to come to us. In similar
cases, when this is so, my plan is to ask myself, is the received
version a correct one? can I not reconstruct instead of helping to
demolish? Are we not all inclined to be influenced by first im-
pressions, to take up the tale as it has been told us, without
searching for ourselves whether it has been told us aright or no?
Are there any two characters, in the history of our land, of clerk
and hero, more deeply interesting to us than those of Arthur and
Merlin? That Early English Text Society, which has done so much
good with such small amount of means, has lately thrown much
light upon the subject.

I shall have, as I go on, to make free with the characters of some
who are saints in story, but I fear are not above the passions of
humanity, and to show how the monkish chroniclers of the past, in
vaunting of their miracles, have unwittingly admitted of their
frailty.

I am about to assert that Germanus and Merlin were identical;
that Blase and Lupus were two names of the same person. I shall
bring before you many points where the stories told of the one
name are the same as those which are attributed to the other;
that they refer to persons connected with the history of the
same era; that there are incidental tales which bear upon their

private life, which, if true, will account for much that has been
puzzling in that tangled web of the page of history. We must
first understand the state of religion and government of the
countries at the time of which we are about to treat. No words
can bring it more vividly before you than those of Kingsley's
" The Roman and the Teuton : The Dying Empire " (p. 33).
Salvian, a Christian gentleman, born near Treves, married a
Pagan lady, and wrote his book, " De Gubernatione Dei," 450
or 455 A.D., a great authority of the state of Gaul when conquered
by the Franks and Goths and Vandals. " In the years in which
he lived, 416 A.D. perhaps to 490 A.D., all things were going to
wrack, the country overrun by foreign invaders ; bankruptcy, devas-
tation, massacre, and captivity, were, for perhaps 100 years, the
normal state of Gaul, and most other countries besides. . . . No
wonder, if Salvian's accounts of Gaulish profligacy be true, that
Gaulish recklessness reached at last a pitch all but incredible. He
says (p. 43) he himself saw, both at Treves and another city, old
men of rank, decrepit Christians, slaves to gluttony and lust, rabid
with clamour, furious with Bacchanalian orgies. . . . In contrast
with all these abominations, Salvian sets forth boldly and honestly
the superior morality of the barbarians (p. 46). We, professing
orthodoxy, are profligate hypocrites ! They, half heathen, half
Arians, are honester men, purer than we ! ' "

In language still stronger Gildas speaks of the vices of those
who bear rule in Britain. He recapitulates their kings by name,
and tells horrible tales of their adulteries and vices, of the shame-
lessness of their daughters, of the drunkenness and immorality of
the whole race. He expressly states, that not only are the laity
given up to such evil practices, but that priest and people are alike.
" O ye enemies of God, not priests ! O ye traders in wickedness,
and not bishops !" (sec. 108). " Wallowing after the fashion of
swine, in their old and unhappy puddle of intolerable wickedness,

after they have attained unto the seat of the priesthood or episcopal dignity" (sec. 67).

Gildas also speaks of these bishops "as crossing the seas," and then, "with magnificent ostentation, returning to their own native soil," and "intruding themselves into their own country again as creatures of a new mould, or rather as instruments of the Devil" (sec. 68).

Having thus far cleared the ground to enable me to gain a fair hearing, I proceed further to affirm that there is an *à priori* presumption in my favour, if I state that a bishop of Gaul or Britain of that age is of blameful life, and that it is no way improbable that a king's daughter might be classed amongst dishonourable women. Gildas clearly had some reason for sneering at over-sea bishops. A bishop to have a character as a respectable and moral man must evidently rise above the level of his day. If, then, we find that there is a something in his election and consecration abhorrent to our feelings, and if in the after-conduct of the man there is a manifest want of straightforwardness in the events of his life, after " crossing the seas," we may safely and not uncharitably set him down as one of those who were present to the mind's eye of Salvian and Gildas, when they wrote the account of their contemporaries.

Germanus was given to hunting, and used to hang up his trophies on a sacred tree. He was in office at Auxerre, under the Roman Emperor; he was of noble parents. St. Amator cuts down his pet tree, and Germanus vows revenge. " St. Amator forestalls him, and, obtaining leave from the Prefect of Gaul, causes his ecclesiastics to lay hold of Germanus, and obliged him to quit his secular habit and to receive the clerical tonsure, assuring him that such was the will of God; to which Germanus, struck with astonishment, durst not make any opposition" (Brit. Sancta, part ii. p. 49). He was pitched upon by the Gallican synod (so we are told), with

Lupus, to go into Britain to oppose the Pelagian heresy. The evil spirits had announced to the Britons his coming, and they were there to meet him. He has a public disputation, and beats his opponents by a miracle. They are too honest to pretend to cure the blind; Germanus has no such scruples, and restores the girl to her sight. The devil lays a snare for him, and catches him by the foot. We cannot but think that before a man takes part in the play, or getting up of a sham miracle, he must either have lost or else never possessed any reverence for the great God of heaven and earth. The Saxons and Picts come to attack them; Germanus puts himself at their head; their enemies are worsted, and the bishops, having delivered them "from their visible and invisible enemies," return home. Germanus returns a second time, gets his opponents all banished. . . . Goes to Ravenna to intercede for the Armoricans with the Emperor Valentinian. Bede mentions his name in the chapter next after the account of Ambrosius Aurelius. He adds that Germanus said "he would be their leader," that he "picked out the most active, viewed the country round about, and fixed upon a valley encompassed with hills where to make his stand," and then gives an account of the battle won by the Hallelujah Chorus! (Bede, i. 20). Geoffrey of Monmouth (b. vi. c. 13) places their arrival in the time of Vortigern and Vortimer. Nennius (History of the Britons, p. 32) fixes the adventures of Germanus during the reign of Vortigern, and the time of the coming of the Saxons; gives us an extraordinary account of Vortigern's daughter, an "immodest woman," declaring publicly that Germanus was father of her child; Germanus by a " *tu quoque* " turns the tables upon Vortigern, "who, without deigning a reply, arose and left the synod in great anger." Germanus, with remarkable kindness of disposition, says, "I will be a father to you, my son" (sec. 39), and brings him up as his own son! Vortigern flees, but Germanus follows him, and upon a rock prays for him forty days and forty nights. Then "the blessed man is chosen commander against the Saxons" (sec. 47). Again, Vortigern flees from St. Germanus to the kingdom of the Dimetæ, and built a castle there; "the saint, as usual, followed him," and prayed to the Lord three days and three nights, and Vortigern and Hengist's daughter, his other wives, and all the inhabitants, both men and women, miserably perished. "St. Germanus after his death returned into his own country" (sec. 50). Now it is singular that Bede and Nennius, in their accounts of the history of these wars, make no mention of the *name of Merlin*, yet in other authors he fills such a distinguished place. The chroniclers who speak most of Germanus speak little or nothing of Merlin; whilst, on the other hand, they who have much to tell of Merlin make short mention or none of Germanus. In Geoffrey, for instance, the allusion (b. vi. c. 13) seems more as if it was dragged in or interpolated out of place by an after-editor, who thought it would never do to have his author write a history of those times without mention of Germanus and Lupus. The chapter appears more naturally to begin at "The king being now," etc., etc., taking the story up from the end of the twelfth chapter.

In Layamon, Vortimer's counsellor is not Germanus, but Merlin. Merlin, like Germanus, is clerk and warrior. In all these transactions he is mixed up with Vortigern and Aurelius and Uther. Merlin had knowledge of and friends in Armorica (Lay. ii. 249, 291). When Uther was made king, "Merlin went away, and the people knew not whither he went" (311). In "Merlin" (E. E. Text Soc., p. 43), they ask Merlin "to abide with them, and govern them." There is great joy amongst the people, who recognize Merlin, "the wisest man in all the worlde. . . . He will teach you how to get the castell." Merlin says "he must leave for a long time" (p. 57). "Guynebaude opposed hym of dyuerse thynges, for he was a profounde clerke. Merlyn hym ansuerde to alle the questiouns. Merlin seide he neuer founde no clerke that euer hadde spoke to

hym of so high clergie ne not Blase, that was so holy a man"
(p. 139).

Geoffrey of Monmouth, I noticed above, whilst he treats of these
same times, says little of Germanus and Lupus, and much of Merlin
(book vi. c. 13). Just mentions their arrival, "the preaching of
these holy men, and the many miracles they wrought." It is
Merlin, and not Germanus, who is near at hand when Vortigern
is burnt in his castle. It is Merlin who, in like manner with
Germanus, goes out to war (book viii. 15), and "attended this
expedition to give his advice in the management of the war."

Now I come to the critical point of my story, where it requires
great care and close attention to unravel the twisted skein.

In these narratives there is mention made of a king's daughter, who
is with child when she has no husband, and which said child, for
some reason or other, is commonly mixed up in some extraordinary
way with Germanus. Merlin also we find in suspicious circum-
stances, and in league with Blase at one time, and Ulf or Ulfin at
another, to procure a certain secresy for the birth of a particular
child of royal stock, and to have it carried away, christened and
brought up. Let us compare the different accounts. It is evident
that at a synod, or husting or Thing, as they would have been after
called, there took place much the same as we find in the Norse
Sagas, when Christianity and Paganism came in contact. It was
a struggle for pre-eminence. It is clear (Nennius, 39, 40) that the
Christian party were the stronger; the Pagan, with Vortigern, the
weaker. It is clear the king's daughter had a child by some one,
and that she said it was by Germanus (Nennius, 39). The
Christian party, however, get the victory, and the child is left in
the custody of Germanus. The mother, the daughter of the King
of the Dimetians, is styled "an immodest woman," and we also
find at that era a daughter of a king of Dimetia called a "shameless
daughter" (Gildas, sec. 31). If we put together Gildas's account

of his own time, from which it appears that morals and society were worse, if possible, in Britain than elsewhere, as well as the accounts which Gildas gives of these over-sea bishops, and Salvian of Gaul, we shall not be very uncharitable if we come to the conclusion that Germanus was probably, as stated, the father of the child. In Nennius (sec. 40) the Pagan party, *i.e.* the Druids, plot a plan to make away with this child. In sec. 42 he is said to be the son of a Roman consul. Germanus was appointed to high office by the Roman Emperor Honorius, was a personal friend of Valentinian, and married a noble lady at Rome. Is it not most probable that he was sent over by Honorius from Gaul, where he had high military renown, when, in answer to the embassy from Britain, he sent them " a legion which destroyed a vast multitude of the Barbarians, and drove the rest out of the bounds of Britain" (Paul Diac. lib. 4) ? and may he not have returned the second time, when once again Valentinian sent them help ; that it was not a " spiritual but carnal war" (Bede, i. 17) he came to wage, and that Morgan or Pelagius may be another name for Armoricus ? It would be easy, in after-ages, for monkish writers to turn the war into a spiritual war, and the Armorican invasion into an heretical raid, the authors of which were at any rate " conveyed up into the continent that the country might be rid of them" (Bede, i. 21).

Now, in Percy's Merlin (Ed. Furnivall), 832, the same story crops up as regards Merlin's mother. Blasye the Hermit takes great interest in her, when she comes to tell him of her case, promises he will " help her with all his might," fights her battle with " the justice;" she is shut up in a tower until she is confined ; the child is, however, let down by a cord, and he takes him home and christens him ; and this child " is of God, sende for to helpe Englande " (1084).

Then we draw on to the account of the story of Igerne and Uther,

(see Morte d'Arthur, b. i. ; c. iii. ; c. vi. ; c. xviii. ; c. xix.) as
related in all authors (Chroniclis of Scotland, vol. ii. p. 204) :—

> "And of his getting Uther sum men sais
> Be meane of Merling in tha samin dais;
> The quilk Uter transformit mervelus
> Into the figour of this Gothlous
> Syne in his likenes with his wyfe he la.
> Gif this be suith I can nocht to yow sa,
> Becaus sic thing is nocht kyndlie to be,
> Thairfor myself will hald it for ane lie."

Few, I think, will disagree with our Chronicler in his outspoken
and emphatic words. Put it into plain English (Layamon, Brut,
vol. ii. p. 385) : "Igærne was great with child by Uther king,
all through Merlin's craft, before she wedded." Her husband was
at the wars ; he never returned, and was killed. Igerne, whilst
what we call a "grass widow," was with child (bear in mind the
account Gildas gives of the morals of all the royal courts of those
days). Merlin and Ulf take a great interest in that child; indeed,
Merlin has "*written down the hour and the day when he was begotten*"
(Merlin, E. E. Text, p. 77). Merlin says "he shall have the child, and
must do something to atone for his share in the sin." Ulf says the
queen must be told when he is born to give the child to the first man
in the hall; it is so given and brought away, and christened Arthur.
The king is dying, "*some say dead*," when Merlin appears upon the
scene, and whispers to the king, "and no one hears his last words
but Merlin, but his son Arthur is to be king, and accomplish the
round table." "Thus lefte the kynge with-outen heyre" (95).
Ban and Bors and the British kings won't take in the story, and
require corroborative evidence, when Merlin wants them "to do
homage to Arthur," and it is not until Merlin has sworn before the
archbishop that Arthur is the son of Uther Pendragon, that they
give in. It is ever and alway doubted. Galashyn (p. 177) asks
his mother, and she tells him "how it was true that Arthur was
begotten of Igerne, and how he was carried away as a child, and

that the barons would not have him to reign over them." Gawaine
also questions his mother "if it is true about Arthur being Uter
Pendragon's son " (p. 184). Now, if this was brought into court and
sifted, what would Lord Penzance say of this story, and the entry
in the private diary of the hour and the day when the child *was be-
gotten*? Is not the account of this boy carried off and brought up by
Blase, or Ulf, or Merlin, a different version of the same story of Ger-
manus, and the son of the king of Dimetia's daughter? Will it not
account for the desire to foist Igerne's child upon Uther, who dies
"with-outen heyre," in order that, coming of Uther's race, he may
succeed to Uther's sovereignty, and become Pendragon? Weigh the
doubtfulness of the whole story, no one knowing anything about
it until *after Uther's death*, the suspicious whisperings at the death-
bed, after, " as some said the life had left him." Note also (Laya-
mon, p. 385) that " he (Uther) was an old man, and illness came on
him ; the illness laid him down ; sick was Uther Pendragon ; so he
was here sick seven years." This gay Lothario was paralyzed, and
" old," and sick, and yet Arthur was only fifteen years of age when
he died! Public opinion was strong upon the subject, and the way
in which the barons held back, and the complaints of wrong made
by Mordred on behalf of his being " done" out of the kingdom,
seem to point to my solution of the story being not far wrong, viz.,
that Arthur was Merlin's illegitimate son.

Lastly, I make a point which I consider of more consequence
than any of the preceding. It is the undesigned coincidences of
evidence which ever bring the strongest conviction to our minds.
Germanus's friend and intimate and associate is Lupus.[1] Merlin's
friend and intimate and associate is either Blase, or else Ulf. Now
Bla, or Blaidd, or Blase, is Keltic, and Ulf or Wulf, Norse or
Saxon for Wolf = Lupus. The Romans ever translated into Latin,

[1] See Villemarqué's note, p. 147.

as near as may be, the names of the people and the places they came in contact with.

Surely, as we weave these narratives together and spin our yarn, keeping in view one particular thread which seems to guide us through the labyrinth, we arrive at the conclusion that the views now put forward may be, on further research, not found so very far from the truth.

There will yet remain many differences to be reconciled, and many discrepancies of dates and names, of persons and places, to be brought into unison. No one but those who have to do with MSS. can know what liberties transcribers of old oftentimes took with their subject; how in some places they interpolated, and in others altered the text, often meaning well in order to correct what they thought must be error ; and again, how a monkish scribe would colour or twist facts to meet his own particular purposes, or hide some scandal to his cloth.

I believe and am sure topography would strengthen my case, but I wish not to overcrowd my narrative, or draw off attention from my main point ; suffice it upon this head to say that I agree upon the whole with the theory advanced so ably by Mr. Glennie and Mr. Skene as to the scene of Arthur's exploits being North of the Humber.

SCOTT F. SURTEES.

Sprotbrough, Doncaster.

STEPHEN AUSTIN AND SONS, PRINTERS, HERTFORD.

Printed in Great Britain
by Amazon

28075875R00175